¡AL TANTO!

nueva edición

Nelson

DAVID MEE & MIKE THACKER

Nelson
Delta Place
27 Bath Road
Cheltenham
GL53 7TH
United Kingdom

First published by Thomas Nelson and Sons Ltd 1996

ISBN 0-17-449141-7
NPN 9 8 7 6

Printed in China

Acknowledgements

The publisher and authors would like to thank the following for their contribution to the preparation of the manuscript for this new edition:

Teaching consultants:
Catherine Dickinson
Jenny Cuthbertson

Language consultant:
Pilar Muñoz

Isabel de Alfonsetti
Silvia del Castillo Gomariz
Pilar García
Teresa González
Fernando Latorre
Manuel López
Kathryn Mee
María Isabel Miró
Vincente Sanchís (Headteacher) and the students of
I.B. Peset Aleixandre, Paterna, Valencia
Pedro Sirvent
Hannah Thacker
Dolorez Vázquez
Andrea White

Illustrations

Nick Hawken (page 9)
Lluisa Jover (page 111)
Lisa Smith (Sylvie Poggio Agency) (pages 12, 63, 238-239)
Marta Muñoz (all Grammar sections)

Photographs

Isabel de Alfonsetti (page 162, bottom right)
Keith Faulkner (page 5, bottom left)
Teresa González (page 162, bottom left)
The Image Bank (pages, 130, 133)
Manuel López (page 57, top)
Rebecca Mee (page 21, top right)
María Isabel Miró (page 74, bottom left)
David Simson (page 13, middle)
Hannah Thacker (page 13, top left)
All other photographs by the authors

Articles and original material

Prior to publication, every effort has been made to identify and trace the copyright holders of material reproduced in this book: In the event of any unintentional omission in this process, the publisher will be pleased to make the necessary arrangements on application, and due acknowledgment of the source will be made on this page at the next reprint.

The auhors and publisher are grateful to the following for permission to reproduce copyright material:

Agencias EFE (page 200)
C&A modas, S.A. (page 102)
Carmen Bacalls (page 193)
Colegio Villa de Griñon (page 74)
Cesc (page 51)
Clara (page 240)
Comunidad de Madrid (page 120)
Cosmopolitan (España) (pages 27, 57, 177)
DACS (pages 192, 195 and 201)
Diario 16 (pages 18, 22, 71, 139)
Ediciones *Temas de Hoy* (pages 170, 247)
El Corte Inglés, S.A. (page 57)
Elle (pages 72, 242)
El País (pages 10, 52-53, 63, 66-67 (text), 79, 80, 105, 112, 118, 125-126, 128, 129, 137, 155, 158, 164, 166, 209, 219, 225, (text), 230, 231, 232, 233, (*Lunes* ...), 234)
La Vanguardia (page 45)
Mercedes Casanovas (pages 196, 198 and 250)
Ministerio de Educación y Ciencia (page 82)
Ministerio de Justicia e Interior (page 43)
"Pons" Editorial, S.A. (page 41)
Quipos (page 34)
Revista *Regazza* (pages 238, 239)
Robert Laffont (page 250 top)
The Guardian (page 134)
Times Newspapers Limited (page 91)
Woman (Barcelona) (page 235)

Comissioning and development Clive Bell
Marketing Jennifer Clark
Editorial Keith Faulkner
Production Mark Ealden
Administrator Claire Trevean

¡Al tanto! nueva edición

Unidad

Carta abierta

Welcome to *¡Al tanto! nueva edición*. This course aims to improve your language skills and your knowledge of Spanish by building on the basis which you already have. The book is written mostly in Spanish to give you the maximum use of Spanish as you study. By the time you finish the course the tasks in Spanish that you have carried out will have prepared you for your examination.

It is important to bear in mind that higher level work, such as A level, is usually a two-year affair and that it involves a different approach to study from what you may have been used to so far. You will probably not notice any great difference in standard or difficulty immediately, but the way in which you work is likely to be very different. If you are to get the most out of higher level study, you will need to think about study skills and working habits, making adjustments and adopting new methods from the very start of the course. Your teacher will obviously offer you a lot of advice about the different study skills to help you to adjust to the higher level.

To help you find your way around the course the following symbols have been used:

Copymaster activity on photocopiable worksheet

Class cassette activity

Self-study cassette activity

Extra reading passage

The key to successful language-learning is enjoyment of the process of learning and strong motivation. The method by which you learn is frequently by discovering language for yourself, but the tasks which you will do are often carried out in pair- and group-work. Working with others is essential, in order to enable you to communicate your thoughts and feelings, which is a central purpose of language-learning.

Above all it is important to accept that there is much more to do than merely cover the work you will be set by your teachers, and that there are a number of things you should be doing on your own regularly and without prompting, as follows:

- Treat your lessons as essential items that should not be missed except in genuine emergencies.
- Always be prepared to "have a go" at speaking Spanish in the classroom, and don't be afraid of making mistakes. In this way you will develop your fluency and confidence.
- Take notes in class.
- Find a few minutes each week to learn new vocabulary.
- Read and listen to extra things at least once a week.
- Read regularly over your notes.
- Do plan your work very carefully each week, creating a timetable for Spanish which will ensure that all of the work you need to do (that set by the teacher, your own private study, learning of vocabulary, revision of notes, listening to and reading extra items etc.) will be covered.
- Always participate in any Spanish-related activities offered by your school or in the local area.
- Try to ensure that you get to Spain (or Latin America!) at least once during your A level course.
- Do not worry if you feel that your progress seems slow at times. This is perfectly natural in the learning of foreign languages, especially at this level.

We hope you enjoy using this course and that it will help you realise your potential. ¡Mucha suerte!

UNIDAD 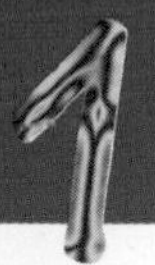

Estás en tu casa

La casa desempeña un papel muy importante en la vida de los españoles (¡y de los ingleses!). En esta unidad, vamos a examinar diferentes tipos y aspectos de la vivienda, así como algunos de los problemas relacionados con ella, como el chabolismo.

1 En la hoja 1, encontrarás una lista de vocabulario para esta unidad.

Para empezar:

1 Prepárate para describir la casa o piso donde vives. Tendrás que hablar de su situación geográfica, de su aspecto exterior, de las habitaciones que contiene y de los muebles que se encuentran en ella. También tendrás que explicar por qué o por qué no te gusta vivir allí.

2 A continuación tú y tu compañero de clase tenéis que hablar de vuestras casas, comparándolas según los detalles mencionados antes. A ver si podéis seguir hablando durante por lo menos dos minutos.

3 El profesor va a pedir a un alumno de cada pareja que explique las diferencias principales entre las dos casas de las que habéis hablado.

 PRIMERA PARTE: LA CASA

Texto A **Donde vivo**

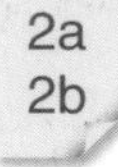

En las hojas 2a y 2b encontrarás unos consejos importantes sobre cómo escuchar y entender un texto grabado en español.

La clase va a dividirse en tres grupos y cada uno va a escuchar a una española que habla de la casa o piso donde vive, ya sea en Inglaterra o en España. Antes de escuchar la cinta, estudia el sentido de las palabras siguientes, que te ayudarán a entender el texto grabado:

Grupo 1	
utilizar	*to use*
el piso de arriba	*the floor upstairs/ the first floor*
en la parte de atrás	*at the back*
la fachada	*the façade/front*
tapar	*to block off/to hide*
amplio	*large*
empapelado	*(wall-)papered*
la calefacción	*heating*
la moqueta	*fitted carpet*

Grupo 2	
una zona	*an area/district*
pertenecer a	*to belong to*
compartir	*to share*
acogedor	*welcoming/cosy*
un aparador	*a sideboard*
un cajón	*a drawer*
una estufa	*a stove*
un calentador de agua	*a water-heater*
el ambiente	*the atmosphere*

Grupo 3	
antiguo	*old*
el despacho	*the office/study*
hacer la plancha	*to do the ironing*
la pila de lavar	*the sink*
un friegaplatos	*a dishwasher*
una nevera	*a fridge*
plegado	*folded (away)*

Casas valencianas

1 Escuchad, en grupos organizados por el profesor, el trozo de la cinta. Cada miembro del grupo debe tomar notas sobre dos o tres aspectos diferentes de la lista que sigue (no siempre se mencionan todos). Después, intercambiad entre vosotros la información para que cada miembro del grupo tenga notas sobre toda la lista.

- **a** lugar/situación de la casa/del piso
- **b** aspecto exterior del edificio y del jardín
- **c** aspecto general del interior
- **d** habitaciones
- **e** descripción detallada de una habitación
- **f** personas que viven en la casa
- **g** muebles/aparatos
- **h** calefacción
- **i** cosas que le gustan o no le gustan a la chica que habla

2 Ahora la clase va a dividirse otra vez en grupos de tres alumnos, es decir un alumno de cada uno de los primeros grupos. En estos nuevos grupos, primero vais a comparar los tres trozos que habéis oído, tomando notas sobre las diferencias entre el alojamiento que ha descrito cada española. Después, escuchad todos juntos las tres narraciones para que os pongáis de acuerdo sobre los detalles de los que habéis hablado.

3 Para terminar, un miembro de cada grupo va a hacer un breve resumen de todo lo que se ha descubierto acerca de las tres chicas españolas.

Tu familia, tu casa... lo mejor más cerca

Pisos y Chalets de alto nivel en la zona más exclusiva de Getafe.

Un entorno único.
Jardines, piscinas privadas, colegios, centro comercial y centros deportivos.

A 900 metros de la Universidad Carlos III, y en la zona más exclusiva y mejor comunicada de Getafe, estamos construyendo el Conjunto Residencial SATAFI. Una ciudad-jardín con más de 65.000 m² de zonas ajardinadas, así como centros escolares, equipamientos deportivos y Centro Comercial.

Nuestra promoción consta de chalets adosados, con piscina privada para cada manzana cerrada de chalets y viviendas en edificios de cuatro plantas, con piscina y jardines privados.

Aislamiento térmico y acústico, suelos de madera en salones y dormitorios, cocina amueblada, calefacción por gas ciudad, garajes, antena parabólica común, etc.

Con inmejorables comunicaciones por carretera, y a 300 metros de la estación de cercanías de Renfe.

Sin lugar a dudas, lo mejor más cerca.

Texto B **Tu familia, tu casa ...**

Residencial
SATAFI
Ciudad Jardín
Oficinas de información y ventas

un entorno	*a setting*	el aislamiento	*insulation*
adosado	*semi-detached*	la madera	*wood*
una manzana	*a block (of houses/flats)*		

1 En el anuncio sobre la ciudad-jardín residencial *Satafi* hay algunas palabras que derivan de una palabra básica y se puede adivinar el sentido de estas palabras de su derivación. Después de leer el anuncio coméntalo con tu compañero de clase. A ver si podéis adivinar el sentido y la raíz de las palabras siguientes, sacadas del anuncio. Copia la tabla y escribe las palabras adecuadas.

	palabra	sentido	raíz
EJEMPLO	amueblado	*furnished*	*mueble*
	deportivo		
	ajardinado		
	vivienda		
	calefacción		
	inmejorable		
	cercanías		
	aislamiento		

2a Ahora mira el lenguaje publicitario que se emplea en el anuncio para convencer al comprador de las ventajas de vivir allí. Con tu compañero haz una lista de las palabras y frases con que se intenta vender las viviendas.

b La descripción de las viviendas ¿te convence de que valdría la pena vivir allí? Comenta con tu compañero por qué (no). Después escribe con tu compañero **cinco** frases que indiquen las ventajas de este entorno. Leed las frases en voz alta delante de la clase.

3 Compara el entorno de estas viviendas con el del piso o la casa en que vives. Escribe **cinco** frases que señalen las diferencias y **cinco** frases que indiquen las semejanzas entre estas viviendas y la tuya.

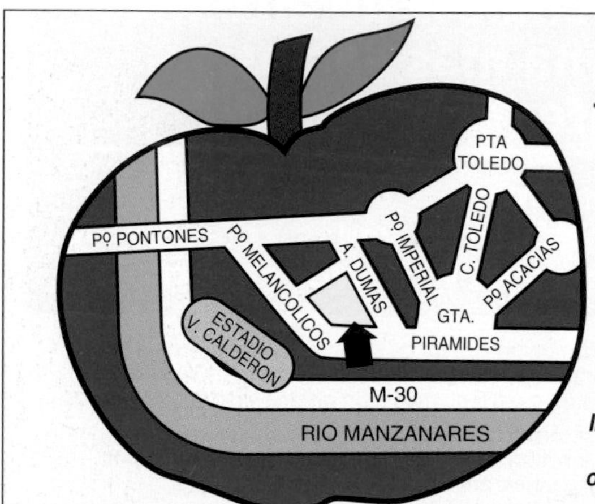

P I S O S D E

A L T O N I V E L

Residencial MANZANARES

Información en Piso Piloto, de 11 a 2 y de 4 a 7 (incluso domingos tarde), o en TOBRASA, S,A, Tels. 265 23 96 - 232 48 36

Junto al Estadio Vicente Calderón, pisos de 1º calidad de 1, 3, 4 y 5 dormitorios.

- *Baño principal en mármol.*
- *Calefacción y agua central a gas con contador individual.*
- *Antena parabólica.*
- *Garaje con ascensor directo a los pisos.*
- *Oficinos y locales comerciales.*
- *Financiación a 10 años.*

Texto C **Pisos de alto nivel**

Mira el anuncio *Residencial Manzanares* e inventa un anuncio que se refiera al lugar donde vives, describiendo tu propia casa/propio piso o, si quieres, un lugar imaginario.

Texto D **Las habitaciones**

1 El crucigrama en la hoja 3a tiene los nombres de algunas piezas de una casa normal. Hay que hacer el crucigrama antes de escuchar la cinta porque hablan en el diálogo de estas mismas piezas. ¡Ojo! no todas las indicaciones del crucigrama se refieren a piezas.

3b

2 Ahora escucha la cinta dos veces. Tres españoles, dos chicas y un chico, hablan de las casas o pisos donde vive su familia, que están en distintos lugares. La familia de las chicas tiene cada una dos casas y la del chico un piso, en Madrid. En la hoja 3b, pon una equis en la casilla apropiada para indicar las piezas y comodidades con que cuenta cada casa.

3 Contesta en español a las preguntas siguientes:

a ¿En qué piso vive la familia de la casa de Vigo?

b ¿En qué se diferencian las bodegas de la casa de Dolores y la de Silvia?

c ¿Dónde está la habitación de Silvia en la casa de Barcelona?

d ¿Por qué se parece a una casa el piso de Pedro?

Texto E *REHAVI* reparaciones

1 Lee con cuidado el anuncio publicado por la compañía valenciana *REHAVI*. Entonces, con un compañero, haz una lista en inglés de todos los servicios ofrecidos por esta empresa. (Claro que habrá varias palabras que no conoceréis, pero no importa: pensando en el contexto y en las palabras que sí entendéis en cada frase, podréis sin duda adivinar muchas cosas). Después, tenéis que verificar vuestras ideas con el profesor.

2 Imagina que en cada habitación de tu casa hay una mejora importante que hacer. Explica al representante de la compañía *REHAVI*, es decir tu profesor o tu compañero, lo que necesitas en cada caso.

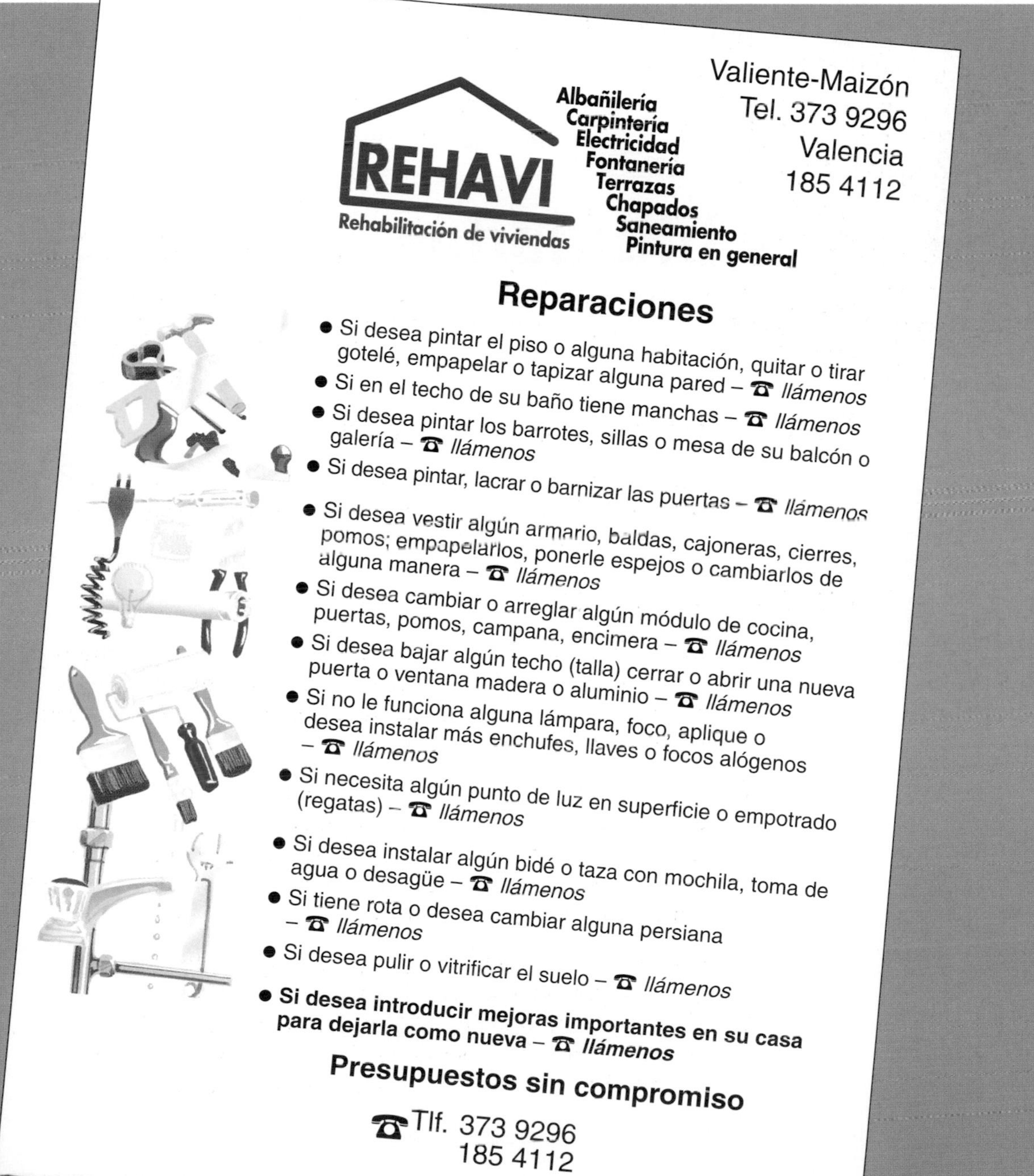

REHAVI
Rehabilitación de viviendas
Albañilería
Carpintería
Electricidad
Fontanería
Terrazas
Chapados
Saneamiento
Pintura en general
Valiente-Maizón
Tel. 373 9296
Valencia
185 4112
Reparaciones
• Si desea pintar el piso o alguna habitación, quitar o tirar gotelé, empapelar o tapizar alguna pared – ☎ llámenos
• Si en el techo de su baño tiene manchas – ☎ llámenos
• Si desea pintar los barrotes, sillas o mesa de su balcón o galería – ☎ llámenos
• Si desea pintar, lacrar o barnizar las puertas – ☎ llámenos
• Si desea vestir algún armario, baldas, cajoneras, cierres, pomos; empapelarlos, ponerle espejos o cambiarlos de alguna manera – ☎ llámenos
• Si desea cambiar o arreglar algún módulo de cocina, puertas, pomos, campana, encimera – ☎ llámenos
• Si desea bajar algún techo (talla) cerrar o abrir una nueva puerta o ventana madera o aluminio – ☎ llámenos
• Si no le funciona alguna lámpara, foco, aplique o desea instalar más enchufes, llaves o focos alógenos – ☎ llámenos
• Si necesita algún punto de luz en superficie o empotrado (regatas) – ☎ llámenos
• Si desea instalar algún bidé o taza con mochila, toma de agua o desagüe – ☎ llámenos
• Si tiene rota o desea cambiar alguna persiana – ☎ llámenos
• Si desea pulir o vitrificar el suelo – ☎ llámenos
• Si desea introducir mejoras importantes en su casa para dejarla como nueva – ☎ llámenos
Presupuestos sin compromiso
☎ Tlf. 373 9296
185 4112

Texto F **Vacaciones blindadas**

Nos vamos de vacaciones

Vacaciones blindadas

Ya tiene hecha su maleta. Pero ¿ha pensado en proteger su casa mientras se tuesta al sol? He aquí el abecé del buen previsor

CLAIRE CHARTIER

"Fíjate, subieron por las tuberías del gas hasta el cuarto piso, donde está mi apartamento, y abrieron el cristal del tendedero!". Teresa, de 34 años, está muy disgustada. En este mes de julio, mientras estaba de vacaciones, una banda de ladrones, al parecer dispuestos a todo, encontró esta vía insólita para entrar en el edificio del barrio madrileño de Charmartín, donde vive Teresa, y saquear todos los pisos. "¡Mi calle es muy golosa para los ladrones! No hay tránsito porque está entre dos direcciones prohibidas, ¡así que nadie les ve cuando actúan!".

"En agosto del año pasado arrancaron el cerco de la puerta blindada y se lo llevaron todo en una furgoneta: televisores, vídeos, equipos fotográficos", cuenta agobiadísima Teresa. "Ahora tenemos hasta las ventanas blindadas, está toda la casa reforzada como el Banco de España".

Ladrones tenaces

Pero ¿cómo no van a aprovechar los ladrones el verano cuando tantos pisos desocupados parecen abrirles los brazos? Aunque la policía establece en este periodo un dispositivo de vigilancia con patrullas, algunas medidas de seguridad no dejan de ser imprescindibles. Ahí van algunos consejos prácticos.

Instale, como mínimo, una puerta blindada y una cerradura fuerte, teniendo en cuenta que el 62% de los robos se efectúa por la puerta principal. Piense igualmente en reforzar el marco de la puerta.

No obstante, a la hora de entrar en una casa, no hay ladrón que no sepa forzar una puerta, como lo demuestra la historia de Teresa. También lo comprobó Blanca, una madrileña que vive en una calle céntrica de la capital y cuya casa fue desvalijada hace dos meses. "La puerta blindada la echaron abajo sin más", cuenta, "¡y eso que vivimos enfrente del Ministerio del Aire! Ahora mi padre pasa de puertas blindadas, se ha decidido por una alarma".

El padre de Blanca tendrá de sobra donde escoger. Un sistema clásico con una unidad central y una serie de detectores colocados en los puntos estratégicos de su casa le costará entre 20.000 y 100.000 pesetas de instalación, más otras 3.000 pesetas al mes de mantenimiento. Si la protección de su chalé le tiene todavía preocupado, podrá conectar su alarma a una centralita que avisará a la policía en cuanto ocurra algo extraño.

También funciona la vieja –y barata– táctica consistente en engañar al adversario. El eventual *chorizo* no debe percatarse de que su casa está deshabitada. Deje sus llaves a una persona de confianza –a un amigo o a su portero–, a quien encargará recoger el correo, mover las persianas y encender la televisión.

La policía y las compañías de seguridad aconsejan hacer una lista de los objetos de valor y marcarlos con el número de identidad, o bien alquilar una caja fuerte en un banco. A la hora de vender su botín, los ladrones lo tendrán más difícil.

Siniestros muy caros

Sobre su casa no sólo se cierne la amenaza de los robos, sino también la de los siniestros. A Paco, por ejemplo, una gotita de agua le salío por 15.000 pesetas. Hacía mucho que no tomaba vacaciones. Estaba tan contento de marcharse para Huelva en julio de año pasado que no se dio cuenta de que goteaba el grifo de la cocina. A su vuelta se encontró con "una imagen demoledora". El calor había levantado completamente el parqué del vestíbulo humedecido por el agua, por lo que el despistado veraneante no tuvo más remedio que cambiarlo.

Obviamente usted puede evitar semejantes sorpresas cerrando la llave del agua, como conviene hacerlo igualmente con el gas para prevenir escapes o explosiones.

Asimismo conviene tomar algunas precauciones para dejar la casa en las mejores condiciones durante su ausencia. ¡Imagínese entrando en un piso lleno de polillas tras dos semanas a orillas del mar! Quítese esta pesadilla de encima limpiando a fondo los suelos y pasando la aspiradora al marcharse.

También es buen momento para declarar la guerra a las cucarachas y demás bichos lavando la ropa sucia y poniendo insecticida, sin olvidarse de tirar la basura. Ya puesto, aproveche la ocasión para limpiar la nevera y poner a funcionar la lavadora o el lavaplatos para que las cañerías se descarguen de cal.

Otro problema a la hora de marcharse de vacaciones son los animales.

Según Susana, una madrileña que se dedica al adiestramiento de perros y suele dejar sus huski y su boxer en residencias caninas, "el animal no padece ningún estrés; además te da una gran seguridad saber que están en un sitio aséptico y vigilados las 24 horas del día".

De forma que ¡descuide!, con la casa protegida y el perro en buenas manos, puede marcharse tranquilo. El verano es suyo.

1 Lee con cuidado el texto F y busca las palabras siguientes, relacionándolas con el contexto en que se utilizan. Después, pensando en este contexto, intenta emparejar cada palabra con su equivalente inglés:

recoger el correo	insólito	el *chorizo*	overwhelmed	to water the plants	lime
regar las plantas	saquear	la caja fuerte	burgled	thief (slang)	nightmare
el contestador	el tránsito	el botín	transit, thoroughfare	to ransack	doormat
la fecha de caducidad	agobiado	gotear	unusual	spoils, booty	you get a tan
tirar la basura	la patrulla	la polilla	strong-box, safe	answering machine	the sell-by date
el felpudo	dejar de ser	la pesadilla	moth	flower-pot	patrol
la maceta	imprescindible	la cucaracha	creature	to drip	the ABC
se tuesta al sol	desvalijado	el bicho	essential	cockroach	to stop being ...
el abecé	engañar	la cal	to deceive	to collect the mail	to throw out the rubbish

2 Ahora la clase se divide en grupos de tres estudiantes y después de leer otra vez este artículo, cada uno de los tres tendrá que ser Teresa, Blanca o Paco, explicando en inglés o/y en español lo que le pasó la última vez que se fue de vacaciones.

3 Utilizando todos los consejos y detalles del artículo, cada uno de los estudiantes tiene que dar dos o tres consejos a sus compañeros para ayudarles a proteger la casa y a evitar futuros problemas como los que ocurrieron antes.

4 Si miras los consejos que acompañan los dibujos del texto F, verás que se emplea el infinitivo para dar órdenes o expresar imperativos (por ejemplo ***cerrar*** *la llave del gas*). Leyendo otra vez el artículo, a ver si puedes escribir cinco consejos adicionales basados en otras situaciones que se examinan en el texto pero que no se mencionan en los dibujos. Claro que para cada consejo tendrás que emplear un infinitivo.

Texto G **Casas en venta**

4a

Encontrarás un diálogo modelo grabado en el casete del estudiante e impreso en la hoja 4a.

CASAS EN VENTA

GUARDAMAR (ALICANTE): 8,3 millones

Chalé adosado de dos plantas. Tiene dos dormitorios, dos baños, cocina, sala de estar, barbacoa y chimenea. Está situado a trescientos metros de la playa. (Teléfono: 91-542 50 98.)

CIUDAD QUESADA (ALICANTE): 15,2 millones

Chalé individual sobre una parcela de 800 m². Consta de dos dormitorios, un comedor, sala de estar y cuarto de baño. La urbanización tiene instalaciones deportivas y piscina. (Teléfono: 91-521 59 92.)

MAHON (MENORCA): 70 millones

Casa de campo de 300 m² construida en el siglo XIX y restaurada. Tiene cuatro dormitorios, dos cuartos de baño y dos salas de estar, además de 45.000 m² de frutales. (Teléfono: 91-35 03 13.)

SANTA POLA (ALICANTE): 40 millones

Chalé que se encuentra situado a cinco minutos de la playa sobre una parcela de 3.000 m². Tiene sala de juegos, sauna, barbacoa, pista de tenis y piscina. Acabados de lujo. (Teléfono: 91-413 11 45.)

1 Conversación en las oficinas

Cliente: Imagina que eres millonario y que quieres comprar una casa en Menorca o Alicante para poder pasar allí las vacaciones. Antes de ir a las oficinas de *Casas en venta*, haz una lista de todas las cosas que van a ser muy importantes en la casa que por fin comprarás. La lista tiene que incluir las habitaciones que quieres además de ideas generales sobre la situación de la casa y el diseño en general.

Empleado: Lee con atención los cuatro anuncios de casas que se venden en Menorca y Alicante. Un cliente entra en la oficina donde trabajas y tienes que contestar a sus preguntas. Al final, consigues persuadirle para que compre una de las casas.

2 Carta escrita

Imagina que has pasado unas vacaciones maravillosas en una de las cuatro casas en venta del anuncio. Escribe una carta a tu amigo español, describiéndole el interior de la casa además de la situación de ésta y otras facilidades de la vecindad.

4b

Siempre es muy importante pensar en las ideas que vas a incluir en una carta o una redacción y en cómo vas a arreglarlas y organizarlo todo. Como ésta es la primera vez que se te pide escribir una carta completa, encontrarás en la hoja 4b unos consejos que te harán pensar en unas ideas y en una estructura efectiva. Tu profesor también querrá quizás ayudarte a pensar en varias posibilidades.

Texto H Algunos españoles hablan de la casa y la localidad en que viven

1 Escucha la cinta en la que Maribel y Fernando hablan de cómo se vive en una casa en el campo cerca de Valencia. Después, habla con un compañero y juntos haced una lista de las principales ventajas de vivir (a) en el campo y (b) en la ciudad.

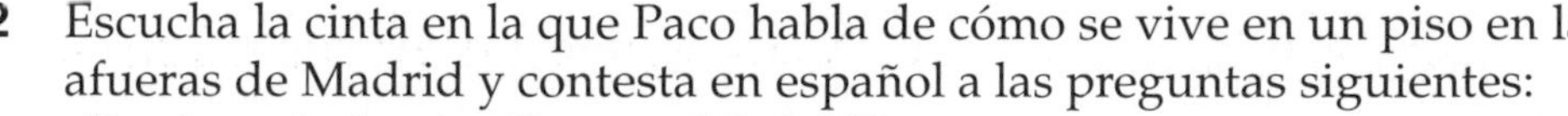

2 Escucha la cinta en la que Paco habla de cómo se vive en un piso en las afueras de Madrid y contesta en español a las preguntas siguientes:

a ¿Desde cuándo vive Paco en Madrid?
b ¿Para qué vino a Madrid?
10 **c** ¿Con quién comparte el piso?
d ¿Cuánto cuesta el alquiler del piso?
e ¿Por qué le apasiona la TV de su piso?
f ¿Por qué preferiría Paco vivir en el centro de la ciudad?
g En general, ¿por qué le gusta vivir en Madrid?

5 **3** Ahora escucha varias veces el tercer texto (en que Ana e Isabel hablan de dónde viven en España), intentando rellenar los espacios en blanco en la hoja 5.

1 La casa del 2010

¿Cuáles serán las ventajas de vivir en esta casa en el año de 2010, si la comparas con la casa normal de hoy en día? ¿Habrá también desventajas e inconvenientes? Lee este artículo en la página 230.

Texto I Dos familias viven bajo un puente

1 Lee por primera vez el texto (página 14), sin utilizar el diccionario. Después intenta resumir lo que has leído en una o dos frases en inglés, comparando tus ideas con las de un compañero. Después, lee de nuevo el texto pero esta vez notando la situación de las palabras siguientes; al encontrarlas, búscalas en el diccionario pensando especialmente en el contexto en que se utilizan en el artículo. Esto es muy importante porque muchas veces una palabra española puede tener dos o tres sentidos distintos en inglés. Por ejemplo la palabra española **el techo** puede significar *the ceiling* o *the roof* o *the upper limit*. Sin embargo, en este texto, si piensas en el contexto, sólo podría significar *the ceiling*.

el techo	el mobiliario	los trastos	el sueldo
el forjado	el colchón	el alumbrado	trasladarse
el hormigón	el tablón	el albañil	la manta
el arbusto	el butanillo	el alquiler	

2 Con un compañero, compara las definiciones que has encontrado y verifícalas con el profesor.

Confían y todavía sonríen

Dos familias viven bajo un puente en la plaza de España

Madrid / Ignacio Marina-Grimau

Ellos viven en el centro de la ciudad. En plena plaza de España, lo que no es poco, pero... debajo de un puente. Son trece personas (dos matrimonios; seis niños y tres más «agregados»). El techo del hogar es el forjado de un paso a distinto nivel, y el material de las paredes de tipología original y diversa: una de hormigón y otras de aire y ruido. El suelo es de arena, y sobre ella han crecido algunos arbustos.

La *casa* es relativamente espaciosa. La decoración podría ser futurista. El mobiliario se compone de seis viejos colchones y de unos gruesos tablones unidos que quieren ser, y es, la mesa; el armario sustituye sus puertas por un mantel de cuadros, dentro del cual se entrevén platos y vasos.

Completa la instalación un butanillo con el que hacer la comida. Rodeándolo todo, montones de ropa, maletas y trastos. De día su situación es puesta en claro por la luz natural, y de noche, por las luminarias del alumbrado público. No es la mejor, pero es gratis.

José Luis Mendoza es un vizcaíno de treinta y tres años que dejó su tierra hace cinco – *«allí no había trabajo y sí mucho follón»* – para venir a Madrid. Es el que ahora vive bajo el puente con su mujer, **Alicia Crespo**, y sus cuatro hijos: **Alicia, Marcos, Noelia** y **Oscar**.

Hasta junio la familia residía en San Fernando de Henares, pero tuvieron que abandonar su piso porque de albañil no ganaba lo suficiente para pagar el alquiler. Había que escoger y, entre techo y plato, optó por mantener a su familia, pero a cambio se encontró ante una experiencia que jamás hubiera imaginado: vivir en la calle. Continúa trabajando como albañil, pero su sueldo, asegura, no basta.

Solidaridad en la pobreza

La solidaridad tal vez sea el sentimiento que más une a los pobres. Así junto a **José Luis Mendoza** vive otra familia: el cabeza se llama **Patricio** y nació en un pueblo de Segovia; su mujer es **Laura** y tienen dos chiquillos. Los otros habitantes de esta singular casa son **Mario, Ramón** y **Fátima**, una niña de diecisiete años, nacida en Alcázar de San Juan.

Padecen una situación injusta y, desde luego, no muy agradable pero todavía saben lo que es el sentido del humor: *«sólo faltan las paredes y el sofá para que esto sea una casa de verdad»*, afirma **Mario**. Estos trece habitantes de una casa deshabitada, porque no es casa a pesar de la ironía de **Mario**, se trasladan en verano a los jardines de Ferraz, como los que saben vivir. Con el otoño vuelven abajo, aunque esperan *«no comer aquí el turrón»*. No obstante están bien provistos de mantas.

Aseguran que comen bien y que cuando pueden hacen las cuatro comidas del día: primero siempre los niños. Administrándolo con tino, el dinero que ganan **José Luis** y **Patricio** vale para que trece personas se alimenten durante un mes. El menú de un día cualquiera fue judías blancas con chorizo, y patatas con carne para la cena. Cuando **José Luis** y **Patricio**, también albañil, salen de casa cada mañana, después de asearse en una fuente de los jardines de Ferraz, **Mario** y **Ramón** se quedan con las mujeres y los niños, para mirar por todos. Lo único que quieren es *«un hogar digno»*, afirma **Laura**. Son conscientes de que tan trágica situación no está en su mano arreglarla. Al final de todo esperan. Confían.

Relative Pronouns: There are several examples in the text of the use of relative pronouns, such as **que**, **el/la/los/las que**, **el/la/los/las cual(es)**, etc. Read through the relevant section of the Grammar Summary on page 257.

3 Lee con atención el artículo y responde después a estas preguntas:

a ¿Cuántas personas viven bajo el puente?
b ¿Cómo son las paredes de esta vivienda?
c Describe los *muebles* que tiene la *casa*.
d ¿Cómo se hacen las comidas en esta vivienda?
e ¿De cuántas personas se compone la familia de José Luis Mendoza?
f ¿Por qué dejó José Luis el piso que tenía en San Fernando de Henares?
g ¿Quién es Patricio?
h ¿Qué hacen los habitantes de la vivienda en el verano?
i ¿Qué hacen los dos hombres cada día? ¿Y las mujeres?
j ¿Cuál es la actitud de estas dos familias hacia el futuro?

4 Primero compara tus respuestas con las de tu compañero de clase, y luego discútelo todo con el profesor. Lee en voz alta las frases del artículo en las que has basado tus ideas.

5 Lee otra vez el artículo y busca cómo se dice en español:

a the house is quite spacious
b a check tablecloth
c a gas stove completes the arrangement
d piles of clothes
e by night
f the street lighting
g as a bricklayer …
h he chose to look after his family
i his wages are not enough
j a sense of humour

6 Con tus compañeros, verifica las respuestas, leyéndolas en voz alta para el profesor.

6 **7** Mirando el texto, completa las frases en la hoja 6.

8a Con tu compañero de clase, escribe una definición en español de las palabras o frases siguientes:

- **a** un puente
- **b** el techo
- **c** el arbusto
- **d** la decoración futurista
- **e** el mobiliario
- **f** su situación es puesta en claro
- **g** un vizcaíno
- **h** el alquiler
- **i** el sueldo
- **j** el cabeza

b Compara tus definiciones con las de otros alumnos de la clase.

9 Ahora examina el estilo en que se ha escrito el artículo:

a ¿Cuál es la actitud del autor al describir la situación en que viven estas personas? ¿Te parece una actitud llena de simpatía, de admiración o de ironía? Escribe las palabras y frases del artículo que justifican tu opinión, por ejemplo: … *entre techo y plato;* … *como los que saben vivir.*

b Compara tus ideas sobre este aspecto del texto con las de tus compañeros de clase, haciendo una lista completa de las frases que habéis escogido.

10 Con la ayuda de un compañero, escribe un resumen del artículo utilizando sólo tres o cuatro frases.

11 Con un compañero, prepara una entrevista a José Luis Mendoza. Las preguntas y las respuestas tienen que basarse en lo que se lee en el artículo. Cuando hayáis completado los preparativos, ensayad juntos la entrevista.

7 **12** Sin mirar el artículo original, rellena los espacios en blanco en la hoja 7 con una de las palabras de la lista que sigue. Sólo puedes usar cada palabra de la lista una vez, pero ¡ten cuidado! porque no se necesitan todas las palabras.

agradable	camas	eléctrico	natural	público	ser
alquiler	cocina	espaciosa	piso	puertas	sueldo
butanillo	colchones	maletas	platos	residía	ventanas

13 Traduce al inglés el último párrafo del artículo.

14 Traduce al español el texto siguiente:

José Luis Mendoza is 33 years old; he lives with his family in an unusual "house" right in the middle of Madrid. The walls are made of concrete and fresh air and the furniture consists of six big mattresses and a few thick planks of wood. For José Luis lives in fact under a bridge in the Plaza de España, an unpleasant situation perhaps in comparison with the flat which he used to have in San Fernando de Henares, but which he had to leave in June because his wages were not enough to pay the rent. Nevertheless, José Luis still has a sense of humour. "All we need is a sofa", he says, "and then it'll be a real house."

15 Escribe una frase en español sobre cada uno de los siguientes aspectos de la casa o vida de la familia. Al escribirla, imagina cada vez que eres José Luis o su mujer.

- **a** Nuestro mobiliario
- **b** Lo que comemos
- **c** Nuestro piso en San Fernando
- **d** Mi/su sueldo de albañil
- **e** Nuestros hijos
- **f** Mi rutina diaria
- **g** Nuestro futuro

GRAMMAR

The Present Tense: radical-changing verbs and irregular spellings

■ Radical-changing verbs are those in which a spelling change occurs in the stem of the verb. This occurs in the present tense in all of the singular persons and the third person plural. There are three types of change that can take place:

- O > UE, which can occur in **-ar**, **-er**, and **-ir** verbs, e.g. **mostrar** (**ue**), **poder** (**ue**) and **dormir** (**ue**).
- E > IE, which can also occur in all three forms of verb, e.g. **empezar** (**ie**), **perder** (**ie**) and **sentir** (**ie**).
- E > I, a change which can only occur in **-ir** verbs, e.g. **pedir** (**i**).

A detailed summary of radical-changing verbs is given in the Grammar Summary at the back of the book on pages 259–260.

■ There are also many examples of verbs which contain an irregular spelling in the present tense. These may be made in the interests of pronunciation where a failure to change the spelling would result in the wrong sound being produced. Thus, the first person of the verb **coger** has to be written **cojo**, and accents need to be used in verbs like **continuar** (**continúo**) so that the stress remains in the correct place. Other spelling changes may involve the addition of a letter because the pronunciation of the word produces it naturally even though there is no grammatical reason to include it. One of the most common examples of this is the addition of the letter **y** to verbs like **construir** (**construye**) and **oír** (**oye**).

For a full summary of the most common spelling changes in verb forms, see the Grammar Summary on pages 260–261.

Discovery

Read carefully once more through the article dealing with the two families living beneath the bridge in Madrid and, with a partner, write down all the examples of radical-changing verbs in the present tense and also any irregular spellings that you can find. You should be able to find about five examples of each. Once you have made your list, try to think of at least two other examples of verbs that are similar to each of those that you have found in the article.

Práctica

Imagina que eres periodista y que escribes un artículo sobre la vida diaria de una(s) de las personas mencionadas en el artículo. Inventa unas frases que contengan una parte del tiempo presente de los verbos siguientes:

a empezar (ie)
b continuar
c seguir (i)
d oír
e dormir (ue)
f sustituir
g volver (ue)
h confiar
i divertirse (ie)
j huir

ESTÁS EN TU CASA *SEGUNDA PARTE:* EL CHABOLISMO

Uno de los grandes problemas sociales con que el gobierno español ha tenido y sigue teniendo que enfrentarse es el de los chabolistas, es decir, las personas que viven en chabolas o grupos de viviendas pobres y arruinadas. Hay muchos programas de demolición y reconstrucción de estos barrios pobres en las ciudades españolas, en los que se prepara el realojamiento de las familias que viven allí, consecuencia necesaria que sin embargo lleva consigo desventajas evidentes como la reacción de otros sectores de la población. Un ejemplo de todo esto es el caso del programado realojamiento de varias familias procedentes de las chabolas del Pozo del Huevo, un barrio madrileño.

Texto J **Oposición al realojamiento de los chabolistas (1)**

1 Antes de escuchar el fragmento grabado, empareja estas palabras, sacadas del texto, con su equivalente inglés:

oponerse a	una queja	to dominate	an underprivileged family
una familia marginal	perjudicado	a town councillor	a complaint
cercano a	un drogadicto	a measure	available for building
una medida	una concejala	to oppose	to show/demonstrate
un corte de tráfico	edificable	unfairly treated	close to
entrevistarse con	integrar en	an accusation	a tense atmosphere
alcanzar un acuerdo	una denuncia	to reach an agreement	a drug addict
un ambiente de tensión	manifestar	to meet with	closing a road to traffic
presidir	un ciudadano	a citizen	to fit into

2 Escucha dos veces el trozo e indica si las frases son verdaderas o falsas.

a Pilar García is a local architect.
b Agreement between the parties was finally reached.
c The inhabitants complained that they were badly informed about the project.
d Pilar García declared that since 1990 the authorities had permission to build.
e There have been a number of meetings.
f Concern was expressed that the club would become a centre for illegal drug-taking.

8

3 Haz una transcripción de la primera parte del texto, rellenando los espacios en blanco en la hoja 8.

Texto K **Oposición al realojamiento de los chabolistas (2)**

1 Ahora vas a comparar el texto grabado con un artículo escrito sobre el mismo problema en Moratalaz. Antes de leer el artículo, mira el vocabulario siguiente que te ayudará a comprender el nuevo texto.

el realojo	re-housing	abuchearse	to boo/jeer
arquitectónico	architectural	un portavoz	a spokesman
un inmueble	a building	la puesta en marcha	the starting-up
desarrollarse	to take place	la reinserción	rehabilitation

VIVIR

EN MADRID

Un amplio sector de los residentes de Moratalaz manifestó ayer su oposición al realojo de 300 familias procedentes del núcleo chabolista del Pozo del Huevo en su barrio. Reunidos con todos los representantes políticos de la Junta Municipal de Moratalaz, se puso en evidencia el desacuerdo entre ambas partes y los propios vecinos. Finalmente, se acordó una nueva reunión para hoy, en la que se estudiará realizar cortes de tráfico en la zona donde se alza el polémico edificio.

Vecinos y partidos políticos no se ponen de acuerdo en realojar chabolistas en Moratalaz

En un polémico edificio que se está construyendo cerca de la M-30 para 300 familias

Elena de la Cruz y Borja Hermoso/ D-16

El edificio que el arquitecto *Francisco Javier Sáenz de Oiza* construye junto a la M-30, en el distrito de Moratalaz, continúa siendo el símbolo de la polémica que Ayuntamiento y vecinos de la zona mantienen acerca del realojamiento de más de trescientas familias procedentes del Pozo del Huevo.

A las protestas de gran parte de los vecinos, contrarios al realojamiento de población considerada marginal en la zona, se han unido las críticas que desde diversos sectores han sido lanzadas contra el estilo arquitectónico de la casa de Sáenz de Oiza, que ha llegado a ser definida como *cárcel* o *colmena*.

Más de trescientos vecinos se reunieron ayer con la Junta Municipal de Vallecas en pleno para informarse más a fondo sobre las familias que se alojarán en las 360 viviendas del inmueble. El encuentro se desarrolló en un ambiente de tensión, en el que el público no paró de abuchearse entre sí y a los miembros de la Junta.

Medidas de presión

Los vecinos acordaron, finalmente, reunirse hoy para designar portavoces que los representen en futuras reuniones con los organismos implicados y decidir la puesta en marcha de medidas de presión, como cortes de tráfico.

Por un lado, una sección amplia de los presentes se quejaba de la falta de información que había rodeado el proyecto y expresaba su convicción de que los habitantes del Pozo del Huevo son en su mayoría delincuentes y drogadictos.

«Nos van a soltar doscientos "camellos" en el barrio y no vamos a estar seguros cuando nuestros hijos están en la calle», opinó Antonia Gómez.

Por otro lado, Juan Ramón González, portavoz de la Asociación de Vecinos de Moratalaz Oeste y Este, con 8.000 afiliados, no se mostró tan reacio a su asentamiento.

«Pedimos al Ayuntamiento que tome las medidas necesarias para que la integración se produzca de una forma plena y no traumática. Este barrio tiene larga experiencia en este tipo de procesos, que se han desarrollado en varias zonas sin que se hayan producido nunca conflictos», añadió, siendo interrumpido con comentarios en contra numerosas veces.

Al público se dirigieron también varias mujeres residentes en el Pozo del Huevo. «Quiero que me miren bien, porque yo no me considero marginada. En nuestro barrio hay gente buena y gente mala, como aquí. Yo quiero ese piso porque quiero acercarme al centro y mi marido está trabajando para pagarlo», indicó Cándida Simón.

Explosión de xenofobia

El vocal de Izquierda Unida Enrique Gilavert calificó la reunión de «explosión de xenofobia. Hay vecinos que piensan que han pagado treinta millones por un piso y que su inversión se devalúa con la presencia de estas personas».

Todos los grupos políticos coincidían en que no había que limitarse a buscar alojamientos para la reinserción de sectores marginados, sino también reforzar su integración con programas sociales y escolarización.

9

2 Ahora lee con atención el artículo escrito y luego haz el siguiente ejercicio: Mira bien la lista en la hoja 9 y pon una equis en las casillas apropiadas. Hay que decidir si cada uno de estos puntos se menciona en el texto grabado, en el artículo escrito o en ambos.

3 Imagina que eres Pilar García, y tu compañero de clase uno de los habitantes de Moratalaz. Cada uno debe escoger cinco de los puntos del cuadro del ejercicio 2 y luego escribir una frase explicando su opinión sobre éstos. Después, podéis entablar una conversación en forma de debate para tratar de convencer al otro.

GRAMMAR SUMMARY

The Preterite Tense and Reflexive Verbs

■ **The preterite tense** is used in Spanish to describe events or actions that happened once only and usually on one particular day or at one particular moment. In an article such as the one you have just read, the preterite is the tense used to relate a series of things that happened one after the other.

The preterite tense has many different forms, all of which are set out for you in the Grammar Summary (see page 263). The main types are:

- Regular verbs (e.g. **manifestar, comer, añadir**)
- Weak preterites (e.g. **poner** [**puse**], etc.)
- **-ir** verbs which contain radical changes (e.g. **morir** [**murió**])
- The verbs **ser** and **ir** which have the same preterite (**fui**, etc.)
- The verbs **dar** and **ver** which are very similar in form (**di**, **dio**, etc; **vi**, **vio**, etc.)
- Verbs which include a number of spelling changes (**llegar** [**llegué**]; **construir** [**construyó**]; **sacar** [**saqué**], etc.)

Obviously, to know and use all of these really well takes a good deal of time and study. You will see countless examples of the various forms and uses of the preterite tense throughout the book, and the best thing for you to do is to take the whole thing steadily and just deal with each new rule and type as it occurs. For the moment, we shall just concentrate on a few straightforward examples of the preterite tense.

Examples from the passage:

- *Más de 300 vecinos se reunieron ayer.* (More than 300 people met yesterday.)
- *El público no paró de abuchearse.* (The audience did not stop jeering at one another.)
- *Pilar García señaló que…* (Pilar García pointed out that…)

Discovery

Work with a partner, making a list of all the examples of the preterite that you can find in the passage dealing with the Moratalaz affair. Try also to agree on why the preterite has been used in each case.

Práctica

1 Sin mirar el texto, escribe las frases siguientes, completándolas con la forma correcta de los infinitivos que aparecen entre paréntesis.

a Un amplio sector de los residentes de Moratalaz (manifestar) ayer su oposición al realojo de 300 familias.
b (ponerse) en evidencia el desacuerdo.
c El encuentro (desarrollarse) en un ambiente de tensión.
d Los vecinos (acordar) reunirse hoy.
e Al público (dirigirse) también varias mujeres residentes en el Pozo del Huevo.

2 Imagina que eres uno de los residentes de Moratalaz.
a Escribe cinco frases para explicar lo que hiciste tú antes, durante y después de la reunión de los vecinos. Por supuesto, puedes inventar todo lo que quieras. En cada frase, tienes que emplear uno de los verbos siguientes:

indicar gritar andar decir ir

b Ahora escribe otras cinco frases para explicar lo que hicieron tus amigos (los otros vecinos de Moratalaz), empleando cada vez uno de los verbos siguientes:

acordarse de añadir poner pedir ver

■ **Reflexive verbs** are extremely common in Spanish; this is because they are used in a variety of situations, not all of which are truly reflexive in their meaning. We shall be seeing more advanced uses of such verbs at a later stage, but for the moment we shall just look at their forms and the verbs that are normally reflexive in Spanish. As seen in the passage on the Moratalaz incident, these may have a truly reflexive meaning:

- *No me considero marginado.* (I do not consider *myself* an outcast.)

Or they may have no particular reflexive meaning; they are simply always reflexive in Spanish:

- *Una amplia sección de los presentes se quejaba de la falta de información.* (A large proportion of those present complained of the lack of information.)

For a detailed examination of the forms and uses of reflexive verbs, see the Grammar Summary on pages 261–262.

Discovery

Read through the article again with a partner and make a list of all the examples of reflexive verbs that you can find.

Práctica

Sin mirar el texto, escribe una frase con cada uno de los verbos reflexivos siguientes:

a nos reunimos
b me acerqué a
c se dirigieron a
d se puso en evidencia
e nos acordamos en …
f no se ponen de acuerdo
g me quejo de

4 Como habitante de Moratalaz, escribe una carta al periódico local para expresar tus opiniones en contra del realojamiento de los chabolistas del Pozo del Huevo. Después, dale la carta que has escrito a tu compañero de clase.

5 Siempre hay que examinar los argumentos en pro y en contra de una cuestión. Imagina que eres madrileño y que acabas de leer en un periódico la carta escrita por tu compañero de clase. Tú crees que las ventajas sociales del realojamiento de los chabolistas son mucho más importantes que cualquier otro aspecto de la cuestión. Prepara tus ideas y respuestas a los argumentos de la carta que has leído y trata de persuadir al autor para que vea la otra cara de la moneda. Esto se puede hacer escribiendo otra carta o por medio de un debate general entre todos los alumnos de la clase.

2 Comprar una chabola cuesta 80.000 pesetas

Lee este artículo en la página 231 sobre las chabolas que se pueden comprar en el barrio de Peña Grande y luego escribe cinco frases en inglés resumiéndolo todo. Claro que cada una de las frases tiene que hacer referencia a uno de los detalles más importantes (a tu parecer) de la historia examinada aquí.

Desarrollando el tema

1 **El interiorismo o diseño interior de las casas**: ¿en qué se diferencian las casas españolas y las inglesas?; la importancia del ambiente, de la luz; del espacio, de los muebles; la importancia de la comodidad; comparación de lo estético y lo funcional.

2 **El chabolismo en España**: el futuro del problema; ¿la villa olímpica sirve para solucionar los problemas del chabolismo y de los marginados en Barcelona?

3 **El problema universal de los que no tienen hogar**: colecciona impresos y folletos de organizaciones sociales (como por ejemplo *Shelter*) para examinar esta cuestión. Así puedes preparar cartas, entrevistas, etcétera, para una conferencia de la Comunidad Europea sobre este tipo de problema.

4 **La casa del siglo XXI**: lo que tendrá; su diseño; la importancia de la electrónica; los cambios que se verán en las habitaciones – la cocina, el salón, el cuarto de baño.

Para terminar: En nuestra casa

Una canción escrita y cantada por Joan Manuel Serrat

Escucha dos o tres veces la canción interpretada por Joan Manuel Serrat. Las palabras están en la hoja 10. Escucha la canción primero sin mirar las palabras, luego mirándolas.

Finalmente, contesta a las preguntas siguientes, imaginando lo que quieras de la situación descrita en la canción.

a ¿Te parece una canción optimista o pesimista? ¿Por qué?
b ¿Con quién está hablando Serrat? ¿Cuál es el mensaje?
c ¿Qué importancia tiene la casa en esta canción?

UNIDAD 2

Hogar, ¿dulce? hogar

Llega el marido a su casa y le dice su mujer:
–Alégrate, cariño, pronto seremos tres.
– ¡Qué alegría! ¿Estás segura?
– Sí, he recibido un telegrama que dice: «Llego mañana. Mamá».

En esta unidad vamos a examinar con más detalle a los miembros de la familia. Empezaremos describiendo a los padres, hijos y hermanos; luego consideraremos las relaciones (tanto las buenas como las malas) que existen entre ellos.

11 En la hoja 11, encontrarás el vocabulario para la unidad 2.

Para empezar:

1. Prepara unas respuestas detalladas a las siguientes preguntas para poder hablar después con tu compañero de clase sobre los miembros de tu familia.
   a ¿De cuántas personas se compone tu familia? ¿Quiénes son?
   b ¿Cómo son tus padres/hermanos/abuelos etcétera? Habla de su apariencia física y también de su carácter.
   c ¿Te llevas bien o mal con tus padres/hermanos, etcétera? A ver si puedes también explicar por qué las relaciones que tienes con ellos son buenas o malas.
2. Ahora compara las respuestas que has preparado con las de tu compañero de clase. Tienes que observar sobre todo las diferencias que surjan de vuestra conversación.
3. El profesor pedirá a un alumno de cada pareja que explique las diferencias entre las dos familias de que habéis hablado. Estas diferencias se referirán, claro está, al número de personas en cada caso y también a las relaciones que cada alumno tenga con los miembros de la familia.
4. Finalmente, a ver si podéis poneros de acuerdo sobre las cosas o características que son necesarias para mantener buenas relaciones dentro de la familia. ¿Hay también opiniones comunes en la clase sobre las razones por las que se crean relaciones difíciles?

Texto A **La apariencia física**

Escucha la cinta dos veces y rellena el cuadro en la hoja 12 señalando los distintos rasgos físicos de los miembros de las familias de Pedro y Dolores.

Antes de continuar, estudia (si es necesario, con tu profesor) la hoja 13.

HOGAR ¿DULCE? HOGAR — *PRIMERA PARTE:* LOS HIJOS

Texto B **La influencia del orden de nacimiento**

1 Antes de leer el artículo, busca en el diccionario el sentido de las palabras siguientes:

complacer	la inmadurez	acertar a
la ternura	una prueba	valerse por sí mismo
el éxito	aconsejable	suplir
asumir responsabilidades	nefasto	el matiz
el mando	conllevar	humillar
la costumbre	superar	los celos
el riesgo	el nivel medio	el resentimiento
mimado	incrementarse	desembocar
caprichoso	cerebral	un fracaso

¿Cómo influye el orden de nacimiento en la personalidad?

EL PRIMOGENITO

El hijo mayor suele manifestar un deseo permanente de complacer a sus padres y lograr su aprobación. El es quien recibe las primeras ilusiones y las más exquisitas manifestaciones de ternura.

En general, podemos afirmar que el *perfil psicológico* del primogénito viene marcado por las siguientes características:

- Tendencia al éxito social.
- Personalidad convencional, definida y autoritaria.
- Propensión a asumir responsabilidades.
- Gusto en tomar decisiones y participar en la dirección familiar.
- Aceptación de los hermanos, sobre los que suelen adoptar una conducta de protección y mando.
- Ser cumplidor fiel de normas y costumbres.

EL BENJAMIN

El riesgo más grave que suele correr el benjamín es el de ser permanente centro de atenciones y cuidados, con el peligro de quedar «fijado» en un papel de niño mimado, superprotegido y caprichoso, cuyos efectos pueden acompañar a veces al sujeto a lo largo de su vida, afectando gravemente al desarrollo de una personalidad marcada por una inmadurez latente, más o menos pronunciada.

El atento lector habrá observado seguramente, que muchos padres, al referirse al último de sus hijos, les llaman «niño» o «niña» casi de por vida. Buena prueba de que siguen *viendo,* considerando y tratando de alguna forma como niños a unos hijos que ya son plenamente adultos.

Lo más aconsejable es que el menor sea tratado como un hijo más. Procuren autoobservarse los padres para no caer en estas conductas, a las que inconscientemente tenderán, para evitar los nefastos efectos educativos que toda permisividad y mimo excesivo conllevan.

EL HIJO UNICO

El aspecto más positivo a que han llegado diversos estudios sobre los hijos únicos es que el 62 por 100 de ellos supera el nivel medio de inteligencia.

La única explicación lógica desde una perspectiva psicológica es que, aunque el hecho de ser únicos conlleve algunos aspectos que puedan influir negativamente en el desarrollo de determinadas áreas, como en la integración social, etcétera, sin embargo, se da una circunstancia muy positiva, ya que al *multiplicarse* las atenciones, el diálogo y la comunicación con el adulto se incrementa también la estimulación cerebral en mayor medida que en el resto de los hijos.

Otros rasgos de signo menos positivo en el perfil psicológico del hijo único son:

- Suele ser un niño más débil, protegido y mimado, salvo que sus padres empleen una estrategia educativa adecuada.
- Preocupados por cuidar y proteger su «único y frágil tesoro», muchos padres convierten a estos niños en seres dependientes, torpes, caprichosos, semiinútiles, que no acertarán jamás a valerse por sí mismos.
- Las insistentes y machaconas consignas de «no corras», «ten mucho cuidadito», «que te vas a caer», «eso es demasiado para ti», etcétera, convierten a un niño sano en un ser frágil, temeroso «de vidrio», de «mírame y no me toques».
- La *infancia* del hijo único, si los padres no lo remedian, suele estar falta de interacción y relación con otros niños de su edad.
- La *escuela* también puede ser una dura prueba para el hijo único, y que pasa bruscamente de unos esquemas de relación social con adultos protectores a una vida de interacción con niños de su edad a la que no está habituado.

Es importante que los padres traten de suplir la falta de interacción con unos hermanos que no existen por la relación temprana y continuada con otros niños de su edad para facilitar la integración escolar y social.

EL SEGUNDON

Su personalidad suele mostrar un claro matiz de inconformismo e indisciplina.

El mayor, con su conducta de hermano modelo, obliga de alguna forma al hermano que le sigue a ocupar un segundo puesto que al tiempo que le humilla le hace refugiarse en sí mismo.

Como al segundón no le suelen correr vientos propicios para destacar por los medios normales, se ve obligado a establecer sus propias estrategias para lograr el éxito, inclinándose por actividades de tipo creativo.

Muchos pintores, músicos, literatos y artistas diversos fueron «segundones» que se vieron obligados a roturar nuevos caminos en solitario.

Si el segundón es muy próximo al primogénito, los celos serán mayores, y si es bastante lejano, irá siempre rezagado, será menos fuerte y maduro, tendiendo además a la autodesvalorización y al resentimiento si los padres ponen siempre como modelo al mayor. Esta situación puede desembocar en neurosis de fracaso.

Lo más aconsejable es que el menor sea tratado como un hijo más.
(*The most sensible thing is that the youngest one should be treated simply as one more child.*) For the use of the pronoun **lo** followed by an adjective, see the note in the Grammar Summary on page 256.

2 Ahora lee con atención el artículo que habla de las características típicas de cada uno de los hijos de una familia – del primogénito (el mayor), el benjamín (el pequeño), el segundón (es decir el hijo segundo) y el hijo único.

14

3 El cuadro de la hoja 14 tiene una lista de 20 adjetivos que pueden aplicarse al carácter de una persona. Pon una equis en la casilla que te parezca adecuada, según lo que dice el artículo que has leído. Después de completar el cuadro, compara tus opiniones con las de tu compañero de clase, justificando tu elección si habéis elegido diferentes casillas.

4 Ahora, empleando la lista de adjetivos del ejercicio 3, y recordando lo que aprendiste en la hoja 14, trata de escribir el verbo y/o el substantivo (es decir el nombre) que se relaciona con cada una de las palabras de la lista. Por ejemplo:

creativo: verbo – crear; substantivo – creación
mimado: verbo – mimar; substantivo – mimo

5 Ahora va a haber un debate en la clase sobre la verdad o falsedad de las ideas expresadas en el artículo. ¿Te identificas con lo que se dice de ti? ¿Y crees que tus hermanos tienen las características de que se habla?

6 Imagina que eres el padre o la madre de un hijo/una hija difícil. Escribe un párrafo para mandar al consultorio sentimental de una revista, describiendo el carácter de tu hijo/a y pidiendo consejo.

7 El profesor va a distribuir los párrafos escritos en el ejercicio 6 entre los miembros de la clase. Cada alumno tiene que imaginarse ahora que es el columnista de la revista, y escribir una respuesta a la carta recibida, dando consejo sobre lo que debe hacer el padre o madre que le ha consultado.

Texto C **Maribel y Fernando hablan de sus hijos**

Escucha el Texto C donde Maribel y Fernando, un matrimonio valenciano, hablan de sus hijos y también del papel y la influencia de los abuelos – un hecho que parece más importante en España que en Inglaterra. Después de escucharlo por lo menos dos veces, a ver si puedes escribir unas breves notas sobre lo que se dice de las siguientes cosas:

a sus profesiones
b el papel del «cabeza de familia»
c los abuelos
d el físico y el carácter de los dos hijos Fernando y Guillermo
e los pasatiempos de los padres e hijos

SEGUNDA PARTE: LOS PADRES

Ahora la clase va a dividirse en dos grupos para considerar las relaciones que existen entre el padre y la madre en una familia. Cada grupo va a escuchar a una persona que habla de cuál de los dos manda en su casa y de quién (ya sea el padre o la madre) parece estar dominado.

Texto D **¿Quién manda en casa?**

Como ya hemos dicho antes, buscar una palabra en el diccionario y encontrar varios sentidos diferentes, sin decidirte sobre cuál de ellos elegir, puede ser bastante confuso. En estos casos, tienes que pensar con cuidado en el contexto en el cual se utiliza la palabra para poder elegir el significado que mejor convenga. Aquí tienes un ejercicio que te ayudará a dominar esta técnica importante.

1 En tu grupo, escucha el texto que te convenga y después trabaja con un compañero para elegir uno de los dos sentidos escritos al lado de cada una de las palabras o frases siguientes. Cada sentido es correcto en cierto contexto, pero hay un sentido que aquí es más apropiado que el otro, aunque a veces los dos sentidos parezcan muy parecidos. Verifica tus respuestas con el profesor.

Grupo A		
los gastos	**a** *rates*	**b** *expenses*
ahorrar	**a** *to save*	**b** *to free*
no me va mal	**a** *I'm doing well*	**b** *it suits me*
una marioneta	**a** *puppet*	**b** *marionette*
fastidiar	**a** *to annoy*	**b** *to harm*
jugar una partida	**a** *to play a game*	**b** *to play out a hand (in cards)*
poner mala cara	**a** *to grimace*	**b** *to pull a face*
adivinar:	**a** *to solve*	**b** *to guess*
aguantar:	**a** *to sustain*	**b** *to bear*
el ambiente	**a** *environment*	**b** *atmosphere*
ponerse mal	**a** *to turn bad*	**b** *to become annoyed*
tener en un puño	**a** *to hold in a fist*	**b** *to have under one's thumb*
arrimarse a	**a** *to get near to*	**b** *to lean against*
arreglarse	**a** *to reach an agreement*	**b** *to dress up (smartly)*
incómodo	**a** *uncomfortable*	**b** *inconvenient*

Grupo B		
la vergüenza	**a** *shyness*	**b** *shame/embarrassment*
salvarse	**a** *to save oneself*	**b** *to get out of something/avoid something*
el ama de llaves	**a** *housekeeper*	**b** *bursar*
gastar dinero	**a** *to waste money*	**b** *to spend money*
meterse en algo	**a** *to enter something*	**b** *to get involved in something*
armarse una bronca	**a** *to get ready for a row*	**b** *to have a row*
antiguo	**a** *ancient*	**b** *old-fashioned*
llevar la contraria	**a** *to hold another opinion*	**b** *to contradict someone*
aprovechar	**a** *to utilize*	**b** *to make the most of …*
la muestra	**a** *example*	**b** *sign*
repartir	**a** *to hand out*	**b** *to share out*
salirse con la suya	**a** *to have one's own way*	**b** *to carry one's point (in discussions)*

2 Ahora escucha otra vez con atención el texto apropiado según el grupo en que te ha puesto el profesor. Con los otros miembros de tu grupo, busca cómo se dicen en español las frases siguientes:

Grupo A (Eugenio)	Grupo B (Agueda)
a *My wife's the one who decides what we must save.*	**a** *He's the one in charge.*
b *I think I am a puppet.*	**b** *I'm ashamed to say that …*
c *She pulls a face.*	**c** *He always gives me what I ask for.*
d *I can't stand it.*	**d** *He doesn't interfere with that.*
e *When I see her (looking) like that …*	**e** *I usually go out one day a week.*
f *She's got me under her thumb.*	**f** *There is an almighty row.*
g *I can't even get close to her.*	**g** *My duty is to be at home.*
h *I have to wear what she likes.*	**h** *I can't contradict him.*
i *I have to put up with it.*	**i** *He is not very educated.*
j *She says that everything she does is for me.*	**j** *I always get my own way.*

3 Con los otros miembros de tu grupo, escribe cinco frases para explicar por qué Eugenio y Agueda no están contentos de las relaciones que tienen con su mujer/marido. Por ejemplo:

Grupo A: Para Eugenio, lo peor es cuando su mujer no le quiere explicar lo que le ocurre.
Grupo B: Agueda no se siente el ama de su casa.

4 Ahora los miembros de cada grupo van a mezclarse para que un alumno del grupo A hable con otro del grupo B. En las parejas que así se formen, hay que comparar las quejas de Eugenio con las de Agueda, haciendo una lista completa de ellas. Después de completar la lista, habla con tu compañero sobre los siguientes temas:

a ¿En qué se parecen las quejas de Eugenio y de Agueda?
b ¿Qué aspectos de la vida familiar parecen causarles problemas a los dos?
c ¿Qué soluciones podéis proponer para los problemas que tienen Eugenio y Agueda?

5 Toda la clase va a participar en una conversación donde se ofrecerán ideas sobre las causas y las soluciones de los problemas que se han examinado en este texto.

Texto E **Carlos, 17 años, estudiante**

1 Ahora vas a leer una nueva descripción sobre este mismo tema de quién manda en casa, pero esta vez visto por un hijo que se llama Carlos. Antes de leer el nuevo texto, empareja estas palabras, sacadas del texto, con su equivalente inglés:

convencido	*a child*
grabado	*to control*
administrar	*to punish*
darse cuenta de	*convinced*
mangonear	*to wear the trousers*
un crío	*to realise*
sentir rencor	*engraved (on my memory)*
castigar	*to feel resentful*

Carlos, 17 años, estudiante

«Cuando era pequeño estaba convencido de que mi padre mandaba en casa. Yo le pedía siempre permiso a él; mi madre decía que lo hiciera; y lo que él contestaba era lo mismo que lo que contestaba mi madre. La frase «se hará lo que tu padre diga», la tengo grabada. Cuando yo le pedía a mi madre que me comprase algo, decía que lo tenía que consultar con él, para saber cómo andábamos de dinero. Y era ella la que administraba todo en casa. Incluso mi padre pedía algunas mañanas dinero para sus gastos. Empecé a darme cuenta de que era mi madre quien mangoneaba a los catorce años. Quería ir a un viaje de fin de curso y le pregunté a mi padre si me daba permiso. Me contestó que me lo diría al día siguiente. Sé que estuvo mal, pero les estuve escuchando detrás de la puerta. Mi padre estaba de acuerdo en que yo fuera al viaje de fin de curso, pero mi madre no. Por un lado, decía que era un crío; por otro, no le gustaba porque iban también niñas del colegio y ella pensaba que podía pasar cualquier cosa. Al día siguiente mi padre me dijo que yo no iría al viaje. Y parecía que estaba totalmente convencido de que era eso lo que pensaba, y yo sabía que era porque lo había dicho mi madre. Durante un tiempo sentí rencor hacia los dos. Luego, se me ha ido pasando. Pero ella sigue siendo la que por detrás manda siempre. Cuando se enfadan, me he dado cuenta de que mi madre se va a dormir a otra habitación. No me gusta eso, me parece que ella le castiga así y no está bien seguir estos métodos.»

2 Lee con atención lo que dice Carlos, y después contesta en inglés las siguientes preguntas:

a What originally made Carlos think that his father was the one in charge at home?
b What reason did his mother give him for having to ask his father if she could buy something for him?
c When did Carlos first begin to suspect that his initial assumption had been wrong?
d What specific example does Carlos remember to prove that it was really his mother who made the decisions?
e How did he feel as a result of this incident, and how does he feel now?

3 Lee otra vez las palabras de Carlos y traduce al inglés las siguientes frases españolas:

a Yo le pedía siempre permiso a él.
b Se hará lo que tu padre diga.
c … era mi madre quien mangoneaba.
d Mi padre estaba de acuerdo en que yo fuera al viaje.
e Ella pensaba que podía pasar cualquier cosa.
f Se me ha ido pasando.
g No está bien seguir estos métodos.

GRAMMAR

The Imperfect Tense

■ In the first chapter, we looked at the preterite tense in Spanish, and made the point that it was used to describe events or actions in the past that happened once only and usually on one particular day or at one particular moment. In the passage where Carlos speaks of the relationship between his parents, you will find one or two examples of this, where the speaker is remembering something his father said or that he himself did on one particular day.

As you will be aware from GCSE work, the imperfect tense is the other major verb form that is required when writing or speaking Spanish in the past; it has various uses, but one of the most important is that the imperfect describes actions and events that happened on several occasions or that were habitually true. Most of the passage spoken by Carlos deals with how his parents used to be, what used to happen, and it is therefore this tense that is used most frequently by him.

For example:

- *Yo le pedía siempre permiso a él.* (I always asked [= used to ask] his permission.)
- *Decía que lo tenía que consultar con él.* (She said [= used to say] that she had to consult him.)

The imperfect is also used in accounts of the events of a particular day or moment when its purpose is either descriptive or simply one that does not deal with single and momentary actions.

For example:

- *Quería ir a un viaje de fin de curso.* (I wanted to go on an end of term trip.)

In its form, the imperfect tense is less complicated than the preterite. There is one set of endings for **-ar** verbs (e.g. **estaba**, **estabas**, **estaba**, etc.) and a different one for **-er** and **-ir** verbs (e.g. **parecía**, **parecías**, **parecía**, etc.). Only three verbs (namely **ser**, **ir** and **ver**) have irregular forms. You will find a summary of the forms and uses of the imperfect tense in the Grammar Summary on pages 263–264.

Discovery

With a partner, make a list of all of the examples of the imperfect tense that you can find in the passage concerning Carlos and his description of his parents. See if you can agree on why the imperfect is used in each case.

Práctica

1 Cuando tú eras muy pequeño, ¿quién mandaba en tu casa? Escribe cinco frases describiendo lo que hacían o decían tus padres y dando una prueba de tu opinión sobre el que mandaba. Claro que los verbos que empleas se escribirán en el tiempo imperfecto.

2 Imagina que eres hijo de Eugenio o Agueda, los dos padres que escuchaste antes. Escribe, tal como lo ha hecho Carlos, un párrafo en español describiendo las relaciones entre tus padres cuando eras pequeño.

Texto F **Hombres difíciles**

HOMBRES DIFÍCILES

El obsesionado por la limpieza

Este tipo de hombre, extremista de la pulcritud, es capaz de convertir en una labor detectivesca la búsqueda de remotas y diminutas partículas de polvo por toda la casa. Su ropa está meticulosamente clasificada en el armario por colores, estilo y año de compra. Sus posesiones más preciadas son el plumero, la plancha y las estanterías de zapatos. Estadísticamente son pocos los hombres que pertenecen a esta categoría, pero las mujeres que comparten su existencia viven aterradas pensando que en cualquier momento les puede sobrevenir un ataque de "arreglar un poquito". Mi amiga Alicia no ha logrado nunca descubrir quién le hizo sus regalos de boda porque, casi antes de abrirlos, su marido ya había tirado a la basura los envoltorios y las tarjetas.

El loco por la electrónica

Tiene una colección de artilugios electrónicos que ni los japoneses conocen. Sueña con convertir su casa en un estudio de música con acústica perfecta, lo último de lo último en sonido y perfectamente aislado (y eso te incluye a ti). Se queja del precio de los calcetines, pero no duda en gastarse todo su sueldo en un par de altavoces nuevos. ¿Qué entiende por dedicar una tarde a la lectura? Sentarse en un sillón y empaparse a fondo del catálogo de Sony. Su pasatiempo favorito es el zapping, actividad que ha pasado a ocupar el primer puesto en las razones aducidas por las mujeres para solicitar el divorcio (antes era la infidelidad). ¡Y espera a que descubra el *teleclick*!

El deportista de sillón

Es un hombre muy cariñoso si te lo encuentras cuando va camino del frigorífico durante el intermedio de cualquier retransmisión deportiva. Todos los partidos, ya sean de fútbol, baloncesto o tenis, son para él "el gran partido" y los antepone a cualquier otro acontecimiento, ya se trate de una reunión familiar, tu cumpleaños o las contracciones del parto. Es más, durante la retransmisión deportiva exige un silencio sepulcral. No se sabe por qué, sus alaridos de energúmeno son necesarios gritos de aliento, mientras que tus ocasionales susurros son molestos y fuera de lugar. Cuando tú sueñas con unas vacaciones románticas, él sólo está dispuesto a ir a un lugar con antena parabólica, para poder estar al día. De manera que si pretendes pasar un rato agradable en un café parisino o contemplar un atardecer en el Egeo, más vale que contrates a un acompañante. De todos modos, vivir con un adicto al deporte televisado tiene sus ventajas, porque dispondrás de todo el tiempo del mundo para aprender a tejer alfombras orientales, tapices de temas épicos, o sacarte un doctorado en física.

El Adonis contemporáneo

Tarda el doble que tú en arreglarse y también queda mucho más guapo. Sus pasatiempos favoritos son mantener el bronceado todo el año e imaginar qué aspecto tendría con la barbilla partida, al estilo Kirk Douglas. Su cabello le preocupa especialmente. Nunca acude a una peluquería que no tenga nombre francés. Ahora bien, todo esto que hemos dicho es un narcisismo menor si lo comparamos con el culturismo. Si le da por ahí, su ocupación principal será que no se le encojan los músculos mientras duerme, por lo que casi antes de levantarse ya estará haciendo pesas y flexiones. La ventaja de salir con alguien así es que jamás mira a otras mujeres porque está demasiado ocupado comparando sus abultados bíceps con los de la competencia. Antes de embarcarte en una relación con un adonis, ten en cuenta que el guapo es él, y no tú. ¡Que no se te olvide!

Le llaman tacañete

Su restaurante favorito es la tasca de enfrente de su casa. Cuando te invite a cenar, jurará que si pides pisto para acompañar el huevo frito le llevarás a la ruina. También está el tacaño que pide para sí un plato suculento (crêpes rellenas de caviar, langosta y cosas parecidas) mientras que tú, por consideración, eliges el plato más barato, y cuando llega la cuenta, te sugiere dulcemente que paguéis a medias. Otros hombres expresan su frugalidad diciendo: "A mí no me gustan los restaurantes". Si es así, sal corriendo. ¿Has decidido seguir con él pese a su tacañería? No te sorprendas si de pronto te propone pasar un fin de semana fuera. Pronto descubrirás que sus razones no tenían nada de romántico: quiere dedicar dos días a comparar los precios de la ropa interior para hombre con los de otra comunidad autónoma.

Marcia Gil

1 Lee los cinco párrafos del artículo *Hombres difíciles*. ¿Cuál de los hombres te parece el más difícil y cuál el menos problemático? Tienes que justificar tus opiniones. Como éste es obviamente un texto muy sexista, sería interesante separar las opiniones de las chicas de las de los chicos y ver si coinciden en alguna manera.

2 Después, trabajando con uno o dos compañeros, a ver si podéis escribir dos párrafos que describan mujeres difíciles. Para terminar, tendréis que leer los párrafos en voz alta para comparar vuestras ideas con las de otros miembros de la clase.

Texto G «Aunque quieran ayudar, nunca han aprendido»

1 Escucha dos veces a Maribel y Fernando hablando de la colaboración (o la falta de colaboración) de los hombres en el hogar. Después, rellena los espacios vacíos del texto en la hoja 15.

2 Después de hacer el ejercicio 1, compara lo que dicen Maribel y Fernando con la situación en tu propia casa. ¿Pasa lo mismo o no? ¿Por qué?

3 ¿Cuáles son las opiniones de Fernando y Maribel sobre la situación que describen? ¿Estás de acuerdo con esas opiniones?

Texto H ¿Por qué se separan?

Claro que relaciones tensas como las que hemos estudiado hasta ahora pueden solucionarse de muchas maneras, pero también es posible que los padres nunca consigan encontrar una solución y que al final decidan separarse o hasta divorciarse. Mira el cuadro que sigue titulado *¿Por qué se separan?* donde hay una lista de las diversas causas de la separación de los padres, además de los porcentajes de mujeres y hombres a quienes se aplica cada una de las causas.

¿Por qué se separan?

Causas alegadas por las personas que no se han separado por mutuo acuerdo	Mujeres %	Hombres %
No podían entenderse	54	63
Malos tratos de palabra	53	28
Malos tratos físicos	41	13
Infidelidad conyugal	36	23
Incumplimiento de los deberes con los hijos	35	8
Abandono injustificado del hogar	33	25
Otras conductas vejatorias	31	10
Alcoholismo	28	5
Cese efectivo de la conviviencia conyugal	23	8
Perturbaciones mentales	17	8
Toxicomanía	8	2
Condena de cárcel	2	–
Otras causas	12	–

Los porcentajes suman más de cien por tratarse de preguntas con respuestas múltiples.
Fuente: OYCOS

1 Sin buscar ninguna palabra en el diccionario, trabaja con un compañero, tratando de expresar en inglés las varias causas enumeradas en el cuadro. Verificad vuestras ideas con el profesor.

2 Escribe 10 frases que interpreten las cifras que se dan en el cuadro y que comparen el papel de las mujeres y los hombres en esta cuestión. Por ejemplo:

La mayoría de los hombres deciden separarse de su mujer porque los dos no pueden entenderse.
Hay muchas más mujeres que hombres que dejan al cónyuge a causa de los malos tratos físicos.

Texto I Divorciarse por una cuestión de apellidos

1 Antes de leer el pequeño artículo, busca en el diccionario el sentido de las cuatro palabras siguientes:

hacer honor a	amenazar con
el juez	manso

2 Lee con atención esta historia y luego haz un resumen en inglés utilizando como máximo 30 palabras.

3 Con un compañero, haz una lista de todos los ejemplos que hay en el artículo de los tiempos pretérito e imperfecto de los verbos. Después, tratad juntos de explicar al profesor por qué se ha escogido uno u otro tiempo en cada caso.

Divorciarse por una cuestión de apellidos

Una mujer mejicana de apellido Cordero se divorció recientemente de su marido, Gabriel Lobo, por culpa, suponemos que entre otros importantes motivos, de sus apellidos. Al parecer, el marido, haciendo honor a su nombre de familia, amenazaba constantemente a la pobre señora Cordero con devorarla. Y el juez, ante la evidencia del estado de continua tensión matrimonial y el temor de la sufrida esposa, concedió el divorcio. Lo que no se indica es si la señora Cordero, en este caso, era realmente más mansa que el señor Lobo. ■

HOGAR, ¿DULCE? HOGAR *TERCERA PARTE:* LA BARRERA GENERACIONAL

Texto J Tres españoles hablan del carácter de su familia

1 Primero escucha dos veces lo que dice Pedro del carácter de su padre y rellena los espacios en blanco en la hoja 16.
2 Escucha el resto de la cinta dos veces y rellena el cuadro en la hoja 16, indicando cuáles de las cualidades mencionadas serían más apropiadas para los varios miembros de las tres familias.

Texto K **Padres**

1 Antes de leer este pequeño artículo, habla con tu compañero otra vez del carácter de tus padres y de las relaciones que tienes con ellos. Después de comparar vuestras opiniones de una manera muy general, y sea cual sea vuestra realidad, imaginad que os lleváis (a) muy bien y (b) muy mal con vuestros padres. Trabajad juntos para explicar cómo son y cómo se comportan vuestros padres de modo que, al terminar, tengáis una lista de las causas determinantes de vuestra situación familiar. Por ejemplo:

a *Mi padre me deja salir hasta muy tarde los sábados.*
Mis padres nunca me comprenden.

2 Ahora lee con atención el artículo *Padres* que trata de los posibles defectos del padre y de la madre. Explica en inglés cómo los rasgos del carácter de cada uno dan lugar a sus defectos y también los problemas que se originan por su relación de pareja.

3 ¿Cuáles de los defectos mencionados aparecen también en la lista que hiciste con tu compañero de clase en el ejercicio 1b?

4 Elige las que tú consideres como las cinco cualidades más importantes de un padre y/o una madre, y luego escribe en español un párrafo que resuma tus opiniones. Después, cada alumno va a leer en alta voz su párrafo para ver si tiene las mismas ideas que sus compañeros.

P A D R E S

Si hacemos una encuesta a los hijos sobre los defectos de su padre, las respuestas más corrientes son:

1. *Mi padre es ORDENO y MANDO.*

2. *Son pocas, muy pocas, las veces que reconoce que ha cometido algún error.*

3. *Lo que dice y exige nunca está en relación con lo que hace.*

4. *Me gustaría comentar mis problemas, pero nunca tiene tiempo.*

5. *La confianza con él brilla por su ausencia.*

6. *Sólo te ayuda si te ve muy caído. Sin embargo, si haces algo bien, es difícil que te apruebe.*

7. *Son mínimas las caricias de mi padre.*

Estas son la mayoría de las quejas de los adolescentes en relación a su padre.

¿Por qué ocurre esto? Para mí no es sólo problema del padre, sino también de la madre. Esta, sin darse cuenta, puede facilitar un mal entendimiento.

Veamos algunos ejemplos en el lenguaje de la madre:

1. *Se lo voy a decir a tu padre, por mí haz lo que quieras.*

2. *No le hagas caso a tu padre, ya sabes que viene enfadado de su trabajo.*

3. *Vas a ser igual que tu padre, desordenado, vago, agresivo, ya veremos quién te aguanta.*

4. *Por mí puedes salir con fulano, pero ya sabes cómo se pone tu padre. Si se entera se va a armar.*

Trato de hacer comprender a las madres que no puede haber un malo si no hay un bueno en la casa. Convertir al padre en la figura dura y agresiva, carente de ternura y de sentimientos, me parece un error de nuestra civilización actual. Los jóvenes de hoy quieren un padre con el que puedan hablar y no un padre «JEFE» o «AMO» al que haya que pedir permiso para comentarle cualquier cosa.

Ahora bien ¿cómo conseguir que el padre abandone este papel?

Demonstrative Adjectives and Pronouns: This is one of several passages in this chapter (others being *Texto A* and *Texto L*) which contain various examples of demonstrative adjectives (**este**, **ese**, **aquel**, etc.) and demonstrative pronouns (**éste**, **ése**, **aquél**, etc.). Read the relevant section on these words in the Grammar Summary on page 258.

Texto L **Los padres de hoy ¿son tolerantes?**

1 Lee dos veces lo que dicen las dos chicas y el chico de la encuesta; la segunda vez, trata de adivinar el sentido de las palabras siguientes. Entonces verifica tus respuestas con el profesor, quien te dará el significado de las palabras que no has podido traducir (¡si las hay!).

allanar el camino	hay de todo	leer la cartilla a uno
la amenaza	perdurar	el SIDA
mentir	el cabeza	comerle el coco a uno
aconsejar	dar un aprobado	un pelo de tontos
contar	estar acogotado	ir a pardillos
cometer errores	un mogollón de fantasmas	un sermón
un libro abierto	las neuras	empeñarse en

2 Lee otra vez lo que dicen los tres sobre si son o no tolerantes los padres de hoy. Luego, contesta en inglés las preguntas que siguen en la página 32, escribiendo también en español las frases de la encuesta que te dan las respuestas apropiadas.

LOS PADRES DE HOY

¿son tolerantes?

ISABEL

17 años

La verdad es que **sí son tolerantes.** Yo tengo varios hermanos mayores que me han allanado el camino y que, a su vez, han educado a mis padres. En vez del miedo, las amenazas y los castigos, los padres de hoy utilizan el diálogo. En mi caso y en otros que conozco, lo único que piden es **que no les mintamos nunca.** Así nos pueden ayudar y aconsejar en los momentos críticos. Yo no les cuento absolutamente todo, porque creo que **tengo derecho a mi intimidad y a cometer mis propios errores** y ellos saben que no soy un abierto.

LAURA

19 años

Hay de todo. Todavía quedan padres muy autoritarios y muy cerrados. Además, **aún perdura una discriminación tremenda hacia las chicas.** A los chicos se les sigue dando mucha más libertad.

Con mi madre tengo más confianza, pero las cosas serias hay que hablarlas con mi padre, por aquello de que es el **cabeza de familia.** Con estas estructuras, **no hay forma de establecer un diálogo real.** En líneas generales se les puede dar un aprobado, pero queda camino por andar.

ALFREDO

17 años

A ratos sí, pero **están acogotados por mogollón de fantasmas.** Por culpa de esas neuras a veces no te dejan respirar. Cada vez que quieres salir te leen la cartilla de que tienes que estudiar, que la vida está muy dura y todo eso. Y cuando te ven con chicas, que a ver qué haces y que si el SIDA. **La tele les come el coco** y no se dan cuenta de que nosotros no tenemos un pelo de tontos y no vamos de pardillos por la vida. ¡Y la vamos a vivir por muchos **sermones** que se empeñen en soltarnos!

Which of the three interviewees:

- **a** Says that parents can be both intolerant and tolerant?
- **b** Thinks that parents are always afraid of the worst?
- **c** Thinks that boys are given more freedom than girls?
- **d** Has been helped in this question by having older brothers?
- **e** Gets a lecture whenever he/she wants to go out?
- **f** Feels that parents are more prepared to talk than to threaten?
- **g** Has a closer relationship with his/her mother than with his/her father?
- **h** Thinks children have a right to some privacy?
- **i** Says that life has to be lived irrespective of parental lectures?
- **j** Thinks that parents still have some way to go in this question?

3 Y tú, ¿qué crees? ¿Con cuál de los tres te pondrías más de acuerdo? Justifica tu opinión.

4 Escucha varias veces a Isabel y entonces trata de recordar todos los detalles que puedas de sus dos hermanos y de sus padres. ¿Qué nos dice Isabel de las relaciones que tiene con los miembros de su familia? ¿Cómo explica estas relaciones?

Texto M **Llegar a las tantas ...**

1 Antes de leer este artículo, estudia el sentido de las palabras siguientes, que te ayudarán a comprender el nuevo texto:

el copeo	*going drinking*
el ligoteo	*making friends; "chatting up"*
la pandilla	*"gang"; group of friends*
pecar de ingenuidad	*to be too naïve*
conjugar	*to combine; blend together*
tambalearse	*to totter; to wobble*
una litrona	*a large (litre-size) glass of beer*
el asidero	*support; hold, grasp*

El Texto L examina esta cuestión de la barrera generacional del punto de vista de los jóvenes, y aunque este nuevo texto también habla de la importancia de comprender a los adolescentes, nos da una perspectiva diferente que nos hace entrever las preocupaciones y miedos de los padres. Claro que es importante intentar comprender a los padres y dejar de resumirlo todo con la afirmación demasiado sencilla de que «no me entienden».

2 Después de leer dos veces el texto, tienes que jugar el papel de los padres, escribiendo varias frases cortas que reflejen las preocupaciones y los miedos sugeridos en el texto. Compara tus ideas con las de otros compañeros de clase y añade a tu lista las que no habías escrito antes.

3 De la lista completa que ahora tienes, escoge cinco preocupaciones o miedos que te parezcan los más importantes y los más justificados, en fin los que crees que tendrías si fueras padre o madre. Habrá después un pequeño debate en clase para que todos podáis comparar vuestra elección.

4 Este texto también ofrece un tipo de solución al problema de la barrera generacional. ¿Cuál es? ¿Estás de acuerdo con lo que implica?

LLEGAR A LAS TANTAS

PREGUNTAS CLAVE

El sociólogo Juan García Gómez es director del colegio Santa Cristina de Madrid. Su contacto directo con padres y alumnos le hace gran conocedor del fenómeno sociológico de las salidas nocturnas del adolescente. Expresamos algunas de las preguntas tópicas de sus años de ejercicio.

1 ¿Es normal ese afán desenfrenado por salir?
A partir de una determinada edad es lógico que el joven trate de buscar autonomía fuera del hogar como medio de realización. En los últimos años la noche se ha convertido en el momento ideal para divertirse. De ahí la necesidad de que los padres den criterios claros de comportamiento a sus hijos, muestren su coherencia personal en lo que les exigen, y desarrollen una gran capacidad para entender a los chicos en la realidad en que se mueven. También habrá que luchar por reorientar con el tiempo a los jóvenes hacia costumbres más sanas.

2 ¿Es posible llegar a un acuerdo con mi hijo sobre la hora de llegada?
Siempre que no se pierda de vista la importancia del diálogo y de la comprensión, sí. Es bueno hacerles un planteamiento claro de la caricatura que representa la noche como moda, sin referirnos nunca a «nuestros tiempos». Además habrá que hacerles ver sin acritud, que el llegar a las tantas genera desorden en su descanso, en sus estudios y en su ritmo de vida.

3 Tengo miedo de ejercer la autoridad con mis hijos por temor a perder su amistad. ¿Estoy siendo justo?
El padre es autor y tiene la misión de ejercer la autoridad con sus hijos, que es ayudarles a que crezcan armónicamente, advirtiéndoles de los peligros que corren, sin actitudes violentas y sin impedir completamente las salidas. Los hijos necesitan ese fuerte asidero de los padres para funcionar con equilibrio, y son los padres los que por falta de fortaleza o de conocimientos, privan a sus hijos de este apoyo.

Los adolescentes de los 90 crecen al ritmo de nuevos acordes, la sociedad se encarga de configurar sus intereses. Las salidas nocturnas emergen en este contexto como una de sus actividades favoritas. Un 70 por 100 de los jóvenes españoles sitúan entre los primeros puestos del ranking de preferencias, las salidas con los amigos, la charla y el copeo. Las razones, las definen ellos mismos: todos sus amigos lo hacen y necesitan evadirse de los estudios.

Hasta los 16 o 17 años, chicos y chicas, tienden a quedar por separado sobre las seis de la tarde, para reunirse una hora después en la cafetería o en la discoteca. Sus actividades se resumen en tomar una coca-cola y hablar de cosas poco trascendentes. Es también el momento de los primeros ligoteos y las discotecas-light. El tiempo y la consumición dependerá de la hora que se haya fijado en casa, las diez y media aproximadamente, y del dinero de que se disponga. Lo importante es poder decir al día siguiente a los amigos que llegaron tarde a casa.

SALGO CON LA PANDILLA

Por lo general el niño que hasta los 12 años se desenvuelve entre su casa y el colegio, empieza a encontrar en las salidas a la calle una situación de independencia que le reclama insistentemente. Es el momento de las pandillas, que surgen en torno al mundo escolar o por la cercanía de las viviendas. La seguridad del grupo proporciona el entorno adecuado para que el chico ensaye las actitudes y los comportamientos que le van a permitir insertarse más tarde en el mundo adulto y a la vez reconocerse a sí mismo como ser distinto. Los padres no deben pecar de ingenuidad en este conflictivo momento. Hay que saber conjugar el respeto a su autonomía e intimidad con el conocimiento del cómo, dónde y con quién va, ya que la pandilla puede llegar a tener una influencia muy poderosa en su voluntad. En definitiva, hay que tener un especial cuidado en rectificar aquellos errores que puedan hacer que el edificio de la personalidad de los hijos se tambalee, porque a partir de este momento será él, el que tenga que empezar a tomar las riendas de su vida.

LOS PELIGROS DE LA NOCHE

Pero en el entramado de factores que constituyen la adolescencia cada día son más importantes los elementos adquiridos en el proceso de socialización del joven, de ahí que muchos se hayan referido erróneamente a una crisis de la adolescencia, cuando la mayor crisis de la juventud radica en que nuestra sociedad no sólo no es capaz de aliviar su inseguridad y desamparo emocional, sino que lo acrecienta con un modelo de vida «light».

He aquí la difícil tarea de padres y educadores: preparar a los hijos desde la infancia para que sepan hacer frente a las circunstancias que les presentará el ambiente. En este sentido habrá que enseñar a los hijos a decir ¡no! a ciertas actividades que la noche facilita y que han venido a «normalizarse» en una juventud que dejó desde hace tiempo los juegos de niños. Es tópica la imagen de un grupo de jóvenes compartiendo una litrona en medio de la calle, pero se olvidan imágenes menos pintorescas, como la elevada proporción de jóvenes fallecidos en accidentes de tráfico o con lesiones parapléjicas irreversibles en las que hubo previamente un consumo abusivo de alcohol.

Otro peligro es el tráfico ilegal de drogas, que ha obligado recientemente a los poderes públicos a cerrar cerca de una docena de bares del centro de Madrid por actuar como activas plataformas de este mercado.

El abuso de diversiones comercializadas tiene otros efectos importantes en el adolescente: el gasto excesivo de dinero, la masificación, el culto a la estrella cinematográfica o deportiva o el perjuicio para su vida moral.

LLEGAR A UN ACUERDO

Pero en el complejo entramado donde se debaten las fuerzas del ambiente y los criterios educativos, las dificultades para conocer a los hijos nunca son un obstáculo insalvable para el cariño, la comprensión y la confianza de los padres.

Mafalda

Texto N **Psicología**

1 Antes de leer esta carta, que es la respuesta dada por una columnista psicóloga a una carta publicada en la revista española *Chica*, busca en el diccionario el sentido de las palabras siguientes:

inaudito	un rinconcito	poner barreras
tender a	el santuario	defenderse
asumir una responsabilidad	un diario	avergonzar
reconfortar	el consentimiento	armarse de valor
pasarse de la raya	registrar	ir a los recados
respetar	las reglas de convivencia	dejarse avasallar

Psicología

Sinceramente, la conducta de tu madre me parece inaudita. Casi todas tienden a sentir una excesiva responsabilidad respecto a la conducta de sus hijos: lo sé por experiencia propia: yo también soy madre.

Y como tal, reconozco que a veces me sorprendo asumiendo una responsabilidad mayor de la que debiera. Ese exceso, a la vez, me reconforta, porque sé que no soy infalible, tampoco como madre.

La tuya, sin embargo, se pasa de la raya, porque no respeta en absoluto tu intimidad.

Toda persona tiene derecho a un rinconcito privado, a un lugar en el que pueda guardar sus pequeños secretos. Este «santuario» debe respetarse incluso en la infancia, y mucho más en la juventud.

Tu diario y tus cartas deben ser tabú, y ni tu madre ni nadie debería leerlos sin tu consentimiento. Mucho menos registrar las cosas privadas de tus amigos.

Tu madre ha violado todas las reglas de convivencia y de respeto. Y ha podido hacerlo porque tú no le has puesto barreras. No le has dicho nunca: «Basta, hasta aquí has llegado».

¡Debes defenderte de ella! Dile que te avergüenza que abra tus cartas, que lea tu diario, que registre la ropa de tus amigos …

Armate de valor y pregúntale a tu madre si de verdad piensa que durante 16 años te ha educado tan mal como para esperar ahora sólo lo peor de ti.

Tu madre debe darse cuenta de que ya eres responsable de tus actos, y tú debes demostrarle que te sientes capaz de asumir esa responsabilidad. Empieza dando pequeños pasos, limpia y ordena tus cosas, haz tu habitación… Métete luego con otras tareas domésticas, ve a los recados, haz la cena …

Todo vale, con tal de demostrarle a tu madre que ya hay dos mujeres en casa. ¡Ah!, y si es necesario, guarda tu diario bajo llave. ¡No te dejes avasallar!

Possessive Adjectives and Pronouns: su, **tu**, **el**, **tuyo**, etc. are examples of possessive adjectives and pronouns. Read the relevant section of the Grammar Summary on pages 258–259.

2 Lee con atención la carta y explica en español el significado de las palabras o frases siguientes:

a	me parece inaudita	**f**	violar las reglas
b	no soy infalible	**g**	registrar la ropa
c	se pasa de la raya	**h**	eres responsable de tus actos
d	un santuario	**i**	haz tu habitación
e	el diario	**j**	no te dejes avasallar

3 Traduce al inglés los dos primeros y los dos últimos párrafos de la carta.

4 Con tu compañero de clase, haz una lista de las opiniones y los consejos dados por la psicóloga y luego trata de explicar por qué dice lo que dice, imaginando las principales quejas expresadas en la carta que ella ha recibido. Por ejemplo:
Psicóloga: Dile que te avergüenza que abra tus cartas.
Carta Original: Mi madre abre y lee mis cartas.

5 Ahora que tienes el vocabulario necesario y una buena idea de los problemas a los que se refiere la psicóloga, escribe la carta original mandada por la chica.

6 Finalmente, trabaja con tu compañero de clase, imaginando la conversación entre la chica y su madre después de la cual la chica decidió escribir a la revista. Luego vais a representar la escena delante de los otros alumnos de la clase.

Texto O ¿Cuándo piensas marcharte de casa?

1 Antes de escuchar a los tres chicos que hablan del mejor momento para abandonar el nido, mira el vocabulario siguiente que te ayudará a comprender lo que opinan:

meterse en la vida de uno	*to interfere in someone's life*
dejar de hacer	*to stop doing*
el volumen	*volume*
generar un conflicto	*to cause a row*
quisquilloso	*touchy*
la carrera	*course (of study)*
plantearse una cuestión	*to consider a matter*
huir	*to run away*
dar la cara a	*to face up (to things)*
pelear	*to fight*
un período de prueba	*a trial period*
negarse a	*to refuse*
a base de trabajillos	*with the help of some (part-time) jobs*
compaginar	*to fit in*
una bolsa de oxígeno	*a "breath of fresh air" (lit. oxygen bag)*
afrontar	*to face up to*
ahuecar el ala	*to "beat it"/spread one's wings*
actual	*present-day*
valerse por sí mismo	*to manage by oneself*
imprescindible	*essential*
el día menos pensado	*when you are least expecting it*
una temporada	*for a while*
largarse	*to go away*
caer en algo	*to realise something*

2 Ahora escucha la cinta y escribe en español unas notas breves sobre la opinión de cada uno de los chicos que hablan. Tienes que pensar sobre todo en cómo se diferencian sus ideas y las situaciones en que se encuentran.

3 La clase va a dividirse en grupos para comparar lo que ha escrito cada alumno en el ejercicio 2, hablando especialmente sobre las diferentes opiniones expresadas por Javier, Mercedes y José María. Al final tienes que decir lo que tú piensas de esta cuestión, comparando tu situación familiar con la de cada uno de los tres.

3 ¡No te enteras, carroza!

18

Antes de leer este artículo, estudia la hoja 18. Entonces, lee el texto en la página 232 sobre la barrera generacional y escribe un resumen en inglés que contenga no más de 100 palabras.

GRAMMAR

Personal Pronouns

Apart from the pronouns which stand as the subject of a verb in Spanish, there are two major groups of pronouns:

■ **Direct** and **Indirect Object Pronouns**, a full list of which is given in the Grammar Summary on pages 255–256. These pronouns are used with a verb, usually appearing in front of it, although they are always placed on the end of a positive imperative. When used with infinitives and gerunds, they can appear either on the end of these or in front of the verb accompanying them. When two pronouns are used together, one must be direct and one indirect, and the latter is always placed first. The pronouns used with reflexive verbs obey the same rules as far as their position is concerned. Examples from the passage are:

- *Yo no siento la más mínima necesidad de marcharme de casa.* (I do not feel the slightest need to leave home.)
- *Se negaron a ayudarme.* (They refused to help me.)
- *Así mis padres se empezarán a acostumbrar a estar sin mí.* (In this way my parents will start getting used to being without me.)

This last sentence could also be written: *Así mis padres empezarán a acostumbrarse a estar sin mí.*

■ **Disjunctive** or **Strong Pronouns**, a list of which is given in the Grammar Summary on page 256, and one example of which comes at the end of the above sentence. The major use of these pronouns is after a preposition:

- *La verdad es que para mí …* (the truth is that for me …)

Discovery

With a partner, listen again to the three teenagers talking about their thoughts on the question of leaving home and write down all the examples of object and disjunctive pronouns that you can find. You should also be able to justify in each case the choice of pronoun and the reason for its position in the sentence.

Práctica

Expresando tus propias opiniones sobre la cuestión de cuándo marcharse de casa, escribe diez frases: en las cinco primeras, tienes que emplear pronombres disyuntivos, y en las otras pronombres con verbos, variando la posición del pronombre cuando puedas.

Texto P ¿Qué va a ser de ti …?

19

He aquí una canción que trata del tema de marcharse de casa. A ver si puedes resumir en inglés o en español:

a la situación que indujo a la chica a marcharse de casa.
b lo que piensa la chica.
c lo que piensan sus padres.
d lo que tú piensas: ¿quién tiene la culpa de lo ocurrido?

Texto Q María-José, Miriam, Emilio y Nuria hablan de sus familias

20

En este texto oirás a cuatro jóvenes valencianos hablando de los miembros de sus familias y de sus relaciones personales con ellos. Es un texto muy difícil, por su rapidez y también por la manera en que los jóvenes hablan de vez en cuando. Así que este texto te lo dejamos para ver si puedes entender solamente lo esencial de lo que dice cada uno de los jóvenes.

CUARTA PARTE: LOS SECRETOS DE LA VIDA

Para completar este capítulo, te dejamos unas reflexiones generales sobre la vida; después de examinar varios aspectos a veces pesimistas de las dificultades de las relaciones entre padres e hijos, queremos que reflexionéis un poco e intentéis construir una visión optimista del futuro: ¿qué consejos deben ofrecer los padres a sus hijos para que disfruten lo mejor que puedan de la vida que les espera en el futuro? ¿Y cuáles son las cualidades más constructivas de esa vida? Primero mira el dibujo donde un padre quiere hablarle a su hijo de las ambiciones que éste tenga para el futuro. ¿Cuál es tu reacción al leer este texto?

LLUISOT

QUIERO QUE HABLEMOS, HIJO!

VERÁS... POCO A POCO TE VAS HACIENDO MAYOR Y YA VA SIENDO HORA DE QUE PIENSES EN TU FUTURO....

...LA VIDA TE OFRECE MUCHOS CAMINOS Y TIENES QUE DECIDIR CUAL DE ELLOS QUIERES ESCOGER...

...NO HACE FALTA QUE TE PRECIPITES EN DAR LA RESPUESTA, PERO TIENES QUE EMPEZAR A PENSAR EN ELLA....

...PIENSA QUE TU FUTURO DEPENDERÁ DE LO QUE DECIDAS SER...

ASÍ QUE DIME, HIJO... ¿DE MAYOR QUÉ QUIERES SER?: PUNK, ROCKER, PROGRE, SKINHEAD, SINIESTRO, TECNO, HEAVY, POSTMODERNO, BREACK....
Lluisot

Texto R **Dime**

21

Lee con cuidado este texto que encontramos en una revista escolar publicada por los alumnos del Instituto de Bachillerato Aleixandre Peset de Paterna, Valencia. ¿Te parece simplemente una cosa divertida, o que tiene consejos importantes para el lector?

Texto S **Ventanas sobre la llegada**

Escucha este poema uruguayo, leído por el mismo poeta Eduardo Galeano. Es un poema de vocabulario bastante sencillo (aparte quizás de la palabra sudamericana *flor de malvón* que significa en castellano *flor de geranio*). ¿Y las ideas? ¿Te parecen también muy sencillas? ¿Son efectivas en tu opinión?

Desarrollando el tema

1 **Un estudio de la típica familia española y la inglesa**: ¿en qué se diferencian?; las relaciones familiares en los dos países; el papel de los abuelos; compara y contrasta la importancia del hogar en España e Inglaterra.

2 **El papel de la mujer en la sociedad española:** ¿cómo es con respecto a su vida profesional y a su vida de madre?; la discriminación sexual; la emancipación de la mujer; su papel en la sociedad comparada con el de la mujer inglesa.

3 **Los efectos de la democracia sobre la institución familiar:** ¿cómo ha cambiado la vida familiar en los últimos años?

4 **El problema del divorcio: la situación actual en España:** el papel de la iglesia en este tema; ¿cómo se diferencia la actitud de la sociedad española de la de la inglesa?

23

En la hoja 23 encontrarás una introducción al uso del subjuntivo.

Para terminar: Palabras para Julia

22

1 Escucha la versión cantada del poema de José Agustín Goytisolo e intenta rellenar los espacios en blanco de la hoja 22.

2 Después de haber completado el ejercicio 1 y de haber verificado las respuestas con el profesor, habla con tu compañero de clase para contestar las siguientes preguntas:

a En tu opinión, ¿quién es Julia?
b ¿Qué es lo que el poeta quiere decirle a Julia? (Contesta con una frase solamente).
c Examinando la letra de la canción/del poema, ¿cómo justificarías tus respuestas a las preguntas a y b?

UNIDAD 3

R. A. C. V.
ASISTENCIA EN TODO EL MUNDO

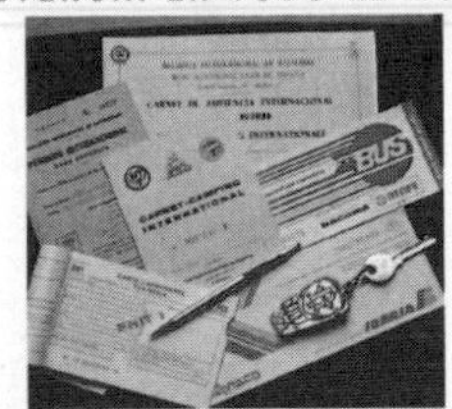

El servicio de asistencia que se detalla a continuación se prestará a partir de los 50 kilómetros de distancia del domicilio habitual del socio.

- REPATRIACION O TRANSPORTE DE SU VEHICULO Y GASTOS DE PUPILAGE
- ENVIO DE UN CHOFER PROFESIONAL
- TRANSPORTE, REPATRIACION O PROSECUCION DEL VIAJE DE LOS OCUPANTES SOCIOS DEL R. A. C. V.
- GASTOS DEL TRANSPORTE DESTINADOS A RECOGER SU VEHICULO
- ENVIO DE PIEZAS DE RECAMBIO
- REPATRIACION O TRANSPORTE DE ACOMPAÑANTES
- REPATRIACION O TRANSPORTE SANITARIO DE HERIDOS Y ENFERMOS
- TRANSPORTE O REPATRIACION A CAUSA DE FALLECIMIENTO DE UN FAMILIAR
- PAGO DE GASTOS MEDICOS, QUIRURGICOS, FARMACEUTICOS Y DE HOSPITALIZACION EN EL EXTRANJERO
- GASTOS DE PROLONGACION DE ESTANCIAS EN UN HOTEL
- REPATRIACION O TRANSPORTE DE FALLECIDOS
- BUSQUEDA Y TRANSPORTE DE EQUIPAJES Y EFECTOS PERSONALES
- BILLETE DE IDA Y VUELTA PARA UN FAMILIAR
- DEFENSA JURIDICA AUTOMOVILISTICA Y PRESTACION Y/O ADELANTO DE FIANZAS PENALES EN EL EXTRANJERO

De viaje

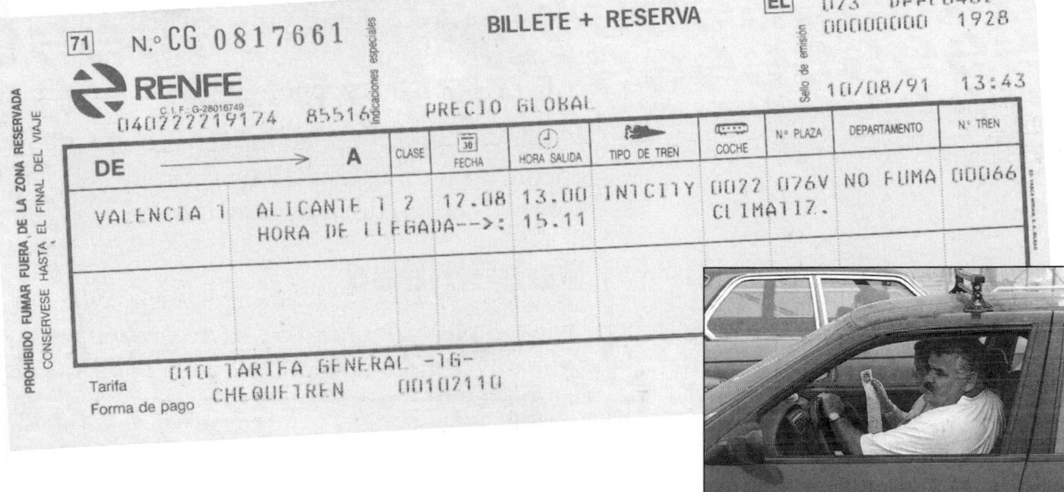

71 N.º CG 0817661 BILLETE + RESERVA EL 073 DPPE0402
000000000 1928
RENFE
C.I.F.: G-28016749
040222219174 85516 PRECIO GLOBAL 10/08/91 13:43

DE	A	CLASE	FECHA	HORA SALIDA	TIPO DE TREN	COCHE	Nº PLAZA	DEPARTAMENTO	Nº TREN
VALENCIA 1	ALICANTE 1	2	17.08	13.00	INTCITY	0022	076V	NO FUMA	00066
	HORA DE LLEGADA-->:			15.11		CLIMATIZ.			

Tarifa 010 TARIFA GENERAL -16-
Forma de pago CHEQUETREN 00102110

PROHIBIDO FUMAR FUERA DE LA ZONA RESERVADA
CONSERVESE HASTA EL FINAL DEL VIAJE

Ya es hora de salir de casa y de emprender un viaje ... sea en coche o en tren. Aquí vamos a considerar algunos aspectos de los viajes por carreteras españolas, examinando señales de tráfico, un poco de publicidad y unos consejos para conductores, publicados por la Dirección General de Tráfico.

Pero si prefieres evitar los «rollos» del tráfico, la RENFE promete «mejorar tu tren de vida» – una promesa que ya cumple según la publicidad actual, pero que también llegó a ser una realidad incontestable cuando el primer tren de alta velocidad española (el «AVE») salió en 1992 de Madrid con destino a Sevilla y también a un futuro lleno de ilusión ...

Pero antes de todo esto, hay que dar marcha atrás por un momento para preparar nuestra salida con un poco de repaso.

24

En la hoja 24, encontrarás una lista de vocabulario para esta unidad.

Para empezar:

1 Prepara unas respuestas a las preguntas siguientes, para luego discutirlas con tu compañero de clase o con el profesor:

a ¿Qué prefieres – viajar en coche o en tren? ¿Por qué?

b Haz una lista de las ventajas y desventajas de cada uno de estos dos métodos de transporte.

c En un máximo de 100 palabras, prepárate para hacer un resumen oral de un viaje que has hecho y que te ha gustado muchísimo.

d A ver si puedes empezar una lista de palabras que se refieran a estos métodos de transporte – por ejemplo, las diferentes partes de un coche o un tren, palabras que se refieran a carreteras o a líneas férreas, etcétera.

e Compara la lista que has hecho con las de tus compañeros de clase, añadiendo todas las palabras que no tienes.

DE VIAJE *PRIMERA PARTE:* VIAJANDO EN COCHE

Texto A **El código de la circulación**

1 Mira las señales de la página 41 e intenta relacionar cada señal con la descripción apropiada.

2 Ahora escoge y dibuja otras cinco señales que se ven con frecuencia en las carreteras inglesas y trata de inventar para cada una una instrucción o descripción en español.

25

3 Para averiguar un poco más tus conocimientos de las señales de tráfico, encontrarás en la hoja 25 unas preguntas sacadas de un test español sobre el código de la circulación.

Textos B y C **Publicidad**

1 Antes de leer el anuncio escrito en la página 42 y de escuchar los dos grabados, busca el sentido de las palabras siguientes:

invertir	el cierre centralizado	el altavoz
un equipamiento	un mando (a distancia)	la rentabilidad
la dirección asistida	el elevalunas	el cuentarrevoluciones

2 Escoge tres de las palabras de la lista y nómbralas una por una a tu compañero de clase quien tendrá que darte una corta definición o descripción en español de lo que significan. Después, tú tendrás que hacer lo mismo con otras tres escogidas por tu amigo.

3 Después de leer, o escuchar, los tres anuncios, escoge el coche que más te apetezca, dando dos razones que expliquen por qué lo has elegido y también una razón en cada caso que explique por qué rechazarías los otros.

4 Imagina que estás en España con tu familia y que tus padres han decidido alquilar un coche para que podáis ir todos de excursión durante varios días. Como tú eres el único que sabe hablar español, vas a la oficina de la compañía Avis para informarte de los precios y de las varias marcas que te pueden ofrecer. El precio no importa mucho, pero claro está que el coche tiene que ser apropiado para tu familia. Tu compañero de clase será el empleado de Avis y te ofrecerá tres marcas diferentes.

5 Finalmente, tienes que hacer, con tu compañero de clase, un poco de trabajo creativo, escribiendo un anuncio para un coche. Podría ser el de tus padres, el que más te gustaría comprar, o hasta un coche algo futurista. Si quieres, también puedes dibujar el coche elegido. Después de que hayas completado el anuncio, es posible que el profesor lo grabe, utilizando un cassette grabador o quizás una videocámara.

1. Peligro constituido por la proximidad de una intersección regulada mediante **semáforo**.
2. Vuelta prohibida. Prohibición de efectuar un giro de 180° para cambiar el sentido de circulación.
3. Peligro ante la posibilidad de **obras** que ocupen parte de la **vía**.
4. Peligro representado por la gravilla suelta existente en la calzada y que puede alcanzarnos por el efecto de las ruedas de otro vehículo. En este caso aumentaremos la distancia de seguridad entre vehículos.
5. Area de Servicios (autopistas)
6. Peligro constituido por aviones en vuelo **muy bajo** al aterrizar o despegar y, especialmente, por el **ruido imprevisto** ocasionado. Esta señal se encuentra colocada en vías públicas próximas a algún aeropuerto.
7. Empalme(para autopistas)
8. Esta señal nos indica la **obligación** de **detenerse** ante la próxima **línea de detención** o, si no existe, ante el **borde exterior** de la vía a que se aproxima, **cediendo el paso** a los vehículos que por ella circulen.
9. Peligro por la proximidad de una zona en la que es probable el paso por la calzada de **animales incontrolados** (zonas de pastos o bosques con caza mayor).
10. Peligro por **firme irregular** (sobre la distancia indicada en la placa complementaria), por «badén» o por «cambio brusco de rasante».
11. Velocidad limitada. Prohibición de rebasar la velocidad que en Kms/h. indica la señal.
12. Acceso o dirección prohibida.
13. Peligro representado por la proximidad de un **paso a nivel**«sin barreras». El símbolo indica que podemos encontrar la **máquina** (el tren) **sin previo obstáculo**.
14. Peligro constituido por la proximidad de un **paso a nivel** provisto de **«barreras»**.
15. Doble curva peligrosa.
16. Fin de cualquiera limitación o prohibición.
17. Cambio próximo de sentido de marcha a distinto nivel y balizas que anuncian dicho cambio.
18. Fin de prohibición de señales acústicas.
19. Peligro por la proximidad a un lugar **frecuentado** por **niños** (escuelas, parque infantil, etc.); que pueden cruzar inesperadamente.
20. Peligro representado por el **escalón** existente en calzada en **obras**.
21. Prohibición de adelantar extensiva a todos los vehículos automóviles.
22. Esta señal anuncia la proximidad de una zona de la calzada, perfectamente delimitada, por la que **pasan** con frecuencia los **peatones**.

GRAMMAR

The imperative form of verbs

■ With four different words for "you" in Spanish, there are of course four different forms of commands that can be used for any verb. The situation becomes even more complicated due to the fact that the **tú** and **vosotros** forms of the imperative change again when they are made negative and that there are also imperative forms for **nosotros** and the third persons of verbs. Thus, to take one example (*haga una señal*), the various imperatives that could be formed from this expression are:

usted: *haga una señal/no haga una señal*
ustedes: *hagan una señal/no hagan una señal*
tú: *haz una señal/no hagas una señal*
vosotros: *haced una señal/no hagáis una señal*
nosotros: *hagamos una señal* (let us give a signal)/*no hagamos una señal*
él/ella: *que haga una señal/que no haga una señal* (let him give a signal)

■ When pronouns are used with the imperatives, whether they are normal object pronouns or those from reflexive verbs, they should be joined on to the end of the command unless the latter is negative, in which case they are placed in front of the imperative. Thus:

hágalo *no lo haga*
hazlo *no lo hagas*
hagámoslo *no lo hagamos*
levántate *no te levantes*
levántese *no se levante*

It is clearly impossible to learn all of these forms overnight; like other similar points, the best thing is to try to understand the forms and uses of these words (a full explanation is provided in the Grammar Summary on page 262), and to practise using them from time to time. Look out for examples in your future reading and listening and stop occasionally to check that you understand the examples you come across. There are many examples in every unit of this book — many of the instructions that accompany exercises, for example, are written in the **tú** and **vosotros** forms of the imperatives.

Práctica

1 Mira estos consejos ofrecidos por la Dirección General de Tráfico, que aparecieron en los periódicos españoles poco antes de la Semana Santa. Nota por escrito los varios ejemplos de la forma imperativa de los verbos y trata de cambiar cada uno de ellos en diferentes personas y también en formas negativas.

Conduzca con precaución. Tendrá una Semana Santa segura.
Y recuerde estos consejos:

* Antes de salir de viaje verifique su automóvil (líquido de frenos, presión neumáticos...).
* Por su seguridad, abróchense los cinturones si viaja en coche. Y conduzca con cabeza si va en moto: use el casco.
* En autopistas y autovías circule por el carril de la derecha y señale con antelación sus maniobras.
* En caso de avería, retire el vehículo de la calzada.
* Es probable que parte del viaje lo realice en caravana, por ser estas fechas de desplazamientos masivos. Mantenga la distancia de seguridad. Y auméntela en autopistas o si las condiciones meteorológicas son adversas.

ATENCION TRANSPORTISTAS

En determinadas horas y fechas de esta Semana Santa no podrá circular por ciertas carreteras ("B.O.E." de 16 de marzo de 1989).
Infórmese en el Tel. (91) 742 12 13 o en las Jefaturas Provinciales de Tráfico.

OPERACION SEMANA SANTA
Dirección Gral. de Tráfico
MINISTERIO DEL INTERIOR

Utilice el Mejor Seguro del Automóvil: La Precaución.

2 A ver si puedes escribir un anuncio para la Dirección General de Tráfico que quiere aconsejar a los conductores sobre lo que se debe hacer y no hacer en las situaciones siguientes. Utilizando la forma del texto español, tienes que dar cinco consejos cada vez, empleando imperativos.
a Consejos para conductores que vayan a pasar las vacaciones viajando por España, llevando a remolque una caravana.
b Consejos para conductores españoles que tengan la intención de veranear en Inglaterra.

3 En la hoja 26, encontrarás dos textos relacionados con consejos de la Dirección de Tráfico.
a Después de leer el texto *No tenga prisa, tiene toda la vida por delante*, escríbelo otra vez, cambiando todos los verbos a la forma de tú en vez de usted.
b Ahora haz lo contrario con el otro texto *Conduce para vivir*, cambiando los verbos de tú a usted.

26

DE VIAJE *SEGUNDA PARTE:* LOS ACCIDENTES – CAUSAS Y CONSECUENCIAS

A pesar de toda la publicidad ofrecida por la Dirección General de Tráfico y de algunas señales esperanzadoras en cuanto a las estadísticas, hay varios aspectos de los accidentes graves que siguen preocupando a los representantes de esta organización, tal como la cantidad de casos de jóvenes intoxicados por el alcohol.

Texto D **Los jóvenes conductores – un grupo de riesgo muy importante**

Escucha la discusión televisiva entre el presentador del programa y el director de la Dirección General de Tráfico, señor Altozano. A ver si puedes comprender los argumentos principales.

Texto E **Estela Barquero: una de las «estrellas» del «Reality Show»**

Durante las vacaciones de Semana Santa en 1994, apareció en la televisión española una serie de «anuncios» en los cuales las mismas víctimas de unos accidentes de gravedad hablaban de sus heridas y de las consecuencias desastrosas de los accidentes en su propia vida. Fue otra campaña de la Dirección General de Tráfico y ésta causó muchísima polémica; vino a ser llamada la campaña del «Reality Show» y hasta el Partido Popular la combatió diciendo que una campaña tan explícita y «apoyada en el miedo» no era buena y que se debería dedicar el dinero gastado a otras cosas.

Vamos a estudiar tres textos relacionados con esta campaña, el primero de los cuales nos da un ejemplo del «Reality Show».

1 Antes de escuchar el texto, estudia las palabras siguientes que te ayudarán a comprenderlo:

esquivar	*to avoid*
dar una vuelta de campana	*to turn over completely*
una lesión	*an injury*
las cervicales	*cervical vertebrae*

2 Escucha el texto y entonces traduce al inglés las frases siguientes:

a puede costar caro
b al ser de noche …
c al intentar esquivarlo …
d había que tener muchísimo más cuidado
e sufrió un accidente por exceso de velocidad
f las imprudencias se pagan – carísimas

3 A ver si ahora puedes escribir un resumen en español de lo que le ocurrió a Estela Barquero. No escribas más de 30 palabras.

4 Antes de continuar con los Textos F y G, habla unos momentos con tu compañero de clase sobre este texto: ¿os parece bien que se utilicen ejemplos como el de Estela para dar miedo al público?

Texto F **Tráfico**

1 En este artículo, el señor Amela habla de la campaña del «Reality Show». Después de leerlo varias veces y sin buscar ninguna palabra en el diccionario, decide si el escritor está a favor o en contra de la campaña. Escoge cuatro frases del texto que apoyen tu opinión, y compárala con la de tu compañero de clase. A ver si habéis elegido las mismas frases.

2 Para subrayar su opinión, el señor Amela utiliza varias imágenes, frases y palabras muy fuertes. Escoge cinco de éstas y entonces compáralas con las cinco elegidas por otro compañero de clase.

BAJA DEFINICIÓN

Tráfico

▼

SE TE ENCOGERÁ EL CORAZÓN, se te anudará la garganta, te visitará un escalofrío y te enojará conmoverte, pero aguanta. Aguanta, aguanta y mira. No apartes la vista del televisor: quizá eso puede salvar tu vida.

Los nuevos anuncios televisivos de la Dirección General de Tráfico nos desenmascaran: todos vivimos en una temeraria suposición de inmortalidad, todos nos sobreentendemos invulnerables como Aquiles, pero estos anuncios afilados nos desnudan el tendón.

No cabe indignación alguna ante esta campaña. Quizá a ti no te haga falta que te muestren a este puñado de parapléjicos, ciegos, inválidos, a estos jóvenes de cervicales pulverizadas, de cráneos sacudidos, a estas vidas guillotinadas, tronchadas, despojadas. Quizá a ti no te haga falta, pues tú eres una persona prudente, consciente, responsable. Pero -ya sabes, qué te voy a decir- tu vecino, no. Piensa: si estos anuncios salvan una sola vida, su emisión está justificada.

Y no dudo de su eficacia, de su fuerza. La verdad desnuda es a la vez espantosa y edificante, y no necesita de fingimientos, de representaciones, del manierismo de otras campañas. Las anteriores han sentado los cimientos, pero ésta los multiplica y erige el edificio de la evidencia: hablan los supervivientes de la guerra del asfalto - estos días se librará otra de sus cruentas batallas-, que tienen nombres y apellidos que dicen cosas estremecedoras. No hace falta más: sus rostros en primer plano, sus voces. Desde su orilla ("tengo la sensación de que estoy muerto y de que todo lo que pasa lo estoy soñando..."), colaboran en nuestra salvación con estos anuncios, y nuestra salvación les salva.

"Lo he perdido todo por una noche. Si pudiera volver atrás, Dios mío, si pudiera...", dice uno, y casi nos suena a premonición, y eso nos devuelve lucidez. Otras campañas televisivas te venden velocidad, ceguera. Esta te vende tu vida, tus sentidos. Tú sabrás que compras.

VICTOR M. AMELA

Texto G **Discusión sobre la campaña del «Reality Show»**

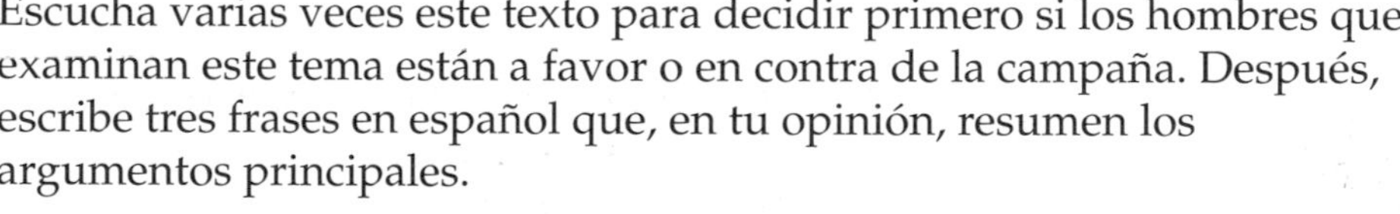

Escucha varias veces este texto para decidir primero si los hombres que examinan este tema están a favor o en contra de la campaña. Después, escribe tres frases en español que, en tu opinión, resumen los argumentos principales.

Adelante el hombre del 600

Escucha la canción *Adelante el hombre del 600* y estudia al mismo tiempo la transcripción provista. Entonces contesta las preguntas siguientes:

a ¿Cómo es el hombre del 600?
b ¿Quién va con él en el coche?
c ¿Cuál es el tono de la canción? ¿Te parece sólo una canción divertida, o que el compositor quiere decir cosas serias e importantes?

4 Coche, opta por el transporte público

Lunes, maldito lunes

Encontrarás estos textos en la página 233. Trabaja con un compañero de clase: tú lees el primer artículo (*Coche, opta por el transporte público*) mientras que tu amigo estudia el segundo (*Lunes, maldito lunes*). Después, utilizando los consejos que te ofrece el texto, tienes que persuadir a tu amigo a que deje en casa el coche y que opte por el transporte público para ir al colegio o al trabajo. Tu compañero, utilizando los datos del texto además de sus propias opiniones, contestará tus ideas, ofreciendo razones por las cuales seguirá viajando en coche. Por ejemplo:

Tú: Ahorrarás mucho dinero si vas en autobús
Tu amigo: Sí, pero con el tráfico que hay, los autobuses son aun más lentos que mi coche.

DE VIAJE *TERCERA PARTE:* VIAJANDO EN TREN

Texto H El tren por descontado

1 Lee con atención los pequeños párrafos de publicidad (páginas 47 y 48) publicados por la RENFE, y trata de adivinar el sentido de las palabras siguientes; verifica tus respuestas con el profesor.

una ventaja	el descuento	solicitar
venta anticipada	el titular	
una litera	acreditar	

2 Claro está que el lenguaje de la publicidad contiene frases o palabras escogidas con mucho cuidado para atraernos y persuadirnos a que compremos el producto ofrecido. He aquí unos ejemplos del Texto H; ¿cómo los traducirías al inglés?

a sálgase de lo normal **b** cuantos más, mejor
c por descontado **d** viaje en buena compañía

¿Puedes encontrar otros ejemplos en el texto?

3 Ahora, utilizando el Texto H, tienes que desempeñar los papeles del cliente o del empleado basándote en las situaciones siguientes. Tu compañero de clase o el profesor desempeñará el otro papel. En cada caso, el cliente tiene que pedir (y el empleado dar) una explicación del término *Días Azules*.

Papeles del cliente

a Estás veraneando en España con tu familia (que se compone de tus padres, tus dos hermanos de 11 y 13 años, una hermanita de 3 años, y tú). Pensáis hacer una excursión en tren desde Madrid hasta Sevilla, pero tus padres creen que el precio para todos será demasiado alto, así que tienen la intención de dejar a tus hermanos y a tu hermanita en casa de unos amigos mientras que ellos y tú estéis en Sevilla. Vas a las oficinas de la RENFE para informarte de los datos necesarios.

b Estás en Barcelona durante las vacaciones de verano después de volar desde Heathrow y tienes seis semanas antes de regresar en un vuelo que ya tienes reservado. Decides pasar una o dos semanas en Madrid para después volver a Barcelona en autocar y así poder ver durante el trayecto otras ciudades españolas. Por eso vas a las oficinas de la RENFE para explicar la situación e informarte de las posibilidades.

Papeles del empleado de la RENFE:

a El cliente quiere reservar asientos para su familia en un tren con destino a Sevilla. A causa de los posibles gastos, sólo dos o tres miembros de la familia van a viajar. Trata de persuadirle para que vayan todos, hablándole de las ventajas de la Tarjeta Familiar de RENFE.

b El cliente tiene la intención de hacer un viaje de ida desde Barcelona hasta Madrid. Tienes que averiguar cuánto tiempo va a pasar en la capital y por qué sólo quiere un billete de ida. Claro está que debes persuadirle para que compre un billete de ida y vuelta.

TARJETA JOVEN

Las ventajas de ser joven. Si ya has cumplido los 12, pero no llegas a los 26, disfruta viajando con RENFE por todo el país en "Días Azules". Por la mitad de precio, con un mínimo de recorrido de 100 kms. por trayecto en todos los trenes excepto en Talgo e Intercity, en venta anticipada, que es de 125 kms. por trayecto.

Con sólo presentar el D.N.I. u otro documento que acredite tu edad, puedes adquirir la Tarjeta Joven en cualquier taquilla de RENFE. Y es válida del 1 de Mayo al 31 de Diciembre.

Con tu tarjeta, RENFE te regala un suplemento de litera utilizable conjuntamente con el billete del 50%.

Y, si entre el 1 de Junio y el 20 de Septiembre deseas cruzar fronteras, tienes entre el 30% y el 50% de descuento para Portugal, Francia, Alemania, Italia y Marruecos.

Disfruta de las ventajas que te ofrece RENFE siendo joven.

Los descuentos son siempre sobre la tarifa general.

TARJETA FAMILIAR

Con la Tarjeta Familiar de RENFE, viajar en familia tiene sus ventajas. Siempre que viajen 3 familiares en Días Azules obtendrá el 50% de descuento para los adultos (excepto el titular) y, si sus hijos tienen entre 4 y 11 años, el 75%. Oferta válida para menores de 25 años.

La Tarjeta Familiar la puede adquirir por sólo 105 PTAS, en las taquillas de RENFE o cualquier Agencia de Viajes.

Sólo necesita presentar el libro de familia o cualquier documento que acredite la convivencia común.

Los descuentos son siempre sobre la Tarifa General.

DEPARTAMENTO EXCLUSIVO

Sálgase de lo normal. Viaje a sus anchas en un "Departamento Exclusivo". A un precio muy especial.

Viaje con sus amigos o su familia en un departamento de 8 plazas pagando 5; o de 6 literas pagando 4, con la condición única de acceder conjuntamente en el origen del trayecto.

En cualquier caso, su coche también puede viajar gratis en el tren, acogiéndose a las condiciones previstas para Auto-Expreso.

En Días Azules.

Los descuentos son siempre sobre la tarifa general.

PARA GRUPOS

Cuantos más, mejor. Cuantos más viajen, menos pagan. En trenes Expresos, Rápidos o de Cercanías.
Solicite los billetes con al menos 24 horas de antelación a la fecha del viaje y podrá conseguir, a partir de 10 personas, hasta el 30% de descuento.
A partir de 15 personas hay billetes gratis para guías o instructores.

IDA Y VUELTA

Si se pasa el día de un lado para otro, de aquí para allá, RENFE le propone viajar con el 12% de descuento, sobre el valor total del importe, pagando aparte la reserva. En todo tipo de trenes y clases.
Para recorridos mínimos, incluídos ida y vuelta, superiores a 200 kms. y 250 kms. en Talgo e Intercity en venta anticipada.

DIAS AZULES

PARA VIAJAR, EL TREN. POR DESCONTADO.

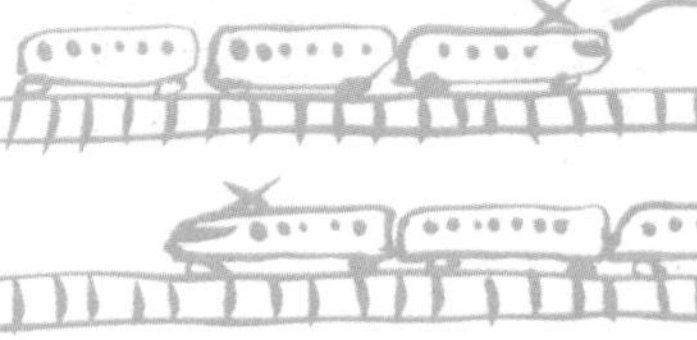

La tarifa de grupos tiene importantes descuentos en la utilización del Auto-Expreso, por si desea llevar coche. En "Días Azules", por descontado.
Los descuentos son siempre sobre la Tarifa General.

TARIFA ESPECIAL PAREJAS

Cualquier viaje puede convertirse en un viaje de placer. Con RENFE; viajando en Días Azules, en coche cama, con su pareja. Con sólo pagar 2.500 ptas. de suplemento al billete normal pagado por la otra persona. Viaje siempre en buena compañía.

DIAS AZULES

ENERO

L	M	M	J	V	S	D
1	2	3	4	5	6	7
8	9	10	11	12	13	14
15	16	17	18	19	20	21
22	23	24	25	26	27	28
29	30	31				

FEBRERO

L	M	M	J	V	S	D
			1	2	3	4
5	6	7	8	9	10	11
12	13	14	15	16	17	18
19	20	21	22	23	24	25
26	27	28				

MARZO

L	M	M	J	V	S	D
			1	2	3	4
5	6	7	8	9	10	11
12	13	14	15	16	17	18
19	20	21	22	23	24	25
26	27	28	29	30	31	

ABRIL

L	M	M	J	V	S	D
						1
2	3	4	5	6	7	8
9	10	11	12	13	14	15
16	17	18	19	20	21	22
23/30	24	25	26	27	28	29

MAYO

L	M	M	J	V	S	D
	1	2	3	4	5	6
7	8	9	10	11	12	13
14	15	16	17	18	19	20
21	22	23	24	25	26	27
28	29	30	31			

JUNIO

L	M	M	J	V	S	D
				1	2	3
4	5	6	7	8	9	10
11	12	13	14	15	16	17
18	19	20	21	22	23	24
25	26	27	28	29	30	

JULIO

L	M	M	J	V	S	D
						1
2	3	4	5	6	7	8
9	10	11	12	13	14	15
16	17	18	19	20	21	22
23/30	24/31	25	26	27	28	29

AGOSTO

L	M	M	J	V	S	D
		1	2	3	4	5
6	7	8	9	10	11	12
13	14	15	16	17	18	19
20	21	22	23	24	25	26
27	28	29	30	31		

SEPTIEMBRE

L	M	M	J	V	S	D
					1	2
3	4	5	6	7	8	9
10	11	12	13	14	15	16
17	18	19	20	21	22	23
24	25	26	27	28	29	30

OCTUBRE

L	M	M	J	V	S	D
1	2	3	4	5	6	7
8	9	10	11	12	13	14
15	16	17	18	19	20	21
22	23	24	25	26	27	28
29	30	31				

NOVIEMBRE

L	M	M	J	V	S	D
			1	2	3	4
5	6	7	8	9	10	11
12	13	14	15	16	17	18
19	20	21	22	23	24	25
26	27	28	29	30		

DICIEMBRE

L	M	M	J	V	S	D
					1	2
3	4	5	6	7	8	9
10	11	12	13	14	15	16
17	18	19	20	21	22	23
24/31	25	26	27	28	29	30

RENFE
MEJORA TU TREN DE VIDA

PARA VIAJAR, LOS DIAS AZULES, POR DESCONTADO.

Hay muchos a lo largo del año.
Más de los que se imagina. Muchos Días Azules en los que puede conseguir descuentos hasta el 100%.
Para viajar con mucha gente, en grupo.
Con toda la familia. Para ir y volver.
Para viajar después de los 60.
Para moverse antes de los 26.
Para viajar dormidos, en parejas o para llevar el coche gratis.
Para todo hay una tarifa con descuentos considerables sobre el precio de cualquier viaje.
Fíjese, en Días Azules se viaja más barato.
Por descontado.

Texto I **Condúzcase con prudencia**

1 Mira los seis dibujos siguientes e intenta relacionar tres de ellos con la descripción apropiada.

2 Con un compañero de clase, haz una lista de todos los imperativos de verbos que hay en las descripciones. Comenta las formas de los verbos y el uso de los pronombres.

Si tienes menos de 11 años, juega a los trenes en la guardería.
Si tienes más, disfruta de las ventajas que tiene el tren mientras tus hijos juegan.

Tenemos plazas para todos.
Para que viaje con toda comodidad, en coche-cama o literas.
No se pierda el tren.

Obras públicas para disfrutar en privado. Cómodamente.
No pare hasta llegar al final.
Hasta su destino.

3 Ahora inventa descripciones que expliquen los otros tres dibujos, utilizando la forma imperativa de unos verbos españoles.

29 (ab cd)

En las hojas 29 a, b, c y d, encontrarás unos consejos para ayudarte a traducir del español al inglés.

Texto J **Carta al director**

1 La carta que sigue fue publicada en el periódico español *El País*. Antes de leerla, busca el sentido de las palabras siguientes:

permanecer	inesperado
la meseta	una avería
la parada	el percance

2 Lee con atención la carta e imagina el tipo de persona que la ha escrito. ¿Cómo es Rosa Aguilar? ¿Cuál es su profesión? ¿Por qué iba a París? Justifica tus opiniones.

3 Imagina que eres un empleado de la RENFE y que acabas de recibir esta carta. En no más de 120 palabras, escribe una respuesta a la señora Aguilar.

Un retraso en la meseta

Hace pocos días tuve, una vez más, que tomar un tren de la Renfe. Concretamente, el *Costa del Sol* Madrid-París. A una hora de la salida de Madrid el tren se detuvo, y así permanecimos durante una hora y media, en mitad de la meseta segoviana, sin que ningún responsable de la compañía tuviera la amabilidad de comunicar a los pasajeros la razón de la parada inesperada ni la duración estimada de la misma. En el más puro estilo de andar por casa, la noticia corrió de voz en voz y de pasajero en pasajero: nos había detenido una avería de la locomotora y esperábamos la llegada de otra máquina de Madrid para reemplazarla.

El percance alteró, como es natural, todo el horario del tren, cruces, paso de frontera, etcétera, a consecuencia de lo cual la llegada al destino se retrasó ... ¡tres horas! No ha sido la primera vez ni será la última. ¿Desconoce la dirección de Renfe las responsabilidades de un servicio público? – **Rosa Aguilar**. Luxemburgo

DE VIAJE *CUARTA PARTE:* EL AVE – UNA NUEVA FORMA DE VIAJAR

Como cualquier país europeo, España ha hecho planes ambiciosos y tomado decisiones importantes para enfrentarse a los retos del mundo tecnológico y ponerse a la altura del resto del continente de cara al desarrollo de la sociedad que avanza hasta el siglo XXI. En cuanto al transporte público, uno de los proyectos más importantes es el de la modernización del sistema ferroviario y sobre todo la construcción de la primera línea de alta velocidad entre Madrid y Sevilla. El 20 de abril de 1992, el primer tren de alta velocidad llegó a Sevilla. Para el nuevo tren se escogió el nombre y el concepto de AVE, un nombre que puede transcribirse como Alta Velocidad o Alta Velocidad Española; un nombre también que tiene cierta connotación de velocidad y otra en el sentido ecológico y de fantasía. La publicidad ofrecida por la RENFE nos da una idea de la importancia de este nuevo tren, además de los servicios especiales que se ofrecen al viajero.

Texto K **Esto es AVE**

1 Antes de escuchar el texto, busca el sentido de las palabras siguientes:

conferir	el diseño
el medio ambiente	un asiento abatible
la traza	la insonorización
una pantalla arbórea	el enmoquetado
el vertedero	la restauración
una pantalla antirruido	una máquina expendedora
la variante	el ancho del trazado

2 Escucha varias veces el texto y entonces escribe unas notas breves en español sobre los temas siguientes:

a el significado general de la nueva línea de alta velocidad
b los peligros para el medio ambiente y las medidas tomadas para combatirlos
c las nuevas estaciones
d la apariencia exterior e interior del nuevo tren
e el interior de los vagones
f los servicios ofrecidos a los pasajeros

3 Escribe 40 palabras para explicar las ventajas que tiene el AVE sobre otros medios de transportes.

A pesar de las atracciones del nuevo tren y de las promesas hechas por la RENFE, va sin decir que un proyecto como éste ha causado mucha polémica y traído muchísimos problemas. Entre éstos se han destacado:

- el problema del ancho de vía – el ancho español normal es diferente del europeo;
- la polémica sobre la selección de la primera línea – ¿construirla hacia la frontera con Francia, o hacia el sur?
- el impacto medioambiental de la construcción de las nuevas líneas y de la velocidad y el ruido de los nuevos trenes;
- la rentabilidad del nuevo sistema de alta velocidad – completar «la más gigantesca obra tecnológica del siglo XX en España» ha costado, claro está, una enorme cantidad de dinero: todos aceptaron que habría muchos pasajeros durante los seis meses de la Exposición de Sevilla, pero la mayoría dudaron que esta situación continuara tras la clausura de la Expo.

En 1991, un representante de la RENFE declaró que «1992 marca la fecha de la puesta en marcha de un gran proyecto, pero los hombres y las mujeres que lo van a hacer realidad ya están trabajando para que esa fecha no sea más que el primer paso de una labor que va a llevar, entre el final del siglo y el comienzo del siguiente, a conseguir un medio de transporte acorde con las exigencias del milenio que comienza.» Esto implica, claro está, que el AVE Madrid-Sevilla es sólo el principio. Ahora vamos a leer un resumen de estos planes de RENFE.

Texto L **El futuro de la RENFE**

1 Antes de leer las dos partes del texto, estudia el significado de las palabras siguientes que te ayudarán a entender el artículo:

abultado	*massive*
apretar el acelerador	*to "put one's foot down"; "step on the gas"*
el proyecto de mayor envergadura	*the most far-reaching/ambitious plan*
sanear cuentas	*to reorganise/restructure plans*
el entramado ferroviario	*the railway network/framework of the railways*
el ramal	*branch (line)*
una inversión	*investment*
encargarse de hacer algo	*to undertake to do something*
gestionar	*to manage*

2 Lee con atención la primera parte del artículo sobre el futuro de la RENFE y responde a estas preguntas:

a Aparte de modernizar la red de ferrocarriles, ¿qué va a hacer la RENFE para sanear sus cuentas?

b ¿Qué planes hay para la estación madrileña de Chamartín?

c En los últimos 40 años, ¿cómo ha cambiado la cantidad de viajeros transportados por RENFE ?

d ¿Cuál es la diferencia entre las líneas de alta velocidad y las de velocidad alta?

e ¿Por qué utiliza el autor la expresión «espina dorsal» para describir la línea Sevilla-Gerona?

f ¿Cuál será la diferencia entre los tiempos actual y futuro del viaje Barcelona-Sevilla?

g ¿Cómo logrará RENFE financiar estos proyectos?

El futuro de la RENFE

EL PAÍS/NEGOCIOS

Renfe, famosa durante décadas por sus proverbiales retrasos y sus abultadas pérdidas, ha decidido apretar el acelerador dentro de las vías – trenes de alta velocidad – y fuera de ellas – se ha convertido, entre otras actividades, en promotora de grandes proyectos urbanísticos.

El inicio de las obras del que puede ser uno de los mayores proyectos urbanísticos de Europa en estos momentos, la renovación de la actual estación madrileña de Chamartín, está previsto para mayo y afectará a unos 800.000 metros cuadrados en los que se construirán viviendas, oficinas, centros comerciales y zonas verdes. Es el proyecto de mayor envergadura, pero no el único.

¿Qué ha pasado para que Renfe se vea obligada a sanear cuentas y tratar de rentabilizar activos, cualquiera que sea su naturaleza? Pues entre otras cosas que hace apenas cuatro décadas transportaba nada menos que al 80% de los viajeros que se desplazaban por España y hoy sólo el 7% utiliza sus servicios.

En el otro frente, en el estrictamente ferroviario, Renfe está también realizando grandes esfuerzos para recuperar clientela y asegurar su futuro. La introducción del tren de alta velocidad entre Madrid y Sevilla y su ampliación, hoy en estudio, al corredor Madrid-Barcelona-Francia, son un buen ejemplo.

La nueva red básica de Renfe incluirá las líneas de alta velocidad (AVE) y las denominadas líneas de velocidad alta, estructuradas sobre el ancho de vía español y con trenes, Talgo e Intercity, que circularán a 220 kilómetros por hora en trayectos que alcanzan los cuatro mil kilómetros. Una espectacular mejora frente a la situación actual en la que, descontando el AVE, la red susceptible de alcanzar velocidades superiores a 120 kilómetros por hora no supera los 700 kilómetros.

Esta red básica, que supone una auténtica revolución en el entramado ferroviario español, abandona el modelo radial que partía de Madrid y se configurará como un enorme eje, parcialmente materializado en la línea Madrid-Sevilla, que ligará el sur de Andalucía con la frontera francesa en Gerona. "De este eje, una auténtica espina dorsal, saldrán *ramales* que conectarán con Valencia, Murcia, el País Vasco y el norte", explica Alberto Zaragoza, secretario de Estado de Transportes.

Una vez que la nueva red esté totalmente terminada, dentro de unos diez años, los viajeros tendrán la posibilidad de desplazarse en alta velocidad (300-350 kilómetros por hora) y velocidad alta (220 kilómetros) por casi toda España. Los tiempos de viaje se verán muy reducidos: Barcelona-Sevilla, ahora 12 horas, se hará en menos de seis, y Madrid-La Junquera pasará de nueve horas a menos de cuatro.

Para lograr estos objetivos, que supondrán inversiones por valor de 340.985 millones de pesetas en cinco años, Renfe no tendrá más remedio que reducir costes e incrementar ingresos. Renfe buscará más promotores que se encarguen de gestionar el uso de su suelo (e incluso venderá terrenos) para la construcción de hoteles, centros comerciales, oficinas, viviendas o aparcamientos.

Numbers: There are several examples of the use of cardinal and ordinal numbers in both parts of Texto L and also in Extra Reading Passage 5. Read the relevant sections in the Grammar Summary on page 255 and remember that speed and fluency are the two qualities you should aim at when reading passages that contain numbers (especially large ones!).

Word Order: There are one or two examples in this passage of sentences where the order of words does not follow the English. This is a feature of Spanish which can cause difficulty for foreign students of the language. The most frequent examples involve the positioning of the verb before its subject. One example of such a sentence in the passage is:

- *... 800.000 metros cuadrados en los que se construirán viviendas, oficinas.* ... (... 800,000 square metres in which homes, offices will be built ...).

Read the section of the Grammar Summary (pages 267–268) that deals with this and then try to find other examples in the passage.

El estado de los proyectos

F. B.

Alta velocidad y otras actuaciones a largo plazo

Plan de Inversiones 1994-1998

Datos en millones de pesetas	Inversión	Amortización
Gestión infraestructura	165.236	157.149
Sistemas integrados de transporte	87.668	94.103
Servicios logísticos de transporte	67.642	102.373
Organismos corporativos	15.437	29.699
Oportunidades negocio	5.000	
TOTAL	340.985	383.324

Línea de Alta velocidad prioritaria según acuerdo de Consejo de Ministros de 9 de diciembre de 1988
Línea de Alta velocidad
Corredor pendiente de Acuerdo Internacional.
Adecuación de líneas de alta velocidad y ancho RENFE
Modernización de líneas y adecuación de la velocidad.

Barcelona-Valencia. Línea de velocidad alta, integrada en el denominado Corredor Mediterráneo. Tendrá ancho español y será servida en velocidad alta (220 kilómetros por hora) por ocho trenes AVE que reducirán el tiempo de viaje entre las dos capitales de cuatro a 2,30 horas. Esta línea, enmarcada en el llamado triángulo Madrid-Barcelona-Valencia, máxima prioridad del Gobierno y de Renfe, será la próxima a entrar en funcionamiento, seguramente en 1996.

Valencia-Albacete. Ocupa el segundo lugar en las prioridades del llamado triángulo Madrid-Barcelona-Valencia.

Madrid-Valencia. Otra de las prioridades pero que no ha empezado aún a ser construida. El ministerio ha decidido que sea en alta velocidad y no en velocidad alta como estaba previsto con anterioridad.

Madrid-Barcelona. Otra prioridad para la que no existe fecha fija. Línea de alta velocidad destinada a circular de 300-350 kilómetros por hora, puede estar eventualmente terminada sobre el año 2002 o 2003. La ligación con la frontera francesa no se completará antes del 2005. Esta línea presenta fuertes dificultades orográficas, por lo que se calcula que su coste (a precios actuales) alcanzarían el billón de pesetas. Pese a que se contempla la participación de la iniciativa privada hasta ahora, ninguna empresa ha mostrado interés por el proyecto.

Zaragoza-Lérida y Ricla-Calatayud. Estos dos tramos de la ligación Madrid-Barcelona serán construidos en velocidad alta (220 kilómetros por hora) anticipándose al AVE para el que no hay fecha. La contratación del primer tramo que une Zaragoza con Lérida se hará en 1995, año en el que se iniciará la construcción del segundo tramo entre Ricla y Calatayud. Se espera que estos tramos (200 kilómetros) entren en actividad entre 1997-1998, ahorrando los tiempos de viaje significativamente.

Madrid-Valladolid. Esta línea, considerada una *lanzadera*, está destinada a acortar todos los trayectos ferroviarios en dirección al norte de la Península (desde el País Vasco a Galicia) en cerca de hora y media. Actualmente se encuentra en una fase muy preliminar. De momento se han iniciado los estudios del impacto ambiental que tendrá la línea (y los túneles) sobre la sierra del Guadarrama. Pese a que va a extenderse sobre un trayecto de apenas 200 kilómetros, será una línea muy cara, ya que su trayecto exigirá la construcción de varios túneles en la sierra.

3 Ahora lee la segunda parte del artículo (*El estado de los proyectos*) y escribe una traducción inglesa de las frases a–g:

a Esta línea (...) será la primera en entrar en funcionamiento.
b No ha empezado aún a ser construida.
c La ligación con la frontera francesa no se completará antes del 2005.
d Ninguna empresa ha mostrado interés por el proyecto.

e … 1995, año en el que se iniciará la construcción del segundo tramo …
f Actualmente se encuentra en una fase muy preliminar.
g … su trayecto exigirá la construcción de varios túneles en la sierra.

4 Mirando el texto, completa las frases en la hoja 30:

5 Sin mirar el artículo original, rellena los espacios en blanco en la hoja 30 con una de las palabras de la lista. Sólo puedes usar cada palabra de la lista una vez, pero ¡ten cuidado! porque no se necesitan todas las palabras.

GRAMMAR

Revision of the future and conditional tenses

■ These two tenses are very similar in the way they are formed: for most Spanish verbs, the full infinitive is used as the stem for both of them, although the endings obviously differ. You need to remember, however, that there is a number of very common Spanish verbs which have an irregular stem in these two tenses (e.g. **podré**, **podría** from **poder**, **haré**, **haría** from **hacer**). Once you know it, however, the stem is always the same for the two tenses and the endings never vary. You will find a full account of the forms of these two tenses in the Grammar Summary on page 262–263.

■ The usual meaning of the future ("will do") and the conditional ("would do") are fairly straightforward. In passages dealing with subjects like the future of *RENFE* or of high-speed travel, there will obviously be several examples of each tense: such articles are dealing with what **will** definitely happen (future tense) and also what **would** happen (conditional tense) if certain events were to take place.

■ Two verbs that take on an unusual meaning in the conditional tense are worthy of mention: **podría** is frequently translated as "might", and **debería** as "ought".

Examples of the future:

- *El inicio de las obras (…) afectará a unos 800.000 metros cuadrados.* (The beginning of the work **will** affect around 800,000 square metres.)
- *Los tiempos de viaje se verán muy reducidos.* (Journey times **will** be considerably reduced.)

Examples of the conditional:

- *Su coste alcanzarían el billón de pesetas.* (The cost of it **would** be as much as one billion pesetas.)
- *Algo así le podría ocurrir a la futura línea.* (Something like this **might** happen to the future line.)

■ The future tense is often rendered in Spanish by the construction **ir a** followed by an infinitive. Thus:

- *La nueva red básica de RENFE incluirá las líneas de alta velocidad. or La nueva red básica de RENFE va a incluir la líneas de alta velocidad.*

The same construction can sometimes be used to replace the conditional tense also; in this case, **ir** will be in the imperfect tense. For example:

- *Dijo que lo haría más tarde*, or
- *Dijo que iba a hacerlo más tarde*

Discovery

Working with a partner, read again through the article on *El futuro de la RENFE* and *El estado de los proyectos* and make a note of all examples that you can find of the future and conditional tenses. See if you can agree on how to translate each example.

Práctica

1 Escribe diez frases, utilizando los cinco verbos que siguen. Debes emplear cada verbo en dos frases, la primera vez en el tiempo futuro, y la segunda en el tiempo condicional. En cada caso, hay que tratar de afirmar o comentar algo sobre el futuro de la *RENFE* después de que se hayan completado los proyectos mencionados en el texto.

poder   hacer   tener   deber   viajar

2 Utilizando la información que contiene el Texto L, escribe diez frases que digan algo sobre lo siguiente. En cada frase debes emplear los tiempos futuro o condicional, (y tendrás que inventar por lo menos dos ejemplos de cada uno), con excepción de las preguntas que van marcadas con dos asteriscos (**) donde será necesario utilizar el verbo **ir** seguido de **a** y un infinitivo.

a Los proyectos urbanísticos de la RENFE
b ** Las nuevas líneas de velocidad alta **
c La velocidad de los trenes
d El modelo radial que parte de Madrid
e Los ramales del eje principal
f ** Los tiempos del viaje entre Madrid y La Junquera **
g Los costes reducidos
h La línea Madrid-Valencia
i ** La línea Zaragoza-Lérida **
j El impacto ambiental de la línea Madrid-Valladolid

Acabamos de ver que en un futuro no demasiado lejano, se efectuará la conexión de España con la frontera francesa mediante la alta velocidad. Pero más allá de esa frontera, ¿qué pasará? ¿Adónde podrá viajar el pasajero español que salga por fin de la nueva estación de Chamartín sin cambiar de AVE?

5 Plan de la Comisión para unir todos los países de la CE con trenes de alta velocidad en el año 2010

Lee este texto de la página 234 sobre la futura red europea de los trenes de alta velocidad. Escribe un resumen en inglés del contenido del texto, no utilizando más de 100 palabras.

Traducción

Traduce al español el texto siguiente:

A number of important decisions on the future of the Spanish railway network have recently been taken and approved by the Spanish government. By the year 2010, there will be several new high-speed lines in Spain, including one from Madrid to the French frontier. Some of the lines that exist already will be adapted to accept high-speed trains that will travel at 220 km. per hour, whereas on the new lines, the trains will reach 300 km. per hour. The line to the French frontier will link Spain with the European rail network, so that eventually a Spanish passenger will be able to board a train in Chamartín station and will get out in London just over nine hours later. Indeed, the times of all journeys in Spain and in Europe will be greatly reduced as a result of these new trains. Not everyone will be happy, however: one newspaper article recently pointed out that the construction of these new lines would cause ecological disasters, and that such projects would certainly not be cost-effective. Nevertheless, there will be many advantages offered by high-speed travel in the twenty-first century.

Redacciones

Escribe aproximadamente 250 palabras sobre uno de los temas siguientes:

a En un viaje por Andalucía, has visto las obras que se empiezan sobre la nueva línea de alta velocidad. Escribe un artículo para un periódico describiendo lo que va a pasar en tu opinión, y empleando el título «No es oro todo lo que reluce».

b Imagina que ya has viajado en el TAV desde Madrid a Sevilla, un trayecto que te ha impresionado muchísimo. Escribe una carta a tu amigo español, describiéndolo todo y explicando por qué se lo recomendarías.

c En un viaje por Francia llegas a los Pirineos donde tienes que esperar más de una hora para que se cambie la locomotora. Escribe una carta al director de la RENFE quejándote de lo sucedido y opinando sobre lo que pasaría con un enlace de alta velocidad Barcelona-Pirineos.

d Según lo que has leído en este capítulo, ¿te parece verdad que si hicieras un viaje en tren por España, «RENFE mejoraría tu tren de vida»? ¿De qué manera?

e Unas semanas antes de ir de vacaciones a España a casa de tu amigo español, éste te manda una carta en la que te invita a acompañarle en un viaje por el sur de España. No sabe si alquilar un coche o ir en tren. Escríbele una carta diciéndole lo que preferirías y por qué.

31 En la hoja 31 encontrarás más información sobre el uso del subjuntivo.

Desarrollando el tema

1 **El problema del tráfico en las grandes ciudades españolas:** detalles del problema de la densidad del tráfico; su influencia en la vida cotidiana de los ciudadanos; lo que hacen las autoridades; lo que se podría hacer.

2 **Los viajes en avión:** una colección de artículos y publicidad sobre este método del transporte; ventajas y desventajas; el futuro del avión comparado con el del coche o tren.

3 **El turismo en España:** examen de las ventajas y las desventajas; los grandes centros turísticos de España; la importancia del turismo; el efecto sobre la vida y los pueblos de España.

4 **Los TAVs:** los efectos futuros en España y en Europa; su efecto sobre el medio ambiente.

5 **La infraestructura del sistema de transportes en España:** las carreteras; los coches; el transporte rural; los ferrocarriles.

Para terminar: AVE – la música

Escucha este trozo de música, llamada AVE y compuesta por M. Pachón para celebrar la llegada de la alta velocidad a España y especialmente el primer viaje del tren de alta velocidad en 1992. ¿La música te hace pensar en un viaje de alta velocidad? Explica por qué (o por qué no) te parece apropiada para este tema.

UNIDAD 4

MIKE SHAPIRO

"No es que tenga sex appeal. Es que entiende mucho de fútbol."

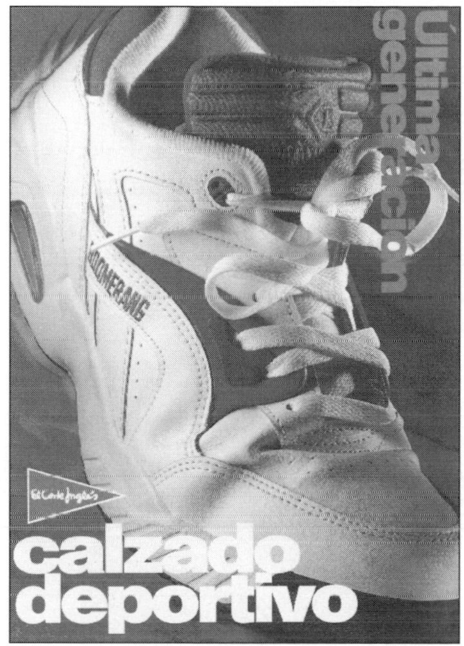

Unas páginas deportivas

Los toros y el fútbol son quizás los dos deportes españoles más conocidos y ya se ha escrito muchísimo sobre ellos. Por eso queríamos en este capítulo examinar uno o dos aspectos menos conocidos del mundo deportivo español como el ciclismo y el tenis, y presentar a dos o tres de sus representantes más famosos. También vamos a estudiar cosas más generales sobre la importancia y el papel de los deportes en nuestra vida diaria, además de un problema que se ha discutido mucho en años recientes y que sin duda va a seguir con nosotros durante muchos años más: nos referimos a la polémica sobre la cuestión de las drogas empleadas por los deportistas del mundo, entre los cuales se han destacado casos como los de Ben Johnson, Diane Modhal y Simon Wariso.

Pero antes de empezar, vamos a hacer un poco de repaso y a la vez ampliar lo que ya sabéis de este tema por vuestros estudios anteriores.

32

Mira la hoja 32 para encontrar la lista de vocabulario de esta unidad.

Para empezar:

1 Prepara unas respuestas detalladas a las siguientes preguntas. Después vas a hablar con tu compañero de clase sobre lo que pensáis y hacéis los dos en cuanto a los deportes.

a Haz una lista en español de todos los deportes que conoces. Después, trata de completar la lista, añadiendo al lado de cada deporte cómo se llama la persona que lo practica y también las cosas que se necesitan para practicarlo. Por ejemplo:

el tenis: el tenista, una raqueta, una pelota, una cancha de tenis, una red

b ¿Qué deportes practicas? ¿Por qué te gustan?

c ¿Te gusta ver partidos de tenis, de fútbol o de cualquier otro deporte? ¿Prefieres verlos en la tele o vas a menudo a un estadio, un centro deportivo, etcétera?

d ¿Hay un centro deportivo cerca de tu casa? ¿Qué se puede hacer allí?

e ¿Piensas que los deportes tienen un papel importante en la vida moderna? ¿Por qué?

2 Ahora compara las respuestas que has preparado con las de tu compañero de clase. Así podrás añadir palabras a la lista que has empezado y también podréis hablar los dos después con el profesor y los otros alumnos de la clase sobre la popularidad y la importancia de los deportes en general.

UNAS PÁGINAS DEPORTIVAS

PRIMERA PARTE: HACIENDO EJERCICIO

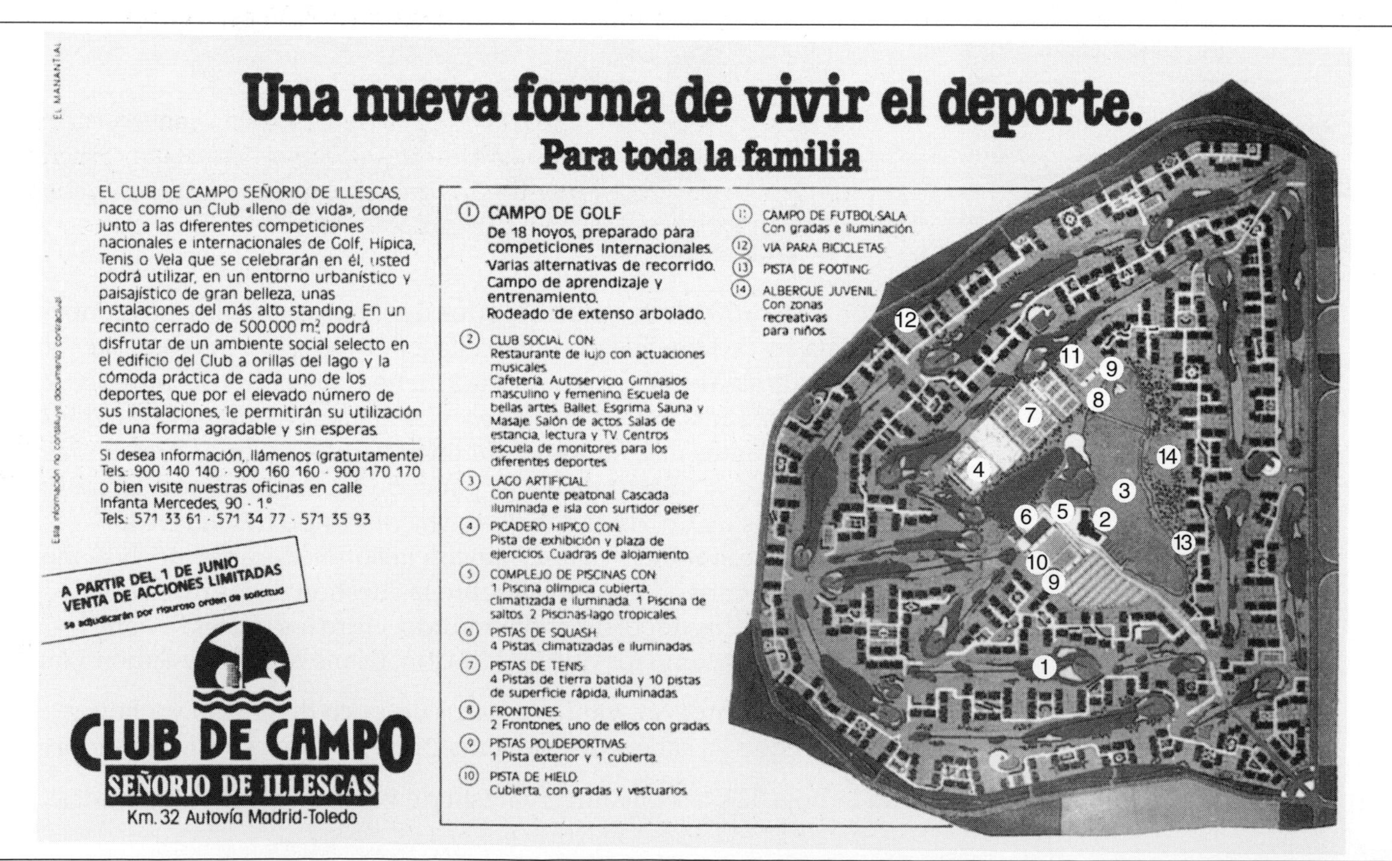

Texto A **El Club de Campo**

1 Antes de leer el anuncio del Club de Campo, busca el sentido de las palabras siguientes:

la hípica	la esgrima	el complejo
la vela	el salón de actos	la piscina de saltos
el recinto	peatonal	la tierra batida
el hoyo	la cascada	una pista polideportiva
el aprendizaje	el surtidor	las gradas
el entrenamiento	el picadero hípico	el vestuario
el arbolado	la cuadra	el albergue juvenil

2 Ahora lee rápidamente el anuncio: al cabo de tres minutos, tendrás que cerrar el libro y escribir una lista de todas las instalaciones y facilidades que tiene el Club y que tú recuerdes. Compara entonces la lista que tienes con la de tu compañero de clase.

3 Contesta en inglés las siguientes preguntas:

a What type of sportsmen and women is the Club de Campo likely to attract? Explain your answer.

b Why does the advertisement claim that sports facilities at this Club are better than normal?

c In what two ways are you advised to get more information?

d How has the Club attempted to attract people other than those who are keen on sport?

e Which facilities could one take advantage of at night?

33

4 Ahora tienes que escribir una carta formal o informal (¡o las dos!). Para ayudarte un poco, hemos preparado unos consejos sobre cómo debes empezar y terminar una carta escrita en español. Véase la hoja 33.

a Una carta formal

Tu amigo español te ha enviado el anuncio del Club de Campo, y como vas a estar en Madrid en verano, decides que irás al Club para practicar deportes que te gustan. Siguiendo los consejos que has leído en la hoja 33, escribe una carta al director del Club hablándole de tus planes y haciéndole preguntas sobre las posibilidades que tendrás de practicar tus deportes favoritos cuando vayas allí.

b Una carta informal

Después de las vacaciones en Madrid y que mencionábamos arriba, decides escribir una carta a tu amigo español para darle las gracias por haberte enviado el anuncio, y para describirle el Club de Campo y lo que hiciste y viste cuando estuviste allí.

c Señas españolas

Mira las direcciones siguientes y coméntalas con tu compañero de clase, explicando claramente el significado de los números y las abreviaturas.

C/ Los Molinos, Nº 8 – 7ª Pta.

C/ Las Eras, 3-19

Av. Blasco Ibáñez, 140 – 2ª Iz.

C/ Guillem de Castro, 46 – 16D, 46001 Valencia

FUTBOL

Pros: Un ejercicio razonable y completo, dependiendo de la posición en que se juegue y de los niveles de los equipos; sociable, apasionante, barato.

Contras: Riesgo de lesiones potencialmente serias; no hay beneficios significativos en cuanto a la forma física, a menos que el jugador se mantenga en movimiento.

Consejos: Para lograr una forma física máxima opte por el fútbol sala.

PESAS LIBRES

Pros: Excelente para endurecer y dar tono a los músculos.

Contras: Riesgo de lesiones, especialmente en la parte inferior de la espalda, por levantamiento incorrecto; ningún beneficio aeróbico específico si las pesas son demasiado pesadas; aburrido.

Consejos: Apúntese a una clase o club para aprender las técnicas de levantamiento apropiadas; trabaje con pesas ligeras.

ESQUI

Pros: El descenso es bueno para fortalecerse y adquirir flexibilidad; el esquí de fondo es un ejercicio aeróbico de primera clase.

Contras: Descenso: alto riesgo de lesiones; beneficios aeróbicos limitados, a menos que se domine; se depende de la estación del año; caro. Esquí de fondo: incómodo y caro; muy pocas estaciones europeas ofrecen esta opción.

Consejos: El esquí no debería ser la única forma de ejercicio.

TENIS

Pros: Sociable, barato y bajo en riesgo de lesiones.

Contras: Bajo valor como ejercicio, a no ser que se practique a un nivel alto, debido a las continuas paradas y saques; incómodo; se depende de las instalaciones y de los compañeros de juego.

Consejos: Elija una raqueta en una tienda especializada, hágase socio de un club con instalaciones cubiertas, consiga un profesor para mejorar su juego.

SQUASH

Pros: Excelente ejercicio aeróbico y de fortalecimiento muscular si ya tiene usted una buena forma física; fácil de aprender; sociable; apasionante.

Contras: Es un juego muy vigoroso, competitivo y absorbente. Como entrenamiento para conseguir una buena forma física no es recomendable para las personas que carecen de ella.

Consejos: Juegue con personas de edades y capacidades similares.

CORRER

Pros: Excelente ejercicio aeróbico: barato – el único gasto son las zapatillas – y cómodo – se puede correr sin depender de instalaciones.

Contras: Riesgo de abusar del ejercicio; lesiones en los pies, tobillos, rodillas y caderas, especialmente en las personas con exceso de peso.

Consejos: Reduzca el riesgo de lesiones adquiriendo un par de zapatillas de buena calidad; desarróllelo gradualmente.

BAILE

Pros: Son buenos ejercicios aeróbicos para estar en forma y adquirir flexibilidad, así como equilibrio y una correcta postura corporal; creativo, permitiendo una preparación cualificada; sociable.

Contras: Riesgo de lesiones musculares; incómodo; se depende de las instalaciones y exige un equipo caro.

Consejos: Apúntese a una clase de principiantes en la que todos estén al mismo nivel y puedan ir mejorando juntos.

AEROBIC

Pros: El aerobic es un término que abarca todos los movimientos ininterrumpidos realizados al compás de la música. Sociable, divertido, cómodo; puede practicarse en clase o en casa.

Contras: Riesgo de lesiones musculares si no es correctamente enseñado y supervisado.

Consejos: Elija un profesor adecuadamente preparado.

PESAS FIJAS

Pros: Es más seguro que con pesas libres; excelente para endurecer y tonificar los músculos; es posible concentrarse en cualquier masa muscular que se desee y rehacer la forma del cuerpo.

Contras: Eleva temporalmente la tensión sanguínea, incómodo si se va a un gimnasio y caro si se adquiere el equipo necesario.

Consejos: Pruebe usted el equipo en un gimnasio antes de invertir en él personalmente.

NATACION

Pros: Ejercicio completo de primer orden; no se soporta peso alguno y por tanto es idóneo para cualquiera que lo practique, incluyendo los obesos o mujeres embarazadas.

Contras: Incómodo – se depende del acceso a piscinas o al mar y puede exigir desplazamientos; aburrido, no se puede hablar y no hay nada a qué mirar.

Consejos: Use gafas de natación para proteger sus ojos del cloro.

CICLISMO

Pros: Excelente ejercicio aeróbico y de fortalecimiento; es ideal para las personas con exceso de peso; cómodo; se puede combinar tanto con las vacaciones como con actividades diarias.

Contras: Efecto limitado sobre la flexibilidad de las articulaciones.

Consejos: Por la noche utilice una banda reflectora en el torso y manténgase lejos de las carreteras en caso de niebla o de hielo en el piso.

Apocopation of adjectives: primer and **ningún** are examples of adjectives which are apocopated (shortened) when placed in front of singular nouns. For further details, see the Grammar Summary on page 254.

Texto B **Los deportes – sus pros y sus contras**

1 Lee con atención la lista de deportes (página 60) en donde se habla de sus pros y sus contras, aconsejando a aquéllos que quieran practicarlos.

34

2 Estudia bien el cuadro en la hoja 34 que contiene una lista de los deportes mencionados en el Texto B y otra con algunas características que se pueden aplicar a unos de ellos. Pon una equis en todas las casillas apropiadas.

3 Escoge tres de los deportes enumerados arriba y prepara un párrafo completo que describa en cada caso sus pros y sus contras, además de los consejos que le darías a un amigo que quiere empezarlos. Después, habla con tu compañero de clase, imaginando que tú eres el director de un centro deportivo donde los deportes principales son los que has escogido, y que él es una persona que quiere hacerse socio del centro e informarse de los beneficios de tales deportes. Una vez practicado el ejercicio, podéis representarlo delante de los otros alumnos de la clase.

4 Ahora escoge otros tres deportes que no se hayan estudiado hasta ahora (por ejemplo el cricket, el baloncesto, el netball) y redacta para cada uno un párrafo como los del Texto B, escribiendo en forma de notas breves los pros, los contras y cualquier consejo que consideres necesario.

35

Texto C **Tres españoles hablan de los deportes que practican**

Escucha con atención el texto donde Pedro, Dolores y Silvia hablan de los deportes que practican o practicaban antes. Entonces, para cada uno de los tres, escribe unas notas sobre las preguntas siguientes:

a ¿Qué deportes practica?
b ¿Cuándo empezó a practicar estos deportes?
c ¿Dónde los practica?
d ¿Qué deportes no practica o ha dejado de practicar?
e ¿Por qué no los practica?
f otros detalles mencionados

Texto D **Titulares deportivos**

1 Antes de escuchar el texto, estudia bien la lista de deportes que sigue y también las notas que resumen los titulares que vas a escuchar. Al escuchar la cinta, tienes que emparejar los deportes y las notas, poniéndolos en el orden en que los has oído.

a Football
b Basketball
c Golf
d Athletics
e Motorcycling
f Football
g Rally Driving
h Tennis
i Bullfighting
j Cycling
k Football

i Spanish star adds two more world titles to his collection
ii Popular figure retires at peak of career
iii Match starts tonight at 9.30
iv Violence leads to fans' arrest in London
v Advertisement for radio coverage of national competition
vi Real Madrid best of Spanish teams in European competitions
vii Spaniards win four medals in indoor championships
viii National team to travel to Ireland
ix Spanish player shares lead after first day's competition
x Spaniard starts in second place behind world champion
xi Spanish victory in men's competition in Brazil

6 Clips fitness

a Lee con cuidado la parte de este texto en la página 235 donde se describe el «uniforme» de los patinadores sobre ruedas. Describe un uniforme semejante para otros dos deportes.

b Ahora lee la descripción de los ejercicios recomendados para el patinaje sobre ruedas. Después de estudiar el texto, a ver si puedes hacer los ejercicios en clase, sin mirar el texto original y siguiendo las instrucciones leídas en voz alta por el profesor.

c Después, eligiendo otro deporte, escribe otra serie de ejercicios, siguiendo el modelo del texto.

SEGUNDA PARTE: EL «DOPING»

En el mundo de los deportes de los años 90, el tema del «doping» ha venido a ser muy grave y ha sido detalladamente examinado. Ben Johnson, el hombre más rapido del mundo, fue desposeído de su medalla de oro en Seúl por haberse «dopado». Unos meses después, el diario *The New York Times* aseguraba que la mitad de los deportistas que participaron en aquellos Juegos Olímpicos recurrieron a estimulantes en sus entrenamientos. Hace tiempo que la pureza en el deporte es sólo retórica: el público, los estados y las empresas exigen al atleta que supere sus límites. Y el atleta se deja seducir poniendo en peligro su salud.

Texto E Secuelas del culpable

1 Antes de estudiar este texto, busca el sentido de las palabras siguientes:

comprobar	la halterofilia	controles por sorpresa
el lanzador de disco	una grúa	los alijos
una marca personal	una piltrafa	atestiguar
debilitarse	una cobaya	
derrumbarse	fichar	

2 Lee con atención el artículo y escribe en inglés un resumen de los problemas principales que menciona el autor.

3 ¿Te parece que el artículo es pesimista u optimista en cuanto al futuro del problema? Justifica tu opinión.

Acabar de + infinitive: when used in the present tense, this construction means "have/has just done something":

- *Acaban de descubrir el problema del doping.* (They have just discovered the drugs problem).

It can also be used (as shown in this passage) in the imperfect tense, when the meaning is " ... had just done something"):

- ... *Len Bias ... acababa de fichar por los campeones de la NBA.* (Len Bias had just signed for the NBA champions).

Secuelas del culpable

Las sanciones van por detrás del problema

Juan-José Fernández

Doping es una palabra a la que le faltan los límites. Nadie, ni siquiera los médicos, pueden garantizar el perjuicio o no de los productos. Como mucho, pueden ser buenos para unas cosas, pero quizá no para otras, al igual que tantos medicamentos. Ya antes de cuestionar la peligrosidad futura del *doping*, el deportista de elite se pregunta si el esfuerzo que realiza, muchas veces por encima de sus límites, le pasará factura en el futuro. Grandes atletas de la historia han pagado incluso con su vida sus esfuerzos, sin que en todos estuviera comprobado que se drogaran.

Tal vez por haber ido demasiado lejos en su actividad, forzando su físico hasta el extremo, pero sobre todo con las *ayudas* externas del *doping*, el porvenir suele acabar siendo ruinoso. Algún caso real puede ser más elocuente.

El lanzador de disco húngaro Janos Farago, por ejemplo, de buen nivel internacional, con una marca personal hace pocos años de 65,80 metros, fue uno de ellos. Su viuda declaró tras su muerte: "No puedo asegurar que mi marido ha muerto de cáncer porque ha utilizado *doping*. De lo que sí estoy convencida es que su organismo se debilitó y lo notó mucho". Y añadió: "En menos de dos años, antes de los Juegos Olímpicos de Montreal, en 1976, subió de los 95 kilos que pesaba a 130 y consiguió mejorar también enormemente sus marcas, antes muy discretas. Pero inmediatamente comenzó a sufrir trastornos hepáticos e

inflamaciones renales agudas. Incluso tuvo que serle extirpado un riñón".

Aunque casi nunca se notificó oficialmente, *muertos históricos* en modalidades que comenzaron a usar el *doping* antes que otras, se debieron a su abuso: el ciclista británico Tom Simpson, el primero, se derrumbó en las cuestas del Mont Ventoux durante el Tour de 1967, víctima de un colapso cardíaco; su cuerpo, con las drogas y el calor, no resistió. En halterofilia, al belga Serge Reding, una auténtica grúa humana, medalla de plata en los pesos superpesados (por encima de los 110 kilos de peso corporal) en los Juegos Olímpicos de México 68, no le resistió el corazón, inflado artificialmente por músculos superiores a los que podía soportar. El finlandés Kaarlo Kangasniemi, medalla de oro en los pesos medios (hasta 90 kilos) se convirtió en una piltrafa humana por el abuso de esteroides. El último caso más conocido, en atletismo, ha sido el de la alemana Birgit Dressel. Murió de un choque alérgico debido a la interacción de un cúmulo de medicamentos. Fue utilizada como un auténtico cobaya y la gota final resultó una serie de inyecciones para tratar un lumbago.

La modernización de los aparatos de control ha sido un avance importante. También las sanciones a los traficantes. El mundo del 'doping' ha formado laboratorios clandestinos

El uso de drogas para calmar los dolores de lesiones también acabó destrozando a figuras como el ciclista francés Roger Riviere y el piloto motociclista español, también ex campeón mundial de esquí acuático, Víctor Palomo.

Otra variante moderna han sido los muertos de la cocaína, sobre todo en el deporte profesional norteamericano. En el fútbol y en el baloncesto. Tal vez el caso más sonado fue el del joven Len Bias, fallecido tras una fiesta cuando acababa de fichar por los campeones de la NBA, los Celtics de Boston y se le auguraba un espléndido porvenir.

Actualmente la persecución contra el *doping* se ha intensificado y el proyecto de generalizar los controles por sorpresa en los entrenamientos de los atletas puede descubrir más casos. También se ha colaborado más.

Incluso la modernización de los aparatos de control ha sido un avance importante. También las sanciones a los traficantes. El mundo del *doping* ha llevado a la formación de laboratorios clandestinos, fundamentalmente en México, especializados en productos prohibidos.

Pero nadie puede garantizar ya que no es una lucha tardía. Los alijos encontrados en muchas fronteras a atletas también lo atestiguan. Y han aparecido demasiados casos de positivos en la última historia del deporte confirmando el retraso. Se tuvieron que producir muertes o daños irreparables para que empezase la batalla oficial. Después, y ya sin saber dónde está la verdad de un récord o empieza su mentira – caso Ben Johnson –, siempre se ha ido por detrás de los métodos de ayuda. Las sanciones se han endurecido y se endurecerán más. Pero la raíz del problema permanecerá inamovible.

GRAMMAR

Compound Tenses

Compound tenses (so called because they are composed using **two** words as opposed to the one in the simple tenses that we have examined so far) are formed in Spanish with the auxiliary verb **haber** and the **past participle**.

The past participle is formed by removing the infinitive ending (**-ar**, **-er**, or **-ir**) and adding to the remaining stem the endings **-ado**, **-ido** and **-ido** respectively. There is also of course a number of very common verbs which have irregular past participles. These are listed in the Verb tables beginning on page 269.

- There are five compound tenses in Spanish, four of which we shall examine here. To form each one, the auxiliary verb **haber** is put into a certain tense and then followed by the past participle. Thus:

- The **perfect** tense consists of the **present** tense of **haber** and the participle:

  - *La comercialización del deporte ha conducido a una guerra de hipócritas.* (The commercialization of sport has led to a war of hypocrites.)

- The **pluperfect** tense consists of the **imperfect** tense of **haber** and the participle:

  - *El deportista se había convertido en un ser de salud delicada.* (The sportsman had changed into a being suffering from delicate health.)

- The **future perfect** tense consists of the **future** tense of **haber** and the participle:

  - *El gobierno habrá puesto en marcha la reglamentación «antidoping».* (The government will have put into effect the "antidoping" laws.)

- The **conditional perfect** tense consists of the **conditional** tense of **haber** and the participle:

  - *A no ser por la comercialización del deporte, el problema de utilización de estimulantes habría sido ampliamente dominado.* (Were it not for the commercialization of sport, the problem of stimulant usage would have been largely controlled.)

- The fifth compound tense is known as the **past anterior**. You will find details of it in the grammar notes on compound tenses, beginning on page 264.

- Finally, the **perfect infinitive** also exists, consisting of the **infinitive** of **haber** and the participle:

  - *Fue suspendido tras haber dado positivo en un control antidoping.* (He was banned after having produced a positive result in a drugs test.)

- When it is used with **haber** to form a **compound tense**, the past participle **never** agrees.

- You should **never** split **haber** from its past participle; pronouns, negatives, etc. are therefore placed before **haber**, **never** before the past participle:

  - *Los problemas nunca han parecido más graves or no han parecido nunca más graves.* (The problems have never seemed more serious.)
  - *Se le había acusado de tomar estimulantes.* (He had been accused of taking stimulants.)

Discovery

With a partner, read carefully through the article *Secuelas del culpable* and note all examples of compound tenses that you can find. Practise together putting the examples that you find into all five compound tenses.

Práctica

1 Estudia otra vez el artículo *Secuelas del culpable* y escoge a dos de los deportistas mencionados. Entonces explica al profesor lo que les **había** pasado en la historia, empleando por supuesto el tiempo pluscuamperfecto. Escribe dos frases para cada deportista.

2 Ahora imagina lo que les **habría** pasado a los deportistas a no ser por las drogas. Escribe cinco frases utilizando el tiempo potencial compuesto (*conditional perfect*) de los verbos.
Por ejemplo:

- Janos Farago no se habría debilitado.

3 Escribe cinco frases diciendo lo que en tu opinión habrá pasado antes del año 2000 en esta cuestión del doping. Por ejemplo:

- Los gobiernos (no) habrán controlado el doping.

UNAS PÁGINAS DEPORTIVAS

TERCERA PARTE: DOS ESTRELLAS ESPAÑOLAS

En el mundo del ciclismo, no cabe duda de que los españoles han tenido muchísimo éxito en los últimos años. En los años ochenta, Pedro Delgado fue el número uno: ganador de muchas pruebas internacionales, se convirtió en 1988 en el héroe de España, siendo el tercer español de la historia en ganar la carrera considerada como la más importante del ciclismo mundial – el famoso Tour de Francia. Pero cuando por fin Pedro Delgado empezó a perder protagonismo en el escenario del ciclismo, otro miembro del mismo equipo de Banesto, Miguel Induráin, que había estado esperando entre bastidores su oportunidad, pasó a la cabeza de la clasificación. Y ahí se ha quedado hasta ahora. Ganador varias veces del Tour de Francia aparte de muchas otras competiciones, Induráin es el rey incontestable de los corredores de dos ruedas. Pero lejos del podio y de las aclamaciones, ¿cómo es este ídolo del pueblo español? Ahora mismo vamos a saberlo.

Texto F **Miguel Induráin – el cuento de la rana**

1 Antes de leer este artículo, busca el sentido de las palabras siguientes:

cejudo	el hueco craneal	influir en
transmutarse	almacenar	atiborrado
gallardo	una tonelada	la pestaña
apestoso	los azares	cejijunto
los batracios	el forofo	la reciedumbre
la sensatez	la pantorrilla	ponerle a uno pingando
abrumar	púdico	ponerle a uno a caldo
hojear	parco	la derrota
acarrear	el cerrojo	

2 En el primer párrafo del artículo, el autor nos hace pensar en el cuento de hadas de la princesa y la rana. ¿Por qué piensa en este cuento y cuál es el significado de la comparación que hace?

3 En varias partes del texto, el periodista habla de Miguel Induráin como un hombre realista, sensato y «normal». Después de leer el artículo, ¿estás de acuerdo con esta descripción de su carácter? Justifica tu opinión en un máximo de 50 palabras.

4 ¿Cuáles son las características físicas más evidentes de Miguel Induráin que se desprenden de este texto?

5 Trabaja con un compañero para comprender lo que dice Induráin o el periodista sobre los puntos siguientes y luego explica al profesor lo que los dos habéis decidido:

a La vida normal de un ciclista.
b Lo que representa la literatura para Induráin.
c Cómo y por qué llegó a ser ciclista.
d Su actitud a la fama y los halagos.
e Su familia y su juventud en casa.
f Sus pensamientos y sentimientos durante una carrera.
g Cómo ve la inevitable «bajada» futura.

6–9 (Véase la página 68) …/…

De todas las fotos de Induráin, de todas sus instantáneas de triunfo, la que personalmente prefiero es del año cuando ganó una de las etapas del Tour de Francia de 1990 y, ya en el podio, una azafata le besaba la mejilla. Ahí estaba Miguelón, exultante, joven y cejudo, con su cara ruda e ingenua y esa sonrisita turbada tan deliciosa que saca a pasear en los momentos de emoción. Tenía Induráin en esa foto un no sé qué de rana de los cuentos en el feliz instante en que, besada por la dama, va a conseguir por fin transmutarse en príncipe gallardo y abandonar el apestoso charco de los batracios. Esto es, tenía la expresión del inocente que se siente rozado por la magia.

Miguel Induráin se ha convertido en el príncipe del ciclismo, o, para ser exactos, en el rey, porque ése es el título que le otorgan ahora, entusiasmados, los periodistas deportivos. Pero sigue manteniendo algo de la antigua ranita: la modestia, la sencillez, la graciosa fealdad, la bondad evidente. Siempre preferí las ranas a los príncipes.

—¿Que si no me canso de correr? Hombre, pues no. Es tu trabajo y estás mentalizado. Sabes que hasta que se acabe la temporada en octubre tienes que seguir dándole y ya está.

Le he preguntado esto porque casi todos los días ha de participar en alguna carrera, un día en San Sebastián, al otro en Galicia y al siguiente en Alemania o quién sabe dónde. Durante la temporada, de febrero a octubre, se hace unos 30.000 kilómetros en bicicleta, y otro montón más en coche. Es una vida espartana, un continuo de masajes, entrenamientos, carreras y más masajes, la cena a los ocho y la cama a las diez. Camas de hoteles irreconocibles y sin memoria.

—Sí, lo peor es viajar, eso es lo más duro. A principio de temporada no, porque te has pasado tres meses en casa y te apetece salir. Pero después de unos meses... No hacemos otra vida que los hoteles y las carreras. La gente te dice: "Qué bien, vas a tal sitio, verás la ciudad". Pero no es verdad, no vemos nada y hay algunas veces que te despiertas y ni sabes en qué hotel estás, en qué ciudad, en que país. Ése es el jaleo.

—Es muy duro, sí, y a veces, si estás muy cansado, puedes llegar a pensar que estás harto, pero la verdad es que en cuanto que estás tres días en casa ya echas de menos todo esto. Es una vida que la llevas dentro: si no te gustara la dejarías. Y además te has acostumbrado a vivir así desde muy joven. ¿Que no ves las ciudades? Bueno, pero mientras vas en la bicicleta sí ves lo que te rodea, y ves el campo, ves sitios bonitos que si no no verías... Y además, ¿cuál es la vida normal de los otros jóvenes? ¿Meterse todos los fines de semana en una discoteca? Eso no lo echo de menos. Yo creo que la nuestra es una vida bonita. No es como un trabajo en el que tengas que ir todos los días ocho horas al mismo sitio. Cambias de escenario y es siempre un poco diferente.

Induráin tiene fama entre los periodistas de ser costoso de entrevistas por lo monosilábico. Desde luego, la facilidad verbal no se puede incluir entre sus virtudes, pero, más que monosilábico, es sobre todo de una sensatez que asombra y a veces hasta abruma: sus contestaciones son siempre sencillas y correctas, y eso suele dar muy poco juego periodístico. Aunque, a decir verdad, Induráin es un chico tan normal que llega a resultar poco corriente.

ENTREVISTA

Tiene algo de rana de cuento en el instante en que, besada, se convierte en príncipe

En la temporada, para entretenerse, hojea revistas y hace crucigramas. Desde hace más de un año acarrea por el mundo una novela *Adiós, muñeca,* que va leyendo con esforzada lentitud: "Llevo el libro sólo por la mitad porque siempre me duermo antes de... No soy un hombre muy de ilusiones. Es decir, la literatura para mí es una ilusión, tienes que crear al personaje en tu cabeza, y yo no me los creo mucho; cuando leo, no me los creo". Es un hombre práctico y realista: en el hueco craneal en donde los demás humanos suelen almacenar la imaginación, él tiene una tonelada de sentido común: "Prefiero vivir la vida a crearme fantasmas".

—Yo empecé en el ciclismo por azares de la vida. Al principio no pensaba dedicarme a esto, ni mucho menos. Me gustaba el deporte en general y empecé haciendo atletismo corriendo 400 metros, un poco por la constitución. Hice todo tipo de deportes y ninguno me iba bien, probé ciclismo y parece que me iba mejor, y ya seguí ahí, aunque tampoco es que tuviera una afición ciega. En general, te metes en esto porque a los 11 o 12 años tienes tus ídolos, ciclistas a los que te quieres parecer; pero yo no viví eso, no fui nunca forofo, no tuve ídolos de pequeño.

—En una entrevista en *L'Équipe* dijo que se hizo ciclista porque a los 11 años quedó segundo en una carrera, le dieron de premio una gaseosa y un bocadillo, y le gustó.

—Es que cuando empiezas el ciclismo es algo muy diferente. Ahora es todo competición, *marketing,* es mucho más jaleo. Pero, cuando empiezas, pues vas a correr sólo los domingos, a las ferias de los pueblos, y te haces la carrera, nada más que la carrera, que son simplemente 10 minutos, y te diviertes y te pasas el día allí, y luego te regalan una coca-cola y tan contento. Yo me metí en esto... no sé, vas viendo que vas valiendo, vas mejorando, te animan para que sigas.

—¿Y la fama? ¿También le atrae?

—Pues de todo un poco; la fama es agradable y desagradable, depende de la situación en que te encuentres. Claro que es agradable que te conozca la gente, y darte cuenta de que les has hecho vivir buenos momentos. Porque tú ganas el Tour, pero la gente lo vive contigo. Ellos, lo mismo no hacen ciclismo, pero se sienten como si hubieran ganado el Tour ellos, se meten dentro del televisor.

—...Y les duelen las pantorrillas.

—Sí, sí, sí. Y eso es muy bonito, eso te emociona. Pero luego hay otros momentos en que quieres llevar una vida privada y te cuesta un poquito. Porque tú a ellos no les conoces, pero ellos te conocen mucho, han estado un mes viéndote todos los días y sufriendo contigo, y se sienten como de la familia y con ciertos derechos sobre ti.

—Hay otro aspecto de la fama: los Solana y Mario Conde palmeándole las espaldas, los halagos y parabienes...

—Todo eso lo llevo bien. Tampoco es que me lo tome muy en serio ni con mucha pasión, pero lo acepto; es un poco lo que siempre pasa en esta vida, ya sabes, a caballo ganador todo son honores.

—De todas maneras, no parece disfrutar mucho con estas cosas. ¿Es cierto que al acabar el Tour quería usted coger el camión y tirar derecho hasta Pamplona para celebrar el triunfo allí en vez de participar en los festejos oficiales en París?

—Sí, claro... Yo habría hecho eso más a gusto, sin pasar por todo el jaleo de la fiesta. Lo que pasa es que te debes un poco a la gente, ¿no?; aunque yo me hubiera quedado mucho más tranquilo yéndome, siendo como soy, y como me conozco, pues... Me hubiera gustado más.

—¿Y cómo es usted, tímido?

—No, más bien reservado, y no me gusta todo ese jaleo de la fama y... Lo acepto porque estoy metido en el deporte y hay que hacerlo, pero si no fuera por eso viviría una vida mucho más tranquila.

Es sobre todo, me parece, extremadamente púdico para mostrar su interior, y si siempre es parco al expresarse, cuando habla de sus sentimientos ronda ya el colapso. Habla entonces de sí mismo en plural, como para repartir entre muchos el peso y la quemazón de las emociones, esas raras alteraciones de ánimo que él mantiene encerradas bajo siete cerrojos.

—Dice usted que es reservado. Su hermano Prudencio, también ciclista, dijo en una entrevista que usted era hermético. Que sus padres se enteran de cómo le va en el ciclismo leyendo los periódicos, porque usted no dice nada.

—No soy una persona que exteriorice mucho, no hablo mucho, no me comunico mucho. No sé, los sentimientos siempre los guardo para mí, las tristezas y las alegrías, es mi forma de ser. Y tampoco discuto con la gente, discuto muy poco. No me meto en follones. Igual el otro tiene razón, o no la tiene, pero yo no llego a enfrentarme directamente con la otra persona y sigo calladamente con la mía… Porque soy un poco cabezón.

—Los periodistas deportivos dicen que es usted un hombre muy frío.

—Sí, yo creo que sí. Bueno, por dentro no, pero como no lo exteriorizo, pues…

Su carrera ha sido de una firmeza extraordinaria, siempre progresando poco a poco. Ganó en 1983 el Campeonato de España de aficionados: tenía 19 años y fue el campeón más joven de la historia. Mide 1,86 de altura y pesa 79 kilos; demasiada envergadura para un ciclista, pero es tan constante y tan disciplinado ("sí, he tenido que trabajar mucho para mejorar hasta el nivel que estoy ahora") que ha sabido hacer de ello una ventaja.

ENTREVISTA

"Antes me gustaba mucho la agricultura, pero ahora no la sigo y ya no sé cómo va"

—En mi casa no querían que me dedicara al deporte. Querían que estudiara algo, lo que fuera. Yo me incliné por la mecánica porque me gustaba y porque en mi casa siempre ha habido cosas de mecánica; en agricultura siempre tienes que arreglar algo, ya sabes. Y estudié eso por hacer algo, pero los estudios nunca han sido mi fuerte. Luego fue saliendo lo del ciclismo, y gané el Campeonato de Aficionados, y entonces empecé a pensar que me podría ir bien, y ya me metí.

—Y en los siete años que lleva de profesional, ¿no temió nunca haberse equivocado, no ser capaz de triunfar? ¿Nunca tuvo dudas, ni siquiera en la temporada de 1987, que por lo visto no fue muy buena?

—Sí, en 1987 y la mitad de 1988 las cosas fueron un poquito flojillas. Pero no, no tuve esas dudas, porque tampoco fue un tiempo muy malo. Conseguí triunfos, aunque no mantuve la progresión de los años anteriores. Y como yo seguía trabajando igual, no me desesperaba, pensaba que era mala pata, mala suerte.

—Seguía confiando en usted.

Sí, sí, sí.

—Me maravilla esa confianza que tiene en sí mismo.

—Sí, yo creo que es lo mejor que tengo, la seguridad y la confianza, sobre todo a la hora de la carrera, tener la confianza de que has trabajado bien, de que has hecho las cosas… Yo creo que eso es muy importante, porque en la carrera muchos ciclistas se ponen nerviosos y se agarrotan. Si en vez de eso confías en ti, no sé, avanzas más.

—Tiene usted cara de bueno. Se lo habrán dicho.

—Sí, alguna vez. Ya me han dicho de todo a estas alturas.

—Y también tiene fama de ser bueno, de portarse muy bien con los compañeros y demás. Es usted un hombre religioso, creyente y practicante. ¿Cree usted que esto influye en su actitud? Es decir, ¿es usted de esos pocos católicos que intentan llevar sus creencias a la vida diaria?

—Hombre, pues yo creo que algo influirá, ¿no? Es un poco la educación que he llevado desde joven por ese camino. Y entonces llevas tus ideas a la práctica, a veces no tan bien, a veces mal, pero procuras llevarlas.

Quizá tengan razón los especialistas cuando dicen que es un tipo frío y controlado, pero, desde luego, cara a cara Induráin resulta ser de lo más encantador, afable y cálido. No tienes más que mirar un instante su rostro difícil y esos ojos atiborrados de pestañas negrísimas para convencerte de que el hombre debe de ser tan buena persona como aparenta. Hay en él algo simple y sólido; la candidez cejijunta de la rana y la reciedumbre del labriego. Un hippioso hubiera dicho de él que tiene "buenas vibraciones", y ciertamente Induráin infunde serenidad. Posee la sabiduría de saber quién es, y quizá por eso es, sobre todo, un hombre tranquilo.

—Ahora todos dicen que es usted el rey, pero sin duda sabe usted que si un día fracasa le pondrán pingando.

—Sí, claro. Un mes antes del Tour, en la Vuelta a España, yo era la misma persona, corría lo mismo y era todo igual, pero quedé el segundo y se me puso a caldo: que si no había ganado, que si era una decepción, yo qué sé. Y al mes siguiente resulta que soy el rey en todo. Pues bueno, a mí me parece que en un mes no ha cambiado ni mi forma de correr ni nada.

—Ganar es difícil, desde luego, pero aún me parece más difícil perder con dignidad. Es el caso de Delgado, que ha sabido llevar con entereza un momento duro. ¿Se prepara usted mentalmente para esto, para la bajada?

—A mí esa parte mala no me ha tocado. Todavía estoy en el ciclismo bueno, por así decirlo. Ahora he llegado al máximo, y a partir de ahí o te mantienes o te vas para abajo, de modo que estás un poco a verlas venir. Yo creo que en el deporte lo bonito es luchar por la victoria, y si el otro es mejor que tú y te ha ganado, pues no puedes hacer nada.

ENTREVISTA

"Yo creo que es lo mejor que tengo, la seguridad y la confianza en mí mismo"

—Todo eso estaría muy bien si no hubiera una presión exterior tremenda.

—Sí, es cierto; sientes las presiones de todo lo que está alrededor: te exige el periodista, te exige el público, te exige el equipo. Pero tú eres el deportista, y eres tú el que has de exigirte, sabiendo qué te exiges y cómo. Tienes que estar convencido de lo que haces y no dejarte influir por los demás.

—Pero para eso hace falta ser muy fuerte.

—Sí, hace falta saber muy bien lo que quieres y lo que tienes, porque, si no, te pueden hundir. Pero, bueno, a mí todo eso no me da miedo. Yo siempre he aceptado las derrotas y seguiré aceptándolas. Además, si te tomas la gloria muy fuerte, entonces quizá la derrota también sea para ti muy fuerte. Y yo la gloria la acepto, pero no vivo dentro de ella, de modo que espero mantener la misma distancia con la derrota. ■

Continuous Tenses: Read the relevant section of the Grammar Summary on page 266 concerning the use of the gerund after verbs like **estar**, **ir**, **venir**, **seguir** and **continuar** to form what are known as continuous tenses. Then see how many examples you can find in the above passage.

6 Aquí tienes una lista de diez adjetivos que se pueden aplicar a Miguel Induráin según lo que se desprende del artículo. Escoge cinco de ellos y escribe cinco frases para explicar por qué se le puede considerar así. Por ejemplo:

Induráin es un hombre muy feliz porque dice que la suya es una vida bonita.

modesto	frío	determinado
disciplinado	sensato	afable
práctico	cálido	reservado
sereno		

7 Hay unas cosas que dice Induráin que parecen, fuera del contexto, un poco curiosas, hasta incomprensibles. Explica en español lo que quiere decir exactamente con las frases siguientes:

a … hay algunas veces que te despiertas y ni sabes en qué hotel estás, en qué ciudad, en qué país.
b Prefiero vivir la vida a crearme fantasmas.
c … tú ganas el *Tour*, pero la gente lo vive contigo.
d Todavía estoy en el ciclismo bueno, …
e … yo la gloria la acepto, pero no vivo dentro de ella, …
f … espero mantener la misma distancia con la derrota.

8 Busca el párrafo que empieza «No soy una persona que exteriorice mucho …» y cámbialo del estilo directo al estilo indirecto. Empieza así:

Induráin dijo que no era una persona que exteriorizara mucho, …

9 Imagina que vas a entrevistar a Miguel Induráin. Inventa cinco cosas que te gustaría preguntarle y que sean diferentes de las preguntas que le hacen en el artículo. Después, haz las preguntas que has inventado a tu compañero y contesta también a las suyas. Las respuestas tienen que estar basadas en lo que habéis aprendido sobre el carácter de Induráin.

GRAMMAR
Negatives

■ The standard way of making a verb negative in Spanish is of course to place the word **no** in front of the verb. Remember that this is placed in front of the auxiliary verb in a compound tense, in front of the imperative, in front of an infinitive, and also in front of the object pronoun whether the latter is direct, indirect or reflexive:

- *Eso no lo echo de menos.* (I do not miss that.)
- *No me comunico mucho.* (I do not communicate much [with people].)
- *¿No temió no ser capaz de triunfar?* (Weren't you afraid of not being able to win?)
- *No ha cambiado mi forma de correr.* (My style of riding has not changed.)

■ Other common negative words in Spanish are **nunca/jamás** (never), **nada** (nothing), **ningún/ninguna** (no, none – used as an adjective with a noun), **nadie** (nobody), **ni … ni …** (neither … nor … used in front of nouns) and **tampoco** (neither – used with a verb).

These words will be found before or after a verb, though you must remember that when they are placed after the verb, **no** must be placed before that verb:

- *No vemos nada.* (We do not see anything/we see nothing.)
- *No fui nunca forofo.* (I never was a fan.)
- *Los estudios nunca han sido mi fuerte.* (Studying never has been my strong point.)
- *En un mes no ha cambiado mi forma de correr ni nada.* (My style of riding has not changed in a month, nor has anything else.)

For further notes on the uses of negatives in Spanish, see the Grammar Summary on page 267.

Discovery

Work with a partner to find all the examples of negatives in the interview given by Miguel Induráin. With examples where just the word **no** is used, try to include another negative word in the same sentence so that more or less the same meaning is conveyed, as in the following examples:

Original text: *No me los creo mucho.*
Additional negative: *no me los creo casi nunca*
Original text: *no dejarte influir por los demás*
Additional negative: *No dejarte influir por nadie*

Práctica

Refiriéndote a cualquiera de los temas que has estudiado sobre el deporte, escribe diez frases que contengan ejemplos de palabras negativas. A ver si puedes utilizar todas las palabras negativas mencionadas arriba, y variar su posición con relación a los verbos.

No podemos dejar el ciclismo sin mencionar la carrera española más importante del año. En efecto, después del *Tour* y del *Giro* de Italia, se considera que la Vuelta Ciclista a España es la prueba más prestigiosa del mundo. Es una carrera de unos 4.000 kilómetros que se celebra normalmente a finales de abril/principios de mayo y que pasa por una veintena de provincias españolas. En España, la Vuelta interesa y apasiona aunque también es verdad que es un espectáculo, como todos los grandes, que queda un tanto ahogado por la publicidad y que implica por eso enormes cantidades de dinero generadas en cada pedaleo. Es interesante, entonces, descubrir que también hay otras consideraciones más dignas de admiración que aparecen de vez en cuando, como por ejemplo la importancia de conservar el medio ambiente de los excesos de popularidad de semejante espectáculo.

Texto G **Los Lagos de Enol (Covadonga)**

1 Antes de escuchar el texto grabado, mira el significado de las palabras siguientes:

el patronato	*board of trustees*
cumplir	*to fulfil*
el escrito	*document*
remitir	*to submit*
acceder a	*to have access to*
la publicidad	*advertising*
sobrevolar	*to fly over*
un compromiso	*an undertaking*
la cumbre	*summit*
denominarse	*to be called*
luchar denodadamente	*to fight bravely*

2 Escucha bien el texto y escribe cómo se dicen las siguientes frases:

a … as long as a set of conditions are fulfilled.
b The Board met this morning.
c … as far as the number of vehicles is concerned.
d I take it for granted.
e … just as we have fought collectively to get the *Vuelta* …
f … the Park shall be left as we have found it.
g So one stage will end at the Covadonga lakes.
h … in memory of the mayor who died recently.

Terminamos esta unidad con otra estrella del campo deportivo español, pero esta vez en el mundo del tenis. Arancha (también se escribe Arantxa) Sánchez Vicario figura en la actualidad entre las mejores tenistas del mundo. Su primera victoria importante llegó el 10 de junio de 1989 cuando derrotó a Steffi Graf en la final de Roland Garros (un torneo del «Grand Slam») en París. Con ella y también con su gran rival Conchita Martínez, este deporte español no puede pedir más por el momento.

Texto H **«¿Acaso no ve mis pendientes?»**

Texto I **La mujer feliz**

1 Lee el artículo sobre Arantxa Sánchez (Texto H) y también el texto más corto *La mujer feliz* (Texto I, pág. 72) y trata de emparejar cada una de las palabras españolas que siguen con su equivalente inglés:

Texto H	un sorteo	un bote	*new paragraph*	*a novice*
	un alevín	apuntar	*a bounce*	*to give in*
	rabioso	una casta	*a draw*	*to show a preference*
	un encargado	punto y aparte	*dedicated*	*to register*
	volcado	darse por vencido	*to crush*	*to get angry*
	decantarse	coger un cabreo	*furious*	*person in charge*
	un palmo	aplastar	*a breed*	*a few inches; span*
Texto I	la templanza	a destiempo	*service*	*a huge amount*
	anímico	dilapidado	*tenacious*	*mental*
	el saque	el tesón	*persistence*	*restraint*
	tenaz	un sinfín	*pampered*	*ill-timed*
	mimado		*squandered*	

2 Ahora estudia con atención los dos textos y escribe unas notas sobre los siguientes temas, antes de comparar tus respuestas con las de tu compañero de clase:

a victorias mencionadas
b fecha y lugar de nacimiento; domicilio actual
c rutina diaria
d actitud hacia los estudios y otras carreras profesionales
e opinión sobre la vida que lleva comparada con la de otras chicas
f detalles familiares
g infancia
h intereses y pasatiempos
i los chicos y el matrimonio futuro

3 Escribe una lista completa de los rasgos del carácter de Arantxa que se mencionan o se implican en estos textos. Después, compara tu lista con la de tu compañero de clase. ¡No pierdas esta lista, porque la necesitarás de nuevo cuando llegues al Texto J!

36

4 En el Texto I, lee otra vez la parte que empieza «Ella es la serenidad frente a la crispación» y que termina con las palabras «la devoción frente al deber». Entonces completa el ejercicio que encontrarás en la hoja 36.

5 Imagina que vas a entrevistar a Arantxa. Escribe cinco cosas que quisieras preguntarle y luego pregúntaselas a tu compañero.

«¿Acaso no ve mis pendientes?»

Arancha era confundida con un niño a los diez años y a los diecisiete alcanzó la gloria en París

Cuando Arancha Sánchez sólo tenía diez años parecía un niño por su apariencia física. Durante el sorteo de un campeonato de alevines, el director del torneo le dijo: «Acércate, muchacho, y ve sacando las papeletas de cada jugadora ...» Arancha, enfurecida y rabiosa, le contestó: «Oiga, yo soy una niña y no un muchacho. ¿Acaso no ve mis pendientes? ...» En otra ocasión, la encargada de los vestuarios femeninos le prohibió la entrada, diciéndole que el vestuario de los hombres estaba enfrente. Arancha sufrió otra rabieta y volvió a echarse mano a las orejas, luciendo con arrogancia sus pendientes.

La menor de la saga de los Vicario recoge la herencia de toda una familia volcada en el mundo del tenis. El matrimonio formado por Emilio Sánchez (ingeniero industrial) y Marisa Vicario decidió, desde que sus hijos eran pequeños, que canalizaran sus energías a través del deporte. Y así Marisa, la hija mayor, empezó a jugar al tenis a los 9 años, aunque de mayor se decantó por estudiar Administración de Empresas en Estados Unidos, y allí ha proseguido su carrera de tenista. Emilio dejó la natación por el tenis y desde los 11 años su carrera tenística ha ido en alza. Está considerado como el tenista español más brillante de los últimos años y junto con su hermano Javier representa a España en la Copa Davis. Este último es también un importante puntal del tenis español.

EL TENIS ME DIVIERTE

Y en ese ambiente familiar, mezcla de rigor y responsabilidad tempranos, y acompañando a sus hermanos mayores al Club de Tenis, cuando aún no levantaba un palmo del suelo, creció la pequeña de todos, Arantxa:

–«Sí, mi afición vino de familia. Y yo creo que antes de coger una muñeca cogí una raqueta. Empecé a jugar con cuatro años. Mis padres al principio pensaban que no iba a jugar bien, pero cuando me pusieron en la pista y jugué con mi padre y vieron que cogía todas las pelotas, que las cogía al primer bote, se dieron cuenta de que iba en serio y me apuntaron a la Escuela y al Club de Tenis de Barcelona».

Arantxa Sánchez Vicario se levanta a las ocho de la mañana. Entrena tres horas. Vuelve a casa, come, una hora de reposo y por la tarde entrena de nuevo otras dos horas, y después hace hora y media de preparación física. Cuando regresa a su casa son algo más de las siete a esa hora; una profesora le enseña inglés y alemán. A las nueve y media cena y a la cama. Los fines de semana entrena, sólo por la mañana; por las tardes sale con sus amigas/os, al cine muchas veces, porque le gusta mucho.

¿Qué tipo de películas?

–«Me gustan cantidad las películas de terror, y también las de risa. Y me gusta mucho Rob Lowe, aunque Tom Cruise es el actor que me gusta más, y, bueno, Jane Fonda y Robert Redford».

De Arancha Sánchez podría escribirse un libro. En 1985, en Granada, Arancha, con sólo trece años, se proclamó campeona de España. La más joven de la historia. Pese a su corta edad, Arancha demostró en la final de aquel campeonato su temperamento, su genio, su casta y su raza.

UNA AUTÉNTICA VICARIO

Arancha merece la pena, es punto y aparte, otra cosa, ella es diferente. Cortés, amable, educada. Sabe estar siempre en su sitio. Es una auténtica *Sánchez Vicario*. De su madre ha aprendido la corrección, los buenos modales; de sus hermanos aprovechó la lección de saber luchar hasta el final dentro de una pista, el no darse jamás por vencida, la bravura, la combatividad.

Arancha siempre sonríe. Jamás está triste. Es un pequeño torbellino, pleno de sinceridad. Su hermano Emilio lo ha repetido: «De todos nosotros, Arancha es la que mejores condiciones tiene para jugar al tenis. Su juego es intuitivo, inteligente, fresco. Siempre sabe cómo reaccionar en un momento difícil del partido. ¿Qué pasa cuando estamos todos juntos en nuestra casa en Barcelona? ¡Oh, la la...! ¡Es como si temblara la tierra...!».

Arancha es sencilla, humilde y en todo momento disciplinada en los entrenamientos.

«Yo no soy Martina Navratilova. Mi tenis es diferente, por eso sé que mi base principal debe ser el trabajo. Sin una buena preparación y un método de vida sano no podría haber llegado donde estoy.»

A Arancha le entusiasman las películas de risa. Se desternilla con ellas. No quiere películas complicadas, impropias de una niña de su edad. Su malicia no va más allá de sentir la satisfacción de ganar, aunque sea a su propia hermana.

«¡Jo!, el día que gané a mi hermana Marisa lo pasé en grande. ¡Qué cabreo cogió! Estuvo dos días sin hablarme. Y es que a ninguno de los hermanos nos gusta perder. Yo siempre he admirado a mi hermana y a Chris Evert. Así que ganarlas a las dos fue para mí "demasiado".»

Al verlas siempre juntas no parece sino que Marisa Vicario y Arancha nacieran a la vez y del mismo vientre, unidas por un eterno e inseparable cordón umbilical.

Dentro de la pista, Arancha es diferente. «Si puedo aplastar a mis contrarias por 6-0 y 6-0, no pienso que eso puede ser una humillación para ellas. El tenis es un juego donde puede darse cualquier resultado.»

BUENA ESTUDIANTE

Arancha hace sólo unos años no sabía si se haría profesional o terminaría estudiando una carrera universitaria. «Yo soy una buena estudiante y sé que estudios y tenis resultan, a veces, incompatibles. Voy a intentar ambas cosas, pero a causa de mis viajes me veo obligada a recuperar muy de prisa. Sin embargo, reconozco que me gusta más el tenis que los libros ...»

Su primer regalo de los Reyes Magos fue una raqueta. «Yo jamás he jugado con mis muñecas. Cuando era pequeña mi madre me decía que hiciera lo que todas las niñas de mi edad, pero yo, en vez de coger una muñeca, tomaba la raqueta y les pedía a mis hermanos que me dejaran jugar un poquito con ellos, dejando las muñecas encima de la cama ...»

Volver a + infinitive: this construction means "to do something again" and is a useful variation on the use of *otra vez* or *de nuevo*. The verb **volver** is put into whatever tense is needed:

- *Arancha ... volvió a echarse mano a las orejas.* (Arancha ... raised her hands to her ears again).
- *Un día, Arancha volverá a ganar este campeonato.* (One day, Arancha will win this championship again.)

ARANCHA SANCHEZ VICARIO

LA MUJER FELIZ

Como en toda regla, hay una excepción, y ella es la más obvia. No importa que gane o pierda, porque siempre sonríe. Y será por una madre amorosa que cuida sus velos y desvelos allí donde va, por un perrito que se llama como su primer gran triunfo (Roland Garros 1989), porque dejó de ser la *hermana* de para que otros se convirtieran en los *hermanos de*, porque sólo su templanza anímica es comparable a su saque o porque no va de estrella, quizá por todo esto Arancha Sánchez Vicario es la imagen más real que pueda existir de una mujer feliz. Astuta, amable, optimista y tenaz, representa todo lo contrario a lo que el mundo del tenis ha creado a medida que ha ido fabricando ídolos. Ella es la serenidad frente a la crispación, la hija mimada frente a la niña maltratada, la juventud sosegada frente a una madurez a destiempo, el triunfo bien administrado frente a la voracidad de la fama, el dinero en el bolsillo frente a la fortuna dilapidada, la discreción frente al escándalo, el tesón y la energía frente a la indisciplina y los vicios adquiridos, la devoción frente al deber. Su curriculum –ganadora del Roland Garros en 1989 y 1994, campeona de España a los 13 años, tercera en los Juegos Olímpicos de Barcelona, artífice de la Copa Federación para España en los tres últimos años y un sinfín de cifras más– la ha situado en el número 2 del ránking mundial, pero su proyección vital está a la cabeza de sus colegas. Su doble vida consiste en prolongar la primera con la misma felicidad con que juega al tenis. □

Texto J **Entrevista con Emilio Sánchez Vicario**

1 Escucha con cuidado este texto donde el hermano de Arancha Sánchez Vicario, también tenista muy conocido y muy bueno, habla del éxito de su hermana y de la familia en general. Después, escribe unas notas sobre lo siguiente, justificando tus opiniones con palabras del texto:

a Estudia otra vez la lista de los rasgos del carácter de Arancha que escribiste al completar el ejercicio 3 sobre los Textos H y I. ¿Qué detalles aprendemos aquí (en el Texto J) del carácter de Arancha que son semejantes a, y diferentes de, los que leímos en los dos textos anteriores?

b ¿Cuáles son las relaciones entre Emilio y Arancha?

c ¿Es verdad que de alguna manera estos hermanos se influencian el uno al otro?

d ¿Cuáles son las conclusiones a las cuales podemos llegar sobre la familia en general después de escuchar este texto?

2 Trabajando con tu compañero de clase, escoge 5 ejemplos del uso de las palabras negativas en este texto. Preparaos a explicarlas al resto de la clase.

Texto K **Una subasta deportiva**

a Escucha con atención este texto y después haz el ejercicio que se encuentra en la hoja 38.

b Imagina que tú organizas una subasta como ésta contra la droga o la violencia en el deporte. ¿Cuáles son los diez objetos que más te gustaría subastar, y cuánto dinero esperarías recibir por cada uno?

Traducción

Traduce al español el párrafo siguiente:

In the world of tennis, Conchita Martínez was nobody before the 1989 season. But in six months she had become an important figure in the world rankings, and had won the Spanish Championship by beating Arantxa Sánchez Vicario in the final. Arantxa herself has never wanted to do anything except play tennis and even when she was very young, she was not interested in either dolls or clothes, preferring to get out on the local courts with her racket. In a few years, these two stars will have won many world tournaments: there has never been a better time for women's tennis in Spain.

Redacciones

Escribe una redacción sobre uno de los siguientes temas:

a Imagina que eres Miguel Induráin o Arantxa Sánchez Vicario. Escribe una redacción, detallando los triunfos que has obtenido hasta ahora y lo que esperas hacer en el porvenir.

b Eres periodista y has visto una vuelta ciclista o un torneo de tenis que ha ganado una de las dos estrellas estudiadas. Escribe un artículo para tu periódico, describiendo lo que pasó y las cualidades importantes de la que (o del que) ganó.

c Has ganado un concurso y tu premio será la oportunidad de conocer a Miguel Induráin o Arantxa Sánchez Vicario. Describe por qué te gustaría conocer a la estrella de tu elección.

Desarrollando el tema

1. **Problemas relacionados con el deporte:** la violencia; el «doping»; las enormes cantidades de dinero gastadas.
2. **Biografía de varias estrellas del deporte español:** Miguel Induráin; Arantxa Sánchez; Conchita Martínez; José-María Olazábal; Severiano Ballesteros, etcétera.
3. **Panorama de uno o varios deportes españoles:** el ciclismo; el tenis; el fútbol (rivalidad del Real Madrid y del Barça); el esquí; el atletismo; el golf.
4. **La Vuelta a España de este año:** un reportaje detallado; las etapas; los ciclistas; los resultados.

UNIDAD 5

Colegio
Villa de Griñón

Una enseñanza
integral
bilingüe: Castellano Inglés
2.º Idioma: Alemán Francés
28 Alumnos por Aula.

Avda. de la Paz, s/n.
28970 Griñón (MADRID)
Tel.: (91) 814 05 04/05

Enseñanza de primera y segunda clase

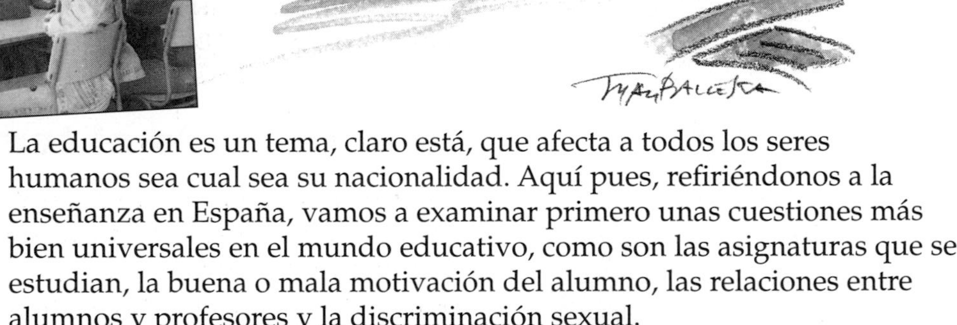

CLARO QUE ES NECESARIO APRENDER A LEER. SI NO ¿CÓMO VAS A ENTERARTE DE LO QUE DAN EN LA TELE?

La educación es un tema, claro está, que afecta a todos los seres humanos sea cual sea su nacionalidad. Aquí pues, refiriéndonos a la enseñanza en España, vamos a examinar primero unas cuestiones más bien universales en el mundo educativo, como son las asignaturas que se estudian, la buena o mala motivación del alumno, las relaciones entre alumnos y profesores y la discriminación sexual.

También es evidente que en varios aspectos de su sistema escolar un país se diferencia de otro y por eso queremos que aquí aprendáis un poco sobre la educación española, por ejemplo los diferentes cursos que se ofrecen, los Consejos Escolares y la mayor actividad y participación de los colegiales españoles de enseñanza media (comparados con sus equivalentes ingleses) a raíz de polémicas como la de la selectividad. Más tarde, podréis volver al tema de la educación en la unidad 14 donde examinamos las varias reformas planeadas por el Ministerio de Educación y que ya han entrado en vigor.

39

Mira la hoja 39 para encontrar la lista de vocabulario de esta unidad.

Para empezar:

Estudia las preguntas siguientes y prepara unas notas para poder contestarlas y charlar con tu compañero de clase sobre diversos aspectos generales de tu colegio y de la educación que recibes allí:

a Describe la situación y el aspecto de tu colegio, detallando el tipo de edificios, clases y facilidades que tiene.
b Describe detalladamente un día normal en el colegio – por ejemplo, las horas de entrada y salida, las horas y el número de clases que tienes, cuando hay un recreo y cuando se almuerza.
c ¿Qué asignaturas estudias, y cuál prefieres? ¿Cuáles son las otras asignaturas que se dan en el colegio?
d ¿Cómo son los profesores de tu colegio? Describe uno de los profesores sin nombrarle en a ver si después tu compañero puede reconocerle.
e ¿Cuántas horas de deberes tienes cada semana? ¿Las consideras excesivas o necesarias?
f ¿Cuáles son, aparte de las clases, las actividades más populares en tu colegio? ¿Estás en algún equipo deportivo o en otro tipo de club?
g ¿Qué opinas sobre tu colegio en términos generales? ¿Por qué?
h Si tú fueras el director del colegio donde estudias, ¿cambiarías algo?

ENSEÑANZA DE PRIMERA Y SEGUNDA CLASE

PRIMERA PARTE: TEMAS GENERALES

El sistema de educación español vigente hasta hace poco (que sufrió varias reformas como verás en la unidad 14), empezaba con las etapas «Maternal» y «Preescolar» hasta los seis años en que comenzaba la parte obligatoria llamada Enseñanza General Básica (EGB). Después de los 14 años, los alumnos podían ir a Formación Profesional (FP) o a los Institutos de Bachillerato donde el curso constaba de tres años y se denominaba Bachillerato Unificado Polivalente (BUP), al final del cual se les daba el título de bachiller. Entonces se realizaba un curso más, el Curso de Orientación Universitaria (COU) que daba acceso a la universidad con tal de que se aprobara un examen selectivo al final.

El primer artículo que vas a estudiar alude a estos aspectos del sistema anterior además de a las mencionadas reformas. También se refiere al hecho de que en un colegio español, si no obtienes notas adecuadas a finales del año escolar, estás obligado a repetir el año entero. Nosotros lo hemos elegido, sin embargo, para poder examinar un tema más general: las causas del éxito y del fracaso escolares.

Texto A **Siete millones de alumnos vuelven a las aulas**

1 Antes de leer el texto, busca el sentido de las palabras siguientes:

la pereza	cabalgar	centrarse
zambullirse	el cole	encauzar
apurar	fatídico	fallar
el madrugón	el puchero	ilusionar
una cortapisa	la congoja	repercutir

SIETE MILLONES DE ALUMNOS VUELVEN A LAS AULAS

BAJO LA POLEMICA SOBRE LAS CAUSAS DEL FRACASO ESCOLAR

Muchos profesores advierten sobre el peso de estos dos largos meses de vacaciones. Algunos padres lo tienen en cuenta. En todo caso, la vuelta a las aulas es siempre un comienzo difícil, con expectación para unos y pereza para otros. A partir de este próximo viernes, siete millones de niños empiezan las clases. Un retorno marcado por la polémica no cerrada sobre las causas del fracaso escolar y el horizonte de nuevos campos educativos.

¡VAYA fastidio!, grita Marcos Iranzo, mientras se zambulle en el agua. Jorge, Ramón y Gabriel, sus amigos, hablan del nuevo curso que comienza. Apuran sus últimos días de vacaciones en el Mediterráneo. Como algo lejano queda el mes, lleno de emociones, que Marcos, Ramón y Gabriel vivieron en la costa oeste americana. Dentro de nada empiezan los madrugones, los horarios estrictos, las clases, la disciplina y las cortapisas a la libertad.

Nuevo rumbo. Todos ellos cabalgan a la grupa de los 16 y 18 años. Forman parte de ese millón cuatrocientos mil alumnos que presumiblemente estudiarán BUP y COU en España durante este curso. Muy cerca de los jóvenes, Olga y Marta, de 7 y 10 años, dos niñas rubitas que construyen fortificaciones en la arena, se sienten fascinadas con la vuelta al cole — dos alumnas entre los casi cinco millones de niños que estudiarán EGB este año en España. A su lado, Ana y Alejandra, de 5 y 4 años, empezarán Preescolar... «¡Oh, el cole...! Pero allí no hay playa, ni olas, ni helados gordos... Mamá se quedará en casita y... estaremos mucho tiempo sin papá, sin mamá, sin los hermanos...» Encogen la nariz. La idea no les seduce.

Como las de Ana y Alejandra, las vidas de casi un millón de niños, en edad Preescolar, tomarán un nuevo rumbo. Para muchos, esta semana de septiembre resultará fatídica. Habrá pucheros, borbotones de lágrimas, congojas en el corazón de las madres y resoluciones decisivas por parte del profesorado para romper con despedidas dramáticas en la puerta de los colegios.

«Los niños de Maternal y Preescolar lloran muchísimo los primeros días. Pero luego lo superan. En cambio, los niños de los cursos iniciales de EGB comienzan el colegio contentos. Regresan con sus amigos, vuelven a llevar una vida activa y les satisface», señala Carmen Oteiza, psicopedagoga.

> LA PERDIDA DEL HABITO DEL ESTUDIO, LO MAS DURO DEL RETORNO A LOS COLEGIOS

Dos largos meses. Pero así como en los primeros cursos de EGB los niños aceptan de buen grado la vuelta al curso, a medida que crecen y pasan a etapas superiores se les hace más cuesta arriba. «¿Qué es lo más duro para los alumnos?», se pregunta el P. Ricardo Sada, sacerdote jesuita. «Yo diría que en esta dureza de la vuelta a las aulas va todo unido. Les cuesta centrarse. Han perdido el hábito de estudio, de la disciplina. Se ha producido una relajación en todos los aspectos de su comportamiento y no es fácil volverlos a encauzar de nuevo.»

Hoy falla la rigidez en la disciplina — según los educadores — porque cada vez existe menos autoridad social y familiar. «El chico tiene mucha libertad. Y los padres, hoy día, ante un conflicto, tienden a dar la razón a los hijos, en vez de dialogar con el profesor y conocer su punto de vista.»

El fracaso escolar. Los profesionales de la enseñanza no dudan en calificar de complejo el temido fracaso escolar. ¿Un fracasado escolar es un niño que no aprueba? ¿Quién ha sido el causante? ¿El niño que no ha estudiado? ¿El profesor que no ha logrado seducir al niño con su asignatura? ¿Un ambiente familiar negativo? Creemos sencillamente que se producen un sinfín de concausas, pero la fundamental es una. «Falla el sistema educativo», coinciden al unísono profesores, psicopedagogos y educadores.

«Para muchos niños suspendidos, el volver ahora al colegio después de un verano catastrófico, puede suponer un trauma», asegura Carmen Oteiza. «Si repite curso, lo pasa mal. Y si además de repetir curso, repite profesor, un profesor con el que no se sentía cómodo, puede resultar funesto para el alumno.»

Psicólogos y pedagogos califican estos años del niño y adolescente de cruciales. «El ambiente que rodea al niño es fundamental, pero también es de gran importancia que el profesor sepa motivar al alumno. El profesor debe conseguir que su asignatura le ilusione, le encante, le seduzca.»

El desarrollo de la capacidad intelectual no termina a los 12 o 13 años, sino que se prolonga. Crece con los años, sobre todo cuando trabaja. «Pero siempre insistimos que el ambiente de la familia es básico. Hay que estimular al niño, despertar su interés. El padre y la madre repercuten. Pero no debemos olvidar que el niño, a los 13, 14, a los 15 años, atraviesa una época de rebeldía. Por eso, a partir de 8.° de EGB es de suma importancia la figura del tutor», puntualiza la psicopedagoga Asun Ulzurrun.

Profundos cambios. Dentro de dos años habrá cinco bachilleres. Y desaparecen BUP, COU y FP.

«Se trata de unificar el sistema educativo sin que sean los buenos o malos de la película — manifiesta Carmen Oteiza—. Con el nuevo sistema tenemos un ciclo obligatorio y gratuito hasta los 16 años. Y el alumno pospone la elección de la profesión. Se pretende lograr de este modo una mayor formación y madurez en el alumnado.»

Sonrisas y lágrimas. Mientras en esta semana de septiembre, siete millones de niños y adolescentes lloran, se encrespan o ríen, otro millón de jóvenes, los universitarios, se encuentran inmersos en el fragor de los exámenes de septiembre para las asignaturas de repesca, o en el trasiego de expedientes para los trámites de matrícula de sus respectivas facultades o escuelas especiales. El curso para ellos empezará un mes más tarde, en la primera semana de octubre.

Dispersos, embelesados, a veces disolutos y cambiantes — «están hechos un auténtico lío», matiza la psicopedagoga Oteiza, «se transforma su mente y se transforma su cuerpo»—, los bachilleres regresan a las aulas. «Con un comienzo de curso menos rentable, porque están distraídos, con buen espíritu, porque ven a sus amigos, y con muy poca aptitud para el trabajo — asegura el rector jesuita — así se inicia septiembre. Empezamos refrescando el curso anterior, porque, para despegar con el nuevo curso, hace falta primero calentar motores.»

MARIA JOSE VIDAL

2 Lee con atención el artículo. ¿Te parece un texto pesimista u optimista en cuanto a la cuestión del fracaso escolar? Justifica tu opinión.

3 Según el autor, ¿en qué se diferencian las actitudes de los alumnos de varias edades? ¿Cómo se puede explicar esta diferencia?

4 Lee otra vez el artículo y entonces haz una lista de todas las razones que, según el autor, explican el peligro del fracaso escolar. Completada la lista, ponlas en orden, empezando con la que consideres más importante.

5 Verifica lo que has escrito con el profesor, y luego justifica el orden que has elegido.

Texto B **La influencia del clima en el rendimiento escolar**

Vas a escuchar un texto grabado donde se habla de otro posible motivo del fracaso escolar. Primero, aquí tienes un poco de vocabulario que te ayudará a entender lo que vas a escuchar:

tener que ver con	*to have an influence on*
el rendimiento	*performance*
la humedad	*humidity*
deseable	*desirable*
recalentado	*heated*
rendir (i)	*to perform*
implicar	*to imply*
tener en cuenta	*to realise*

1 Escucha el texto y luego escribe, no utilizando más de 50 palabras, un resumen en español del argumento principal.

2 Si es verdad lo que se dice aquí, tal vez se podría decir que no hay nada que hacer, puesto que la influencia de la que se habla está fuera del control de los seres humanos. ¿Estás de acuerdo, o piensas que se podrían tomar medidas para dar una mejor solución al problema?

3 Escucha otra vez el texto y rellena los espacios en blanco del párrafo en la hoja 40.

7 ¡Sálvese quien pueda!

a Lee este texto de las páginas 238 y 239 sobre cómo prepararte para los exámenes. Algunas de las sugerencias son normales y otras inaceptables (¡o incluso ilegales!). Haz dos listas para distinguir estos dos tipos de sugerencias.

b Ahora escoge tres de las sugerencias que ya has utilizado en otras ocasiones, otras tres que nunca has utilizado pero que te parecen muy buenas, y por fin otras tres que no te gustan y que nunca utilizarías. En cada caso, tienes que explicar a tu compañero de clase los beneficios o las desventajas de las sugerencias elegidas.

Texto C **Hacendosa, recatada y limpia**

En el pequeño artículo siguiente, se presenta la cuestión de la discriminación sexual en las escuelas, desde el punto de vista del colectivo femenista que se llama *A Favor de las Niñas*.

1 Antes de leer el texto, estudia las dos listas siguientes de palabras españolas y de sus equivalentes en inglés. Tienes que emparejarlas según correspondan. Aunque esto parezca muy difícil a primera vista, y además la lista sea bastante larga, acuérdate de que muchas veces hay palabras inglesas muy parecidas a las españolas, o tal vez palabras españolas que ya conozcas y que tengan una raíz asociada con la palabra que buscas. Por ejemplo:
Dado que conoces el verbo **hacer**, no te sorprenderá saber que la palabra **hacendoso** se aplica a una persona que hace muchas cosas, o sea en inglés *hard-working* o *industrious*. Igualmente, la palabra **luz** te ayudará a entender el verbo **relucir** (en inglés: *to shine*). También, la palabra **audaz** se parece mucho al inglés *audacious* así que es bastante fácil comprender que quiere decir *bold*, o que **una carabela** es un tipo de barco que se llama en inglés *caravelle*.
Siguiendo este procedimiento, y teniendo en cuenta el tema general de la discriminación sexual, seguro que ahora podrás adivinar el sentido de la mayoría de las palabras siguientes:

Blancanieves	estar abocado a	*to emphasise*	*a test tube*
recatado	perecer	*to overturn*	*a broom*
La Bella Durmiente	una garra	*conceited*	*wise*
presumido	dar un vuelco	*a damsel*	*to reverse*
una escoba	sabio	*a distaff*	*Sleeping Beauty*
propagar	una rueca	*to perish*	*a claw*
resaltar	una probeta	*to spread*	*a transmitter*
Pulgarcito	una transmisora	*Snow White*	*demure*
justiciero	promover	*to promote*	*(strictly) just*
una damisela	invertir	*Tom Thumb*	*to be heading for*

2 Verifica las respuestas que tienes con el profesor y luego lee con atención el artículo. Después, explica lo que quiere decir la frase: «Los cuentos infantiles asignan a sus personajes femeninos papeles acordes con las cualidades que la sociedad que los ha inventado y los propaga exige a las mujeres *de bien*, a las niñas que se educan para ser, en su día, mujeres *normales* y respetables.»

3 Imagina que eres partidario del colectivo *A Favor de las Niñas* y que tu compañero de clase está en contra de lo que opinas sobre esta cuestión. Trata de convencerle para que cambie su opinión machista.

41

4 Completa el cuadro en la hoja 41.

5 Traduce al inglés el último párrafo del artículo.

6 Explica a tu compañero de clase cinco ejemplos de «juegos comunes», «actividades deportivas» y «actividades manuales» que él, en el papel de profesor, pueda promover para que su escuela sea tan igualitaria como lo desea el colectivo *A Favor de las Niñas*.

Hacendosa, recatada y limpia

C.S.

Blancanieves es maternal y hacendosa, Cenicienta es dócil y recatada, la Bella Durmiente no gozará de la vida hasta que el príncipe la encuentre y la convierta en su esposa, la casa de la Ratita Presumida reluce como una patena de tanto darle a la escoba... Los cuentos infantiles asignan a sus personajes femeninos papeles acordes con las cualidades que la sociedad que los ha inventado y los propaga exige a las mujeres *de bien*, a las niñas que se educan para ser, en su día, mujeres *normales* y respetables. Para resaltar y reafirmar tales virtudes, los protagonistas masculinos de los cuentos son fuertes como Asterix, valientes como Juan Sin Miedo, audaces como Pulgarcito, justicieros, inteligentes, aventureros... Sin ellos, las reinas, las princesas, las damiselas, las niñas, estarían abocadas a la miseria, la infelicidad y la frustración, a ser comidas por los lobos o a perecer entre las garras de un dragón.

El colectivo feminista *A Favor de las Niñas* propone a sus compañeros, a los alumnos, a las familias de éstos, que den un vuelco a la tradición y se atrevan a imaginar nuevos cuentos donde haya mujeres sabias que resuelvan los conflictos de su pueblo, muchachas que crucen el mar capitaneando carabelas e incluso madres de familia que descubran en el laboratorio donde trabajan una fórmula mágica (o científica) para curar las enfermedades del mundo y perpetuar la raza humana.

A lo mejor entonces, cuando las heroínas de la fantasía cambien el peine y la rueca por el instrumental de navegación, la espada y la probeta, la escuela empezará a ser igualitaria, a ser transmisora de idénticos valores y esperanzas de futuro profesional para los alumnos de ambos sexos.

El colectivo *A Favor de las Niñas* pide a los profesores y profesoras que promuevan juegos comunes, actividades deportivas en las que compitan equipos mixtos, actividades manuales en las que se inviertan las funciones tradicionales.

8 ¿Separarnos? ¡Qué absurdo!

a Lee con cuidado este texto de las páginas 236 y 237, y haz una lista de todos los argumentos a favor de la separación de los chicos y las chicas, además de otra lista con los argumentos en contra. Después tienes que debatir la polémica con tu compañero de clase.

b ¿Y tú? ¿Estás a favor o en contra de la separación de los sexos? Intenta dar unos ejemplos específicos de tu punto de vista, según las experiencias que hayas tenido.

Texto D **Un profesor herido (1)**

1 Antes de leer el texto, busca el sentido de las palabras siguientes:

agredido	una bufanda	un paro general
requerir	aparentar	acaecido
un punto de sutura	huir a la carrera	una escopeta de caza
asestar	un natural	una ráfaga
un bate de béisbol	una cazadora	un perdigón
el aula (f)	una enfermería	delatar
disfrazado	un claustro	apuñalar

2 Ahora la clase va a dividirse en parejas; un alumno de cada pareja tiene que leer con mucha atención el Texto D de la página 80. Mientras tanto, el otro va a estudiar las notas siguientes e inventar una historia que contenga todas las palabras escritas:

Alcalá de Henares	joven en el pasillo
profesor de literatura	cayó al suelo
béisbol	30 puntos de sutura

Después de unos diez minutos, el alumno que ha estudiado las notas de arriba va a contar la historia que haya inventado delante de la clase y del profesor.

Luego, este mismo alumno se convierte en periodista para obtener de su compañero de clase los detalles del artículo original. Sólo puede dárselos si él hace las preguntas necesarias al que fue «testigo» del incidente. Al final, sin mirar el artículo original, los dos van a escribir su propia versión del incidente.

Varios hechos violentos, últimamente en centros escolares de Madrid

Un profesor, agredido con un palo en Alcalá

LUZ SÁNCHEZ MELLADO. Alcalá de Henares

Eduardo López Ramos, de 50 años, profesor del Centro de Enseñanzas Integradas (CEI) de Alcalá de Henares, sufrió ayer heridas en la cabeza que requirieron 30 puntos de sutura como resultado de los golpes que le asestó un joven con un objeto similar a un bate de béisbol cuando se dirigía al aula donde debía impartir una clase. Este hecho se une a otros brotes de violencia ocurridos últimamente en centros escolares de la Comunidad de Madrid.

El joven, que esperaba al profesor en el pasillo, disfrazado y cubierto con una bufanda, golpeó con fuerza a la víctima, que imparte clases de Lengua y Literatura. El atacante, que aparentaba unos 18 años de edad, huyó a la carrera por los pasillos y los tejados del edificio del CEI, según testigos presenciales.

El profesor, natural de Beas de Segura (Jaén), cayó al suelo semiinconsciente a los primeros golpes y se cubrió la cabeza con las manos. López Ramos ha declarado a la policía que no vio la cara del atacante, pero tres alumnos que presenciaron el hecho dicen que se trata de un chico alto, delgado, de cabello oscuro, vestido con un pantalón vaquero y una cazadora gris.

Tras recibir ayuda de otro profesor del centro, el herido fue trasladado a la enfermería del CEI, donde se le practicó una cura de emergencia.

Paro general

El claustro de profesores del centro ha decidido convocar para hoy un paro general de las clases en protesta por la agresión sufrida por su compañero y por el ambiente de violencia que se respira en los centros de estudios españoles. Los profesores, que realizarán también una manifestación por las calles de Alcalá de Henares, han informado de los hechos mediante un telegrama al ministro de Educación, Javier Solana.

Este suceso se une a otros incidentes violentos acaecidos en centros de enseñanza madrileños. En 1987, un alumno de 16 años disparó con una escopeta de caza en un instituto de Móstoles. El disparo pasó a metro y medio escaso de la cabeza del profesor. Pocos meses después y en la misma localidad, otro alumno disparó una ráfaga de perdigones contra un compañero que le había delatado a la profesora.

El último incidente de este tipo se registró en Alcorcón: un alumno de 15 años fue apuñalado por un compañero de colegio debido a que no le dejaba jugar al fútbol. Unos 300 profesores de Parla se manifestaron el pasado lunes ante el Ayuntamiento para pedir medidas de seguridad, después de que el padre de un alumno intentase agredir a una profesora.

Texto E **Un profesor herido (2)**

1 Este texto es un reportaje grabado del mismo incidente. He aquí un poco de vocabulario que te ayudará a comprenderlo:

docente	*educational/educative*
una muestra	*a sign*
un(a) corresponsal	*correspondent*
apodado	*nicknamed*
un látigo	*whip*
asestar	*to strike*
enmascarado	*masked*

2 Después de escucharlo, compáralo con el Texto D, notando las diferencias, ya sean errores o detalles adicionales, y complétalas en el cuadro en la hoja 42.

3 Ahora, cuenta la historia a tu compañero de clase, utilizando las notas que hayas escrito pero sin mirar los textos originales.

4 Aquí tienes unas frases que se expresan de otra forma en una y/u otra de las dos versiones de la historia que has estudiado. Leyendo y escuchando los textos otra vez, busca las variantes.

a la agresión sufrida por un docente del centro

b tuvo que recibir 30 puntos de sutura
c los golpes que le propinó un alumno
d un objeto similar a un bate de béisbol
e antes de entrar en la clase
f un joven enmascarado
g se encuentra ahora ingresado en un centro hospitalario

5 Imagina que eres periodista. Al final del Texto D, se mencionan brevemente otros ejemplos de incidentes violentos en los colegios madrileños. Escoge uno de ellos e inventa un artículo para tu periódico.

GRAMMAR

Past Participles 1

It would be difficult to find a passage of Spanish which did not contain a number of past participles of verbs. The past participle is used with great frequency in the language, either as part of one of the compound tenses which were dealt with in the last chapter (where we emphasised that when used with **haber** the participle never agrees), or on its own as an adjective.

When the past participle is not used with **haber**, it will **always** agree. You may find it used after certain other verbs (to be looked at later in the chapter) or simply on its own, as an adjective describing a noun:

- *El Centro de Enseñanzas Integradas* (The Centre for Integrated Studies)
- *Este suceso se une a otros incidentes violentos acaecidos en centros ...* (This event is another of several violent incidents [which have] occurred in schools ...)

■ A few other points concerning past participles will be found in the Grammar Summary on pages 266–267.

Discovery

With a partner, read through or listen to any (or all!) of the following passages, making a note of all examples of past participles that you find. Try to discuss why there is or is not an agreement of the participle in each example that you find.

Texto A Texto D Texto E

Práctica

1 Sin mirar el texto original, rellena los espacios en blanco en la hoja 43 con un participio pasado de la lista de verbos que sigue el texto.

2 Con un compañero, rellena los espacios en blanco con uno de los participios puestos bajo los artículos en la hoja 43.

43

3 En los periódicos y revistas, verás muchos titulares que contienen participios pasados, por ejemplo: «*Identificada la madre de los niños abandonados*»; «*Un español condenado a cadena perpetua*»; «*Un profesor agredido con un palo en Alcalá*». Aquí tienes dos pequeños artículos cogidos de la Prensa. A ver si puedes inventar para cada uno un titular que contenga por lo menos un participio.

Sabadell. —El equipo de microcirugía de la clínica Santa Fe de Sabadell reimplantó con éxito el pasado lunes el antebrazo derecho a Fernando Pérez López, de cuarenta y ocho años, que sufrió un accidente laboral en su taller particular mientras manipulaba una correa eléctrica, que le amputó el antebrazo. El herido fue trasladado, junto con el miembro seccionado, desde la localidad de Puigcerda, en donde reside, hasta el citado centro, y fue intervenido urgentemente por los doctores Jaime Alaez y Jordi Ramón, quienes en hora y media consiguieron reimplantarle el antebrazo. Aunque habrá que esperar varias semanas para comprobar el resultado, la evolución del enfermo es muy satisfactoria. (Efe.)

Madrid. S.S.

Un joven de veinticuatro años, F.J.V.A., se encuentra ingresado en el Hospital Primero de Octubre con heridas de gravedad, tras arrojarse desde la tercera planta del edificio situado en el número 17 de la calle de General Ricardos, donde, al parecer, estaba robando.

La dueña del piso había avisado a la Policía al comprobar que las cerraduras de la casa no estaban en la posición en que ella solía dejarlas y que la luz del salón estaba encendida. Cuando el delincuente se percató de la presencia policial, saltó por la ventana.

El detenido, que sufre rotura de fémur, portaba en esos momentos 31.225 pesetas, diversas monedas extranjeras, algunas joyas y un estilete. El herido tiene antecedentes por hurto, robo con fuerza, calumnia y atentado a un agente de la autoridad.

SEGUNDA PARTE: LOS CONSEJOS ESCOLARES

El Consejo Escolar es un órgano de gobierno que existe en todos los colegios o institutos españoles y en el que están representados y participan todos los grupos de personas directamente implicadas en la actividad educativa, es decir principalmente los profesores, los padres y los alumnos. La idea de la participación nació de la Constitución Española de 1978, y entonces fue concretada por La Ley Orgánica del Derecho de la Educación (LODE) de 1985, gracias a la cual llegaron a ser obligatorios dichos Consejos. El Consejo debe reunirse al menos una vez al trimestre, cuando lo convoca el Director del Centro docente, o cuando lo solicita al menos un tercio de sus miembros, y tiene que ser renovado a los dos años de haber sido elegido.

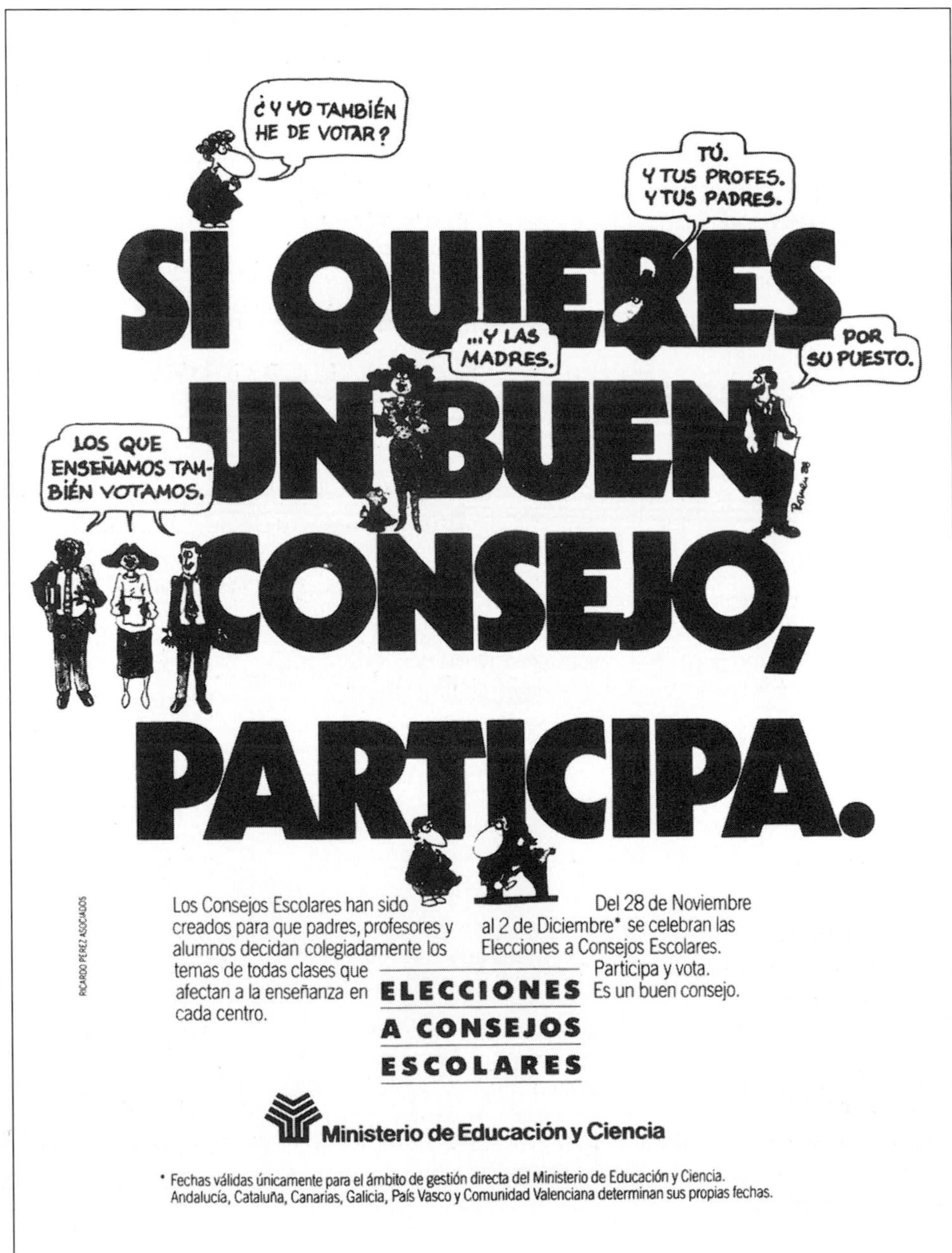

Texto F **Fernando Latorre: representante del profesorado en el Consejo Escolar**

1 Antes de escuchar este texto, busca el sentido de las palabras siguientes:

el profesorado	el conserje	contar con
el poder	aprobar	negarse a
el claustro de profesores	el presupuesto	hacer constar
la administración	la sanción disciplinaria	clamar
la Junta Directiva	el compañero	el desierto
(no) docente	en plan experimental	

2 Ahora trata de escribir cinco frases, utilizando en cada una las palabras que se dan aquí abajo:

a el año pasado ... representante ... Consejo Escolar
b Junta Directiva ... profesores ... personal no docente
c aprueba ... elige ... impone
d se reúne ... vez ... asuntos importantes
e menor importancia ... claustro ... confianza

44 **3** Escucha otra vez la cinta; completa las frases en la hoja 44, de acuerdo con lo que dice Fernando.

4 En la última parte del texto, Fernando habla de un asunto que se debatió recientemente en una de las reuniones del Consejo Escolar de su instituto.
Haz un resumen en inglés de lo que dice de esta reunión. No utilices más de 80 palabras.

5 ¿Cuál es en tu opinión la actitud de Fernando hacia el Consejo Escolar de su instituto? ¿Es optimista o pesimista (o quizás las dos cosas) en cuanto a las funciones y eficacia del Consejo?

Texto G **La campaña electoral de Vicente y Laura**

1 Empareja las palabras españolas con sus equivalentes ingleses. Seguro que podrás adivinar muchas palabras, pensando en otras palabras semejantes (sean en inglés o en español), o quizás buscando en el artículo el contexto en que se utilizan.

un séquito	una canasta
una fanfarria	el asco
un globo	una queja
un contrincante	confiar en
de elaboración casera	empujar
un rotulador	un cabecilla
un aliado	verbalizar
una reja	un aparato corrector
una portería	

a complaint	*an entourage*
an ally	*an opponent*
a goal	*to explain in words*
disgust	*a ringleader*
to count on	*a grille*
a fanfare	*home-made*
a brace	*to push*
a balloon	*a basket (in basketball)*
a felt-tip pen	

La campaña electoral de Vicente y Laura

A LOS 11 AÑOS, ASPIRAN A ENTRAR EN EL CONSEJO ESCOLAR

CRUZ BLANCO, Madrid

No necesitan ir acompañados de su familia o de un séquito con fanfarria, globos de colores y majorettes. Se bastan solos. Son dos candidatos a consejeros escolares de 11 años. Es la primera vez que se presentan a unas elecciones. Quieren defender los derechos de sus compañeros. Son contrincantes, pero van unidos. Vicente y Laura, alumnos de sexto de EGB del instituto Ramiro de Maeztu de Madrid, han comenzado su campaña.

Vicente Salazar lleva en la mano un abanico de pasquines de elaboración casera en los que entra, tanto el dibujo a lápiz de sonrientes caras infantiles, como la combinación de letras en vivos colores, fruto de consumidos rotuladores. En ellos, el candidato recomienda: "Vota a Vicente, el demente, presidente", o "si quieres comer caliente, vota a Vicente", o "Vicente te quiere ayudar, porque lo más importante eres tú".

Su compañera, Laura Méndez es más tranquila; con las manos en los bolsillos y sonrisa un tanto maternal, observa cómo su aliado no para ni un momento.

Vicente y Laura quieren arreglar las deficiencas del colegio: "Todo anda mal", dicen. A Laura le preocupa que las ventanas tengan rejas. "Hay rejas por todas partes", afirma. "Ya sé que es para evitar el peligro pero no hacen falta". También desean que el patio esté más limpio, que las paredes de las aulas estén mejor pintadas, que los libros "sean más para niños de nuestra edad, necesitamos más dibujos", que sean reparadas las porterías del campo de fútbol, las canastas de baloncesto y mejoradas las condiciones de la biblioteca y el gimnasio y …, Vicente sonríe mirando al suelo del comedor. "Ya lo digo en mi campaña: si quieres comer caliente, vota a Vicente. Siempre nos ponen la comida fría", explica el joven candidato, añadiendo un *buahhhh,* representativo del asco que le produce la frialdad culinaria.

Demócrata visceral

El, al igual que Laura Méndez, cree que, si sale elegido podrá manifestar sus quejas y hacer todo lo que pueda para arreglar las cosas. Aunque, ninguno de los dos confía en conseguir grandes cambios. "*Psssst,* los alumnos no tienen mucho que opinar en los consejos escolares", dice Vicente. ¿Entonces, por qué te presentas? "Porque hay que intentarlo", contesta en su lugar Laura, convencida de que Vicente saldrá elegido porque le apoyan muchos niños. Y "la gran mayoría le empujó a que se presentara".

Vicente, todo un cabecilla del juego democrático, que no sabe verbalizar lo que es la democracia pero que participa en ella con auténtico convencimiento, tiene un convencimiento casi visceral, y mucho más vehemente que Laura, modosita, de sonrisa tímida interceptada por un aparato corrector en los dientes.

La suerte está echada. Pronto llegará el 30 de noviembre. Ambos aspiran a ser los elegidos. Sólo habrá tres alumnos en el consejo escolar del Ramiro de Maeztu para representar a los compañeros. Los tres estarán mezclados con padres y profesores, unos adultos que posiblemente no entiendan su lenguaje.

El fervor que manifiestan Laura y Vicente, con sus 11 años, por llegar a ser consejeros escolares del Instituto Ramiro de Maeztu contrasta con el escepticismo de sus compañeros de Bachillerato.

En el mismo centro, unos carteles murales llaman a la abstención. "Estamos decepcionados", dice un alumno, "en dos años, los consejos escolares han resuelto muy poco".

Laura y Vicente son realistas, no tienen grandes esperanzas en lo que puedan conseguir y, por lo menos aparentemente, no parecen ser muy distintos a los demás.

Quizá lo único que les distingue de sus compañeros es que no temen encontrarse rodeados de adultos en las reuniones: "a mí no me corta nada hablar delante de los mayores", dice Laura. Les ha estimulado a ser candidatos que éste es el primer año en que pueden participar. ¿O será, simplemente, que ellos, desde niños, están viviendo lo que es la participación democrática y eso les hace responsables desde edades muy tempranas?

Hay: Remember that this word is invariable and translates both the singular "there is", and the plural "there are":

- *Hay rejas por todas partes.* (There are grilles everywhere).
- *Hay sólo un candidato.* (There is only one candidate).

Remember also that when you need to use this expression in different tenses ("there will be", "there was", "there has been", etc.), you simply use the third person singular of the verb **haber** each time:

- *Sólo habrá tres alumnos en el Consejo Escolar.* (There will only be three pupils on the School Council).
- *Ha habido (hubo) un accidente.* (There has been [there was] an accident).

2 Lee con atención el artículo y después contesta en inglés las siguientes preguntas:

a In what ways do Laura and Vicente differ in character and in their approach to the elections they are standing for?

b How do their election manifestos differ? Do they have anything in common in this respect?

c In what way does the author suggest that their efforts may be in vain?

d What lies behind the sceptical attitude of other pupils in their school?
e Explain clearly what is implied in the final sentence of the article.

3 Las siguientes frases son definiciones de palabras que se encuentran en el texto. Busca las palabras definidas:
a la representación de un objeto, con ayuda de lápiz, pluma, etcétera
b el que dirige una asamblea, un cuerpo político, un Estado, etcétera
c saquillos cosidos a los vestidos
d un conjunto de barras de hierro

4 Ahora, escribe una definición en español de cada una de las palabras siguientes:

un aula	una biblioteca	una queja
un cabecilla	un aparato corrector	

5 Haz una lista de todo el vocabulario utilizado en el texto que se puede aplicar a campañas electorales, sean escolares o políticas.

6 Imagina que quieres presentarte como candidato para el Consejo Escolar de tu instituto. Tienes que prepararte para la campaña electoral:
a Prepara un cartel que va a atraer a los votantes y donde se explica por qué deben votar por ti.
b Haz una lista de cinco cosas que andan mal en tu colegio (por ejemplo, la comida, las relaciones con los profesores) y prepárate para hablar durante 30 segundos sobre cada una, explicando de qué se trata, por qué no anda bien, y lo que harías para cambiar la situación si fueras elegido.
c Ahora tienes que ganar los votos de los demás con los otros alumnos de la clase, enseñándoles tu pancarta y hablando, no más de tres minutos, de por qué deben elegirte.

Una vez completados los discursos, podrá haber un debate general para hacer preguntas difíciles a todos los contrincantes. Por fin, cada alumno va a votar a su favorito. ¡A ver quién gana!

GRAMMAR

Uses of ser and estar, Past Participles (2)

Before taking a final look at past participles – referring specifically to their use after the two verbs **ser** and **estar** – it may be useful to mention the other uses of these two verbs, some of which you will probably already be familiar with, and a full list of which is included in the Grammar Summary on pages 266–267.

- It is always easier to remember the very specific uses of **estar**:

- It is used always when you are talking of where something is to be found:

- *El Instituto Ramiro de Maeztu está en Madrid.* (The Ramiro de Maeztu School is in Madrid.)

- It is always used when you are talking or enquiring about someone's state of health:

- *¿Cómo estás?/Estoy muy bien./Estaba enfermo.* (How are you?/I am very well./He was ill.)

- **Estar** is used with an adjective when the latter shows something temporary:

- *Vicente y Laura están muy contentos.* (Vicente and Laura are very happy.)

(N.B. However, you must always use **ser** with the adjective **feliz**):

- *El profesor estaba enfadado.* (The teacher was angry.)

- **Estar** is always used in the continuous tenses when the verb "to be" is followed by a gerund:

- *Vicente y Laura están estudiando en Madrid.* (Vicente and Laura are studying in Madrid.)
- *Cuando yo los vi, estaban votando para las elecciones escolares.* (When I saw them, they were voting in the school elections.)

- The list of the uses of **ser** can be very long, but the main points to remember are that it is used:

a with an adjective to describe something that is of a permanent nature, or an inherent characteristic of a person or thing

b before an infinitive, noun or pronoun
c in sentences describing ownership, origin and the material from which something is made
d to show nationality and occupation
e with expressions of time, including days, dates and years

A more detailed explanation of the above will be found in the Grammar Summary as mentioned.

A useful general guideline is to remember that if none of the above rules relating to **estar** is applicable in the situation you are dealing with, it is usually a "safe bet" that **ser** will be required.

■ In the light of the above, the use of **ser** or **estar** with past participles in Spanish can lead to much confusion. In fact, when a participle follows the verb "to be" it is better to forget everything you have ever learned about **ser** and **estar** and to follow these two rules:

■ **Ser** should be used with a past participle when what is being stressed is the **action** implied in the verb.

■ **Estar** is used when the action has already taken place and what is being decribed is the **state** that has resulted from that action.

Notice, for example, the difference in meaning between the following two sentences:

- *Las aulas fueron abiertas sin el permiso del director.* (The classrooms were opened without the headmaster's permission.)

Here, the use of **ser** means that we are thinking of the moment when the classrooms were opened by someone with a key.

- *Cuando yo llegué, las aulas estaban abiertas aunque el director no había dado permiso.* (When I arrived, the classrooms were open, even though the headmaster had not given his permission.)

This time the use of **estar** means that the classrooms were already open, i.e. that someone had opened them some time before my arrival.

There are several examples of this use of both **ser** and **estar** in the passages that you have been studying in this chapter:

- *El herido fue trasladado a la enfermería.* (The wounded man was moved to the sanatorium.) This describes the action of actually moving him there.
- *900 alumnos están matriculados aquí.* (900 pupils are registered here.) This describes the state they are in after being registered, not the actual moment of registration itself.

■ The vast majority of examples will be those using **estar**. The past participle can also be used after several other verbs, many of which are simply replacing **estar**:

- *Se sienten fascinadas con la vuelta al cole.* (They feel bewitched by [the idea of] returning to school.) This describes the state they are in rather than the moment they become bewitched; "*están fascinadas*" would be quite correct here.
- *Va todo unido.* (It is all linked). This describes the state after the action of linking has taken place; again "*está todo unido*" would also be correct Spanish here.

■ **Sentir** and **ir** are just two of many verbs that can be used in this way. Other common examples are **quedar**, **mostrarse**, **verse** and **encontrarse**.

■ **Active and Passive**

Sentences in English which contain the verb to be followed by a past participle and an "agent" (see below) are known as **passive** sentences. **Active** ones (i.e. those which do not contain this construction) are, of course, more common.

Many sentences can be written in both an active and a passive form to say the same thing. Compare for example:

The pupils elected the candidates. (Active sentence)

The candidates were elected by the pupils. (Passive sentence)

In the above passive sentence, the pupils (preceded by the word "by") are what is known as the "agent" of the sentence. Passive sentences do not always have to contain agents (to say "the candidates were elected" makes sense on its own), but in Spanish, when the agent is present, it is introduced by the words **por** or **de**, the latter being preferred after verbs of emotion:

- *Los candidatos fueron elegidos por los alumnos.* (The candidates were chosen by the pupils.)
- *El director será interrogado por los padres.* (The headmaster will be questioned by the parents.)
- *La profesora era amada de todos sus alumnos.* (The teacher was loved by all of her pupils.)

Discovery

With a friend, study again the last two passages in this chapter (Textos F and G) and make a list of all of the past participles that you can find.

You are mainly of course looking for participles that follow **estar**, **ser** or any other verb except **haber**, but you could take this opportunity to consolidate everything you have learnt about participles in the last two chapters by listing every one and then discussing why there is or is not an agreement, and in each case which of the various uses we have outlined is applicable.

Práctica

1 Cambia los infinitivos entre paréntesis en participios pasados:
a La polémica sobre el fracaso escolar no está (cerrar).
b Los Consejos Escolares deben quedar (constituir) antes del día 15 de diciembre.
c Los agresores no han (ser) (localizar) por la policía.
d La chica herida fue (atender) de emergencia en la enfermería.
e Los dos candidatos no necesitan ir (acompañar) de seguidores.
f Las ventanas serán (reparar) la semana que viene.
g Las aulas en este instituto están (pintar) de azul.
h Los tres alumnos estarán (mezclar) con profesores y padres.
i Se encontrarán (rodear) de amigos.
j El debate fundamental no está en argumentar si los alumnos están o no (preparar).

2 Escoge uno de los siguientes resúmenes de artículos cogidos de la Prensa y escribe la historia completa, inventando cuanto quieras. Tu historia debe contener al menos ocho participios pasados utilizados en formas diferentes (como adjetivos, después de **ser**/**estar**/**ir**, en tiempos compuestos, etcétera).

a una mujer
atada a un árbol
rociada con gasolina
esposo
bingo

b una profesora
pastilla de jabón
condenado a pagar
obligó al hijo
padre enfadado

Es muy serio y trabajador pero nunca está de mal humor.
Es muy simpática pero cuando está enfadada grita un poco.
Es viejecita pero muy trabajadora. Siempre está corriendo por todo el colegio.
Don Ramón, profesor de física.
Doña Elisa, profesora de filosofía.
La señora Carmen, señora de la limpieza.

Texto H **Cuatro alumnos consejeros**

1 Este texto es bastante difícil dada la rapidez con que hablan los alumnos y su manera espontánea de interrumpirse los unos a los otros. Pero no es imposible coger los puntos principales de lo que quieren decir. Aquí tienes un poco de vocabulario que te ayudará a entender los puntos más importantes de lo que dicen. (También puedes utilizar la transcripción – ¡si el profesor está dispuesto a dártela!).

tratar sobre	*to deal with*
una falta leve	*a minor offence*
pelearse	*to fight*
la manipulación de notas	*"cooking" marks/falsifying marks*
quitarle el derecho a alguien	*to take away the right from someone*
la evaluación continua	*continuous assessment*
el combustible	*fuel*
una jornada cultural	*a day of cultural activities*
la consellería	*local council*
el acta (f)	*minutes (of a meeting)*
una valla	*fence*
un guardia jurado de noche	*nightwatchman*
vigilar algo	*to keep watch on something*

2 Después de escuchar el texto dos o tres veces, escribe unas notas en español sobre cada uno de los temas siguientes:

a faltas leves, graves, y muy graves
b funciones del consejo escolar
c el problema de los cristales

3 Ahora compara lo que dicen estos alumnos con lo que dice Fernando Latorre en el Texto F. ¿En qué se diferencian las descripciones del Consejo Escolar? ¿Te parece que los profesores y los alumnos ponen énfasis sobre temas diferentes? ¿Y la actitud general – es distinta, parecida o las dos cosas?

Redacciones

Escribe una redacción en español, utilizando entre 200 y 250 palabras, sobre uno de los siguientes temas:

a «Un buen colegio es un colegio que se gobierna democráticamente, en el que todos los sectores participan, aportando las mejores soluciones.»

b «El efecto de los Consejos Escolares continúa después del instituto.»

c Imagina que vas a ser candidato en las elecciones escolares de tu instituto. Escribe una carta a la revista escolar que se publica antes de las elecciones para explicar por qué deben votar todos los alumnos, y por qué deben votar por ti.

d ¿Qué opinas de los Consejos Escolares? ¿Te parecen efectivos, o crees que en realidad pueden conseguir y resolver poco?

ENSEÑANZA DE PRIMERA Y SEGUNDA CLASE

TERCERA PARTE: MANIFESTACIONES ESTUDIANTILES

La sección sobre los Consejos Escolares nos muestra que a los estudiantes españoles de enseñanza secundaria se les da más oportunidad que a los ingleses para participar en decisiones importantes que afectan la vida en general de los colegios e institutos. También parece que los estudiantes españoles están más politizados: hay sindicatos y grupos de estudiantes pre-universitarios, y a veces cuando quieren defender sus derechos o protestar contra una decisión del gobierno, hacen algo que para nosotros los ingleses sólo ocurre con los profesores o con los estudiantes universitarios – declaran huelgas y organizan manifestaciones. Por ejemplo, en 1986-87, los alumnos de Enseñanza Media y Formación Profesional consiguieron paralizar las escuelas españolas durante varios meses. Millares de alumnos se manifestaron por toda España para protestar contra la selectividad, examen de aptitud que seleccionaba a los estudiantes para ingresar en la universidad, cuyas facultades tenían un número de plazas limitado.

El Gobierno tuvo que acceder a algunas de las reivindicaciones de los alumnos después de muchas huelgas, manifestaciones y enfrentamientos – algunos de ellos sangrientos – con la policía. Sin embargo, los problemas han continuado, como podemos ver en el artículo que sigue y que nos ofrece la descripción de una manifestación mucho más reciente.

Texto I Huelga en la mayoría de los institutos

1 Antes de leer el artículo, busca el sentido de las palabras siguientes:

la asistencia	estrenarse	encararse con
culminar con	lúdico	alucinar
el sindicato	una batalla campal	una consigna
las tasas	un quinceañero	un maleante
el gamberro	el desfogue	una beca
secundar	un escarceo	

La huelga de asistencia a clase convocada el miércoles 17 entre los estudiantes de enseñanzas medias en toda España culminó con un éxito. Más del 60% del alumnado secundó la huelga en los institutos, si bien el número de manifestantes no superó los 50.000. La manifestación y la huelga fue convocada por el Sindicato de Estudiantes y la Unión de Estudiantes para exigir la supresión de la selectividad, la mejora de la Formación Profesional y el incremento de la financiación pública en la enseñanza. Por su parte, la Coordinadora Estatal y los delegados de alumnos organizaron distintos actos en las universidades contra la subida del precio de las tasas.

Huelga en la mayoría de los institutos

RAFAEL RUIZ
Madrid

"No seas hippy, tía. Si vas por las buenas, te manipulan". "Pero no hemos venido aquí a tirar piedras a la policía. Eso es de gamberros, no de estudiantes". Sólo una escena, entre un adolescente vestido con chupa negra y Yolanda, de 15 años. Pero representa bien cómo acabó la manifestación de estudiantes del miércoles 17 en Madrid: enfrentados entre sí y con la policía. La huelga fue un éxito. Según el ministerio, un 60% de los alumnos de enseñanzas medias la secundó. Según los estudiantes, un 80%. Pero las manifestaciones no fueron grandes. Las mayores: Madrid, unos 8.000 estudiantes, y Barcelona, 5.000.

Muchos se estrenaban. Era su primera manifestación. Lo que empezó en Moncloa (Madrid) a las doce de la mañana, dentro de un orden incluso lúdico, acabó, entre la una y las dos de la tarde, en una batalla campal contra la policía en la plaza de España. Los organizadores – el Sindicato de Estudiantes – se esforzaban en pedir, megáfono en mano, que se disolvieran. "La manifestación ha sido un éxito. No vamos a caer en las provocaciones". Sin embargo, una docena de jóvenes vestidos con un cóctel neonazi-punk-heavy consiguió arrastrar a centenares de quinceañeros – por una mezcla de curiosidad, rebeldía y desfogue de juventud – a los escarceos belicosos con medio centenar de policías nacionales. Un pequeño grupo de violentos rompió los cristales de un par de coches. Los agentes, al final, cargaron y detuvieron a seis jóvenes.

Yolanda, quinceañera, no dudó en encararse con los chicos violentos: "Pero... ¿por qué tiráis piedras? Es que yo alucino". Los chicos le respondieron: "Por las buenas no se consigue nada. Tú vas a acabar de chacha. Lo que queremos es romper con todo".

Las consignas empezaron siendo: "El hijo del obrero, a la Universidad". "Si somos el futuro, ¿por qué nos dan por culo?" Al final cambiaron: "Sindicato: manipulación" (en referencia a quienes les había convocado, el Sindicato de Estudiantes). "Somos estudiantes, no maleantes" (grito dirigido tanto a la policía como a los grupos de violentos).

Acudieron institutos de bachillerato y de formación profesional del centro de Madrid y de Vallecas, Orcasitas, Entrevías, Zarzaquemada, Leganés...

La primera vez

De camino a la manifestación en el metro, un quinceañero le decía a su compañera de clase... "¿Es tu primera manifa? Pues hoy dejas de ser virgen, Isabel". Isabel se puso un poco nerviosa. "¿Y Gemma? ¿No viene?". "Es que ha ido al Retiro, es que el chico que le gusta estaba allí".

Muchos de los que corrieron el 68 les acusan de no saber bien lo que piden. De estar organizados-desorganizados en múltiples asociaciones que no se sabe muy bien a quiénes representan. De querer solo días de vacaciones. De pedir utopías, como "un puesto digno de trabajo al terminar los estudios". Lo que está claro, tras hablar con unos y otros en la manifestación, es que contentos no están, y si no saben lo que quieren, sí parecen saber lo que no quieren. Todos hablan de la subida de tasas universitarias como la gota que ha colmado el vaso.

Arantxa, de 2o de BUP del instituto Juan de Villanueva: "Lo que queremos es que se invierta más en educación y menos en armamento". Miquel, de 14 años, de Vallecas: "Es una injusticia lo que están haciendo con la FP. Sólo atienden los intereses de los empresarios". José Luis, de 3o de BUP: "Estamos aquí por solidaridad y por lo que nos espera en el futuro". Inmaculada, de 3o de BUP en un instituto de Leganés: "Más becas y fuera selectividad. Los políticos chupan mucho, y se lo gastan en cosas como la Expo". Concha, de 60 años, que vio pasar la manifestación desde una acera: "Está bien que protesten, porque es horroroso, no hay investigación ni nada. La culpa es del gasto público, que es penosísimo". José, de 70 años, también desde una acera: "Es que el Gobierno no para de subir las cosas....".

Pablo, de 16 años, del instituto Covadonga (Madrid): "Lo que hace falta es que promocionen otras cosas. Porque así todo el mundo quiere ir a la Universidad y nadie, por ejemplo, estudiar fontanería. Faltan carreras técnicas. ¿La selectividad? Tal como está el sistema es necesaria, pero es una putada. Hemos venido no por joder, sino por defender nuestros derechos".

Todo terminó en tensión. No había más que mirar las caras de los seis muchachos detenidos. Los megáfonos de la policía acabaron sustituyendo a los de los manifestantes, con una consigna muy clara: "Disuélvanse. La manifestació ha terminado. Utilicen las vías del metropolitano para desaparecer de la zona".

"La verdad es que no entiendo muy bien qué ha pasado", dijo una chica. "Pero todo me parece una pasada".

2 Ahora lee dos o tres veces el texto. Aparte del vocabulario que has buscado en la lista arriba, hay otras palabras o expresiones coloquiales que quizás te parezcan muy difíciles. Son ejemplos de modismos españoles o de las expresiones empleadas en el lenguaje del "argot" de los jóvenes. A ver si pensando en el contexto en que se usan puedes encontrar un equivalente en inglés:

a No seas *hippy*, tía.
b Si vas por las buenas, te manipulan.
c un adolescente vestido con una *chupa* negra.
d Tú vas a acabar de chacha.
e Si somos el futuro, ¿por qué nos dan por el culo?
f Los políticos chupan mucho.
g La selectividad … es necesaria, pero es una putada.
h Pero todo me parece una putada.

3 En la frase «¿Es tu primera manifa?», la palabra *manifa* es una forma abreviada de *manifestación*. Esto también es una expresión representativa del lenguaje de los jóvenes. A ver si puedes escribir las formas «normales» de las abreviaciones siguientes:

a el profe
b porfa
c el cole
d sudaco
e progre
f boli
g cara
h peli
i nica
j champi
k anfeta

4 Explica en tus propias palabras por qué, según el artículo, se manifestaron los estudiantes.

5 El artículo implica que por un lado la huelga tuvo mucho éxito, pero que por otro no lo tuvo. Haz una lista de los puntos principales que apoyan estas dos opiniones sobre la manifestación examinada.

6 Imagina que eres miembro del sindicato de estudiantes de tu instituto o colegio y que se ha decidido declarar una huelga de estudiantes. Escribe 100 palabras, explicando por qué razones habrá una manifestación en las calles de tu ciudad. A ver si también puedes inventar una o dos consignas para resaltar las quejas principales que tienes.

Texto J **Una manifestación estudiantil**

En la cinta, hay la descripción en tres partes de una manifestación estudiantil. Escucha el texto y escribe unas notas sobre los aspectos más importantes de la manifestación.

Redacciones

Escribe aproximadamente 250 palabras sobre uno de los siguientes temas:

a ¿Es necesario que la gente se manifieste para conseguir un buen sistema educativo?
b «La educación universitaria debe reservarse para la minoría selecta de los más listos; por consiguiente hay que tomar a unos y dejar a otros.»
c Imagina que has asistido a una manifestación estudiantil con un(a) amigo(a) de la misma escuela. Describe un incidente ocurrido durante la manifestación.
d Escribe una entrevista entre un reportero y un(a) manifestante sobre su participación en una manifestación que acaba de terminar.

Explica …

A Spanish friend is staying with you in England and picks up a newspaper where he sees the article below. Recognising that it is something to do with Spanish education but not fully understanding it, he asks you to explain it to him. Pick out the main points made in the article and explain them to your teacher, who will play the part of the Spanish friend.

Childhood gets 2-year extension

Spain, in an attempt to reshape itself after 40 years of dictatorship and its enthusiastic entry into Europe, is about to raise the school-leaving age from 14 to 16.

Up to now, pre-14 basic education has been conducted in primary schools, but the raising of the leaving age will mean that children will transfer from primary to secondary at the age of 12.

All unions and most teachers welcome the increased period of statutory education as a civilised minimum; but there are also many teachers, as in the days of British ROSLA, who tell you privately that it is the police who deal with the 14 and 15-year-old drop-outs at present and that they are the best people to go on doing so. "How on earth will we manage?" they ask, with hands spread wide.

At the same time, a brand new comprehensive system, modelled to some extent on earlier British practice, will shortly be introduced in Spain. This will be accompanied by considerable local freedom from what has traditionally been a highly centralised education system. Spain's layer of semi-autonomous regional governments, with effective powers over much of education, will be able to give their own gloss to the national minimum curriculum, while each individual school – now seen as the centre of the education "project" – will make its own, considerable contribution. Parent-student-teacher committees have already been set up and have the power to choose new headteachers.

In the new system, after the departure of the 16-year-old school-leavers the remaining students will continue in the same institutions up to the age of 18 or 19.

But the new schools will include a far stronger vocational element than at present. At the 16–18 *bachillerate* level, and in pre-higher education "orientation" courses the vocational strand will have equal weight – or so it is hoped – with the more avowedly academic. Both pathways will lead on to higher education, and both – in sharp distinction to British practice – will include a large common element of general education including, for example, a foreign language studied right up to higher-education entry.

The reforms appear simultaneously to be a bid for greater social justice and an endorsement of the progressive principles on which an increasingly right-wing Europe has largely turned its back. As Alvaro Marchesi, the responsible minister, declares, the plans are "extremely ambitious".

One of the government's avowed ambitions is to bring Spain up to European levels in education. This would involve spending a considerably higher proportion of gross domestic product than has previously been the case. Has the government really got the will, opponents ask, as Spain now enters an election year under conditions of increasing financial stringency?

Sr Marchesi claims there is enough money in the kitty to recruit more teachers, but what is lacking, he admits, is money for the new buildings that will be desperately needed when secondary reform begins in earnest in the later 1990s.

Bachillerate (column 3) This is an error in the original article and should read *Bachillerato*

Desarrollando el tema

1 **Las reformas escolares:** el desarrollo de los planes del gobierno; efectos sobre los alumnos y el profesorado; efectos sobre el mundo del trabajo.

2 **La enseñanza universitaria en España:** comparada con la inglesa; los problemas; los cursos; la vida del estudiante; las becas; la importancia para la vida profesional.

3 **El sistema educativo español – una vista general:** los colegios; los institutos; las universidades; el sistema de exámenes; manifestaciones contra el sistema educativo; todo ello comparado con el sistema inglés.

UNIDAD 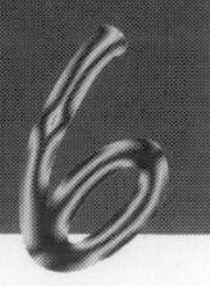

¿En qué piensas trabajar?

HOY HA PRONUNCIADO SU PRIMERA PALABRA: RECESIÓN

En nuestra sociedad no se pueden ofrecer garantías de empleo al joven. Los más arriesgados, los llamados «jóvenes empresarios», crean su propio negocio, pero esta posibilidad sólo se ofrece a algunos. La mayoría de los jóvenes intentan conseguir un contrato de empleo mediante las ofertas de trabajo de la prensa diaria, y muchos aceptan cualquier trabajo para independizarse. Para los que no consiguen nada los gobiernos suelen crear medios de acceso al trabajo mediante un plan de empleo. Estos planes provocan, como es lógico, la oposición de los sindicatos, porque los empleos que se crean así no son «verdaderos» y duran poco tiempo. Vamos a examinar, en primer lugar, los diferentes tipos de empleo. A continuación veremos los problemas que surgieron en España a consecuencia del Plan de Empleo Juvenil y del paro en general. Luego describimos algunas estrategias para conseguir un empleo por primera vez y cómo escribir una carta de solicitud. Después tres mujeres nos cuentan cómo han alcanzado sus metas, o están en vías de alcanzarlas. Finalmente echamos un vistazo hacia el futuro.

47

En la hoja 47, encontrarás el vocabulario que necesitas para esta unidad.

¿EN QUÉ PIENSAS TRABAJAR?

PRIMERA PARTE: LOS OFICIOS Y LAS PROFESIONES

El mundo del trabajo suele dividirse en diversos grupos de oficios, entre ellos los cuatro grupos siguientes:

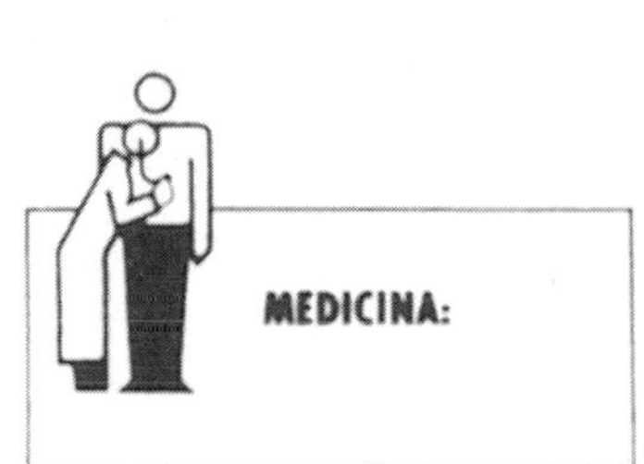

1 Busca en qué consisten los empleos que no conozcas de la lista siguiente y después coloca cada empleo en el grupo que corresponde a su función, según estos dibujos.

azafata	camionero	limpiabotas
cirujano	mozo de equipajes	farmacéutico
maquinista	camarera	bombero
taxista	conserje	psiquíatra
repartidor	vigilante	enfermera
guía		

2 Con un compañero, trata de adivinar cuáles de los empleos (ejercicio 1) corresponden a las definiciones siguientes. Después verifícalos con el profesor.

a empleada que se ocupa de los pasajeros a bordo de un avión
b miembro de un cuerpo organizado para extinguir incendios
c persona que tiene por oficio limpiar el calzado
d persona que tiene por oficio cuidar a los enfermos

3 ¿Cuál es el trabajo que hacen las siguientes personas y dónde trabajan? Por ejemplo:
camarero – sirve a la gente en un restaurante.

recepcionista	taquillero	asesor de imagen
peluquero	fontanero	fotógrafo
carpintero	gerente	pescador
zapatero	peón	carnicero
panadero	viticultor	violinista

Texto A **Pedro habla de su trabajo**

En la cinta, Pedro, español residente en Inglaterra, habla de los varios trabajos que ha tenido.

1 Escucha la cinta e indica si son verdaderas o falsas las siguientes afirmaciones. Si son falsas escribe la respuesta correcta.

a Pedro vino a Inglaterra con su padre.
b No consiguió el primer empleo que buscaba.
c El que tenía que entrevistarle había perdido su empleo.
d Los españoles ayudaron a Pedro a conseguir un empleo.
e El trabajo que consiguió era mejor que el que había tenido en España.
f Pedro ha sido también profesor de español.
g Ahora es jefe nacional de una empresa.

¿EN QUÉ PIENSAS TRABAJAR? *SEGUNDA PARTE:* EL PLAN DE EMPLEO JUVENIL

Texto B **Cartas al director**

La carta que sigue se refiere a algunos problemas que surgen cuando un gobierno impone un nuevo plan de empleo. El Plan de Empleo Juvenil pretende dar trabajo a los jóvenes de entre 16 y 25 años. Según el Plan los empresarios están exentos del pago de Seguridad Social y reciben un incentivo financiero para contratar a los jóvenes. El contrato tiene una duración de entre 6 y 18 meses.

Algunas personas desempleadas, como el que escribe la carta, se encuentran excluidas de este Plan a causa de su edad:

CARTAS AL DIRECTOR

Tengo 29 años y desde 1993 estoy en el paro. En todos estos años, según iban surgiendo ofertas de empleo, la oficina del Inem iba llamando a los parados con más antigüedad en el paro, como es lo lógico. Ahora, con este plan de empleo, a los que más antigüedad tenemos en el paro ya no nos queda ni esa esperanza. Con este invento del Gobierno los empresarios sólo cogerán jóvenes menores de 25 años, puesto que les saldrán prácticamente gratis.

Con esto las generaciones de jóvenes entre 25 y 30 y algún años serán marginados de la manera más cruel y se les quitarán las pocas posibilidades que podían tener para encontrar trabajo. Jóvenes éstos que, por otra parte, son los que más necesidad tienen de un puesto de trabajo. Es más desesperante para uno de 30 años que para uno de 20 estar viviendo a esa edad a cuenta de los padres. Por otro lado, es evidente que con 45.000 pesetas mensuales no se puede formar un hogar, criar hijos, casarse, alquilar un piso, etcétera. ¿No sería más razonable crear 100.000 puestos de trabajo dignos que 200.000 o 300.000 mediocres o falsos empleos?

Este plan no es de empleo, puesto que lo que el Gobierno ofrece no se lo puede llamar empleo; y no es juvenil, ya que discrimina a los jóvenes que más tiempo llevan en paro. Y lo que es más grave aún, este plan no sólo no crea empleo, sino que hace que desaparezcan los pocos puestos de trabajo normales que podrían surgir, ya que los empresarios harán uso del magnífico regalo que el Gobierno les ofrece.

Señores del Gobierno, se han equivocado rotundamente con este plan de empleo, y lo normal sería reconocerlo y corregir. No se extrañen tanto de que sindicatos, partidos políticos, etcétera estén en contra de su plan. Hasta los más ingenuos podemos ver que su plan es todo lo contrario de lo que ustedes quieren hacernos ver. Su plan de empleo es un fraude a la sociedad y a los parados. — **Francisco Tapia Domínguez.** Valladolid.

1 Empareja estas palabras con su equivalente inglés:

surgir	*free*
puesto que	*at the expense of*
gratis	*simple*
marginados	*monthly*
a cuenta de	*trade union*
mensual	*swindle ("con")*
alquilar	*since*
rotundamente	*rejected*
un sindicato	*emphatically*
ingenuo	*to arise*
un fraude	*to rent*

2 Haz una lista en español de los principales argumentos que emplea el autor de la carta en contra del Plan de Empleo Juvenil.

Texto C **Una manifestación en contra del Plan de Empleo Juvenil**

1 Mira la hoja 48. Escucha la primera parte de la secuencia y haz el ejercicio, colocando las palabras en su sitio.

2 Escucha la cinta otra vez y con un compañero trata de contestar las siguientes preguntas. Luego verifica tus respuestas con el profesor.

a ¿Por qué van a protestar los manifestantes?
b ¿Dónde van a congregarse los jóvenes?
c ¿Quién convocó las concentraciones que van a tener lugar a las doce?
d ¿Cuándo se van a reunir los funcionarios?
e ¿Cuántas personas han firmado el documento?
f ¿Cuándo va a entrar en vigor el acuerdo ?

En la página siguiente, Juan Ballesta propone un remedio drástico para evitar que las empresas gasten dinero pagando a sus empleados durante una crisis financiera.

Texto D **Una reunión para evitar huelgas**

Escucha la cinta dos veces y rellena el cuadro de la hoja 50.

¿EN QUÉ PIENSAS TRABAJAR? *TERCERA PARTE:* CÓMO CONSEGUIR UN EMPLEO

Por supuesto, el Plan de Empleo Juvenil, como es de duración corta, no suele dar una solución permanente a los problemas del joven parado. El joven que quiere una buena colocación definitiva tiene que hacer una solicitud de empleo y, para conseguir el empleo, tiene que presentarse a una entrevista de selección.

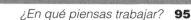

Texto E **Guía práctica**

1 Lee el artículo dos veces. Al leerlo por segunda vez trata de adivinar, con un compañero, lo que significan en el contexto las palabras y frases siguientes. Después compara tus respuestas con las de otras parejas y verifícalas con el profesor.

a ostentar el record de permanencia en el paro
b el candidato más indicado
c hincha tu currículum vitae
d no te preocupes por ser transparente
e un seleccionador de personal
f estrenarse
g este dato alarmante
h «cada vez, los jóvenes llegan más calvos a buscar empleo»
i un guiño de complicidad
j te ganas un colaborador
k la primera cita de novios
l un traje cuidado
m nada de vaqueros

2 Traduce al inglés el último párrafo del artículo.

Guía práctica para ganarse el primer empleo

SE puede ser el más listo de la clase, el número uno de la promoción y ostentar luego el *record* de permanencia en el paro. Podría decirse, únicamente, que no basta con ser el candidato más indicado para un puesto de trabajo. Hay que parecerlo. El autor del libro *Guía de mi primer empleo* comprobó este hecho en sus propias carnes. «*Hincha tu 'currículum vitae', ponle un poco de picardía y no te preocupes por ser transparente. Este es un mundo de competencia y apariencia*», le dijo un seleccionador de personal a **Carlos de la Fuente**, después de presentar un historial profesional demasiado realista y, probablemente, algo soso.

Guía de mi primer empleo pretende mostrar a jóvenes de 16 años qué recursos y qué lenguaje tienen que utilizar para conseguir su primer trabajo lo antes posible. Las estadísticas dicen que uno de cada tres jóvenes españoles tarda más de dos años y medio en estrenarse. Este dato alarmante, unido a la larga duración de muchas carreras, lleva al autor a hacer una reflexión tragicómica: «*Cada vez, los jóvenes llegan más calvos a buscar empleo.*» "El trabajo de encontrar trabajo" es el título de uno de los capítulos, aquél en que explica cómo se debe escribir una carta de solicitud de trabajo, cómo se redacta un *currículum vitae* y la forma en que debe presentarse un aspirante a una entrevista de selección. El capítulo empieza con un ejemplo que supone un guiño de complicidad del autor: «*Si te preguntan: '¿En qué trabajas?' no es lo mismo si contestas: 'En nada, estoy parado' que si dices: 'Busco empleo'. En la primera respuesta manifiestas inactividad. En la segunda, tu empeño en una tarea, que exige esfuerzo, provoca adhesión, simpatía; tal vez, te ganas un colaborador.*» Dentro de este mundo de competencia y apariencia, la primera impresión que transmita la persona que solicita trabajo es fundamental. **Carlos de la Fuente** cree que «*una impresión agradable puede ser decisiva. En una entrevista hay poco tiempo y los signos externos ayudan, tanto como la conversación y la presentación*». Y para ello, **De la Fuente** aconseja acudir a la entrevista de trabajo como el que acude a la primera cita de novios. Uñas limpias, el traje algo convencional, los zapatos limpios y unos calcetines que no desentonen. «*No te pongas colonias ni desodorantes fuertes, ni fumes* – dice – . *El aliento, fresco.*»

Otros consejos se refieren a la puntualidad en la cita y a la forma de comportarse ante el entrevistador. Resulta imperdonable hablar más que el interlocutor, sugerirle preguntas y mostrar excesivo entusiasmo. «*Considera que ningún trabajo es la ocupación ideal; por lo tanto evita frases como 'realizarme plenamente'.*» Para las mujeres hay consejos especiales de belleza: «*Un buen peinado, un traje cuidado, de moda. Perfume fresco, no fuerte, discreto. Uñas cuidadas. Nada de vaqueros ni de bambas.*»

ALGUNAS ADVERTENCIAS. –Tan importante como el aspecto físico es el saber *vestir un currículum vitae* y la carta de solicitud. El orden en que hay que poner los datos personales es fundamental, tanto como no *meter la pata* en el contenido con datos que puedan perjudicar, en vez de enriquecer, el escrito. Algunas advertencias son tan obvias como fácil pueda ser deslizar el error: «*¡Ojo! si ya estás trabajando, nunca des (en el currículum) el teléfono del trabajo.*»

Los consejos que contiene el libro de **Carlos de la Fuente** no se estudian, desgraciadamente, en escuelas y universidades. Quienes los conocen los han aprendido después de cometer un error tras otro en *la escuela de la vida*. **Francisco Moro**, un joven madrileño que empezó trabajando de botones y lavando pinceles en una agencia de publicidad es ahora director de producción gráfica de la agencia *Contrapunto*. **Moro** fue uno de los máximos responsables de la famosa y premiada campaña publicitaria *El Cuponazo*, pero lleva sólo siete meses en su nueva empresa. Este creativo de publicidad opina que para conseguir un trabajo «*hay que echarle el morro justo, sin pasarse, para que no se te vea el plumero. Siempre que me han llamado para una entrevista me he preocupado antes de saber quién era el encargado de seleccionarme y por dónde me iba a entrar*». **Moro** también cree que la primera impresión es decisiva. «*Tu aspecto tiene que ser majete* –dice–. *Si la primera impresión no es buena, la cosa se te puede poner muy cuesta arriba.*»

Texto F **Cómo triunfar en una entrevista**

1 Mira los consejos de la página 98 sobre cómo triunfar en la entrevista del primer empleo. Vas a desempeñar el papel del entrevistador y tu compañero de clase el del entrevistado. El puesto que solicitas puede ser, por ejemplo, el de traductor, secretaria bilingüe, dependiente/a etcétera. Después de terminada la entrevista, el entrevistador va a aconsejarte sobre cómo puedes mejorar tu técnica, utilizando las indicaciones del texto. Por ejemplo:

No debes mirar al suelo sino a mis ojos.

51

2 En la hoja 51, lee la lista de frases y pon una equis en la casilla si son verdaderas. Si son falsas escribe la versión correcta.

Aseo

Vaya bien aseado, pero sin que parezca que va de boda. No se embadurne en colonia.

Firmeza

Fundamental el primer contacto con el entrevistador/empleador: dé la mano con firmeza.

Seguridad

Mire a los ojos de su empleador. No baje la mirada ni mire a la pared.

Naturalidad

Siéntese con naturalidad. No esté tenso. Afloje los músculos. Esté alerta, pero relajado.

Discreción

No se lance a hablar como un torrente. Deje que inicie la conversación el entrevistador.

Lenguaje

Utilice un lenguaje amplio, rico, que demuestre su cultura. Pero no sea cursi. No se pase. No sea pedante.

Pregunte

No sólo el entrevistador quiere saber cosas de usted. Usted tiene que demostrar que quiere saber cosas de la empresa. Pregunte.

Sinceridad

Nunca mienta. No diga que es de un partido político a no ser que sea conocido. Explique bien sus fracasos (sobre todo en los estudios).

Dinero

No exija en el primer empleo. Más bien pregunte por las posibilidades de promoción dentro de la empresa.

Despedida

Una entrevista puede arreglarse con una buena despedida. Puede preguntar cuándo le darán una respuesta. No presuma de que tiene otras muchas ofertas.

GRAMMAR

The subjunctive (1)

For a full summary of the formation of the subjunctive see Grammar Summary pages 264–265.

The present subjunctive is formed by taking the first person singular of the present indicative of the verb, removing the final **-o** and adding the appropriate endings. These are as follows:

-ar verbs: **-e**, **-es**, **-e**, **-emos**, **-éis**, **-en**

e.g. habl**ar**: habl**e**, habl**es** etc.

-er and **-ir** verbs: **-a**, **-as**, **-a**, **-amos**, **-áis**, **-an**

e.g. com**er**: com**a**, com**as** etc.
viv**ir**: viv**a**, viv**as** etc.

The same rule applies to irregular verbs: **venir** becomes **venga**, **vengas** etc., except for **dar**, **estar**, **haber**, **ir**, **saber** and **ser** (see the verb tables on pages 269–271 for these forms).

You will already have come across many examples of the subjunctive. It is important to develop a "feel" for the use of the subjunctive by listening and reading, but some useful rules exist which give you guidance. The following are probably the most common uses of the subjunctive in subordinate clauses:

1 After verbs of **influence** and **emotion**, such as:

querer, **esperar**, **tener miedo de**, **alegrarse de**

- *Manuel quiere que la entrevista de su hermana salga bien.* (Manuel wants his sister's interview to turn out well.)
- *Espero que te den el trabajo.* (I hope they give you the job.)
- *Tenemos miedo de que hayan perdido el tren.* (We're afraid they've missed the train.)
- *¡Me alegro de que vayamos a verte pronto!* (I'm pleased we're going to see you soon!)

2 After expressions of **necessity**:

- *Es necesario que tus amigos nos acompañen.* (It's necessary for your friends to go with us.)

3 After expressions of **possibility** and **probability**:

- *Es muy posible que su jefe se marche a Estados Unidos.* (It's very likely his boss will go to the USA.)

4 After conjunctions like **para que** (always followed by the subjunctive) and **cuando** (only when the verb which follows has a future sense):

- *Cuando vayas a ver al director de la empresa dale los buenos días de mi parte.* (When you go to see the director of the company, say hello.)
- *Es necesario preparar bien la entrevista para que consigas el puesto.* (You have to prepare the interview well in order to get the job.)

5 After a **verb which denies a fact**, such as **no creer que**:

- *No creemos que la recesión económica se termine este año.* (We don't think the economic recession will end this year.)

Práctica

1 Pon los siguientes imperativos en forma negativa:

ven	hacedlo
mirad	démelo
di	vete
cállate	sal
escríbelo	pon
cómelo	apréndelo

2 Pon los verbos entre paréntesis en la forma correcta del subjuntivo:

a Es preciso que (buscar tú) empleo.
b Tiene que ganar mucho dinero para que sus hijos (ir) a aquel colegio.
c Sus amigos no creen que (tener él) la posibilidad de trabajar en España.
d Es probable que (venir ella) a Londres a buscar trabajo.
e Cuando (saber nostros) lo que pasó ayer, se lo diremos a tu hermana.
f Miguel se alegra de que (haber venido ellos) a verle.

CUARTA PARTE: LA CARTA DE SOLICITUD

Por lo general, las empresas que necesitan nuevos empleados ponen un anuncio en el periódico. Algunas veces la persona que se interesa por el empleo tiene que escribir una carta de solicitud. Otras veces, sobre todo si busca un trabajo temporal, debe telefonear para concertar una entrevista o, sencillamente, presentarse en el local de la empresa. Abajo hay una oferta de trabajo y, en la página 101, una carta de solicitud de un chico que quiere este empleo. Fíjate bien cómo se hace este tipo de carta porque después vas a solicitar un trabajo empleando un lenguaje similar.

Texto G **Una oferta de trabajo**

Interested in a European challenge?

MARKS & SPENCER

JUNIOR MANAGEMENT TRAINEES

We are a British multinational world leader in retail with 610 stores and 62.000 staff. We have 23 stores in France, Belgium, Holland and Spain. We have stores in Madrid, Barcelona and Seville and with our plans for further expansion, we need Junior Management for our stores:

COMMERCIAL MANAGEMENT (Ref. C.M.)

You will be responsible for maximising sales, customer service, management of people, use of space, merchandise presentation, stock control, administration and cost control.

PERSONNEL MANAGEMENT (Ref. P.M.)

You will be responsible for staff cost control responding to commercial requirements, recruitment, training and development of people, communication, labour relations and personnel administration.

We are looking for graduates. It is essential to be **completely fluent in English** and to accept **geographic mobility.** Previous work or study experiences abroad would be an advantage.

We offer the chance to work in a dynamic multicultural environment, with a training period in the U.K. and exciting career opportunities within our growing network of stores.

Please write in spanish a letter of introduction with C.V. and photograph and quote the appropriate reference on the envelope. Address it to:

MARKS & SPENCER
Apdo. de Correos nº 14.643
28080 MADRID

Juan Martínez Carazo
Serrano 2, 1o, 2a
20406 MADRID

1 de diciembre de 1996

MARKS & SPENCER
Apdo. de correo no. 14.643
28080 Madrid

Muy señores míos:

En respuesta a su anuncio en El País del 18 de noviembre, me apresuro a ofrecerme para el puesto de Junior Management Trainee en su empresa.

Tengo 22 años y trabajo en Inglaterra actualmente. Mi familia es española pero vivo en Inglaterra desde hace 10 años. La dirección de arriba es de un pariente mío, que se pondrá en contacto conmigo en Londres en cuanto reciba su respuesta. Tengo grandes deseos de volver a España y me entusiasmaría la idea de trabajar en una compañía multinacional que me ofreciera la oportunidad de combinar mis conocimientos y mi experiencia de las culturas española e inglesa.

Me permito señalar que tengo un dominio perfecto del inglés y del español y que hablo francés con soltura. Soy licenciado en Estudios Empresariales y pasé el tercer año de mi carrera universitaria en España. Estoy disponible para viajar.

Puedo desplazarme a España en cualquier momento si deciden considerar mi solicitud. Acompaño a la presente mi currículum vitae y una foto reciente.

En espera de su respuesta les saluda atentamente,

Juan Martínez Carazo

Juan Martínez Carazo

Anexos:
currículum vitae
2 certificados de estudios
1 fotografía

Currículum Vitae

Nombre y apellidos: Juan Martínez Carazo

Lugar y fecha de nacimiento: Ciudad Rodrigo, 3 de julio de 1974

Domicilio actual: 11 Cross Street, London N12 0DQ

Estado civil: soltero

Estudios: Finchley High School, 7 años
Sheffield University, 4 años

Títulos: 3 grados en A level (equivalente al COU)
Licenciatura en Estudios Empresariales

Experiencia profesional: Thompson's Travel, Oxford Street, London, desde 1994

Información complementaria: Idiomas: inglés, español, francés.
Trabajé en una agencia de viajes en Barcelona durante mi carrera universitaria.

Referencias:

Sr Pedro Sirvent
Managing Director
Intersport
Regency Mansions
London W1B 2NK
UK

Dr John Baker
Department of
Management Studies
The University
Sheffield S10 5QD
UK

Texto H **Encontrar trabajo depende de tu currículum**

Para ayudarte a escribir el currículum primero lee los consejos que te da el artículo:

Laboral

Encontrar trabajo depende, en parte, de tu currículum

La primera imagen que tienen de ti es una hoja de papel con tus datos. ¡Aprende a redactarlo!

Teniendo en cuenta que el mercado de trabajo es cada vez más competitivo, debes cuidar mucho las formas cuando redactes tu currículum, ya que es la tarjeta de visita donde expones tu experiencia laboral y tus conocimientos ante alguien que no te conoce. En cuanto a la forma, debes tener en cuenta lo siguiente:

- Debe causar una impresión de orden y claridad a primera vista. Preséntalo escrito a ordenador y de forma esquemática.
- Sé breve. Lo ideal es que tu currículum no sobrepase los dos folios.
- Si es para una multinacional, procura enviarlo en castellano e inglés.
- Envía siempre originales, nunca fotocopias.

En lo que respecta al contenido, debes incluir:

- Datos personales (nombre y apellidos, dirección y teléfono de contacto). En el caso de los hombres, es aconsejable aclarar si se ha realizado el servicio militar o la prestación social.
- Estudios realizados y títulos académicos. Si tienes un título universitario, no debes poner el BUP.
- Idiomas (especificando el nivel de conocimiento y si se hablan y escriben).
- Experiencia laboral, desde el presente hacia atrás. Especifica las empresas en las que hayas trabajado, el tipo de trabajo realizado y la duración total de los diferentes contratos.
- Nunca envíes una foto si previamente no te la piden.
- Incluye un apartado en el que queden claros tus objetivos laborales. ■

Marta Ruiz

Puedes adjuntar un apartado escrito a mano, para dar un tono más personal, explicando tus objetivos.

MARCO POLO

Texto I **Secretarias bilingües**

ESPECIALISTAS EN LA COMERCIALIZACION DE CONFECCION

Como consecuencia de su plan de expansión por el territorio nacional.

Precisa

SECRETARIAS BILINGÜES

(Sin Experiencia)

Buscamos personas que hayan terminado o estén a punto de terminar sus estudios de secretariado bilingüe, sin experiencia, pero con un elevado dominio del idioma inglés y una actitud que las impulse a tratar de superarse y adquirir un mayor nivel profesional día a día.

Las candidatas finalmente seleccionadas, se integrarán en puestos que requieren no sólo conocer las técnicas propias del secretariado, sino una gran capacidad de trato y relación interpersonal, ya que, deberán mantener contacto frecuente con personas tanto de dentro como de fuera de la organización.

Por nuestra parte, ofrecemos la posibilidad de integrarse en un equipo de trabajo joven y dinámico y de que aquellas personas con poca o sin ninguna experiencia, orienten desde un principio su trayectoria en el sentido de una formación y una carrera profesionales brillantes dentro del secretariado.

Las personas interesadas deben enviar su historial detallado, con datos personales, académicos y profesionales, y fotografía reciente de tamaño carnet, al apartado de correos n.° 185 de Alcobendas (Madrid), indicando en el sobre la referencia: «S.B.».

1 Comenta este anuncio con un compañero y trata de adivinar el sentido, en este contexto, de las siguientes frases. A ver si puedes encontrar sus equivalentes en inglés. Después verifica tus ideas con el profesor.

a ... una actitud que las impulse a tratar de superarse

b ... puestos que requieren ... una gran capacidad de trato y relación interpersonal

c ... ofrecemos la posibilidad ... de que aquellas personas con poca o sin ninguna experiencia, orienten desde un principio su trayectoria en el sentido de una formación y una carrera profesional brillantes dentro del secretariado.

2 Imagina que eres una chica española y que terminas tus estudios de secretariado bilingüe. Escribe una carta de solicitud y un historial con el propósito de convencer a C&A que eres una candidata muy apropiada para uno de los puestos. Puedes utilizar como modelo la carta de Juan Martínez, pero, ¡ojo!, hay que cambiar algunos detalles. Tienes que incluir en la carta la siguiente información:

- siempre te ha interesado trabajar en la confección
- te gusta mucho el trato con otras personas
- has visitado Inglaterra/Estados Unidos varias veces
- hablas inglés con soltura

¿EN QUÉ PIENSAS TRABAJAR?

QUINTA PARTE: EL TRIUNFO

Y ahora unas carreras brillantes. Tres mujeres hablan del camino que siguen o han seguido para llegar a su meta.

Texto J **Subir, prosperar, llegar**

1 Lee el artículo y, con un compañero, busca el sentido de las siguientes expresiones. Después verificad vuestras definiciones con el profesor.

a asesora de imagen

b he estudiado a base de becas

c mi actual empresa

d me planteo

e es ahora cuando me llevo más berrinches

f lo corriente era que las chicas dejaran de estudiar al llegar a los catorce años

g me costó encontrar trabajo

h a largo plazo

i me llevo muy bien con ellos

j una abogada penalista

k estoy de pasante

2 Escribe el segundo párrafo de la entrevista con Consuelo en estilo indirecto. Comienza así:

«Se colocó en seguida en una empresa ...»

3 Contesta en español las preguntas siguientes:

a ¿Qué influencia tuvieron los padres de cada una de las mujeres en sus hijas?

b ¿Qué cualidades tienen en común las tres mujeres?

c ¿Cuál de las tres mujeres tiene más confianza en sí misma? ¿Por qué?

d ¿Por qué se enfada Consuelo ahora?
e ¿Qué le da más satisfacción a Matty?
f ¿Por qué no le disgustaría a Elena que la gente la conociera?
g ¿Cuál de las tres mujeres, a tu parecer, ha tenido más éxito en la vida? ¿En qué sentido?

52

4 En la hoja 52, completa las frases basadas en el texto, usando la forma adecuada del subjuntivo.

Subir, prosperar, llegar "QUIERO TRIUNFAR"

Es la meta que nos propone la sociedad en que vivimos, como una promesa de felicidad, como la cumbre de una vida. Pero, ¿por dónde pasa ese camino de ascensión? ¿Cuál es la vía más rápida?

Consuelo, 38 años, soltera, asesora de imagen. «No, no se trata de decir a un político cómo se debe peinar para que le voten más. Aunque también hemos tenido alguna campaña de partido. Nuestra labor se centra, sobre todo, en estudiar los productos de una empresa para introducirlos en el mercado de la forma más eficaz. Llevo 12 años trabajando y mi carrera está siendo muy brillante, tengo que reconocerlo. Había hecho Sociología con muy buenas notas; en realidad he estudiado a base de becas, y eso me exigía un alto nivel de rendimiento. Además, mis padres se han sacrificado bastante para que yo estudiara, y tenía que compensarles respondiendo bien.

Me coloqué en seguida en una empresa de Estudios de Mercado, y al cabo de dos años vinieron a buscarme los de mi actual empresa. Me hicieron una propuesta muy interesante y pensé que era mi oportunidad. Sentí que por ahí yo podía llegar. No me importa reconocer que yo quería tener dinero y una casa propia, viajar y comprarme la ropa que quisiera. Y algo que me importaba mucho: que mis padres lo vieran, que pudieran sentirse orgullosos de mi carrera. He conseguido todo eso; pero, tal vez porque lo tengo, me planteo, de vez en cuando, si esto es triunfar. En este trabajo tengo que aceptar algunas cosas que no van conmigo. Antes no me paraba a pensarlo; es ahora cuando me llevo más berrinches. Mi padre siempre ha sido un hombre muy trabajador, muy cumplidor; pero bastante sometido al que mandaba. Y yo me parezco a él, aunque, al mismo tiempo, me rebelo ante la idea.

Si triunfar es ganar dinero y prestigio social, en este trabajo puedo conseguirlo. Pero tengo dudas sobre si podré seguir soportando algunas situaciones. He pensado dedicarme a la investigación sociológica.»

Matty, 30 años, soltera, estilista. «Es algo estupendo trabajar en este salón de belleza. Estar entre los mejores. Sí, yo pienso que esto es triunfar, aunque no voy a pararme aquí profesionalmente.

En el barrio donde vivo, lo corriente era que las chicas dejaran de estudiar al llegar a los catorce años. Yo tenía claro que quería algo más. Hice Formación Profesional, rama de peluquería. Antes de acabar, ya peinaba a bastantes vecinas en sus casas; me ganaba un dinero que me venía estupendamente para mis gastos.

Me costó encontrar trabajo en una peluquería; pero desde hace unos años, no sé por qué, todo me va mejor. Para mí, triunfar sería poder peinar y maquillar a gente famosa. Y ganar dinero, claro. Pero lo que más satisfacción me produce es ver el resultado de lo que hago, la transformación de un rostro, de una cabeza. Hasta pienso que doy un poco de felicidad a los demás. Tampoco me planteo hacer grandes cosas a largo plazo.

Me hace ilusión pensar que me voy a ir a vivir con una amiga a un apartamento que hemos alquilado; pero también me da pena dejar a mis padres, me llevo muy bien con ellos y los quiero.

Sí, trabajo mucho y me canso bastante, estoy largas horas de pie. Pero me gusta lo que hago. Me compensa. Estoy planeando irme a Londres. Quiero hacer un curso de maquillaje de fantasía.»

Elena, 28 años, casada, una hija, abogada. «Lo tengo muy claro. Lo elegí desde muy pequeña y llegaré a ser una abogada penalista de renombre. Y además, no pienso apoyarme en el apellido de mi padre. He de conseguirlo por mí misma. Puede ser una tontería, pero creo que ha influido la televisión y algunas películas que vi de pequeña. De todas formas, cuando estudié Derecho, me gustó la carrera.

El camino que llevo hasta ahora no es el más adecuado, pero llegaré. Estoy de pasante, a tiempo parcial, en el bufete de un grupo de abogados amigos.

Alfredo y yo éramos novios desde los 18 años y cuando él consiguió trabajo nos casamos. A mi madre le hubiera encantado que yo hubiera hecho lo que ella: quedarme en casa, algo que a mí me da horror.

El caso es que durante tres años no he podido trabajar, porque tuvimos la niña.

Pero ahora que ya va a la guardería, creo que ha llegado mi momento.

Como ama de casa he estado bien; no me sentí frustrada. Con la niña disfruté mucho. Pero no quiero renunciar a conseguir lo que me he propuesto: ser una buena penalista. ¿Que me conozcan? No me disgustaría.

Soy la mayor de tres hermanas y cuando tenía 13 o 14 años, pensaba que hubiese sido mejor nacer chico. No sé, tal vez a mi padre le hubiera gustado. Ahora estoy encantada de ser como soy.»

GRAMMAR

The subjunctive (2)

The "Indefinite Antecedent"

In Texto J several examples of a special use of the subjunctive can be seen, as in the sentence «... *yo quería tener dinero y una casa propia, viajar y comprarme la ropa que quisiera.*» Here the subjunctive is used because the word referred to by the **relative pronoun que**, *la ropa*, which is called the **antecedent**, is **indefinite**, uncertain: these could be **any** clothes; we do not know precisely which. The same thing happens when the antecedent is **negative**.

Other examples of this important use are:

- *Buscamos personas que hayan terminado o estén a punto de terminar sus estudios.* (We're looking for people who have finished, or nearly finished, their course.)
- *El jefe no conoce a nadie que pueda hacer el trabajo.* (The boss doesn't know of anyone who can do the job.)

The subjunctive is used in these examples because we do not know who the people are who are going to apply for the job, or if they even exist.

- *La primera impresión que transmita la persona que solicita trabajo será muy importante.* (The first impression that the person seeking work gives will be very important.)

The subjunctive is used here because we cannot say exactly what this impression will be.

- No le cae bien un compañero que le pida favores.
- No hay tarea que la satisfaga.
- El jefe prefiere darle el trabajo a cualquier otra persona que esté en la oficina

- No hay nada que no sepa hacer.
- No se pierde un cursillo que le interese.
- Llega a la oficina a una hora que le permita organizarse.

La mala y la buena secretaria.

Texto K **Un joven empresario**

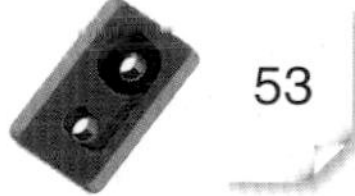

Escucha la cinta y rellena los espacios en blanco de la hoja 53.

¿EN QUÉ PIENSAS TRABAJAR? *SEXTA PARTE:* ¿Y EL FUTURO?

En el futuro, los jóvenes elegirán profesiones completamente nuevas:

Texto L **Profesiones del futuro**

EL PAÍS / NEGOCIOS

Electrónica, informática, robótica y biotecnología son algunas de las profesiones con más futuro dentro del sector industrial, según las prospecciones realizadas por la Fundación Universidad-Empresa. En el campo de la energía y el agua, señalan, las actividades de mayor desarrollo son las relacionadas con la energía solar, la eólica, la nuclear y la desalinización de aguas marinas. En la construcción, el futuro es de las profesiones que tienen que ver con la ordenación del territorio, el urbanismo y la rehabilitación de viviendas, y en los servicios, con las actividades de gestión administrativa y comercial, telecomunicaciones y educación de adultos.

Un informe francés sobre el mercado laboral señala que, en el siglo XXI, una cuarta parte de la población activa de ese país estará empleada en trabajos que hoy no existen. Éstas son algunas de las profesiones del futuro:

1. Plasturgista: técnica de la metalurgía aplicada a los múltiples plásticos. Hoy existe trabajo para estos ingenieros en sectores como el de la carrocería y los astilleros especializados en barcos deportivos.

2. Creadores de páginas de videotextos: serán especialistas en múltiples disciplinas, como las artes gráficas, la informática y la psicología.

3. Creadores de marcas comerciales: más de la mitad de los productos de consumo corriente que serán usados en 10 años no existen hoy.

4. Acuicultor o *granjero del mar:* hoy son los especialistas en biología marina y en genética.

5. Ludicadores o inventores de programas de juego.

6. Ingenieros mecatrónicos, con amplios conocimientos en mecánica, electrónica, hidráulica, etcétera.

7. Agente de mantenimiento de microsistemas informáticos.

Después de leer el artículo comenta el tema con tu compañero de clase y escoge de la lista la profesión que en tu opinión va a ser la más importante en el siglo XXI. A continuación la clase va a tener un debate sobre este tema.

Texto M **Dos ofertas de trabajo**

Lee atentamente las ofertas de trabajo, escoge uno de los empleos y (a) explica en español, utilizando 50 palabras, por qué lo has elegido y (b) escribe una carta de 100-150 palabras solicitando el empleo.

IMPORTANTE EMPRESA DE SERVICIOS DE GRAN PRESTIGIO VINCULADA A GRUPO FINANCIERO

••• *seleccionará para su organización comercial en Madrid, Bilbao, Zaragoza y Sevilla.*

10 Asesores/as comerciales

Si tienes entre 23 y 45 años, posees una buena formación (nivel bachiller), eres una persona decidida y con facilidad de comunicación y aportas dotes comerciales, una vez superado el proceso de selección, te contrataremos garantizándote:

- Contratación mercantil en una Compañía en plena' expansión.
- Carrera Profesional con promoción a puestos de responsabilidad a corto plazo.
- Formación continuada a cargo de la Empresa.
- Ingresos mínimos en torno a 200.000 ptas. en función de objetivos (fijo + variable)

Si estás interesado, solicita entrevista personal llamando de 9 a 14 y de 16 a 18 horas

MADRID: Sr. Ramos (91) 309 37 68
BILBAO: Srta. Esther (94) 423 93 68
ZARAGOZA: Srta. Alicia (976) 29 08 30
SEVILLA: Srta. Vargas (95) 456 18 96

Guardas de Seguridad

Si tienes más de 20 años, estatura superior a 1,80, Servicio Militar cumplido y una formación mínima de Graduado Escolar

es un

importante.

Si quieres acceder al mundo del trabajo y ejercer una noble profesión

es un

a tu favor.

Si además valoras la importancia de la formación para el trabajo bien hecho y deseas integrarte en una gran Compañía

será el

que marque la diferencia.

Ponte en contacto con nosotros y preséntate en horario de oficina en nuestro Centro de Formación, C/ Eresma, 7 (Metro República Argentina) MADRID.

INTEGRIDAD•EFICACIA•CALIDAD DE SERVICIO

Redacciones

Escribe una redacción en español sobre uno de los siguientes temas:

a Escribe un diálogo de 150 palabras sobre el Plan de Empleo Juvenil entre un joven de 16 años que acaba de conseguir un empleo gracias al Plan, y su hermana mayor, de 27 años, quien está en paro desde hace dos años y no tiene ninguna posibilidad de obtener trabajo.

b «Los padres quieren lo mejor para sus hijos pero, muchas veces, sus deseos no coinciden con las auténticas inclinaciones de éstos.»

c «Las huelgas siempre empeoran las cosas.» Comentar.

9 Enseñar idiomas

Este artículo de la página 240 trata del trabajo de un(a) profesor(a) de lenguas extranjeras en España. Comenta el artículo con tu compañero y después haz un resumen en español, empleando 200 palabras, sobre las virtudes de un buen profesor de lenguas. (¡Claro que también puedes pedírselas a tu profesor(a)!)

Traducción

Traduce al español:

In Spain yesterday there was a general strike for the first time since December 1989. The workers want the government to give them a 20% pay rise and hope that they can persuade it to do so by collective action. It is likely that the government will give way but when it does, it will point out that unemployment will rise as a result. For several weeks now nobody has believed that the Prime Minister can resist the combined pressure of the employers and the unions. Moreover, he is afraid that more social unrest will inevitably follow if he does not negotiate. The newspapers predict that all parties will be pleased that a satisfactory solution has been reached.

Desarrollando el tema

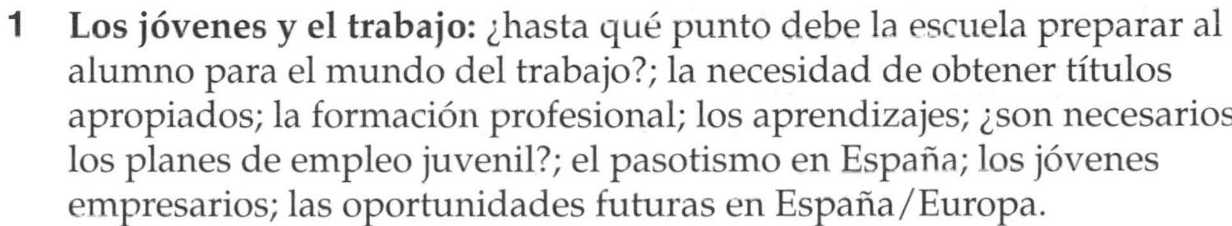

1 **Los jóvenes y el trabajo:** ¿hasta qué punto debe la escuela preparar al alumno para el mundo del trabajo?; la necesidad de obtener títulos apropiados; la formación profesional; los aprendizajes; ¿son necesarios los planes de empleo juvenil?; el pasotismo en España; los jóvenes empresarios; las oportunidades futuras en España/Europa.

2 **Los sindicatos:** la patronal; las relaciones entre los sindicatos y los partidos políticos; el papel de los sindicatos en la España de hoy (CC OO; UGT); las reivindicaciones; las huelgas; las manifestaciones.

3 **El paro:** los problemas sociales originados por el paro en España; el papel del Gobierno con respecto al paro; el vivir del Seguro.

4 La mujer trabajadora; ¿hay discriminación sexual en el trabajo?; los cambios en la situación y las actitudes de la mujer con respecto al trabajo.

5 **La organización del trabajo en España:** las empresas; las fábricas; las multinacionales; la industria española; el mundo del comercio; las agencias de colocación; los contratos de trabajo; los sueldos; las condiciones en que trabaja la gente.

Para terminar: Alboradilla del compañero

Lee este poema de Jorge Guillén para que te anime a levantarte por la mañana y a disfrutar del trabajo.

(Oscuro cansancio,
Albor para luz encendida.)
Sacude el sueño, compañero,
Vida aún, arriba.

Bueno es el vivir
Y bueno volver a empezar.
Trabajo no falta,
Abre los ojos, galán.

La madrugada se aclara,
La neblina se disipa.
Despierta, amigo, despierta,
¡Arriba!

Toma algo caliente.
No hay valor sin pan.
Avíate pronto,
Nos espera la claridad.

El sol entre nubes
Nos lanza su cita.
Seguir es mejor que pararse.
Vida aún, arriba.

¡Salud y suerte a todos!

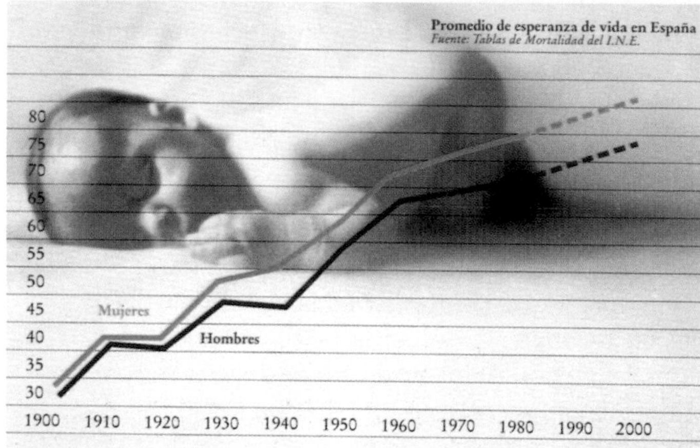

Aparte de una mejor higiene y alimentación, los años ganados se los debemos principalmente a la medicina.

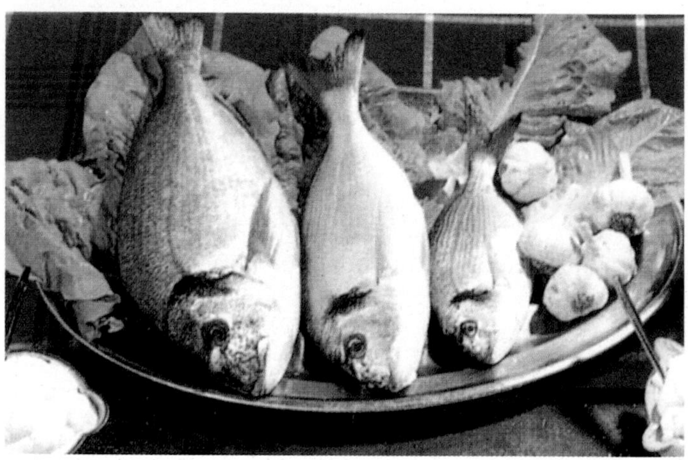

Gimnasia en 10 minutos
Kilos bajo control
Si no quieres ganar peso, practica diariamente estos ejercicios.
De pie, con brazos al frente. Eleva los talones hasta sentir tensión en las piernas. Relaja y repite 10 veces.
Partiendo de la postura anterior, baja el tronco y los brazos y pega las nalgas a los talones. Repite 10 veces.
UN CONSEJO: Evita la brusquedad, haz cada movimiento muy despacio y procura concentrarte.
Con las manos en la cintura. Baja la pelvis todo lo posible. Manténte unos segundos y relájate. 10 veces.

Gracias a los avances médicos de este siglo se pueden curar muchas enfermedades que antes mataban a la gente. A pesar de esto no les falta trabajo a los médicos … Examinemos algunos aspectos de la salud:

– las razones por las cuales los jóvenes fuman
– la drogadicción y sus consecuencias
– una nueva enfermedad incurable como es el SIDA
– el caso feliz del trasplante que rescató de la muerte a un muchacho
– la higiene alimenticia
– el tema de cómo mantener el cuerpo sano. Los hábitos sedentarios de la vida moderna perjudican la salud, por lo que mucha gente dedica quince o veinte minutos diarios al ejercicio físico.

54

En la hoja 54, encontrarás el vocabulario para esta unidad.

¡SALUD Y SUERTE A TODOS!

PRIMERA PARTE: EL TABACO

Texto A

¿Puedo fumar sin dañar mi salud?

1 La clase va a dividirse en parejas. En cada pareja un alumno lee la carta de Mercedes y hace una lista de los puntos más importantes, mientras que el otro hace lo mismo con la respuesta del médico. Después debes explicar a tu compañero lo que has escrito.

2 Con tu compañero, busca en el texto las palabras que tienen el mismo sentido que las siguientes. Después verifícalas con el profesor.

a	un grupo de jóvenes	**f**	parecidas
b	conviene	**g**	venenosas
c	dañada	**h**	en cuanto a
d	realmente	**i**	creciendo
e	razón	**j**	sin querer

¿PUEDO FUMAR SIN DAÑAR MI SALUD?

Hace tres meses que he empezado a fumar. Toda la gente de mi pandilla fuma, y casi hasta parece mal que alguien no lo haga. También he comprobado que el tabaco quita el hambre y, desde que empecé, he adelgazado ya un poco, lo que me ha venido muy bien. Por supuesto, mis padres se oponen y dicen que fumar es muy malo. Yo también sé que lo es, pero no podría dejarlo del todo. ¿Sabría decirme cuántos cigarrillos puedo fumar al día sin que mi salud resulte perjudicada?

Mercedes G., 15 años, Cádiz.

Entre las causas por las que fuman las chicas de tu edad, una cuarta parte de ellas afirma que, efectivamente, el tabaco les ayuda a mantenerse delgadas y atractivas.

De hecho, fumar suprime la sensación de hambre y por el mismo motivo es posible aumentar de peso cuando se deja el tabaco. Personalmente considero absurdo combatir los kilos de más con una sustancia venenosa. El pretexto de la figura esbelta no justifica la aspiración del arsénico, cadmio, plomo o alquitrán que lleva el tabaco.

El cuerpo humano es, además, especialmente receptivo a estos venenos. Las sustancias minerales que necesitamos son muy similares a los venenos contenidos en los cigarrillos y la incapacidad del organismo de distinguirlos provoca la acumulación de estas sustancias tóxicas.

Sé muy bien que no tienen sentido las amenazas que tus padres o yo podamos hacerte contra el tabaco o contra tu decisión de fumar.

En lo que se refiere a la cantidad de cigarrillos que uno puede fumar al día sin que le perjudique, está claro que tres son menos peligrosos que veinte.

Si el consumo diario realmente se limita a dos o tres cigarrillos, el riesgo es prácticamente nulo. Ahora bien, cuidado con todos los productos que crean dependencia: la dosis irá aumentando involuntariamente y, muy pronto, te descubrirás fumando el doble o más.

3 Explica en español con tus propias palabras lo que quiere decir el médico con las siguientes frases:

a Personalmente considero absurdo combatir los kilos de más con una sustancia venenosa.

b … la incapacidad del organismo de distinguirlos provoca la acumulación de estas sustancias tóxicas.

c La dosis irá aumentando involuntariamente y, muy pronto, te descubrirás fumando el doble o más.

Texto B **Un psicólogo explica por qué los jóvenes comienzan a fumar**

1 Antes de escuchar la cinta empareja las siguientes palabras, sacadas del texto, con su equivalente inglés:

un rito	lógicamente	*a passage*	*naturally*
una travesía	una ley	*to be up to date*	*a cigarette*
un pitillo	pasajero	*passing*	*a law*
una etapa	habituarse	*to get used to*	*a stage*
sustituir	estar al día	*a rite*	*to replace*

2 Escucha la cinta y apunta las razones principales por las cuales, según el psicólogo, los jóvenes fuman. Después compáralas con las razones que se desprenden de la carta de Mercedes y la respuesta del médico. Lee las declaraciones a-e, y anota dónde coinciden los dos textos en dar la misma razón.

a El fumar ayuda a las chicas a adelgazar.
b Los jóvenes no hacen caso de las prohibiciones de sus padres.
c A los jóvenes les gusta integrarse en el grupo.
d Los cigarrillos les dan un aspecto serio.
e El cigarrillo es una especie de droga.

55

3 Escucha la cinta otra vez y, a continuación, completa las frases en la hoja 55.

Texto C **¿Fumar o no fumar?**

En los últimos años la ley en España ha impuesto nuevas restricciones a la libertad de los fumadores, como explica el artículo.

Y PARA QUE NO DIGAN QUE SOMOS INHUMANOS, DE HOY EN ADELANTE OPERAREMOS A LOS FUMADORES, LES EXTRAEREMOS LOS ÓRGANOS Y SE LOS TRASPLANTAREMOS A LOS NO FUMADORES

1 Con tu compañero haz una lista de todos los ejemplos del presente del subjuntivo que encuentres en el artículo y trata de descubrir por qué se utiliza en cada caso. Verifica tus ideas con el profesor.

2 Has dado este artículo a un amigo tuyo español que es fumador. Después de leerlo declara que el ciudadano español que fuma no tiene ninguna libertad para fumar donde quiera. Tu compañero de clase desempeña el papel del amigo. Trata de convencerle de que las limitaciones de la ley son buenas para la salud de la sociedad y que los fumadores deben aceptarlas.

3 ¿Te parece bien que en España se denuncie a los centros que permiten el fumar, o sería mejor enfrentarse directamente con el fumador? Escribe en español 100 palabras justificando tu opinión.

Después de leer que algunos cirujanos británicos argumentaban que era inútil operar a un paciente que iba a seguir fumando, apareció este dibujo en la revista *Cambio16*. ¿Crees que tenían razón los cirujanos, o tiene el fumador los mismos derechos que cualquier otra persona? Haz una lista de los argumentos en pro y en contra y coméntalos con tu compañero de clase.

¿Fumar o no fumar?

LEYES Fumadores y no fumadores echan chispas. Los primeros defienden su derecho, los segundos piensan que la ley no se cumple.

El cerco a los fumadores se hace cada vez más estrecho. Pero en España, la mayoría de las personas, ya sean fumadores o no fumadores, desconocen sus derechos y deberes.

Según Jaume Roig, de la Coordinadora para el Análisis sobre el Tabaquismo y la Salud (CATS), "la gente no denuncia nada porque desconoce la legislación". La ley prohíbe fumar en:

- Vehículos o medios de transporte colectivo, escolar, teleféricos, taxis. Donde el viajero tenga un asiento reservado, el 50% de los asientos son para fumadores.
- Lugares de trabajo donde se utilicen contaminantes industriales, trabajen mujeres embarazadas o se atiendan a menores de 16 años; universidades, colegios y hospitales.
- Oficinas de las Administraciones Públicas destinadas a la atención directa del público.
- Locales donde se manipulen o vendan alimentos (excepto los destinados a su consumo).
- Salas de uso público general, lectura y exposición.
- Locales comerciales cerrados visitados por gran afluencia de personas. Deben señalar las zonas de fumadores.
- Salas de teatro, cines y espectáculos públicos y deportivos en locales cerrados.
- Ascensores y elevadores
- Vuelos nacionales de menos de 90 minutos.

Es difícil que fumadores, un 35,9% de los españoles, y no fumadores se pongan de acuerdo. La Asociación Española Contra el Cáncer se muestra conciliadora con ambas partes: "Estamos en contra del tabaco, pero no en contra de los fumadores", señala Mª Ángeles Planchuelo, médico de dicha asociación. Recomiendan no tratar a un fumador como a un vicioso o delincuente y evitar las situaciones violentas o de enfrentamiento. "Con educación y buenos modales se consigue todo, hasta que una persona apague el cigarro", afirma Planchuelo.

INFRACCIONES SIN FINAL FELIZ

El incumplimiento de las limitaciones, así como la falta de señalización de las zonas o áreas y la ausencia de hojas de reclamación se consideran infracciones leves. Se sancionan con multas de hasta 500.000 pesetas. Fumar en el metro de Madrid se sanciona con multas que oscilan entre las 5.000 y las 86.000 pesetas. Pero rara vez se imponen estas multas. "La actitud de la gente es muy pasiva porque las denuncias tardan cerca de un año en ser contestadas", dice el responsable de CATS. Para este tipo de denuncia no conviene ir a comisaría, se pierde tiempo y no se soluciona nada. La denuncia se puede tramitar a través de las hojas de reclamaciones. Nunca hay que ponerla contra el fumador, sino contra el centro que permite fumar.

TEXTO: MARTA ALBA
ILUSTRACIÓN: LLUISA JOVER

SEGUNDA PARTE: LA DROGA Y EL SIDA: DOS PLAGAS MODERNAS

Texto D **Tengo algo para ti**

El anuncio siguiente describe un diálogo entre un camello y un posible cliente.

Tengo algo para ti. **NO.** *Venga, hombre.* **NO.**
Prueba un poco. **NO.** *Te gustará.* **NO.** *Vamos,*
tío. **NO.** *¿Por qué?* **NO.** *Vas a alucinar.* **NO.**
No te cortes. **NO.** *¿Tienes miedo?* **NO.** *No seas*
gallina. **NO.** *Sólo una vez.* **NO.** *Te sentará*
bien. **NO.** *Venga, vamos.* **NO.** *Tienes que*
probar. **NO.** *Hazlo ahora.* **NO.** *No pasa nada.*
NO. *Lo estás deseando.* **NO.** *Di que sí.* **NO.**

EN EL TEMA DE LA DROGA TÚ TIENES LA ÚLTIMA PALABRA.

FUNDACION DE AYUDA CONTRA LA DROGADICCION

1 «En el tema de la droga tú tienes la última palabra». En español explica lo que significa esta frase. Emplea 50 palabras.

2 ¿Te parece eficaz el anuncio como propaganda contra la droga? Comenta la técnica del anuncio con tu compañero de clase. Después la clase entera va a discutir esta manera de combatir la drogadicción, compárandola con otras maneras, para decidir cuál es la más eficaz.

Texto E **¿Qué hacemos con la droga?**

Y ahora, en la página siguiente, la historia de un hombre que cayó en la tentación y, que, después de ser un yonqui, siguió el camino de la rehabilitación.

1 Mira el vocabulario antes de leer el texto.

---

el caballo: la heroína
enganchado: adicto
una raya de cocaína: una dosis de cocaína
un yonqui: un drogadicto
ponerse un pico: inyectarse
hecho polvo: cansadísimo
un juzgado: tribunal donde se juzga
un camello: traficante de drogas
un toxicómano: un drogadicto

---

2 Contesta en español, con tus propias palabras, las preguntas siguientes:
a ¿Qué edad tenía Angel cuando dejó de tomar el caballo?
b Explica cómo pasó Angel a ser drogadicto.
c ¿Cómo fue que Angel se convirtió en camello?
d Describe los pasos que dio Angel para conseguir la rehabilitación.
e ¿Crees que va a tener éxito su rehabilitación?

10 La ruta del bakalao

La «ruta del bakalao» se refiere a las discotecas de la región de Valencia en las que los jóvenes bailan el bakalao y toman droga.

Resume en español lo que dice Sara (en la página 241) sobre su deseo de tomar éxtasis. ¿Cómo se puede remediar esta adicción, en tu opinión? Escribe aproximadamente 200 palabras.

¿Qué Hacemos con la Droga?

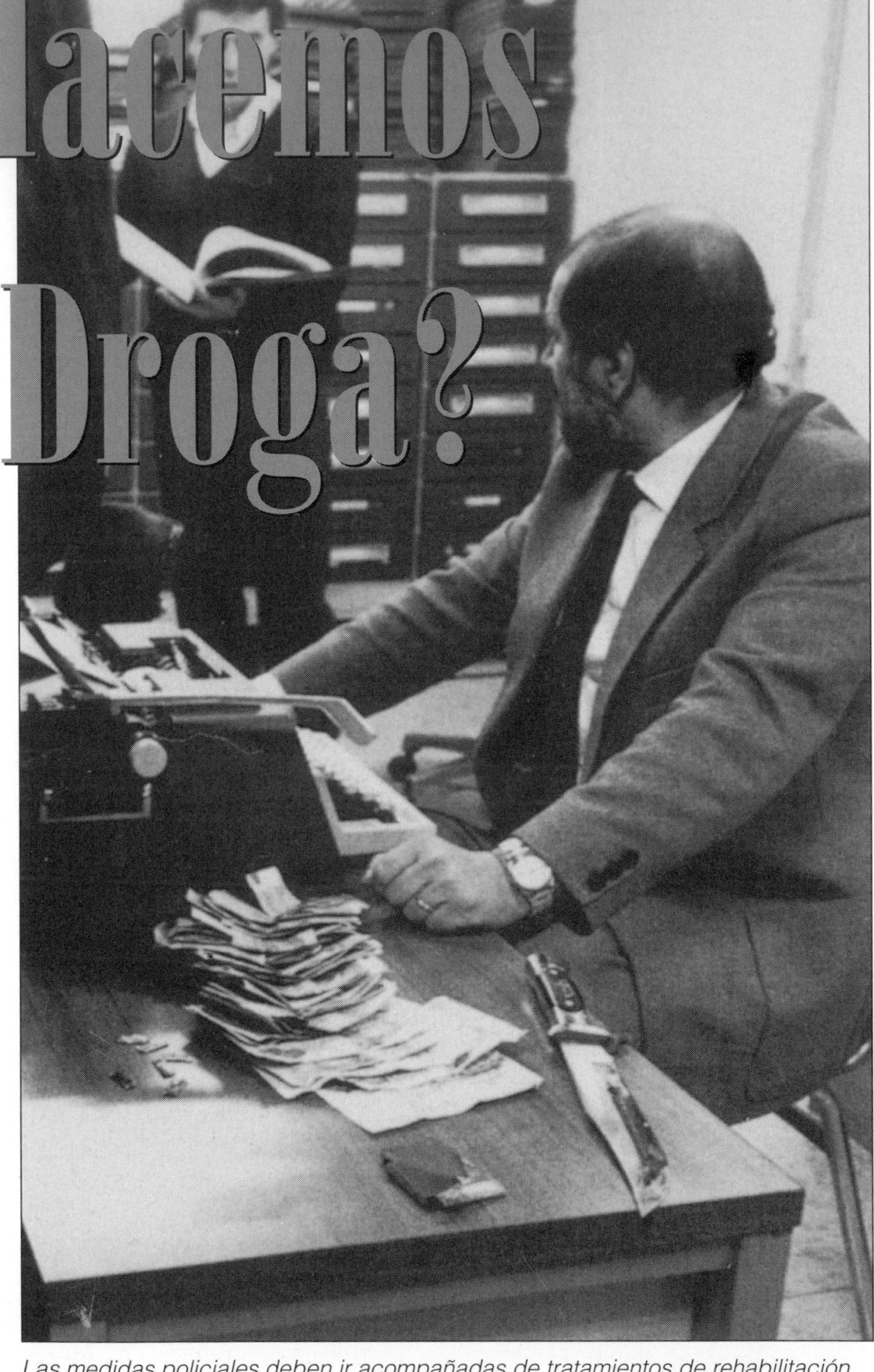

Las medidas policiales deben ir acompañadas de tratamientos de rehabilitación.

LUIS DE ZUBIAURRE

«SÉ QUE LO QUE MÁS ME GUSTA EN este mundo es la heroína». Angel, un madrileño de 44 años, lleva dos años sin probar el caballo. Sólo sigue enganchado al tabaco, la única droga permitida en Proyecto Hombre, un programa terapéutico y educativo dedicado a la rehabilitación y reinserción social de drogodependientes, que tiene alrededor de un centenar de centros por toda España. Angel está llegando al final del proceso de rehabilitación y antes de un mes volverá a trabajar.

A los 18 años inició su relación con la droga. Trabajaba en el mercado central de pescado de Madrid y empezó a salir por las noches. Primero fueron unas rayas de cocaína esporádicas, que pronto, y casi sin darse cuenta, empezaron a ser cotidianas. Angel nunca pensó que él podría engancharse a la heroína: «No me explicaba cómo un *yonqui* podía estar todo el día buscándose la vida para conseguir la droga y después se ponía un *pico* y se quedaba hecho polvo».

Mientras pensaba esto, su adicción a la cocaína se convirtió en un hecho. Por entonces ya tenía 30 años. «Estaba tan enganchado a la coca que no podía ni dormir. Un colega me recomendó que tomara un poco de heroína. Sí, claro, pude dormir, pero también me enganché al caballo». Y así pasaron otros 12 años hasta que decidió romper con la droga. En ese tiempo perdió el trabajo, se divorció de su mujer y abandonó a sus cuatro hijos. Hizo de camello para poder seguir con la droga. Tuvo la suerte de no conocer la cárcel, pero pasó más de una vez por comisarías y juzgados.

Antes de comenzar el tratamiento actual —«me ha devuelto las ganas de vivir»— Angel acudió a médicos privados. Tras unos pocos meses de abstinencia volvía a caer. También intentó salir con el apoyo de centros estatales: «Quería acceder a un programa de la sanidad pública; me dijeron que tenía que esperar tres meses. Imagínate lo que son tres meses de lista de espera para un toxicómano...».

Texto F **El SIDA**

Dicen que el SIDA es la gran epidemia del siglo. El hecho de que no haya cura suscita mucho temor en la gente. Pero el SIDA es, hasta cierto punto, una enfermedad como cualquier otra, y las victimas necesitan ayuda, como otros enfermos graves. Ocho personas hablan del SIDA y en algunos casos de su relación con la droga.

"Sé que tengo el virus, sé que estoy condenado a muerte: tengo miedo. No estoy todavía enfermo, pero mi sistema analítico está bajando. Sé cómo es, por otros amigos: están bien, pero de golpe y porrazo les da un bajón, los llevan al hospital y mueren".
Juan José Moreno Cuenca, 'El Vaquilla', Prisión Provincial de Logroño.

"Sé que soy portadora del virus desde hace tres años y medio. Prefiero que la gente no lo sepa: me da miedo que me rechacen. Pero mi vida sigue: he dejado el trabajo de antes, en un restaurante, pero empiezo a estudiar mecanografía y ordenador, luego, a ver si encuentro trabajo... Cogí el virus con mi novio. Los dos nos 'picábamos'. Yo ya lo he dejado, pero él sigue. No salimos juntos, pero le sigo teniendo cariño. Era mi novio. Lo podríamos haber llevado bien, pero después de lo que ha pasado...".
Carmen, 23 años, Barcelona.

"Yo siempre he dado la cara. Adquirí el sida por mantener prácticas sexuales de riesgo sin preservativo. Nunca he ocultado mi homosexualidad ni mi enfermedad. Mis vecinos del barrio de Atocha, en Madrid, lo saben y lo asumen. No tengo nada que esconder ¡ni que fuera de la ETA! Pero comprendo que otros no den la cara: la sociedad no lo merece. Muchos lo pasan peor por el rechazo social que por la enfermedad".
Manolo Trillo, 30 años.

"Cogí la enfermedad en 1984 por una transfusión en un hospital público. Durante cuatro años estuve ignorante, porque yo no estaba en ningún grupo de riesgo. He ganado dos juicios, pero a mí eso me sirve para poca cosa. Sólo quiero decir a quienes están como yo: ésta es una enfermedad digna. Como todas".
Luis Rodríguez Elías, 58 años, Madrid.

"En las prisiones españolas hay un 20 por ciento de portadores o enfermos. Pero la cifra aumenta sin parar. En unos años las cárceles serán hospitales, o peor: cementerios".
X.X., funcionario de prisiones, jefe de servicio, Carabanchel.

"El otro día, al ir a comprar las entradas para U2, que vienen en mayo, me acordé de mi amigo Paco, 'el bicho'. Siempre venía a Madrid a los macroconciertos, con una basca de alicantinos, y dormían en mi casa. Paquito se había enganchado al 'caballo' de chaval. Pero logró salir. Es uno de los pocos casos que conozco: salió de verdad. Se casó, tuvo un niño. Pero el niño nació rarito, enfermizo. Cuando supieron la verdad, no lo podían creer: sida. El niño murió primero, Paquito después, con 30 años. Ya no verá a U2"
Javier López, músico.

"Yo sólo sé que mi hermana está mala. A veces pienso: ¿Si fuera un cáncer lo viviría igual? Yo sé que sí. Que mi madre y yo lo viviríamos igual. Pero ¿y vosotros, los periodistas? ¿os preocuparíais tanto por el cáncer de mi hermana?"
Rosa G., 35 años, bibliotecaria, Madrid.

"Me contagié porque mi marido era 'yonqui'. Murió el año pasado. Yo no me he 'picado' nunca. Pero no quiero hablar ni de mí ni de mi enfermedad. Ya no quiero hablar. Ya no quiero pensar".
Ana, 33 años, madre de dos hijos. Madrid.

1 Explica con tus propias palabras el sentido de las frases siguientes:

dar la cara	le sigo teniendo cariño
¡ni que fuera de la ETA!	lo podríamos haber llevado bien
de chaval	la cifra aumenta sin parar
eso me sirve para poca cosa	de golpe y porrazo les da un bajón

2 Claro está, el SIDA suscita toda una gama de emociones negativas. Lee cada declaración otra vez y escoge de la lista el adjetivo (o ¡los dos adjetivos!) que, en tu opinión, describen mejor las emociones que siente cada una de las personas que hablan sobre su experiencia del SIDA.

triste	temeroso
grave	sobrio
resignado	franco
amargo	nostálgico
incrédulo	atolondrado
agresivo	

Texto G **Encuesta chica**

1 Lee las cuatro entrevistas de la página siguiente y con un compañero busca las frases españolas que tengan, más o menos, el mismo sentido que las frases siguientes. Después verifícalas con el profesor.

a Ahora los jóvenes comenzamos las nuevas relaciones con más seriedad.
b La gente se emociona demasiado.
c A causa del SIDA la gente está regresando a viejas normas de conducta.
d Es poco probable que me afecte.
e Los periódicos han exagerado mucho el problema.

2 Busca tres frases que comuniquen la idea de que se ha exagerado el problema del SIDA.

3 Decide con un compañero cuál de los cuatro jóvenes tiene la reacción más sensata hacia el SIDA y cuál expone las razones más superficiales. Cada pareja tiene que inventar una frase que resuma la actitud de los dos chicos que ha escogido y leerla en voz alta delante de la clase. La clase tiene que decidir qué frases resumen las actitudes con más acierto.

4 Escribe tu reacción personal al SIDA, empleando el mismo número de palabras, aproximadamente, que uno de los jóvenes. Usa algunas de las frases que emplean ellos para presentar sus opiniones. Por ejemplo:

«La verdad es que...», «Muchos creen que...», etcétera.

Texto H **El SIDA en España**

Rafael Pérez habla del problema del SIDA en España y de los intentos de mejorar la situación de los drogadictos en los últimos años.
Escucha la cinta y contesta las preguntas siguientes:

a ¿Qué ministerio tiene responsabilidad para los problemas de la drogadicción?
b ¿Qué información considera Rafael como fundamental en este momento?
c ¿Cuál es la relación entre el mundo de la prostitución y el de la drogadicción?
d ¿Cómo puede el drogadicto recibir ayuda del Estado?

ENCUESTA CHICA

Afortunadamente, los más jóvenes no son un colectivo muy castigado por esta horrible enfermedad. Pero su despertar a la vida y al sexo necesariamente les confronta con ella. Hemos querido saber en qué medida les afecta en sus relaciones.

MARIBEL

17 años

Pues sí, la verdad es que el SIDA está cambiando muchas cosas. La gente ya no se lanza tan alegremente como antes. Aunque muy rara vez hablamos abiertamente de ello, yo creo que en todos nosotros existe un temor latente que dificulta las relaciones. Yo particularmente sería incapaz de hacer el amor con un chico sin conocerle bien. Y lo peor del caso es que nunca puedes tener seguridad absoluta, porque no vas a pedirle que se haga la prueba sólo porque tú tienes miedo. En fin, espero que pronto se encuentre la vacuna y pase esta pesadilla.

ALVARO

15 años

No, no me afecta demasiado. Las últimas cifras andan en torno a los dos mil o tres mil afectados en nuestro país, casi todos drogadictos y homosexuales. La probabilidad de que me toque es realmente mínima y no me apetece comerme el tarro. Si vas por la vida con miedo, no te enteras de qué va la película. Cuántas personas mueren todos los días por accidente de tráfico… ¿y por eso vamos a dejar de ir en coche? Sinceramente creo que el tema del SIDA lo habéis hinchado mucho los periodistas, porque seguramente no tendríais otras noticias interesantes.

¿HASTA QUE PUNTO TE AFECTA EL SIDA?

JORGE

19 años

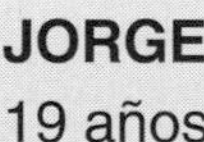

El tema del SIDA se ha desbordado. Igual que pasó en Estados Unidos, ahora aquí el SIDA nos está haciendo volver a una moralidad trasnochada. Algunas tías se han cerrado en banda y con el pretexto del SIDA no hay forma de pasar un buen rato con ellas. Muchas creen incluso que un simple beso puede ser causa de contagio, cuando está superdemostrado que no es así. Creo que el problema radica en que los jóvenes, en general, no nos hemos informado bien y por eso se están sacando las cosas de quicio.

ESTRELLA

16 años

La verdad es que de momento no es un tema que me preocupe. No tengo relaciones con ningún chico ni pienso tenerlas en un futuro próximo. Cuando llegue el momento, ya me informaré y tomaré las medidas oportunas para no contagiarme. En mi cole hay muchas chicas que utilizan el tema del SIDA como pretexto para hablar de sexo. Yo tengo cosas más importantes en las que pensar y, desde luego, no le tengo ningún miedo. Esta enfermedad afecta principalmente a los drogadictos y a las personas viciosas.

TERCERA PARTE: LOS AVANCES QUIRÚRGICOS

Texto I **Un trasplante que salió bien**

EN PRIMERA PERSONA

He sido el protagonista de una película de médicos que ya quiero olvidar

Yo tenía entonces ocho años. Me acuerdo muy bien de cuando me puse malo, pero no puedo recordar otras cosas que me han pasado después. Ya sé que he tenido una especie de cáncer en la sangre que se llama leucemia y que me podía haber muerto. Pero eso lo sé ahora, cuando lo veo todo como si no me hubiera ocurrido a mí.

He pasado muchas semanas en el hospital y me han hecho numerosos análisis y pruebas. A temporadas, he tenido que estar aislado en una habitación estéril, porque no podía coger ninguna infección. Con los tratamientos que me ponían para curarme he perdido varias veces el pelo; también dejé de crecer o, al menos, iba más retrasado que los niños de mi edad. Aunque yo siempre creí que me iba a curar, ahora sé que mis padres temieron a veces por mi vida.

Antes de que se manifestara la enfermedad, lo primero que noté es que me cansaba fácilmente. Les pedí a mis padres que me trajeran la cartera a la vuelta del colegio. Ellos pensaban que era envidia de mi hermano Víctor, al que por ser más pequeño se la traían. Pero cuando realmente se asustaron fue un día que me vieron unos puntitos de color rojo claro en los hombros y en el cuello. A los pocos días me salieron alrededor de los ojos y me hicieron un análisis de sangre. Al recibir los resultados, me extrañó que, siendo yo el enfermo, el médico no me quisiera ver y no me dejara entrar en su despacho. Luego he sabido que entonces les dijo a mis padres que tenía leucemia.

Sin darme tiempo a enterarme de nada, empecé a sentirme como si fuera el protagonista de una película de médicos. Estuve más de un mes en el hospital Clínico de Madrid, en una habitación aislada, inyectándome por la vena lo que se llaman ciclos de remisión. Hicieron falta tres para curarme. Durante este tiempo las enfermeras y los médicos me trataron muy bien, y cada uno de mis compañeros de clase me envió una carta para darme ánimos.

Cuando salí del hospital y volví a casa todo me parecía más bonito. La casa parecía recién pintada, llena de luz y más grande; la hierba y los árboles, más verdes. Mis padres dicen que fue el día más feliz de su vida. Como se me había caído el pelo, llevaba una gorra; sólo me la quitaba dentro de casa y en el jardín. Cada poco, los médicos me hacían una médula (un análisis de médula ósea) para ver si la curación era definitiva. No lo fue, porque al año y medio se descubrió de nuevo que volvía a tener leucemia. Yo otra vez tuve que pasar temporadas en el hospital.

Cuando me enteré que me tenían que hacer un trasplante le dije a mi padre, llorando, que nunca permitiera que me hicieran eso a mí. Pero ahora me doy cuenta que ha sido lo mejor. Para trasplantarme nos fuimos toda la familia a vivir a Barcelona, a un piso cercano al hospital Clínico. La primera semana fue como de vacaciones, viendo la ciudad y divirtiéndonos. Después me hicieron el trasplante. Durante los cuatro meses que pasamos en Barcelona, mi padre estuvo sin trabajar y mis hermanos recibieron clases particulares. Aunque mi familia ha sido en todo momento optimista, seguramente lo ha pasado peor que yo. Mi hermano Víctor ha llorado mucho, pero no por él, aunque también le hicieron daño al sacarle la médula, sino por mí. A veces, en broma, me dice: "Me debes una médula".

En los cuatro años que han pasado desde el trasplante me he ido recuperando poco a poco. En el último año he crecido bastante, aunque creo que me voy a quedar un poco más bajo de lo que hubiera sido. He tenido mucho apoyo de mi familia y de mis amigos, y esto me ha hecho más sociable y menos tímido. Mi vida es ahora normal y los momentos malos que he pasado parecen sacados de una película que quiero olvidar. •

1 Después de leer el texto, intenta explicar lo que significan las palabras o frases siguientes. Luego comprueba tus definiciones con el profesor.

a a temporadas
b aislado
c se manifestara
d se asustaron
e a los pocos días
f he sabido que
g divirtiéndonos
h clases particulares
i en broma
j recuperando

2 Haz una lista de los hechos principales de la historia de la enfermedad de José Angel. A continuación, haz un resumen en español de esta historia en tercera persona, empleando 150 palabras. Puedes comenzar así: «José Ángel Sebastián se acordaba de aquella experiencia como si fuera una pesadilla …»

GRAMMAR

The subjunctive (3)

The subjunctive is found in **four** tenses: the **present**, the **perfect**, the **imperfect** and the **pluperfect**. The formation of the present tense has already been seen, in unidad 6. The other three tenses are formed as follows:

■ The **perfect subjunctive** is formed by the **present** subjunctive of **haber** plus the past participle. Thus: *haya mirado/comido/escrito/venido* etc.

■ The **imperfect subjunctive** is formed by taking the third person plural of the preterite and changing the ending, for **-ar** verbs from **-aron** to **-ara** or **-ase**, for **-er** and **-ir** verbs from **-ieron** to **-iera** or **-iese**. Thus: *mirara/ase, comiera/iese, escribiera/iese, viniera/iese.*

NOTE: The endings **-ara/ase**, **-iera/iese** are interchangeable.

■ The **pluperfect subjunctive** is formed by the **imperfect subjunctive** of **haber** plus the past participle. Thus: *hubiera/iese mirado/comido/escrito/venido.*

For a full account of the formation of the subjunctive see pages 264–265 of the Grammar Summary.

■ *Espero que haya ido al gimnasio y que esté más relajada.* (I hope he has gone to the hospital and is more relaxed.)
Antes de que se manifestara la enfermedad, lo primero que noté es que me cansaba fácilmente. (Before the illness became evident ...)
Les pedí a mis padres que me trajeran la cartera a la vuelta del colegio. (I asked my parents to take my school bag ...)
Pero eso lo sé ahora, cuando lo veo todo como si no me hubiera ocurrido a mí. (... as if it had not happened to me.)

■ The examples show more instances of the use of the subjunctive, after verbs of "influence" or "emotion", such as **pedir** and **esperar**, and after conjunctions, such as **antes de que** and **como si**.

Common verbs/expressions and conjunctions which take the subjunctive are:

1 Verbs/expressions: **decir** (in the sense of "ordering"), **hacer, pedir, prohibir, permitir, hace falta que, sorprender, sentir** (to be sorry), **es una lástima que, sería mejor que, es importante que**

2 Conjunctions: (a) those which indicate future time: **cuando, hasta que, mientras, en cuanto, antes de que**; (b) others: **como si, sin que, con tal que, a condición de que**

■ Remember that when the subject of each clause is the same, certain conjunctions, e.g. **para**, **sin** are followed directly by the infinitive. For example:

■ *No tengo bastante dinero para ir al cine.*

■ The English construction verb + direct object + infinitive is often rendered in Spanish by main clause + que + subjunctive verb. For example:

■ *Quieren que Carmen venga mañana.* (They want Carmen to come tomorrow.)

Discovery

With a companion, find ten examples of the use of the subjunctive in the passages you have read in this chapter and discuss why each verb is in the subjunctive. Check your answers with your teacher.

Práctica

1 Pon los verbos entre paréntesis en la forma correcta del imperfecto del subjuntivo:

a No era necesario que (buscar nosotros) al médico.
b El enfermo pidió a sus amigos que (venir) al día siguiente.
c No creía que las enfermeras (ir) a la huelga.
d Fue una lástima que no (estar vosotros) con él cuando se casó.
e Sentí el que no (poder yo) verle.
f No conocía a nadie que (vivir) en Santiago.
g Quería que le (decir ellos) la verdad.
h No era importante que Milagros (volver) de la farmacia.

2 Completa las frases en la hoja 56.

56

3 En los tres ejercicios que siguen tú y tu compañero tenéis que inventar frases que contengan los verbos o expresiones siguientes, con un verbo en subjuntivo:

querer, prohibir, pedir, es necesario, esperar, alegrarse de, tener miedo de, sería mejor, es posible, no creo, cuando, para que, con tal que, antes de que, como si.

Después verificad las frases con el profesor.

a Has cogido la gripe y tienes que quedarte en casa. Te han invitado a una fiesta pero tu madre no quiere que salgas, y te da algunas razones. Inventa cinco frases que expresen tus sentimientos y los de tu madre. Por ejemplo:

- Si sales, cuando venga el médico te reñira. (If you go out, the doctor will tell you off when he comes.)

b Tu hermana se ha roto la pierna y está en el hospital. La visitas solo y le llevas los saludos de sus parientes y sus amigos. Inventa cinco frases que expresen:

(i) las intenciones o los sentimientos de éstos
(ii) las contestaciones de tu hermana

Por ejemplo:

- Tu novio dice que es posible que te visite mañana. (Your boyfriend says that he might visit you tomorrow.)
- No quiero que me vea así. (I don't want him to see me like this.)

c Estás hablando con unos amigos del fenómeno del SIDA. Inventa cinco frases que expresen tu actitud y la de tus amigos hacia esta terrible enfermedad. Por ejemplo:

- Tengo miedo de que millones de personas mueran del SIDA antes de que descubran un remedio. (I'm afraid that millions of people will die of AIDS before they discover a cure.)

d Escribe las mismas frases del ejercicio c en el imperfecto del subjuntivo. Por ejemplo:

- Tenía miedo de que millones de personas murieran del SIDA antes de que descubrieran un remedio. (He was afraid that millions of people would die of AIDS before they discovered a cure.)

¡SALUD Y SUERTE A TODOS!

CUARTA PARTE: LA HIGIENE

NO
DEJE
QUE LA
SALMO-
NELLA
SE
ENCUENTRE
EN SU
SALSA.

Texto J La higiene alimenticia

Escribe un corto anuncio, como éste, que advierta contra una de las siguientes amenazas a la salud del individuo, utilizando por lo menos cuatro imperativos:

a El fumar
b El SIDA
c El alcohol

Por ejemplo: No beba más de dos vasos de vino al día.

Texto K **La salmonelosis**

Primera parte

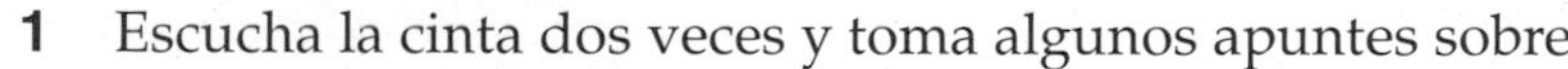

1 Escucha la cinta dos veces y toma algunos apuntes sobre:
a la intención de la campaña
b la gente a la que se dirige
c por qué inician la campaña en verano

2 Haz un resumen, con tus propias palabras, de lo que dice Don Pedro Sabando Suárez.

57

3 Mira la hoja 57 y haz el ejercicio, colocando las palabras que se encuentran en la primera parte de la secuencia en el sitio correcto, indicándolas por la letra. Después escucha la cinta otra vez y verifica las sustituciones.

Segunda parte

4 Contesta en inglés las siguientes preguntas:
a Who reported the Ritz Hotel?
b What did the council do?
c What was the result of the council's action?
d When do we have to take particular care with food?
e Explain what is meant by the *cadena del frío*.
f Which foods are the most risky from the point of view of hygiene?

¡SALUD Y SUERTE A TODOS!

QUINTA PARTE: EN FORMA

Texto L **Tres minutos de ejercicios**

1 Lee el texto de la página 122, y explica con tus propias palabras el significado de las frases siguientes:
a trabajar los músculos del pecho
b ponerse de puntillas
c boca abajo
d el movimiento de subida
e es fácil que se cumpla el dicho de que …
f las personas reacias a mantenerse en forma
g realizar en pareja
h un calentamiento previo

2 Traduce al inglés desde «Entre pecho y espalda …» hasta «… tres minutos son suficientes.»

3 Haz una lista de todos los ejemplos del subjuntivo en el artículo y trata de descubrir por qué se utilizan. Verifica tus ideas con el profesor.

11 YOGA – la llave del equilibrio

Haz un resumen del artículo de la página 242, enfocando los aspectos siguientes:
a la actitud oriental hacia el ejercicio
b las ventajas físicas del yoga
c la comida recomendada

TRES MINUTOS DE EJERCICIOS

Entre pecho y espalda nos metemos en el cuerpo grandes comilonas. Entre pecho y espalda, además, hay muchos músculos que si no se ponen a punto pueden oxidarse, y entonces es fácil que se cumpla el dicho de que 10 segundos deliciosos en el paladar suponen una carga pesada de 10 años en las piernas. No sólo piernas, pecho o espalda proponemos trabajar en estos ejercicios: glúteos, hombros, estómago y brazos podrán desentumecerse antes de que nuestros pies toquen los suelos de las piscinas y las playas. El verano puede ser la gran excusa para iniciarse en esta disciplina diaria. Es la gran oportunidad para que las personas reacias a mantenerse en forma consigan en 20 minutos diarios una puesta a punto con unos ejercicios sencillos que se proponen para realizar en pareja.

Antes de empezar es importante un calentamiento previo. Puede ser caminar por el pasillo o por la habitación; tres minutos son suficientes.

PECTORALES

■ De pie y situando los brazos en ángulo recto, ella intenta con el hombro cerrar los brazos mientras él ofrece una pequeña resistencia para que este empeño resulte un poco más costoso y así se puedan trabajar los músculos del pecho. Después, ella hará este mismo ejercicio, pero intentando abrir los brazos mientras él lo impide. Realizar tres series de 12 repeticiones. El descanso entre serie y serie puede servir para ir alternándose.

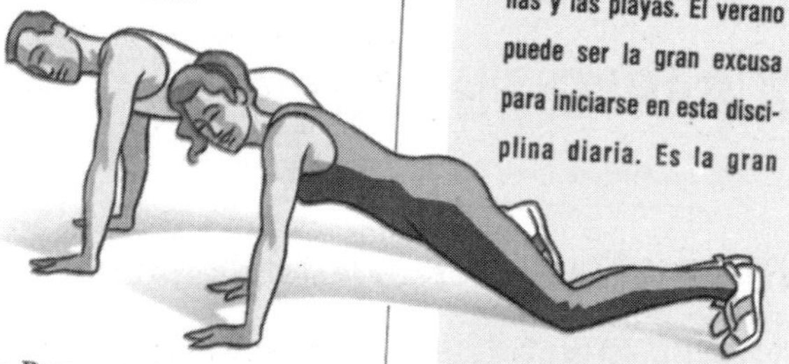

■ Para completar este ejercicio de pectoral se realizan unos fondos en el suelo. Él, con las palmas y las puntas de los pies apoyadas en el suelo, bajando y subiendo, y ella, igual, pero con las rodillas apoyadas, no los pies. Se harán tres series de 12 repeticiones cada una. Importante: la espalda debe estar recta. Mientras uno hace el ejercicio, el otro ejerce sobre la espalda del primero una ligera presión.

GEMELOS

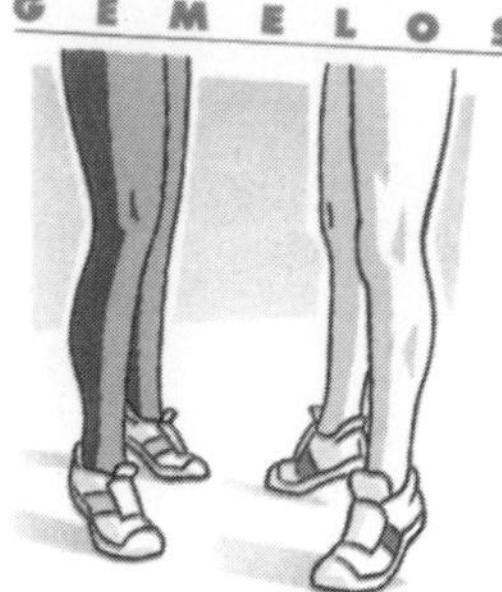

■ No hay mejor ejercicio que uno sobradamente conocido por todos: ponerse de puntillas. Se proponen tres variantes: con los pies en posición normal, con las puntas hacia fuera y con ellas hacia dentro. Quince repeticiones en cada posición.

BÍCEPS

■ Este ejercicio necesita un bote lleno para cada mano.

En pie, y con el brazo extendido, se lleva el bote en dirección al hombro.

LUMBARES

■ Boca abajo en el suelo, uno al lado del otro. Se mantienen las caderas apoyadas en la superficie, y con un brazo detrás, pegado a la zona lumbar, y otro hacia delante se mantiene el tronco arriba durante 30 segundos. Al iniciar el movimiento de subida del tronco hay que levantar la pierna contraria al brazo que está extendido delante (según la posición que explica el dibujo).

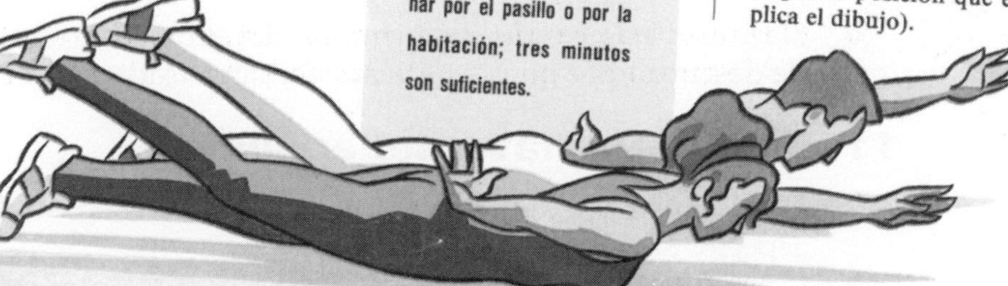

Texto M ¿Se curan las alergias?

58
59

1 ¿Son falsas o verdaderas las declaraciones en la hoja 59, según el doctor Pelta? Si son falsas, escribe la respuesta verdadera.

2 Después de escuchar la cinta otra vez, rellena los espacios en blanco de la hoja 59.

Redacciones

Escribe una redacción en español de aproximadamente 250 palabras sobre uno de los siguientes temas:

a El estrés, obsesión de nuestro tiempo.
b ¿Cuáles son los beneficios de los ejercicios físicos?
c «Se debe castigar severamente a los médicos que cometen errores.» ¿Estás de acuerdo?
d El SIDA, peste moderna.

Traducción

Traduce al español:

"Don't light another cigarette, please. Why don't you care about your health? I hope you'll realise the harm you're doing to it one of these days."
"Well, I don't think it's any business of yours. You don't want me to be an adult. When I left home last year I decided to do whatever I liked. And it wasn't necessary for me to lie any more. You couldn't prevent me from smoking then, and you can't now. It would be better for you to keep quiet so that we can all live in peace until I go away again."

Desarrollando el tema

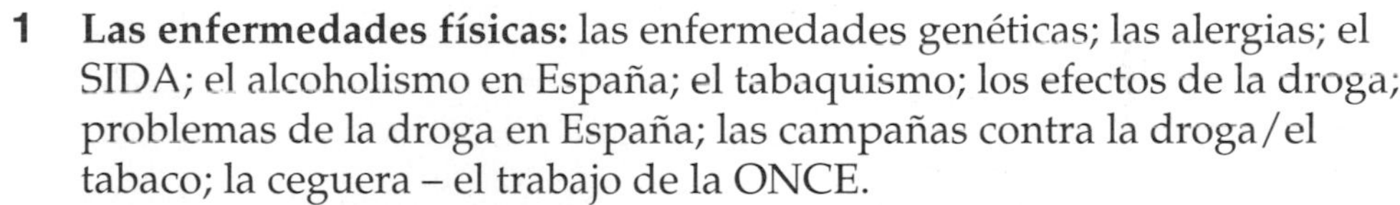

1 **Las enfermedades físicas:** las enfermedades genéticas; las alergias; el SIDA; el alcoholismo en España; el tabaquismo; los efectos de la droga; problemas de la droga en España; las campañas contra la droga/el tabaco; la ceguera – el trabajo de la ONCE.
2 **Las enfermedades mentales:** la locura; el estrés; la senilidad.
3 **Los problemas éticos:** el debate sobre el aborto en España; el uso de los fetos para la investigación; la fecundación in vitro; la eutanasia.
4 **Los ejercicios físicos:** los beneficios del ejercicio; el yoga; el jogging; los deportes; las lesiones que resultan de los deportes.
5 **La comida: la dieta ideal:** ¿cuáles son las diferencias entre las dietas española e inglesa?; la higiene en la preparación de la comida; los peligros de los aditivos químicos; la comida naturista; el vegetarianismo; el problema mundial de la desnutrición.
6 **El futuro: los avances médicos:** los nuevos medicamentos; el uso de la nueva tecnología para las operaciones quirúrgicos; los trasplantes.

Hacia el siglo veintiuno

Cada vez hay menos bosques en peligro de incendio.

¿Una garza o una grulla? ¿Un champiñón o un boleto de Satanás?

EL REPARTO DE LA BASURA

METALES	4%
VIDRIO	7,82%
PLASTICOS	7%
VARIOS	11,97%
PAPEL Y CARTON	20%
MATERIA ORGANICA	49,21%

Deshacerse de las basuras es uno de los graves problemas que tienen ante sí las grandes ciudades. La eliminación de materiales que permanecen sin descomponerse durante decenas de años aún no ha sido resuelta del todo. Además, esta situación se agrava porque su porcentaje crece día a día.

TIEMPO DE DESCOMPOSICIÓN DE LOS PRINCIPALES DESECHOS	
3 MESES	hojas de papel, servilletas, kleenex, papel higiénico
de 3 a 4 MESES	billetes de metro y autobús (con bada magnética más)
6 MESES	cerillas de madera, palillos, palos de helados
de 6 a 12 MESES	materia orgánica en general
de 1 a 2 **AÑOS**	cigarillo con filtro
5 **AÑOS**	chicles
10 **AÑOS**	metales
100 **AÑOS**	mecheros de plástico
100 **AÑOS** o MÁS	botellas y recipientes de plástico (plásticos en general)
4,000 **AÑOS**	envases de vidrio

La crisis del medio ambiente, surgida a finales del siglo veinte, nos afecta a todos. Estamos gastando los recursos básicos de nuestro planeta tan rápidamente que, si no tomamos medidas urgentes para solucionar los múltiples problemas que resultan de este desgaste, la tierra perderá su equilibrio natural: muchas regiones se convertirán en desiertos; los mares llegarán a ser vertederos, llenos de residuos nucleares; la atmósfera irá calentándose debido al «efecto invernadero».

¿Han reaccionado los gobiernos del mundo con la urgencia suficiente? Es seguro que han comenzado a tomar medidas contra la contaminación mundial, pero estas medidas todavía no bastan, según los científicos y los ecologistas.

En esta unidad vas a leer y escuchar textos sobre varios aspectos del tema ecológico: unos señalan los daños que estamos causando a nuestro planeta, otros los intentos del ser humano de buscar soluciones y proteger su medio ambiente.

60

En la hoja 60, encontrarás una lista de vocabulario para esta unidad.

HACIA EL SIGLO VEINTIUNO

PRIMERA PARTE: ¿CÓMO CONSERVAR EL MEDIO AMBIENTE?

Texto A **Los diez mandamientos verdes**

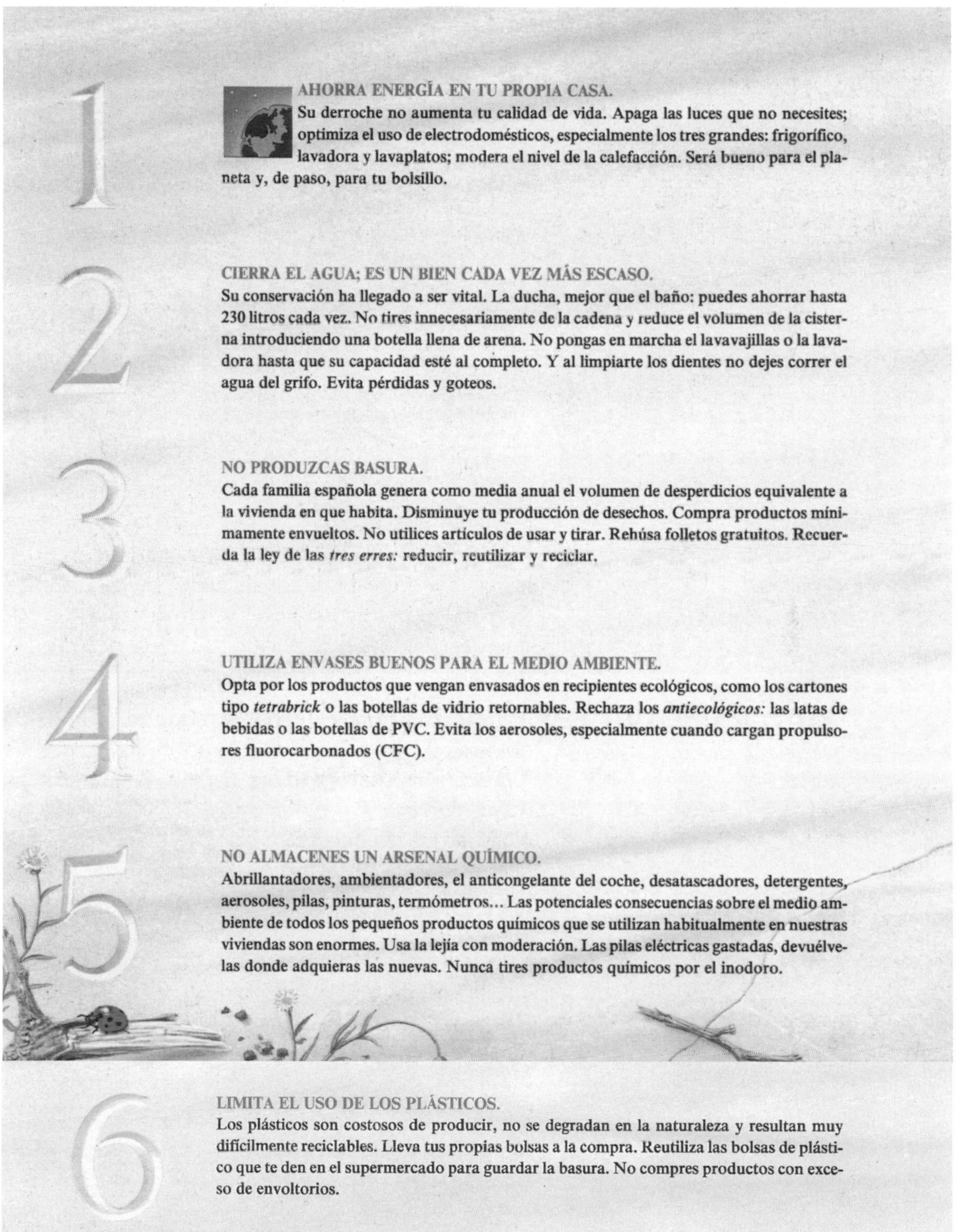

1

AHORRA ENERGÍA EN TU PROPIA CASA.
Su derroche no aumenta tu calidad de vida. Apaga las luces que no necesites; optimiza el uso de electrodomésticos, especialmente los tres grandes: frigorífico, lavadora y lavaplatos; modera el nivel de la calefacción. Será bueno para el planeta y, de paso, para tu bolsillo.

2

CIERRA EL AGUA; ES UN BIEN CADA VEZ MÁS ESCASO.
Su conservación ha llegado a ser vital. La ducha, mejor que el baño: puedes ahorrar hasta 230 litros cada vez. No tires innecesariamente de la cadena y reduce el volumen de la cisterna introduciendo una botella llena de arena. No pongas en marcha el lavavajillas o la lavadora hasta que su capacidad esté al completo. Y al limpiarte los dientes no dejes correr el agua del grifo. Evita pérdidas y goteos.

3

NO PRODUZCAS BASURA.
Cada familia española genera como media anual el volumen de desperdicios equivalente a la vivienda en que habita. Disminuye tu producción de desechos. Compra productos mínimamente envueltos. No utilices artículos de usar y tirar. Rehúsa folletos gratuitos. Recuerda la ley de las *tres erres:* reducir, reutilizar y reciclar.

4

UTILIZA ENVASES BUENOS PARA EL MEDIO AMBIENTE.
Opta por los productos que vengan envasados en recipientes ecológicos, como los cartones tipo *tetrabrick* o las botellas de vidrio retornables. Rechaza los *antiecológicos:* las latas de bebidas o las botellas de PVC. Evita los aerosoles, especialmente cuando cargan propulsores fluorocarbonados (CFC).

5

NO ALMACENES UN ARSENAL QUÍMICO.
Abrillantadores, ambientadores, el anticongelante del coche, desatascadores, detergentes, aerosoles, pilas, pinturas, termómetros... Las potenciales consecuencias sobre el medio ambiente de todos los pequeños productos químicos que se utilizan habitualmente en nuestras viviendas son enormes. Usa la lejía con moderación. Las pilas eléctricas gastadas, devuélvelas donde adquieras las nuevas. Nunca tires productos químicos por el inodoro.

6

LIMITA EL USO DE LOS PLÁSTICOS.
Los plásticos son costosos de producir, no se degradan en la naturaleza y resultan muy difícilmente reciclables. Lleva tus propias bolsas a la compra. Reutiliza las bolsas de plástico que te den en el supermercado para guardar la basura. No compres productos con exceso de envoltorios.

7

AHORRA PAPEL.

Para hacer una tonelada de papel es necesario talar 5,3 hectáreas de bosque. El consumo anual de España obliga a cortar unos 20 millones de grandes árboles. Tres medidas individuales urgentes: consumir menos papel, adquirir papel reciclado y enviar a reciclar todo el papel que sea posible.

8

USA EL COCHE RACIONALMENTE.

Procura utilizarlo sólo cuando realmente sea necesario. No recurras a él en trayectos cortos, especialmente en el corazón de las ciudades. Mejor andar, ir en bicicleta o utilizar los transportes públicos. Cuando adquieras un coche nuevo, prefiere uno que consuma poco carburante, utilice gasolina sin plomo y venga equipado con catalizador.

9

CUIDA EL CAMPO.

Cuando vayas al campo, deja la naturaleza tal como la has encontrado. Lleva contigo las basuras. No hagas fuego. No laves tu automóvil en el primer río que encuentres. No *invadas* la naturaleza con el coche. La práctica del todoterreno y del motocross salvaje está destruyendo muchas zonas rurales.

10

PIENSA GLOBALMENTE Y ACTÚA LOCALMENTE.

Es importante estar al tanto de los grandes problemas del medio ambiente del planeta, pero no por ello debes bajar la guardia al defender el entorno próximo. Practica activamente la búsqueda de soluciones a problemas ecológicos inmediatos desde tu propia casa. Presiona a tu ayuntamiento para que tome medidas. Evita, a la hora de hacer la compra, los productos nocivos para el medio ambiente.

1 Lee los diez mandamientos y comenta con tu compañero de clase lo que hacéis vosotros para conservar el medio ambiente y evitar el derroche de energía. Haz una lista de los mandamientos que obedeces y otra de los que desobedeces. Explica a tu compañero por qué (no) te parece necesario seguir ciertas reglas de medio ambiente.

2 Escribe una frase en español, con tus propias palabras, que resuma lo que dicen los mandamientos sobre los temas siguientes. Por ejemplo:
Deberíamos usar gasolina sin plomo y no utilizar el coche para los viajes cortos.

a el ahorro de la energía
b la conservación del agua
c los productos químicos
d el papel
e los plásticos

3 Lee otra vez el artículo, tomando nota de los casos del uso del presente del subjuntivo (a veces en forma del imperativo negativo). Comenta estos usos con tu compañero y verifica tus explicaciones con el profesor. Luego inventa 6 frases dentro del tema del medio ambiente que contengan esta forma. Por ejemplo:
No gastes agua bañándote en vez de duchándote.
Cuando vayas de compras escoge productos envasados en recipientes ecológicos.

Texto B **Mucha paja y poco grano**

En España así como en otros países comunitarios se buscan soluciones al problema de la basura. El artículo siguiente aborda el problema, señalando el conflicto entre los intereses comerciales, que dan importancia a la presentación del producto, y los ecológicos, que lo juzgan desde la perspectiva de la degradación del medio ambiente.

1 Busca en el diccionario los equivalentes ingleses de las palabras y frases siguientes:

latas de conserva	revestidas de plástico
botes de refrescos	un surtido de quesos
una caja de galletas	una ristra de chorizos
envasado	un estuche transparente
tarros de cristal	envoltorio
lonchas de jamón de york	empaquetado
bandejas	

2 Después de leer el artículo mira la lista siguiente de adjetivos y escoge los tres que, en tu opinión, mejor describan la actitud de la periodista:

frívola	seria	chistosa
ansiosa	egoísta	alarmista
amargada	pretenciosa	
irónica	tonta	

3 Ahora vas a examinar el estilo en que se ha escrito el artículo. Haz notas en inglés sobre qué efecto de estilo busca la periodista, centrándote en los siguientes puntos. Contrasta tus ideas sobre este aspecto del texto con las de tus compañeros de clase.

a el cliente antes de hacer sus compras
b el supermercado
c la descripción de las zanahorias
d el regalo de un cepillo
e la satisfacción del cliente
f el título del artículo (se refiere a un refrán español)

4 Comenta el tema del artículo con tu compañero, enfocándote en (a) los problemas más importantes que se señalan y (b) las posibles soluciones. Haced una lista de (a) y (b) para un debate general de la clase sobre este tema.

Texto C **Un problema que empieza a preocupar**

1 Escucha esta conversación entre dos mujeres sobre problemas del medio ambiente en España y contesta las preguntas siguientes. Es probable que no entiendas algunas frases porque las mujeres se interrumpen a veces. Lo importante es que trates de entender el texto de modo general.

a ¿Por qué se compara Andalucía al Sahara?
b ¿Con qué país se contrasta España y por qué?
c ¿Qué tienen que hacer los españoles en vez de tirar cosas?
d ¿Por qué disputan las dos mujeres?

61
62

2 Escucha la cinta *Los elefantes de la limpieza* y rellena los espacios en blanco de la hoja 62.

Mucha paja y poco grano

La profusión de envases no sólo encarece los productos, sino que multiplica la basura vertiginosamente

El cliente traspasa las barras giratorias del supermercado. Suspiros: hay que llenar la despensa. Con ademán decidido toma el carrito y recorre el laberinto de pasillos del establecimiento. Comienza la vorágine de la compra. Latas de conserva, botes de refrescos, una caja de galletas, zanahorias embutidas en asfixiantes plásticos, gazpacho envasado en *tetrabrik,* yogures en tarros de cristal precintados en un *pack* de cartón.

El carro cambia de rumbo. Objetivo: la charcutería. Las lonchas de jamón de york están servidas en bandejas revestidas de plástico, el mismo recipiente con el que se ponen a la venta un surtido de quesos o dos ristras de chorizos. En la sección de droguería hay una promoción de una nueva marca de dentífrico: regalan un cepillo que, a su vez, está protegido por un estuche transparente adosado a la cajita de la pasta de dientes; pero la oferta del día se encuentra en la frutería: un cuarto de fresas, cuidadosamente envasadas, por sólo 100 pesetas.

Fin del trayecto. El carro está repleto de atractivas latas, botellas y envoltorios de todos los colores, tamaños y formas, de texturas tan variadas como el aluminio, vidrio, cartón, papel y plástico. El consumidor está satisfecho. Ha sido una buena compra y la presentación de los productos, excelente. No sospecha, sin embargo, que esta lograda presentación le va a suponer algún cero añadido en el recibo de su compra.

Según datos recogidos por la organización ecologista Adena, los consumidores pagan en las tiendas entre un 10% y un 20% más por la adquisición de unos envases y envoltorios que van a ser arrojados al cubo de la basura. Es decir, pagan directamente basura.

La voz de alarma

Pero no es sólo una cuestión económica. Los cubos de la basura de los cien millones de hogares de la Europa Comunitaria han hecho sonar la alarma en Bruselas ante el vertiginoso aumento de empaquetados que son desechados. La Comisión de Medio Ambiente de la CE ha elaborado una normativa que prevé reducir el volumen y el peso de los envoltorios e insta a los Estados miembros a que se creen los canales apropiados para garantizar la recogida, reciclaje y reutilización de los mismos en un plazo de 10 años.

Sólo en España se generaron más de 12 millones de toneladas de residuos domésticos el pasado año de los que un 40% lo constituía material de embalaje. Con toda esta inmundicia podría edificarse una manzana de rascacielos de 100 metros cuadrados de superficie por cinco kilómetros de altura.

Si los residuos continúan creciendo a este ritmo, los cuatro vertederos que dependen de la Comunidad de Madrid rozarán el tope de su capacidad en el año 2000, según estimaciones de la Agencia de Medio Ambiente.

Teresa PARDO

El cubo de la basura
Material orgánico 49%
Papel y cartón 20%
Puede ser reutilizado
Vidrio 8%
Fácilmente reciclable
Plásticos 7%
Su reciclado es más complejo
Metales 4%
La hojalata puede ser recuperada
Otros 12%
Maderas, textiles, pilas, ...

SEGUNDA PARTE: EL MAR EGEO

Texto D **El *Mar Egeo***

Este texto trata de un desastre ocurrido en la costa de Galicia, cuando el petrolero, el *Mar Egeo*, vertió su carga al mar.

63

1 Escucha el texto dos veces y rellena el cuadro de la hoja 63.

2 Contesta en inglés a las preguntas siguientes:
a What will happen if detergents are used?
b What is the view of the Spanish authorities of the gravity of the disaster?
c What will the authorities do when the weather gets better?
d What has happened to the captain of the boat?

64

Escucha la cinta *El capitán del petrolero es acusado*, mira la hoja 64 y coloca los datos a-e en el orden en que ocurren en la cinta.
a Los guardacostas encontraron a Hazelwood borracho en su camarote.
b Los fiscales pidieron que las autoridades de Nueva York le detuvieran.
c El *Exxon Valdez* encalló en un arrecife hace ocho días.
d Acusaron a Hazelwood de descuidar sus deberes.
e Mientras dormía el capitán el tercer oficial tenía el mando del buque.

Texto E **Coruña negra**

El texto siguiente forma parte de un reportaje que narra los momentos más dramáticos del desastre del *Mar Egeo*. El capitán Stavridis trató de entrar en el puerto de la Coruña durante un temporal espectacular, cuando la visibilidad era casi nula, embarrancó en las rocas y comenzó a verter su carga al mar.

Un práctico de puerto que conoce bien la zona cree que Stavridis enfiló mal el rumbo y cuando quiso reaccionar estaba ya encima de las rocas. A bordo del *Mar Egeo* intuyeron el peligro. Un oficial de un buque británico que se encontraba cerca de allí asegura que oyó por uno de los canales que utilizan los marineros los gritos desesperados de Stavridis reclamando la presencia del práctico del puerto de La Coruña. Pero cuando apareció el práctico era ya demasiado tarde. Después se sabría que la maniobra se realizó incumpliendo los reglamentos de navegación: una autoridad portuaria debía haber subido a bordo del *Mar Egeo* para dirigir la entrada a la bahía, antes de que el buque llegase a la zona donde encalló.

Poco antes de las diez de la mañana los equipos de rescate estaban ya agotados, tras cinco horas de estériles esfuerzos. Entre los tripulantes que aún permanecían a bordo del *Mar Egeo* se producían conatos de violencia. El peligro se olía y los marineros trataban por todos los medios de asirse a los cables que lanzaban los helicópteros. "Tuve que reducirlos a gritos y empujones. La cubierta estaba ya anegada de petróleo, y los marineros esperaban acurrucados en el suelo a que alguien los sacase de allí", recuerda el responsable del helicóptero de rescate de la Marina Mercante. Juan Belija ajustó la cincha a dos tripulantes y la grúa comenzó a izarlos. Eran las 10.07 cuando el barco se partió definitivamente y estallaron los tanques de petróleo.

"Fue el mayor susto en 21 años de profesión", dice el piloto del helicóptero. "Nunca me había estallado un barco en el culo. Absorbido por la onda expansiva, el helicóptero se fue hacia abajo, pero conseguí salir de entre la nube de humo. No sé aún muy bien cómo lo hice, pero salí de allí". Con el helicóptero también lograron escapar de la explosión los dos aterrorizados filipinos que continuaban suspendidos en el aire.

En la cubierta del *Mar Egeo*, convertido ya en una hoguera, quedaban aún seis personas: el capitán, el práctico del puerto, el responsable del rescate y los tres oficiales de puente. Todos se lanzaron al agua, aunque Stavridis se resistió a abandonar el barco y tuvo que ser el práctico quien lo empujó por la borda. Sobre un mar de petróleo, los seis náufragos lucharon desesperadamente por escapar de una muerte segura. El mar los empujaba hacia la bola de fuego y se veían obligados a nadar contra la corriente. Desde uno de los helicópteros se lanzó un bote salvavidas que quedó calcinado al momento.

Pese al gran despliegue de medios, fue una de las embarcaciones más pequeñas que acudieron a la zona, con un capitán de 29 años y dos voluntarios de la Cruz Roja como única tripulación, la que rescató a los náufragos al pie del incendio. "Teníamos mucho miedo, pero le echamos pelotas", afirma con orgullo Ramón Martínez Pena, el capitán de la *Blanca Quiroga*, una vieja lancha de la Cruz Roja con un largo historial de salvamentos en el mar.

A pocos metros del lugar de la explosión, la columna de humo negro que emanaba del casco destruido del *Mar Egeo* se alzaba ya sobre La Coruña. La policía recorrió con megáfonos los barrios de Montealto y Adormideras, los más próximos al lugar del accidente, pidiendo a los ciudadanos que se recluyesen en sus casas y cerrasen las ventanas. Primero sacaron a los niños de colegios y guarderías y más tarde fueron evacuadas de sus domicilios casi 300 personas. Alguien se *olvidó* de dos bebés, que fueron los últimos en abandonar el barrio acordonado por las fuerzas de seguridad, pero nadie se acordó de los reclusos encerrados en la cárcel de la ciudad, el edificio más cercano al lugar de la explosión.

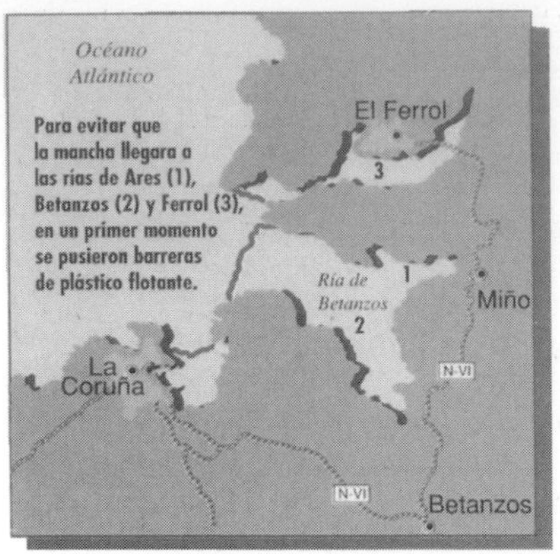

1 Después de leer el artículo comenta el accidente con tu compañero. Luego la clase va a dividirse en seis grupos y cada grupo escogerá de la lista a una persona diferente del drama y tomará notas sobre su papel. Un representante de cada grupo va a desempeñar el papel de la persona que haya escogido y explicará ante la clase lo que hizo durante el rescate. A continuación el profesor (u otro alumno) va a jugar el papel de un reportero y le hará dos o tres preguntas sobre la experiencia.

- el práctico
- el capitán Stavridis
- el piloto del helicóptero de rescate
- uno de los oficiales de puente
- el capitán de la *Blanca Quiroga*
- uno de los reclusos de la cárcel de La Coruña

HACIA EL SIGLO XXI

TERCERA PARTE: HACIA EL FUTURO

Texto F **Hacia el siglo XXI**

1 Empareja estas palabras, sacadas del texto, con su equivalente inglés:

la melena	asomar	arrasar
asignar	el incremento	residuos químicos
la fachada	la contaminación	gases de escape
el hueco	amenazar	basuras
flanquear	cobijar	el agujero
la fosa	la selva	el manto protector
enfundado	el anhídrido carbónico	perjudicial
el patrón	talar	encargarse de

encased	*carbon dioxide*	*protective layer*
harmful	*to show*	*to flank*
pattern	*front, façade*	*increase*
to allot	*exhaust gases*	*chemical waste*
rubbish	*cavity, hole*	*rain forest*
to lop	*to threaten*	*to take charge of*
long hair	*pollution*	*pit*
to protect	*to level*	*hole*

2 Lee el artículo con atención y contesta las preguntas.

a ¿Por qué no puede Mariana lavarse el pelo?
b ¿Qué ocurriría si la piel de Mariana estuviese expuesta al aire?
c Da tres razones por las cuales se destruyen los bosques.
d ¿Cómo se mantiene el equilibrio de la selva?
e ¿Por qué necesita el hombre la selva?
f ¿Cuál es el efecto más importante de la contaminación del aire?
g ¿A qué distancia está la capa de ozono?
h ¿Qué función desempeña la capa de ozono?
i ¿Qué pasaría si no existiera la capa de ozono?
j ¿Qué ocurre cuando el ozono se mezcla con otros gases?
k ¿De dónde vienen las cantidades de anhídrido carbónico que se acumulan en la atmósfera?
l ¿Qué papel desempeñan las plantas en la transformación del anhídrido carbónico?
m ¿Por qué se está calentando la superficie terrestre?

3 Lee otra vez el artículo y busca cómo se dice en español:

a a blast of heat
b science fiction
c the earth's surface
d a source of income
e household rubbish
f to play an important part in
g the appropriate authorities
h to take steps

65

4 A ver si puedes completar el cuadro de la hoja 65.

HACIA EL SIGLO XXI

Mariana se coloca la máscara de gas sobre la cabeza y esconde su melena dentro de ella. No podrá volverse a lavar el pelo hasta la próxima vez que le asignen agua para ello. Una bofetada de calor la asalta al abrir la puerta. Va caminando al colegio y, a su paso, no deja más que desnudas fachadas. Hace tiempo que nadie ha visto un gorrión y los huecos de los árboles, que antes flanqueaban las aceras, son ahora fosas de arena estéril. Mariana no puede reconocer a sus amigos en la puerta del cole: todos enfundados en sus trajes protectores, parecen repeticiones de un mismo patrón. Y es que asomar un poco de piel desnuda supondría un cáncer inmediato, provocado por los rayos ultravioleta ...

El planeta Tierra se aproxima a la catástrofe

Esta escena puede ser sólo un párrafo tremendista de cualquier novela de ciencia-ficción. Sin embargo, no pocos creen que algo parecido será realidad dentro de cierto tiempo. Científicos y meteorólogos temen que hacia el año 2050 se producirán enormes inundaciones, incrementos desorbitados de las temperaturas, contaminaciones insufribles y una desertización general que impida el desarrollo de la vida.

LA VEGETACION, MORIBUNDA

Cada minuto nacen en nuestro planeta 150 bebés, es decir, 220.000 al día o cerca de 80 millones al año. Todos dispuestos a vivir cómodamente en nuestro mundo. Pero la superficie destinada a cultivos y pastos es muy limitada. Por eso se explota el suelo de forma cada vez más intensiva a través de monocultivos. De las más de 350.000 especies de plantas que existen en la Tierra y de las que, según opinión de los especialistas, más de 20.000 serían comestibles, el hombre emplea sólo unas 30 para cubrir sus necesidades básicas. Fertilizantes especiales y herbicidas fomentan el crecimiento de estas pocas, mientras el resto están condenadas a la extinción. **Para el año 2050 pueden desaparecer las 25.000 especies de plantas que hoy están amenazadas.**

VENENO QUIMICO EN EL SUELO

La explotación intensiva del suelo también tiene otras consecuencias: los monocultivos o las plantaciones de árboles para el uso industrial ya no ofrecen protección a muchos seres. Según las estadísticas, el incremento vertiginoso de la población humana ha corrido en paralelo al número de especies animales desaparecidas. Y todo porque se rompe la cadena de la vida: si se infectan pequeños insectos, éstos a su vez servirán de alimento – e infectarán – a animales mayores, y éstos a otros... hasta convertirse en una cadena letal sin fin. **En el 2050, campos y bosques serán territorios desiertos en los que se cobijarán muy pocos animales.**

LA DESTRUCCION DE LA SELVA

En países de Asia, Africa y América del Sur se conservan las últimas selvas del planeta. En ellas se produce el intercambio de anhídrico carbónico por oxígeno, vital para todos los pulmones. Pero día a día se talan inmensas superficies madereras para ganar zonas de cultivo o por el simple interés comercial de obtener maderas exóticas para muebles. En muchas ocasiones – y esto lo conocemos también en España – bosques que albergan una riquísima fauna o flora son incendiados por los pobladores de la región: la madera servirá luego como fuente de ingresos (no se quema del todo) y sobre las superficies arrasadas se iniciarán monocultivos. Pero la selva virgen es un sistema complejo de vida y muerte aceleradas, y el equilibrio sólo puede mantenerse con el nacimiento y la putrefacción constante de plantas y animales. Que las selvas desaparezcan – porque en sus países de origen no se les concede importancia y porque los más desarrollados tampoco hacen nada por su conservación – puede suponer el difícil problema de acabar con nuestra principal fuente de oxígeno. **Para el año 2050 puede que no queden ya extensiones selváticas.**

GASES MORTALES

Residuos químicos de las industrias, gases de escape de automóviles, instalaciones de calefacción, combustión de basuras domésticas ... un sinfín de sustancias tóxicas que contaminan la atmósfera. Todas son muy peligrosas para las distintas formas de vida, pero lo que más notoriamente cambiará por la contaminación del aire será la temperatura. Ya se ha detectado la presencia de un enorme agujero en la capa de ozono que rodea la Tierra a una altura de 15 a 20 kilómetros. Las moléculas de ozono, compuestas por tres partículas de oxígeno, desempeñan la importantísima función de filtrar la radiación ultravioleta procedente del Sol. Sin esta protección, los seres vivos estaríamos expuestos a su poder destructivo, capaz de provocar las más peligrosas enfermedades.

Los hidrocarburos fluorados son los causantes de la destrucción del ozono y las autoridades competentes no están tomando las medidas necesarias para evitar que las industrias sigan despidiendo indiscriminadamente gases que destruyen este manto protector sin el que no habría vida. **En el 2050 habrá más de 40 millones de pacientes con cánceres cutáneos.**

ATRAPADOS EN EL INVERNADERO

A una distancia menor de la Tierra, el ozono es perjudicial: en combinación con otros gases que cada día enviamos a la atmósfera, forma una densa capa que envuelve al globo terrestre. Allí se acumulan grandes cantidades de anhídrido carbónico procedente de la combustión de gas natural, petróleo o madera. Las plantas se encargan del complejo proceso químico de transformación por el que el anhídrido carbónico se convierte en oxígeno. Pero al destruirse grandes extensiones de selva, se deja de producir este oxígeno y se deja de limpiar la atmósfera. La situación se agrava aun más debido a que cada vez se producen mayores cantidades de anhídrido carbónico y éste no se destruye de ningún modo. Por otro lado, la capa gaseosa que nos envuelve se hace cada vez más densa y es capaz de retener el calor irradiado desde la Tierra. Esta campana gaseosa da lugar al efecto invernadero, con un calentamiento progresivo de la superficie terrestre. **Se calcula que hacia el año 2050 se habrá producido un dramático aumento de la temperatura media en cuatro grados centígrados.**

GRAMMAR

Uses of se

■ When you read, hear or speak a lot of Spanish, you cannot fail to notice the number of times that the word **se** is used. The many uses of **se** can be categorised in two particular ways:

1 In a reflexive verb. As outlined in *unidad 1*, this might be:

a a verb that is normally or always reflexive, but where the translation does not include the literal meaning. For example:

- *Mariana se lava antes de ir a la escuela.* (Mariana washes before going to school.)
- *La situación se agrava aun más ...* (The situation is getting even worse ...)

b a verb that is normally not reflexive but which becomes so with the addition of **se**. In this case the translation includes the reflexive meaning. For example:

- *Mariana no se reconoce cuando lleva la máscara de gas.* (Mariana doesn't recognise herself when she wears a gasmask.)

2 In passive sentences, where a verb not normally reflexive is made so to translate a passive idea, for example:

- *En la selva se talan muchos árboles por el simple interés comercial.* (In the forest many trees are cut down for purely commercial reasons.)
- *Cada día se producen mayores cantidades de gases tóxicos.* (Every day greater quantities of poisonous gases are produced.)

Such sentences may have a truly passive meaning or may be translated by words like "one", "they", "people". In this sense **se** is the exact equivalent of the French *on*. For example:

- *Se dice que no habrá árboles en el siglo veintiuno.* (It is said/they say that there will be no trees in the twenty-first century.)

Discovery

A good number of examples of the use of **se** are to be found in the reading passages studied so far. Find ten examples of **se** in the passages and try to fit them into each of the categories mentioned above.

Práctica

Inventa diez frases sobre el estado presente o futuro de nuestro planeta, basadas en el artículo *Hacia el siglo veintiuno*, utilizando **se** con los verbos siguientes:

destruir	decir	quemar	encontrar
acumular	encargar	calcular	convertir
ver	hacer	extender	prohibir

12 ¡Caliente, caliente!

Lee el texto de las páginas 244 y 245 y explica (a) cómo ha ocurrido el efecto invernadero y (b) por qué debemos buscar un remedio. Emplea aproximadamente 250 palabras.

CUARTA PARTE: LOS BOSQUES EN PELIGRO

... ENTONCES QUEMAMOS EL PINAR, CONSTRUIMOS UNA URBANIZACIÓN Y LA LLAMAMOS EL PINAR

En España, como sugiere el dibujo de Juan Ballesta, a veces se destruyen los bosques para construir urbanizaciones. Aun creen algunos que la mayoría de los incendios forestales son intencionados, hechos por incendiarios que sólo tienen interés en especular con el suelo.

Texto G **En defensa del bosque**

66

La verdad es que las posibles causas de un incendio forestal son muchas: no se puede saber de dónde salta la chispa que lo causa. Para impedir los incendios el público debe seguir algunas reglas sencillas. Al leer el texto en la hoja 66, pon todos los verbos entre paréntesis en el imperativo informal (tú).

Texto H **Fuego arrasador**

Haz un resumen en español del texto que sigue, empleando 50 palabras.

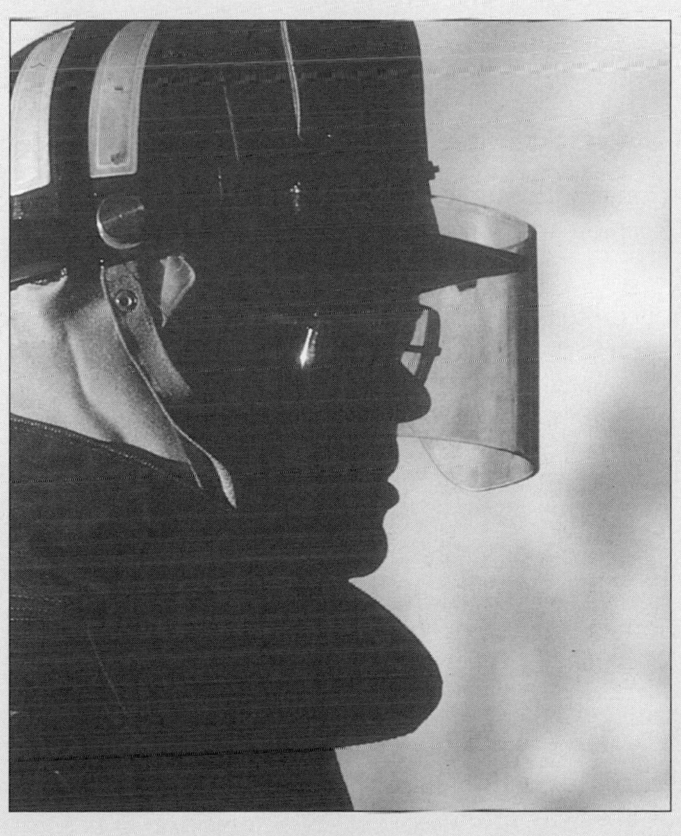

Más de 800 hectáreas de bosque, según datos oficiales, han quedado devastadas por el fuego que se declaró el sábado en el parque natural Huétor-Santillán en Granada. A últimas horas de ayer las llamas continuaban arrasando este parque en varios frentes, el mayor de tres kilómetros de longitud. A pesar de que el consejero de Agricultura de Andalucía anunció ayer que el incendio fue causado por una negligencia, el Juzgado de Instrucción número 8 de Granada ha abierto diligencias penales por un presunto delito de incendio con daños, por sospechar que el fuego ha sido provocado. Los incendios declarados en el fin de semana en las provincias de Málaga, Valencia y Ceuta fueron extinguidos o controlados ayer. Durante el pasado fin de semana han ardido más de 6.000 hectáreas de bosque.

QUINTA PARTE: EL COTO DOÑANA

Explica ...

A Spanish friend who is staying with you has seen this newspaper article about el Parque Nacional Coto Doñana. He is a member of the Spanish ecological movement and lives in the Seville area. He wants to know what the British press is saying about the ecological problem described in the article. Your partner will play the role of the Spanish friend. Summarize the article for him.

Coto Doñana in southern Spain is one of the finest bird sanctuaries in the world but this may change. . .

Foreign Fields

John Hooper in Seville

IT WAS an early spring afternoon like any other on the northern rim of the Coto Doñana National Park, south of Seville in Spain.

Flamingos were plodding and stooping among the wildfowl on the Hinojos Marsh. Herons guarded the banks of a stream which feeds it. Egrets clustered on the edge of the path that skirts it. A couple of marsh harriers had settled in the field behind when a herd of wild horses set off to amble across the shallow water, their shaggy forms silhouetted against the dying sun.

The Hinojos Marsh is but a tiny part of the Coto Doñana — a wilderness now facing what Mr Laurence Rose of the Royal Society for the Protection of Birds has called the "biggest potential disaster for European wildlife this century". Last December, the town council of nearby Almonte gave initial clearance for a leisure complex, called the Costa Doñana, which would extend to within a mile and a quarter of the park.

The decision set off a controversy that has reached far beyond the frontiers of Spain, and last month turned violent.

On March 14, there were angry scenes near the site of the proposed development between rival demonstrators supporting and opposing the project. Thirteen days later, intruders entered the park's fire-fighting station, sprinkled petrol over the vehicles inside and set off a blaze which caused damage estimated at some £250,000.

Spread across almost 200 square miles of sand dunes, marsh and scrubland near the mouth of the River Guadalquivir, the Doñana is the biggest nature reserve in Europe outside Russia. It is by far the most extensive wetland on the main route for Europe's migratory birds — visited by up to a million birds each year — as well as the principal refuge for two of the world's rarest animals, the Iberian Lynx and the Spanish Imperial Eagle.

It is also, in the words of the Director of its Biological Research Station, Dr Miguel Delibes, a "magnificent natural laboratory". Field work carried out in the Doñana has led to the publication of some 1,200 learned articles by researchers from all parts of the world.

The Costa Doñana project is the latest of several threats. In 1967, work began on a holiday resort, Matalascañas, on the western tip of the park. Sold off in lots to a variety of developers, the result is an eye-jarring assembly of derivative styles from Hacienda Horrid to Bauhaus Bijou.

A drainage and irrigation project on land to the north, initiated in the early Seventies, has reduced the groundwater and is tapping the acquifer on which the Doñana's precarious eco-system depends. In 1987, a report by the Spanish Geology and Mining Institute (IGME), which simulated water levels to the year 2010, predicted that if there were only five years of drought — not uncommon in southern Spain — and pumping were to continue at the previous year's rate, irreparable damage would be done to the Park.

Texto I El proyecto Costa Doñana

El proyecto Costa Doñana dio lugar a finales de los años 80 a manifestaciones de ecologistas de muchos países, como se escucha en la cinta.

67

1 Contesta en español con tus propias palabras las siguientes preguntas:

a ¿Quiénes son «los piratas del hormigón»?

b ¿Qué ocurrió el 18 de marzo?

c ¿Qué hicieron los dos jóvenes en Sevilla?

d ¿Por qué eran famosos Ochoa y Cela?

2 Escucha la cinta y rellena los espacios en blanco en el trozo de la hoja 67:

Redacciones

Escribe una redacción en español de aproximadamente 250 palabras sobre uno de los siguientes temas:

a ¿Cómo podemos proteger las especies de animales que están en peligro de extinción?

b ¿Exageran los científicos los peligros del «efecto invernadero»?

c ¿Para qué conservar la selva virgen?

d Imagina que eres miembro de una organización ecologista en el año

2050. Tienes que sobrevolar Europa o Sudamérica para hacer un informe sobre la destrucción de la naturaleza. Escribe una carta a un amigo español, en la que describes lo que has visto.

e Escoge un problema de tu medio ambiente local y escribe una carta a tu ayuntamiento para que tome las medidas necesarias, según tu criterio, para remediarlo. Por ejemplo, el ayuntamiento tiene proyectada la construcción de una fábrica en una zona verde o deja a la gente echar basuras en lugares del campo que deben ser protegidos.

f «La polución, efecto inevitable de la sociedad moderna.»

Traducción

Traduce al español

"Look at what they say in this article! Life's going to get worse and worse in the twenty-first century. The forests will be cut down ... the land will turn into desert ... we'll all be forced to wear gas-masks and protective clothing because of the pollution of the earth's atmosphere, and so on."

"Don't believe a word of it! People read too much science fiction nowadays and they always imagine the worst. In fact, just the opposite is happening. The countryside and the sea are being cleaned up and every day new trees are planted. And the atmosphere certainly wasn't getting warmer last winter, I can tell you!"

Este dibujo nos muestra que el futuro del mundo es precario y está en nuestras manos. Javier Mariscal inventó al Señor Mundo, un globo con piernas y brazos que ama la naturaleza y odia la contaminación.

Desarrollando el tema

1 **Temas generales:** ¿qué medidas deben tomar los gobiernos para solucionar los grandes problemas del medio ambiente?; la cooperación internacional en las cuestiones ecológicas; la pérdida del equilibrio de la naturaleza; el reciclaje de las basuras; la energía solar; un gran problema ecológico en España; los grupos ecologistas en España; el Partido Verde; un ejemplo de cómo un individuo, un grupo o una comunidad en España ha conseguido limitar el daño ecológico.

2 **El aire/la atmósfera:** el efecto invernadero y los trastornos que resultan del aumento de temperatura; el problema de los clorofluorocarbonos; la destrucción de la capa de ozono y los peligros de los rayos ultravioletas del sol; la lluvia ácida; la contaminación acústica - los efectos del ruido en las grandes ciudades (por ejemplo, Madrid).

3 **La tierra:** la desertización; la destrucción de la selva; las especies en peligro de extinción; la contaminación de la costa; los daños causados a la costa por las manchas de petróleo.

4 **El mar:** la polución del agua por los vertidos nucleares; los daños causados por los hombres a la vida del mar (los focos, los peces, las ballenas); los problemas de la subida de las aguas del mar.

5 **La energía nuclear:** ¿son necesarias las centrales nucleares?; ¿cómo podemos evitar los desastres nucleares como el de Chernobil?; la reducción de las armas nucleares y biológicas.

El mundo tecnológico

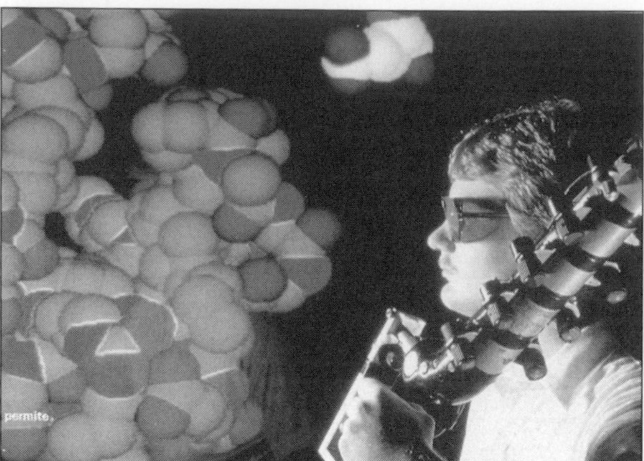

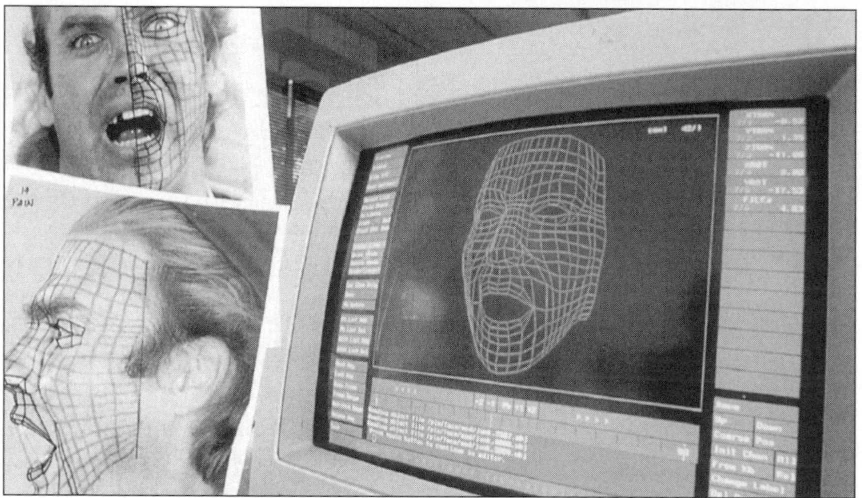

No cabe duda de que la nueva tecnología beneficia al hombre de muchas maneras: en casa las nuevas máquinas ahorran trabajo; en la educación se usan ordenadores para muchos fines, entre ellos la enseñanza de las lenguas; en el campo comercial las mejores comunicaciones facilitan los negocios.

Ahora la electrónica se ha convertido en la industria principal de los países más desarrollados, y casi todo es electrónico, desde el teléfono hasta el coche.

Ha surgido una nueva clase de criminales muy listos, capaces de entender cómo funcionan estas complejas máquinas, y ellos utilizan sus conocimientos para enriquecerse mediante el fraude informático o para destruir información introduciendo un virus en el ordenador.

La tecnología interactiva está revolucionando muchos aspectos de la vida, especialmente la educación y el ocio: este nuevo fenómeno lleva peligros si, como ocurre a veces con los videojuegos, no se controla.

68

En la hoja 68 encontrarás la lista de vocabulario para esta unidad.

Texto A **Dolor de ordenador**

1 Lee el texto, mira los dibujos y adivina el sentido de las palabras siguientes. Luego verifica tus definiciones con el profesor.

mecanógrafo	la ergonomía	regulable
mover el carro	pantalla	altura
nimio	ligeramente	teclado
ligado	respaldo	apoyar

2 Se ha dicho que trabajar mucho frente a pantalla daña la salud. Con tu compañero haced una lista de razones que justifiquen esta opinión, fijándoos en las partes del cuerpo que sufren más en esta situación.

Dolor de ordenador

El trabajo con pantalla, un peligro para la salud

Las antiguas mecanógrafas también tecleaban, pero cada 50 o 60 golpes cambiaban de postura para mover el carro. Detalles aparentemente tan nimios separan el trabajo de un oficinista de hace 20 años del de la inmensa mayoría de los actuales, atados sin remedio a un ordenador. La aparición cada vez más frecuente de molestias físicas y psíquicas ligadas a esta nueva forma de trabajar ha recuperado el interés por la ergonomía, una disciplina a mitad de camino entre el sentido común y la ciencia. En 1993 entra en vigor una directiva de la CE que regulará las condiciones de salud y seguridad del trabajo con pantallas.

Trabajo con pantalla

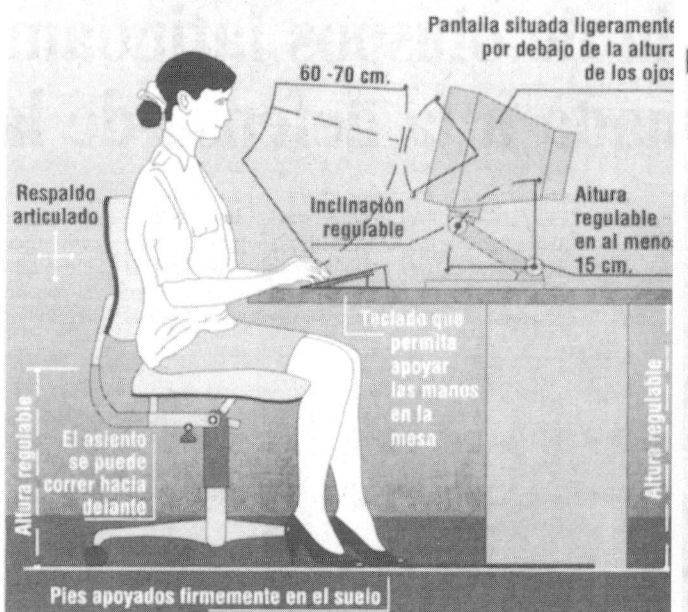

Inclinación y altura del teclado

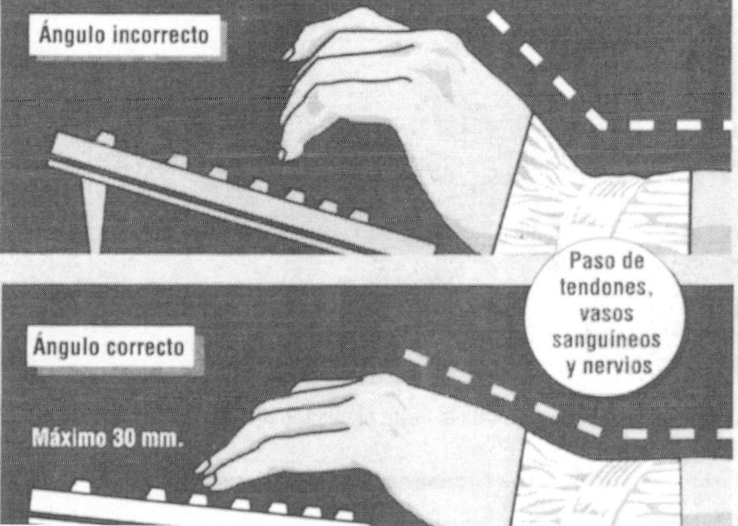

Texto B **Vigilado a todas horas**

En la vida moderna los ordenadores parecen a veces controlarlo todo, reduciendo la libertad personal del ciudadano.

Lee el artículo de la página 138, y después contesta las preguntas de la página 139.

Vigilado a todas horas

por ALFREDO

06.50 h. Pedro, de viaje en Londres, llama su mujer. El ordenador del hotel registra la hora y el número de destino.

09.45 h. Aeropuerto de Barajas. Un policía mira el fichero y confirma que Pedro no es un loco ni un ladrón.

16.00 h. Regreso a la oficina. El viejo reloj de fichar ha sido sustituido por un astuto ordenador, al que nada escapa.

19.00 h. Pedro enfila la autopista, camino del adosado. La máquina carga el gasto en su cuenta y apunta la hora.

10.29 h. En la oficina. Una tarjeta inteligente le abre las puertas y los ordenadores, bajo el control del jefe.

14.20 h. Compras en el híper vecino. Un complejo sistema de cámaras de seguridad vigila todos sus pasos.

21.30 h. Pedro pide una pizza. Al decir su número, «ellos» confirman que lo

23.00 h. El último grito. Con el sistema «pay per view» escoge película.

1 Lee la descripción del día de Pedro y comenta con tu compañero el sentido de las siguientes frases. Luego varios alumnos van a explicar las frases en español delante de la clase.

a Un policía mira el fichero
b Un complejo sistema de cámaras de seguridad vigila todos sus pasos
c El viejo reloj de fichar ha sido sustituido por un astuto ordenador
d al que nada escapa
e Pedro enfila la autopista, camino del adosado
f El ordenador lo carga en su cuenta

2 Son las 09.45. Vas a desempeñar el papel de Pedro en el Aeropuerto de Barajas. Esta mañana has olvidado tu pasaporte y tienes que explicar al policía por qué y convencerle para que te deje pasar. Tu compañero de clase hace el papel del policía.

3 ¿Tiene razón Alfredo al sugerir que debemos proteger al individuo del ordenador todopoderoso o te parece exagerado lo que dice? Haz una lista de otros ejemplos en que el ordenador parece dominar nuestra vida. Cuando hayas hecho esto la clase va a discutir este tema.

Texto C **IBM Personal System/2**

1 Escucha el anuncio de la cinta dos veces y después coloca las frases a–g en su orden correcto. Luego verifica el orden con el profesor.

a IBM Personal system DOS
b y si realiza su compra antes del 10 de diciembre
c Viaje al centro del futuro
d Entre en el futuro con el ordenador IBM Personal System DOS
e podrá ganar uno de los cincuenta viajes a Florida que sorteamos
f Acuda a los concesionarios autorizados IBM
g y visitar la NASA y Epcott Center, la ciudad del futuro

2 Describe con tus propias palabras lo que se tiene que hacer para ganar el premio.

Texto D **Ladrones del siglo XXI**

1 Antes de leer el texto busca el sentido de las palabras siguientes:

una navaja	una urbanización	un saldo
el tirón	llevarse un susto	ahorrar
un atraco	caducado	alentar
una huella	un buzón	por azar
detenido	hacerse con	recurrir a
un estrago	una denuncia	una red
un particular	una entidad	datos
un promedio	un delito	sustraer
un cajero automático	destaparse	estallar

Ladrones del siglo XXI

Los *cacos* con pistola o navaja y el sistema del tirón se han quedado anticuados. Lo que se lleva ahora es el atraco informático. Casi nunca deja huellas y raramente sus autores son detenidos

Gonzalo San Segundo

NO llevan armas, ni hacen ruido, ni atacan por la espalda. No suelen dejar rastro y casi nunca son descubiertos. Eso sí, ponen la casa patas arriba, aunque no se note a simple vista. Son los delincuentes informáticos, los ladrones del siglo XXI, que hacen verdaderos estragos a empresas y particulares.

Los atracos a mano armada a bancos y cajas de ahorro se quedan chicos comparados con el perjuicio económico que esta nueva plaga está causando. Si en un atraco bancario se obtiene un botín promedio de 750.000 pesetas, la media de beneficios del fraude informático es del orden de los veinticinco millones.

En España no se tienen cifras del daño económico que produce la delincuencia informática. Se conocen algunos casos aislados, la mayoría de ellos relacionados con los cajeros automáticos, que están dando verdaderos quebraderos de cabeza a los directivos bancarios.

María del Pilar Belvís, soltera, empleada de hogar de la familia Velasco, residente en una urbanización al noroeste de Madrid, se encontró una mañana del pasado mes de noviembre con que le habían *limpiado* su cartilla de ahorros. <<Fui a la Caja de Madrid a hacer un ingreso y me llevé un susto grande al ver que me habían quitado las 96.000 pesetas que tenía>>, relata María del Pilar.

En la Caja le dijeron que ese dinero había sido retirado con su tarjeta Cajamadrid, pero ella dijo que su tarjeta estaba caducada y que no había recibido la renovación de la misma. <<Nosotros mandamos las tarjetas por Esabe, que las deposita en los buzones como si de una carta normal se tratase>>, explica Fernando Maeso, jefe central de tarjetas de Cajamadrid.

Alguien debió interceptar el correo de Esabe y hacerse con el número de identificación personal que toda tarjeta lleva consigo para poder accionar el cajero automático. En la Caja de Madrid sospechan que ese *alguien* es un pariente de María del Pilar. La víctima del fraude, tras presentar una denuncia en la comisaría de Pozuelo de Alarcón y dirigir un escrito al Banco de España, consiguió que la entidad le repusiese en su cartilla todo el dinero que le habían robado.

La detención de los autores de un delito informático es la excepción de la regla. En Estados Unidos y otros países europeos se ha comprobado que sólo se descubre el quince por ciento de los delitos informáticos y, de éstos, una tercera parte se destapan demasiado tarde para ser investigados adecuadamente. Es decir, sólo el cinco por ciento de los delitos cometidos se hace público y sólo el tres por ciento es perseguido judicialmente.

CANCER INTERNO. Estos *cacos* de nuevo cuño, además de vaciar las cuentas corrientes ajenas a través de los cajeros automáticos, son capaces de hacerse millonarios robando céntimos al vecino. Casi siempre suelen ser empleados de las empresas perjudicadas.

De hecho, las empresas de seguridad informática trabajan siempre sobre la hipótesis de que <<un veinticinco por ciento de los empleados son honrados, otro tanto son delincuentes y el resto puede caer en la tentación de cometer un delito si se le da la oportunidad>>.

La oportunidad la tuvo y la aprovechó Robert M.C., programador de un importante banco norteamericano. Durante años, este programador redondeaba hacia abajo los céntimos de los saldos de los clientes. De esta forma *ahorró* unos quince millones de pesetas en cuentas que abrió bajo nombres ficticios.

La casualidad permitió en esta ocasión que se descubriera el fraude, pero no a su autor. En el marco de una campaña para alentar el ahorro, el banco en cuestión decidió dar un premio al dueño de la cuenta con el nombre más extraño. Y, por azar, fue elegida una de las cuentas abiertas por el programador, que había recurrido a los más variados apellidos para sacar adelante su plan. Pero éste no se presentó a recoger el premio, lo que levantó las sospechas de los directivos de la entidad, que decidieron investigar el asunto.

Muchas veces las barreras de seguridad saltan hechas añicos ante la audacia de jóvenes fanáticos de la informática, llamados *hackers*. Equipados con un ordenador personal potente, un *modem* y una gran imaginación acceden al sistema informático de una gran empresa, banco o institución pública a través de una red pública de transmisión de datos y no dejan títere con cabeza.

Los *hackers* traspasan todas las medidas de seguridad establecidas, acceden a información confidencial o altamente secreta, la sustraen, la alteran o simplemente la destruyen. Incluso preparan las condiciones necesarias para efectuar un fraude.

JUEGO DE NIÑOS. Algunos, al manipular la información a distancia, no pretenden otra cosa que jugar un poco, poner a prueba su habilidad y conocimientos tecnológicos. Como esos cuatro estudiantes de trece años de edad, pertenecientes a la Dalton School de Nueva York, que se introdujeron en el ordenador central de la compañía Pepsi-Cola, en Canadá, a través de la red Telenet. Su objetivo era alterar el programa de envíos a sus almacenes de Toronto con el fin de conseguir gratis diez cajas de refrescos.

Pero los fines de otros jóvenes *hackers* son verdaderamente destructores, de carácter epidémico.

Aprovechando las redes de comunicaciones internacionales, introducen en la memoria de un ordenador central cualquiera un programa infectado de *virus*; es decir, con instrucciones destructivas de toda la información que el ordenador contiene. Es más, el programa lleva elementos contagiosos y todo aquel ordenador conectado a éste queda automáticamente contaminado.

Esta epidemia, llamada ya el *sida electrónico*, estalló el año pasado en Estados Unidos y se ha difundido rápidamente por todo Occidente. Los efectos devastadores de este *virus* informático se han dejado ya sentir en la universidad de Pittsburg, Estado de Maryland; en el colegio Leigh, de Pensilvania, y en Georgetown, en el Estado de Washington.

Las instrucciones *asesinas* que contienen estos programas destructores pasan de un ordenador a otro sin dejar rastro de los autores del sabotaje. Se trata, en muchos casos, de una nueva forma de terrorismo político-tecnológico, una especie de bomba de relojería que puede explotar en un día o fecha determinado, todas las semanas, meses o años, hasta que sea descubierto el antídoto, o sea, un programa *contrarrevolucionario*.

2 Lee cuidadosamente el artículo y contesta en inglés las siguientes preguntas:

a In what ways do these new thieves differ from conventional thieves?
b Why did María del Pilar get a shock?
c Why had María not received her new card?
d How did María get her money back?
e What percentage of these crimes are not solved?
f How was the crime of Robert M.C. found out?
g What was the aim of the New York "hackers"?
h Why is the computer virus so dangerous?
i What does the phrase "un programa contrarrevolucionario" mean in this context?

3 Lee el texto otra vez y traduce al inglés las siguientes frases:

a patas arriba
b verdaderos quebraderos de cabeza
c un *caco* de nuevo cuño
d de hecho
e redondeaba hacia abajo
f sacar adelante su plan
g hechas añicos
h poner a prueba
i sin dejar rastro
j una especie de bomba de relojería

Texto E **El delincuente informático**

1 Mira el dibujo de la página 142. ¿Cuáles de los adjetivos siguientes se podrían aplicar mejor al delincuente informático?

honrado	listo	responsable
fiable	adolescente	sociable
hablador	arriesgado	jactancioso
reflexivo	casado	astuto
hábil	cuidadoso	anciano

2 Eres un empleado del Banco de Bilbao en Valencia y tu compañero desempeña el papel de un detective que está investigando un caso de fraude en el banco. La policía ha detenido a uno de tus compañeros por haber robado el banco sistemáticamente manipulando la red de cajeros automáticos. El detective te pide un informe sobre el carácter de tu colega. El te hace algunas preguntas y tú tienes que contestarlas. El retrato robot os dará algunas ideas para desarrollar el diálogo. Después escribe el informe, utilizando 150 palabras.

Retrato robot del delincuente informático

- *Edad comprendida entre dieciocho y treinta años, generalmente hombre soltero.*
- *Profesional brillante, altamente motivado por su profesión y por desafío técnico que conlleva.*
- *Carece de antecedentes penales.*
- *Suele ser un empleado de confianza y, además, usuario del sistema informático.*
- *Actúa en solitario o, como máximo, en equipo de dos o tres personas.*
- *No asume riesgos en su acción delictiva, por lo que raramente es descubierto.*
- *Padece el síndrome de Robin Hood – o el de Luis Candelas, en versión española –, es decir, no tiene sentido de responsabilidad de culpa por lo que hace.*

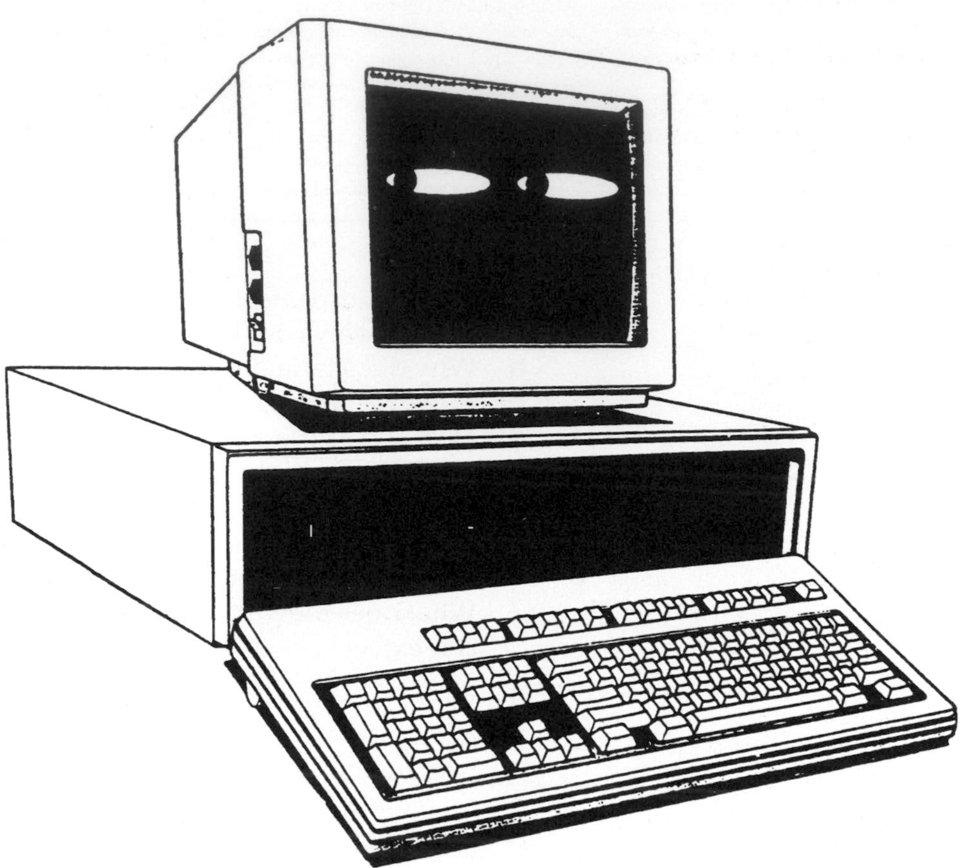

Texto F **El virus informático**

Primera parte

1 Mira la hoja 69. Las palabras de la lista se encuentran en la primera parte de la secuencia. Colócalas en el sitio correcto.

Segunda parte

Escucha la segunda parte de la cinta dos veces y decide si son verdaderas o falsas las siguientes afirmaciones. Si son falsas escribe la versión correcta.

a No se puede detectar el virus fácilmente.
b El virus sólo daña los ordenadores personales.
c El virus afecta a cinco de cada seis paquetes de software.
d En los últimos meses ha habido dos casos de virus informático en Barcelona.

Tercera parte

Contesta en español las siguientes preguntas:

a ¿Qué tipo de institución se ve afectada por el sabotaje mediante el virus?
b ¿Qué debe hacer el usuario al descubrir el virus?
c ¿Qué hacen los médicos de los ordenadores?

GRAMMAR

Uses of the Infinitive

■ In comparison with English, Spanish tends to include more infinitives in everyday language.

I am tired of writing so many letters. (*Estoy cansado de escribir tantas cartas.*)

In this sentence the English "-ing" form is translated by an infinitive in Spanish. There is no easy way to learn all of the uses of the infinitive at once. It is better to collect examples gradually and to practise usage of the infinitive regularly.

Two of the main ways of using an infinitive in a sentence are:

1 after **al** and prepositions, such as **sin**, **además de**, **antes de**. For example:

- *... al ver que me habían quitado las 96.000 pesetas que tenía.* (... on seeing that they'd taken away the 96,000 pesetas I had.)
- *... además de vaciar las cuentas corrientes ajenas a través de los cajeros automáticos ...* (... as well as emptying other people's current accounts through cash-dispensers ...)

2 after another verb. In this case the verb taking the infinitive may be followed immediately by that infinitive or may take a preposition, such as **a**, **de** or **en** before the following infinitive. For example:

- *... los directivos ... decidieron investigar el asunto.* (... the management ... decided to investigate the matter.)
- *Fui a la Caja de Madrid a hacer un ingreso.* (I went to the Caja de Madrid to pay some money in.)

Discovery

Work with a partner through the article *Ladrones del siglo XXI* and try to find ten other examples of the use of the infinitive. Be prepared to talk about the usage in class discussion.

Práctica

1 Escoge diez de los verbos siguientes e inventa diez frases sobre el tema del fraude informático.

Verbos seguidos directamente del infinitivo: decidir, soler, prometer, querer, saber.

Verbos seguidos de a + infinitivo: comenzar, atreverse, persuadir, ir, ayudar.

Verbos seguidos de de + infinitivo: dejar (to stop doing), tratar, tener miedo, acordarse.

Verbos seguidos de en + infinitivo: tardar, insistir, convenir (to agree to), pensar (to think about), vacilar. Por ejemplo:

Las autoridades decidieron ofrecer una recompensa de £500 al que diera informes acerca del robo. María del Pilar no vaciló en ponerse en contacto con la comisaría.

2 En la hoja 70, rellena los espacios en blanco con una preposición adecuada.

70

Pues sí, señores y señoras. Esta nueva y maravillosa máquina será capaz de escribir informes en varios idiomas y al escribirlos corregirá las faltas de ortografía y sintaxis. Por ser una máquina tan pequeña la podrán guardar en el bolsillo y usarla en cualquier parte.

EL MUNDO TECNOLÓGICO *TERCERA PARTE:* LA INTERACTIVIDAD

La nueva tecnología contribuye mucho al progreso de la sociedad, sobre todo en la educación, en el trabajo y en el ocio. El avance técnico estimula un diálogo entre el hombre y la máquina que se llama la interactividad. Los dos recortes siguientes describen dos maneras de crear este diálogo: la realidad virtual y el disco compacto interactivo.

Texto G **Los nuevos sistemas interactivos**

1 Lee los dos recortes y escribe un equivalente inglés a las frases siguientes:

a desde su bautizo
b Es la exaltación del vínculo humano con el ordenador.
c permite bucear entre la información

d el guante de datos
e antes de lanzarse sobre los prototipos reales
f una gran herramienta de ayuda para el aprendizaje
g frente a la educación tradicional
h Es el adiós a otros sistemas audiovisuales …
i abren la puerta a los programas autoevaluativos

2 Haz una lista de las ventajas del CDI con respecto a la educación, dando tus propios ejemplos de cómo el CDI puede ser de ayuda para el estudio.

3 ¿Cómo se puede aprovechar en la realidad virtual la enseñanza de las lenguas? Escribe en español 100 palabras dando tu punto de vista.

4 «Esta tecnología hace la enseñanza mucho más atractiva.»
«Siempre es mejor estudiar sobre la realidad.»
¿Qué diferencias existen entre el estudio utilizando la tecnología y el estudio sobre la realidad? La clase va a tener un debate sobre cuál de los dos métodos de aprender es más eficaz.

EN «DESAFÍO TOTAL», ARNOLD Schwarzenegger sufre y disfruta los rigores de la cibernética. En la época en que se desarrolla la película, tan futurista como cercana, el cliente se permite acudir a un centro comercial especializado en viajes virtuales que transporta al turista ocasional a donde él desea. En el caso de Schwarzenegger, a Marte. También los malos de la película manipulan el cerebro a su antojo a base de imágenes y escenarios virtuales.

Hoy, ciencia ficción y realismo evolucionan paralelos. La realidad virtual resume desde su bautizo las pretensiones de esta técnica de reciente creación: reproducir escenarios virtuales, con apariencia real, orientados a la abstracción y con infinitas aplicaciones. Es la exaltación del vínculo humano con el ordenador. El usuario se mete en él gracias a una sucesión de imágenes en tres dimensiones. «Es un avance respecto a otros sistemas interactivos, pues permite bucear entre la información, meterse en un cuadro, en un paisaje, y vivirlo desde dentro», comenta José Antonio Mayo, director general de Realidad Virtual, una de las empresas que diseñan e investigan esta tecnología en España.

Los elementos tradicionales de la computadora, teclado y pantalla, se sustituyen por el guante de datos y el casco cibernético, compuesto por dos diminutos televisores de cristal líquido, uno para cada ojo. Esta disposición da idea de tres dimensiones y de una panorámica móvil y creciente. Según Javier Castellar, ingeniero de la empresa Silicon Graphics, «se trata de engañar a los sentidos para lograr un estado de inmersión del usuario, que cree estar en un mundo imaginario».

En ese mundo virtual, la imaginación es tan amplia como sus posibilidades y aplicaciones. De momento se encarnan sobre todo en simuladores para el aprendizaje de varias disciplinas. Los estudiantes de Medicina de la Universidad de Carolina del Norte, por ejemplo, operan desde hace unos años cuerpos virtuales: se introducen en el organismo para localizar un tumor y conocer sus características. El mismo sistema utilizan muchos estudios de arquitectos para rectificar el piso que proyectan. Los pilotos de Mercedes en Alemania y los de la Nasa, en Estados Unidos, conducen sus vehículos virtuales antes de lanzarse sobre los prototipos reales.

El videodisco, el disco compacto interactivo (CDI) y el CD-Rom también serán pronto una gran herramienta de ayuda para el aprendizaje. «La mayor ventaja que tienen estos sistemas interactivos es que dan al alumno la posibilidad de hacer su propio itinerario. Frente a la educación tradicional, el estudiante utiliza el sistema a la medida de sus necesidades, buscando y encontrando instantáneamente lo que necesita», explica Rosa Franquet, catedrática de Tecnología de los Medios Audiovisuales de la Universidad Autónoma de Barcelona y experta en aplicaciones pedagógicas interactivas.

Es el adiós a otros sistemas audiovisuales como las diapositivas y el vídeo. En el caso del CDI, por ejemplo, el alumno podría convertirse sin grandes dificultades en un experto en la vida y la obra del compositor alemán Ludwig van Beethoven. Podrá escuchar con calidad de disco compacto las sinfonías, consultar su biografía, ver imagen en movimiento que le explicará el contexto sociocultural de la época, acceder a las partituras... Siempre con la posibilidad de pasar de una opción a otra instantáneamente.

Como explica Rosa Franquet, las nuevas técnicas interactivas abren también la puerta a los programas autoevaluativos. A una contestación errónea del alumno, introducida bien mediante el uso de la voz o del teclado del ordenador, la máquina indicaría el retorno a cierta parte del programa para enmendar el error.

«Esta tecnología hace la enseñanza mucho más atractiva. Pero no hay que confundir: siempre es mejor estudiar sobre la realidad. Si puedes coger una flor, verla y tocarla, aprenderás más sobre ella que si haces una simulación. Sin embargo, para estudiar los átomos, es ideal tener una representación gráfica en tu ordenador», explica esta catedrática.

Texto H **Jugar a matar**

1 Lee el artículo y responde con tus propias palabras las preguntas siguientes:

a ¿Cuál es el propósito general de los videojuegos?

b ¿En qué se diferencian los juegos de hoy de los de ayer?

c ¿Por qué prefieren los niños los videojuegos de lucha?

d ¿Por qué se utilizan los videojuegos para fines educativos en algunos países?

e Explica lo que le pasó al niño de Madrid.

f ¿A qué se atribuye el éxito del videojuego en años recientes?

g ¿Qué ventaja da el comprar videojuegos, según los padres?

71

2 Rellena los espacios en blanco en el artículo de la hoja 71 con las palabras de la lista.

3 Traduce al inglés los dos últimos párrafos del artículo (página 146).

VIDEOJUEGOS

JUGAR A MATAR

Muchos niños de las grandes ciudades pasan las tardes absorbidos por una consola de videojuegos en la que eliminan a todo el que se ponga por delante

SUSANA TELLO

El director del colegio de Ranma propone a nuestro héroe un trato difícil de declinar: si es capaz de dar un escarmiento a Jonnhy Pantyhose, tendrá el curso aprobado sin presentarse a un solo examen». Este es el argumento del más nuevo videojuego de lucha. Los héroes del cómic de siempre, los personajes de las películas y los dibujos de la televisión muestran su faceta de «consumados camorristas callejeros». Batman se convierte en «artista del mamporro». El objetivo es «acabar con todo el que se te ponga por delante», y «cuantos más muñecos destrocéis en el tiempo límite, mayor será vuestra puntuación». Como reza el eslogan de Sega, una marca puntera de consolas, aquí rige «la ley del más fuerte».

La violencia siempre ha estado presente en los juegos de los niños. La diferencia hoy es que se trata de una violencia indiscriminada y gratuita. Es «la violencia como espectáculo», como la define Lucila Andrés, psicóloga directora del Grupo Luria. Antes los malos eran los castigados. Ahora se ha perdido el mensaje ético, y se trata de «eliminarse unos a otros», en palabras de la revista de videojuegos *Hobby Consolas*.

Como consecuencia, la agresividad se convierte en un estado constante, según Yolanda Martín, psicóloga clínica. Científicamente, esto se explica porque la estimulación repetitiva y unisensorial de los videojuegos provoca en ocasiones alteraciones en la conducta nerviosa.

Los chavales prefieren los videojuegos de lucha porque son más inmediatos y llamativos, tienen más efectos visuales. Además el videojuego aporta una innovación importante sobre la televisión: su capacidad de interacción. Por aquí es por donde el juego engancha a los chicos.

Pero no hay que exagerar. Para Miguel Martínez, psicólogo director del Gabinete de Orientación Psicológica EOS, los videojuegos no son negativos en sí mismos. De hecho tienen muchas ventajas: estimulan la atención, la coordinación visual y manual, la percepción de la velocidad y la orientación espacial. Hay países donde incluso se usan como instrumento educativo.

Es el uso, mejor dicho, el abuso lo que los convierte en peligrosos. Entonces aparece la adicción. Cuando el juego se convierte en obsesivo, hace que el niño pierda el autocontrol y acabe «dominado» por la pantalla.

Una madre de Madrid, profesional destacada, cuenta cómo su hijo de 13 años registraba la casa entera, en cuanto ella salía, buscando los mandos de la consola. Le había limitado el juego porque el niño no sabía parar. Un día le descubrió peligrosamente aupado a un armario y resolvió llevarse los mandos en el bolso y decírselo a él para que se olvidara de jugar en su ausencia.

En las revistas especializadas la adicción es un baremo para medir la calidad del videojuego: «Cuando estés ante este juego, las horas te parecerán minutos. Ni siquiera te darás cuenta de lo que sucede a tu alrededor». Así valora *Super Juegos* el Street Fighter II, el juego de lucha más vendido del mercado. Javier, un *consolero* barcelonés, lo llama «el alucinante».

Hay que tener en cuenta que los consumidores de estos productos son niños, más vulnerables a los efectos adictivos que los adultos. Frustraciones por no ganar y una competitividad exagerada son las consecuencias. La psicóloga Lucila Andrés comenta cómo uno de sus pacientes, asiduo a los videojuegos, rompió una consola con un martillo porque su madre le ordenó dejar de jugar.

.../... pág. 146

<pág. 145> El éxito del videojuego en los últimos tres años se debe a la falta de opciones de ocio de las grandes ciudades. Los niños apenas pueden jugar en las calles. El aislamiento social es la parte negativa de esta forma de entretenimiento. La única comunicación que mantienen los chicos durante muchas tardes es con una consola. Incluso cuando los jugadores son varios, su relación se reduce a estar sentados uno al lado del otro frente a la máquina.

El juego consiste a veces en destruirse unos a otros

Además es más cómodo tener a los niños quietos, absorbidos por una pantalla. Los psicólogos coinciden al afirmar que muchos padres compran a sus hijos los videojuegos sin preocuparse por su contenido. En un reciente estudio publicado por la revista *Ciudadano*, la mayoría declara no haber intentado jugar nunca.

A la larga esto se convierte en un elemento de ruptura. «Si no se comparten inquietudes, es difícil que al llegar la adolescencia haya base para el diálogo entre padres e hijos», dice Miguel Martínez.

Como en todo, es mejor prevenir que curar. Dosificar la cantidad de juegos y aparatos que se compran, analizar qué tipos de juegos son, determinar el tiempo de utilización en función de la edad del niño y establecer las normas el primer día que el videojuego entra en casa, —no se puede limitar al niño cuando lleva semanas jugando seis horas diarias— son algunos consejos que dan los expertos para que el videojuego ocupe su lugar de puro entretenimiento, sin rebasarlo.

Pero, ante todo, implicarse en los juegos de los hijos. Ofrecerles otras actividades más constructivas. «No olvidemos que el mejor antídoto contra la violencia es el pensamiento creativo», señala Lucila Andrés. Un peligro del videojuego es que quita tiempo para otras diversiones.

Los mensajes negativos de los medios de comunicación se dirigen a niños de entre 6 y 12 años, muy susceptibles de asumir «lo que dice la tele». Los criterios de los padres son el mejor contrapunto. Unos criterios basados en la autoridad que viene del respeto y la confianza, y que para un niño tienen más valor que cualquier propaganda televisiva. ■

Texto I **Los videojuegos**

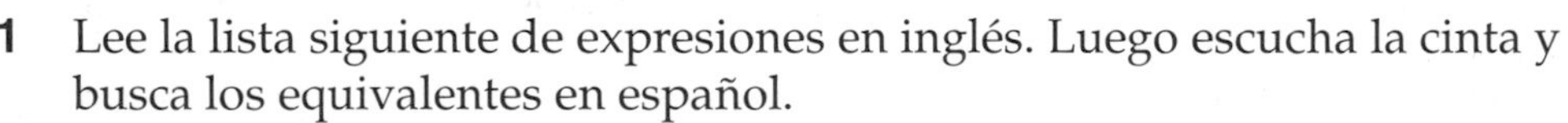

1 Lee la lista siguiente de expresiones en inglés. Luego escucha la cinta y busca los equivalentes en español.

a Children love games of football
b On the contrary
c You must not be alarmed
d ... can cause serious behavioural problems
e it has the disadvantage of
f the ability to stand back from things
g to counteract these effects
h at the time they are watching

2 Haz un resumen en español de 100 palabras de las ideas principales expuestas en la cinta.

3 Con tu compañero de clase haced una lista de las ventajas y los inconvenientes de los videojuegos, basando vuestras ideas en las del artículo y de la cinta, y en vuestra opinión personal. Luego la clase va a discutir este tema.

EL MUNDO TECNOLÓGICO *CUARTA PARTE:* EL COCHE DEL FUTURO

Texto J **Coches que conducen solos**

1 Empareja estas palabras, sacadas del artículo, con su equivalente inglés:

un umbral	una caja de cambios
un enlace	manejar
alcanzar	un limpiaparabrisas
prever	un reto
prestaciones	

gear-box	*to drive, operate*
to foresee	*link*
windscreen-wipers	*performance qualities*
threshold	*to reach*
challenge	

2 Después de leer este artículo escribe un resumen en español, usando 100 palabras, describiendo las tres cosas más útiles de estos coches del futuro.

3 Trabajas en una agencia de publicidad en el año 2000. Tienes que diseñar un anuncio que llame la atención del público sobre las ventajas del nuevo coche Seat Europa. Utiliza el artículo y, si quieres, los anuncios que escuchaste y leíste en la unidad 3.

ESPECIAL ELECTRONICA

La revolución pendiente en el automóvil afecta a su entorno, al tráfico

COCHES QUE CONDUCEN SOLOS

El proyecto *Prometeo* hará que en el umbral del año 2000 no haga falta conducir un automóvil. Ellos serán los que conduzcan

En el automóvil, como en cualquier otro bien de consumo, la electrónica ha irrumpido espectacularmente, en los últimos años. Si hace tan sólo una década los componentes electrónicos apenas alcanzaban el uno por ciento del total, hoy puede llegar al 10 por ciento, incluso en los coches populares.

La última generación del sistema de inyección, por ejemplo, prevé la posibilidad de que el conductor diseñe sus propias leyes de inyección, en función de sus gustos o necesidades. De esta manera nacerá, en un futuro muy próximo, el coche de prestaciones o consumos inteligentes.

Pero no sólo es en el motor donde se aplica la electrónica. La multinacional alemana Bosch (que ya desarrolló los primeros sistemas de inyección) ha inventado el sistema de frenos ABS, que evita el bloqueo de las ruedas y supone una revolución en los sistemas de seguridad.

Ya no resulta extraño ver una caja de cambios automática, cuya utilización puede regularse a gusto del conductor. O coches en los que, de una forma automática, se conecta o desconecta uno de los ejes tractores. Se inicia un período en el que el conductor deja de manejar el coche para ser conducido por él.

Paralelamente a este desarrollo de alta tecnología, la electrónica posibilita otro, menos importante, pero, quizás, más espectacular: el de los accesorios. Ordenador de a bordo, cristales que oscurecen cuando el sol incide de frente, limpiaparabrisas que se ponen en funcionamiento al caer la primera gota de agua.

La gran revolución, sin embargo, está por llegar. No será la que afecte al propio motor o a los órganos mecánicos, ni siquiera a los accesorios. La revolución pendiente en el automóvil afecta a su entorno, al tráfico. El conductor, desde su pequeño recinto, percibe una porción muy limitada del tránsito. Los errores en su interpretación son causa frecuente de numerosas muertes.

Este es el gran reto de la electrónica aplicada al automóvil: hacer llegar al conductor la información más completa sobre su entorno, de manera clara y sin posibilidades de error. Suplantando, incluso, la toma de decisiones cuando ello signifique una mejora en la seguridad.

Para ello, la Comunidad Europea puso en marcha el año pasado el proyecto Prometeo. Dentro del Prometeo, Mercedes Benz y Blaupunkt han puesto a punto el programa Arthur, capaz de crear un enlace vía satélite que avisa de un accidente aprovechando la actual red de radioteléfonos. Volkswagen ha desarrollado el Onda Verde, un mecanismo automático de control de velocidad en travesías de población.

Otros sistemas en desarrollo, dentro del proyecto Prometeo, son el Companion, que advierte mediante balizas electrónicas enlazadas de las retenciones en el tráfico, o el Ari, que informa a través de emisoras de radio de frecuencias comerciales, con mensajes específicos en cada área geográfica.

En 1995 comenzarán a palparse los frutos de Prometeo.

The Definite Article: read the first paragraph of *Texto J* again and look at all the nouns which are preceded by the definite article. If you translate some of these nouns into English, for example *la electrónica, los componentes electrónicos, los coches populares,* you naturally omit the definite article ("electronics", "electronic components", "popular cars"). This is because when nouns are used in a general sense they normally take the definite article in Spanish, but not in English. The uses of the definite article are described in more detail in the Grammar Summary on page 253.

72
73

Texto K **El satélite Hispasat**

Después de escuchar el texto rellena los huecos en el cuadro de la hoja 72.

13 **De locos**

Lee el primer texto de la página 243. Analiza las contestaciones del ordenador Parry. ¿Cómo se caracteriza su pensamiento? ¿Hasta qué punto se parece al pensamiento de un ser humano?

14 Ovulos prêt-à-porter

Lee el segundo texto de la página 243. ¿Se debe prohibir la fecundación in vitro para (a) las mujeres jóvenes con problemas de fertilidad y (b) las mujeres mayores?

Redacciones

Escribe una redacción en español de aproximadamente 250 palabras sobre uno de los temas siguientes:

a «La informática ha cambiado nuestro estilo de vida.»
b «Llegará el día en que los libros los escriban los ordenadores.»
c Las desventajas y los inconvenientes de la nueva tecnología.
d Los usos educativos de los nuevos aparatos.

Traducción

Traduce al español:

After leaving the computer shop Stephen realised that the shop assistant had not returned his credit card. He hesitated over what to do. First he thought about telephoning the shop but he finally decided to go back in person.
On reaching the corner of the road the shop was in, he saw the assistant standing in the doorway looking at the traffic. When he noticed Stephen he turned quickly and went back into the shop again. Without suspecting anything Stephen entered the shop and went up to the counter to ask for his card back.
"I gave it back to you after you bought your diskettes. You must have put it in your wallet without realising."
Instead of rejecting such a ridiculous idea, Stephen began to search for the card in his wallet again. After going through everything twice he stopped looking and said to the assistant:
"I don't remember you giving the card back to me. What have you done with it?"

Desarrollando el tema

1 **Temas generales:** un estudio del uso doméstico, médico, educativo o comercial de las nuevas máquinas en España (por ejemplo, el microondas, el teléfono móvil, la utilización del láser en la cirurgía); el papel del ordenador en el futuro; el Internet; la informática en España; el uso del ordenador como juguete; la importancia de la nueva tecnología en la economía española.

2 **Los peligros de la tecnología:** ¿van los robots a reemplazar al hombre en el mundo laboral?; la tecnología militar; los estragos de los «hackers».

3 **Las ventajas de la tecnología:** los avances en el campo de las telecomunicaciones; las telecomunicaciones en España; los satélites; las máquinas que ahorran trabajo; los múltiples usos de los ordenadores para mejorar el estilo de vida.

Los marginados

SÓLO
NUEVO
AH, ¿TÚ ERES DE LIVERPOOL? LA COMUNIDAD EUROPEA YA ES UNA REALIDAD, ¿EH?

¿Qué hacer con los marginados? Desde hace siglos la existencia de millares de mendigos, pícaros, gitanos y vagabundos de todo tipo que viven al margen de la sociedad plantea un gran problema en España. Por lo general esta gente no se rebaja a la criminalidad: se ganan la vida como pueden, algunos de ellos víctimas del desempleo o de la enfermedad, otros cautivados por los alicientes de la vida libre y sin trabas.

El tema no sólo interesa a los sociólogos sino a los literatos también. Algunos de los autores más destacados de la literatura española, tales como Cervantes, Lorca y el anónimo autor de la novela picaresca del siglo dieciséis, *La vida de Lazarillo de Tormes*, convirtieron a la gente marginada en protagonistas de sus obras.

Hoy en día, el problema de los marginados sigue creciendo, sobre todo en las grandes ciudades, donde el pícaro antiguo se ha convertido en parásito urbano y se le puede ver junto a los semáforos, vendiendo pañuelos y otras baratijas. El inmigrante ilegal que acude a España, por lo general de Africa o de Sudamérica, es otro tipo de marginado; éste suele correr grandes riesgos para llegar a España y su primera tarea cuando llega es intentar conseguir un permiso de residencia.

La integración de los gitanos en las urbanizaciones de las ciudades modernas también plantea problemas muy acuciantes a las autoridades municipales que a menudo, al intentar realojar a familias gitanas, se tienen que enfrentar con la hostilidad del vecindario (como se vio en la unidad 1).

74

En la hoja 74, encontrarás la lista del vocabulario para esta unidad.

PRIMERA PARTE: LOS VAGABUNDOS

Hay un tipo de gente marginada, los vagabundos, que si bien normalmente viven en la ciudad, también pueden vivir recorriendo los caminos. Los vagabundos pasan de una ciudad a otra, sin esperar que su suerte mejore. A menudo en el verano duermen al aire libre y cuando viene el mal tiempo, buscan dónde pasar la noche en la ciudad.

Texto A **Cincuenta mil vagabundos recorren España**

1 Empareja las palabras siguientes, sacadas del texto, con su equivalente inglés:

recorrer	el sorteo	*heading*	*pendant*
incrementar	la gama	*day-worker*	*bricklaying*
coartar	la bisutería	*to get by*	*navvy*
el colgante	la albañilería	*to travel around*	*to get along*
fichados	juegos de manos	*scrap iron*	*to advise*
la pléyade	el epígrafe	*to get rid of*	*to take notice (of)*
el desarraigo	el jornalero	*conjuring tricks*	*brotherhood*
confluir	el bracero	*to increase*	*to join together*
la pauta	el hacinamiento	*draw*	*to sink*
ir tirando	asesorar	*imitation jewellery*	*range*
defenderse	hacer caso a	*to restrict*	*overcrowding*
despachar	hundirse	*uprooting*	*pattern*
la chatarra		*on file*	

2 Contesta en inglés las preguntas siguientes:
a Why does Félix look for a room in winter?
b How do Félix and his partner earn their living?
c Why do the police not arrest the couple?
d What characteristics are shared by vagrants?
e Who are the *carrilanos*?
f Explain what Joaquín means by the phrase "en lo que sale".

3 Indica las palabras o frases del texto que corresponden a las siguientes definiciones:
a puesto de venta callejero
b edificios en que se halla hospedaje
c dádivas caritativas
d personas que trabajan temporalmente
e dan consejo

4 Traduce al inglés desde «Un 80 por ciento» hasta «la delincuencia».

5 Muchas veces una ocupación deriva su nombre de la actividad que implica. Por ejemplo:
Un hombre que vende ropa se llama un ropero.

75

Rellena la tabla de la hoja 75 con los nombres apropiados.

6 A ver si puedes encontrar, con un compañero, otros cinco nombres que se deriven del oficio. Después verificadlos con el profesor.

Cincuenta mil vagabundos recorren España

Todos los años se incrementa un 30 por ciento el número de «transeúntes»

FELIX prefirió abandonar un trabajo estable en una fábrica para vivir a su aire, sin soportar que nadie le coartara su libertad. Ahora duerme con su compañera, embarazada, al aire libre. «No pasamos frío, ya estamos acostumbrados. Sólo cuando llega el invierno buscamos una habitación barata en una pensión.»

Sobreviven de las pulseras y los colgantes de cuero que hacen ellos mismos y que venden en las calles sin permiso ni tenderete. «La policía no nos ha detenido nunca. A menudo nos piden el carné y consultan por radio si estamos fichados, pero como nunca hemos pasado por la cárcel nos dejan tranquilos.»

En los últimos meses, han recorrido las provincias de León, Burgos, Zamora, Huesca y ahora están en Zaragoza. «Vinimos aquí a comer durante las fiestas de El Pilar porque es gratis. Pero, en diciembre, nos marcharemos a otra ciudad.»

Félix es uno de los 50.000 transeúntes que recorren España. Se trata de una pléyade de vagabundos, parados y castigados por la vida, cuando no por la enfermedad o las leyes, que sólo poseen en común su pobreza, su desarraigo y su marginalidad. Tres notas que constituyen su carné de identidad. Pero ha sido la itinerancia la característica que ha servido para darles nombre.

Desde Sevilla, Málaga y Cádiz confluyen hacia Córdoba los *carrilanos.* Así es como, en el argot, se llaman a sí mismos los que en la terminología oficial se califican de transeúntes.

Luego seguirán hacia Madrid y desde aquí, manteniendo unas pautas casi tan regulares como las de las aves migratorias, elegirán entre dos circuitos: el *catalán,* hasta Barcelona, para luego, bajando por Valencia, retornar a Andalucía, o el de Galicia, vía Salamanca. Solamente unos pocos, en verano, irán directamente al Norte, hacia Santander.

Los transeúntes buscan comedores, albergues y roperos conocidos desde hace tiempo, los utilizan frecuentemente, aunque no están satisfechos con sus servicios. Arrastran su soledad pidiendo limosna para comer y vestirse. Y pasan su tiempo libre buscando trabajo y paseando.

«Lo que pasa es que cuando dominas el circuito y vas tirando, cada vez te acostumbras más a la marginalidad, explica Joaquín, un malagueño de cuarenta años, que a veces trabaja de temporero y otras se defiende "en lo que sale".»

«Además, en muchos sitios, prácticamente lo que hacen es despacharte después de haberte facilitado algunos días de alojamiento, un billete para mandarte a otra ciudad o cualquier otra ayuda», concluye Joaquín.

Defenderse «en lo que sale» es el principal medio de vida de un 49 por ciento de los transeúntes. Un 12 por ciento son temporeros; un 8 por ciento viven de la chatarra y de los cartones; un 6 por ciento venden toda clase de loterías y papeletas de sorteos; un 4 por ciento toca instrumentos de música o luce la más insólita gama de habilidades en la calle; otro 4 por ciento vende bisutería; un 3 por ciento se dedica a la fontanería, carpintería y albañilería y 1 por ciento saca partido a los juegos de manos. El resto constituye cada uno un mundo bajo el epígrafe de «otras actividades».

Un 80 por ciento son hombres que pertenecen a familias muy numerosas, de baja cualificación socioeconómica – siete de cada diez padres son peones, jornaleros o braceros–, con pocos estudios y en los límites de la pobreza. Se trata de personas maduras – la edad media de los transeúntes es superior a los 40 años–, solteros y divorciados.

«La verdad es que en muchos albergues no te sientes cómodo. Sobre todo por la gente que se junta allí. A veces es preferible el aire de la calle al hacinamiento de un dormitorio colectivo donde hay quien te da la noche con un ataque epiléptico o con cualquier otra cosa. Además el albergue es una escuela de aprendizaje de las técnicas carrilanas. Los más viejos asesoran a los más jóvenes en las habilidades de la "profesión"», explica Serafín, un cuarentón que suele defenderse en la calle vendiendo cartón o chatarra y que «según esté la cosa» utiliza los servicios sociales para desplazarse, comer u obtener algo de ropa.

A él le gustaría trabajar «pero a los que tenemos esta imagen es difícil que nos hagan caso. El ambiente acaba por marcarte. Además la gente se acostumbra a la rueda y cada vez se hunde más. Lo malo es que se llegue al alcohol, la droga o la delincuencia»

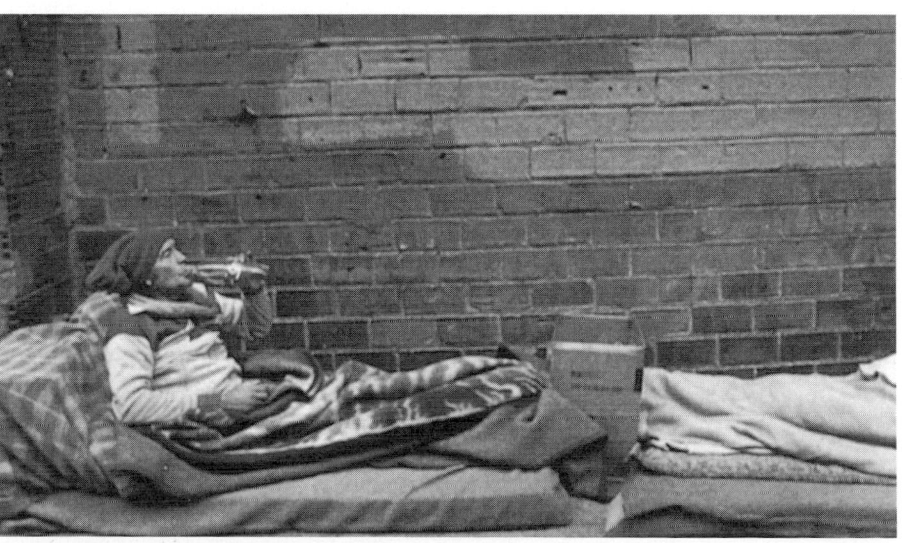

GRAMMAR

The Gerund

The form of the verb ending in **-ando** (**-ar** verbs) and **-iendo** (**-er** and **-ir** verbs) sometimes has the same meaning as the verb-ending "-ing" in English. The gerund in Spanish, however, performs a different function from English "-ing", and, as we saw in *unidad 9*, the equivalent in Spanish of English "-ing" is often the infinitive. For example "Before arriving at the station ..." would be translated by "Antes de llegar a la estación ..."

■ The Spanish gerund, correctly used, modifies the verb. For instance, it often tells you how an action is carried out. For example:

■ *Pasan su tiempo libre buscando trabajo y paseando* ... (They spend their free time looking for work and walking about ...)
The gerund tells you how they spend their time.

■ Quite frequently a "connecting" word, such as "by", "since" or "while" is used when translating the Spanish gerund into English. For example:

■ *Serafín suele defenderse en la calle vendiendo cartón y chatarra.* (Serafín usually gets by in the street by selling cardboard and scrap iron.)

■ You should take care not to use the gerund in Spanish after a preposition. For example:

■ *Al terminar EGB, trabajó en una tienda de ultramarinos* ... (On finishing his EGB, he worked in a grocer's shop ...)

■ ... *lo que hacen es despacharte después de haberte facilitado algunos días de alojamiento* ... (... what they do is send you away after having provided you with a few days' lodging ...)

■ Certain constructions with the gerund are commonplace:

Ir and **venir + gerund** give a sense of gradual action. For example:

■ ... *lo que pasa es que cuando dominas el circuito y vas tirando, cada vez te acostumbras más a la marginalidad* ... (... what happens is that when you've mastered the route and you're getting along all right, you get more and more used to being an outcast ...)

■ **Seguir** and **continuar** are followed by the gerund, and not the infinitive. For example:

■ *Florentino continúa viviendo con sus hermanos en la casa familiar.* (Florentino continues to live in the family home with his brothers/brothers and sisters.)

For the formation of the Gerund see the Grammar Summary on page 265.

Discovery

Look through the reading passages in this unit for more examples of the gerund. Be prepared to talk about their use in classroom discussion.

Práctica

1 Escoge cinco de los verbos siguientes e inventa frases sobre la vida de la gente marginada, utilizando el gerundio:

venir ir andar destruir subir buscar comer

2 Completa las frases de la hoja 76 empleando un gerundio. 76

 SEGUNDA PARTE: LOS EMIGRANTES

Texto B **Éxodo**

JUAN FERNANDEZ/FATIMA URIBARRI

Los turcos de Berlín, argelinos de París, pakistaníes de Londres, mexicanos de Nueva York, iraníes de Estocolmo, jordanos de Kuwait, tailandeses de Tokio, marroquíes de Barcelona, dominicanos de Madrid... Más de cien millones de personas no viven en el país en el que nacieron. Buscan una vida mejor lejos de casa. Unos la encuentran, otros se topan con el rechazo del país al que acuden, o se chocan contra los muros que el mundo rico ha levantado para frenar su llegada.

Pero es una riada imparable. No sólo se cuelan por las grietas de las barreras, sino que muchos se quedan y prosperan. Aunque sus sueldos son los más bajos y sus trabajos los más duros, los emigrantes ahorran y mandan dinero a sus familiares. Un ejemplo, Marisa, asistenta dominicana de 24 años, gana 70.000 pesetas al mes, paga 30.000 por la habitación del piso que comparte con otras tres personas, y envía a la República Dominicana 25.000 pesetas al mes para el cuidado de su hijo.

Los emigrantes mueven más dinero que los bancos más ricos del mundo. Mandan a sus familias 66.000 millones de dólares al año, una cantidad sólo superada por el dineral que mueven las transacciones de petróleo.

Como el dinero, todo lo que rodea a la inmigración internacional tiene dimensiones descomunales. Ahora más que nunca. Ni siquiera las migraciones de mediados del siglo XIX y principios del XX pusieron en circulación a tanta gente como ahora. Durante 170 años, oleadas de inmigrantes vaciaron Europa y llenaron América: de 1850 a 1920 abandonaron el viejo continente 50 millones de personas. Casi la mitad de los habitantes de las islas británicas, y el 30 por ciento de los italianos, noruegos, suecos y daneses hicieron las maletas buscando una vida mejor.

Entonces, la migración contribuyó al desarrollo de los países de destino, pero ahora los emigrantes acuden a lugares ya ocupados por otros. Y son muchos más. Los gobiernos de la Comunidad Europea están asustados: en 1990 ya poblaban Europa 13 millones de extranjeros, casi el equivalente a las poblaciones de Irlanda y Grecia. La CE ya habló de ello en Maastricht y ahora vuelve a hacerlo: los

ministros de Asuntos Exteriores de los Doce se reúnen el día 28 para debatir el nuevo problema que se avecina con la apertura de fronteras y la libre circulación de personas dentro de la comunidad. Temen que «un senegalés que cruce ilegalmente la aduana de Algeciras se plante en Munich sin problemas», explican fuentes del Ministerio del Interior.

España se ha convertido en punto de mira. A sus socios europeos les asusta la idea de que sea través de la puerta española por donde pasen futuros emigrantes. La puerta, sin embargo, no está abierta. El Gobierno español la entornó en 1985 con la entrada en vigor de la Ley de Extranjería. Y ha seguido cerrándose: desde el 15 de mayo de 1991, los marroquíes que quieren cruzar a España saben que no podrán hacerlo si no han conseguido antes un visado en el consulado. Una experiencia que conocen algunos «hermanos» latinoamericanos: a dominicanos, peruanos y cubanos se les exige también el visado cuando pisan el suelo del aeropuerto de Barajas. En 1991, más de 4.000 latinoamericanos sólo llegaron a pisar de España ese aeropuerto.

Algo similar les sucedió a los diez adolescentes marroquíes que llegaron este mes a España como polizones en un carguero. No pasaron del puerto. La Policía española les capturó. Las autoridades les negaron el asilo que solicitaron, y los mandaron de vuelta. Una aventura dura, desagradable e inútil.

Después del terrorismo, la inmigración es la segunda prioridad del Ministerio del Interior. En reforzar la vigilancia de las costas y aeropuertos, España ha gastado, sólo en 1992, 7.000 millones de pesetas. Los requisitos de entrada aumentan, se endurecen los controles, inspecciones e interrogatorios: «Nos tratan como a delincuentes», se queja Ahmed, marroquí de 43 años.

Su caso responde al modelo de inmigrante que opta por España: primero vino su hermano, luego llegó él, con 28 años. Su mujer e hijos se quedaron en Alhucemas, y él se gana la vida en Madrid haciendo trabajos esporádicos como albañil. La situación de los otros marroquíes de España es similar: siguen el surco marcado por amigos y familiares, los del Norte de Marruecos se establecen principalmente en Madrid y Barcelona, los del Este prefieren Murcia y Extremadura.

Suele ser así: los inmigrantes se instalan donde ya hay compatriotas. Los africanos eligen Madrid, Barcelona y la costa mediterránea. Los latinoamericanos prefieren Madrid, los indios y coreanos optan por las islas Canarias... Y luego están los otros inmigrantes: los jubilados europeos, que en España son muchos: 264.000, un 60 por ciento de la inmigración española. Son sobre todo británicos, alemanes, portugueses y franceses que buscan un retiro soleado a las orillas del Mediterráneo.

vocabulario	sinónimo de ...
topar con	encontrar
acudir	ir a
imparable	que no se puede parar
colarse	introducirse a escondidas o sin permiso
ahorrar	no gastar dinero
el dineral	la cantidad grande de dinero
descomunal	enorme
una oleada	afluencia numerosa de gente
avecinarse	acercarse
pisar	poner el pie
polizón	alguien que se embarca a escondidas

1 Haz una lista de todos los adjetivos de nacionalidad en el artículo e indica el país de dónde proviene cada uno. Por ejemplo:

marroquí Marruecos
peruano Perú

2 Escribe notas en español, resumiendo lo que dice el artículo sobre los siguientes aspectos:

a la actitud de los emigrantes hacia el dinero
b las diferencias entre las migraciones de finales del siglo XIX y comienzos del siglo XX y las de hoy día.
c el dilema de la Comunidad Europea
d la situación especial de España en cuanto a la emigración
e los dos tipos de inmigrantes que recibe España

77

3 Rellena el cuadro de la hoja 77 con el país o el adjetivo de nacionalidad correspondiente.

Texto C **Las pateras**

Muchos inmigrantes ilegales de los países de Africa intentan entrar en España por medio de pequeños barcos, llamados *pateras*. A veces los inmigrantes traen drogas consigo, lo que contribuye al problema del narcotráfico en España. La travesía es peligrosa y se ahogan los inmigrantes con frecuencia. El relato que sigue cuenta una travesía típica.

1 Imagina que eres una de las siguientes personas y cuenta en español a tu compañero de clase lo que te pasó durante o después de la travesía. Luego tu compañero va a desempeñar el papel de otra de las cuatro personas:
un inmigrante africano
un traficante
un guardia civil
un taxista

2 Escribe en español tu relato, empleando 200 palabras.

Las pateras

Hacia las doce de la noche, una camioneta desvencijada descarga a dos decenas de africanos en la zona del vertedero. En la playa aguardan el patrón y su socio. Ambos van armados con grandes cuchillos: no será la primera vez que un inmigrante ha querido pagar menos dinero del convenido y ha sido asesinado allí mismo y arrojado al mar. De los tres marroquíes, uno abandonará la escena con el dinero —en esta ocasión, 80.000 pesetas por persona—, mientras el patrón permanece en popa junto al motor y un tercer traficante confisca mecheros, cigarros y posibles armas a los africanos. Después los acomoda en el fondo de la barca y los tapa con mantas. Antes les ha preguntado si llevan documentación. En caso afirmativo deben romperla. La mayoría la han enviado por correo a España a algún pariente o amigo. Así, en caso de que la policía española les detenga, los trámites para su identificación serán mucho más complicados. Y, por el contrario, si alcanzan la libertad, podrán recuperarla, y con ella su identidad. El mar está en calma y la luz es mínima. A lo lejos se dibuja perfecta la costa española. Será hora y media de navegación. Un avión comercial no tarda más de cuatro minutos. Un trayecto mínimo para atravesar la frontera de Occidente.

Una travesía que los hombres más curtidos —algunos de ellos han atravesado a pie el desierto del Sáhara— recuerdan con horror. Son 90 minutos de incertidumbre, en un elemento extraño para la mayoría, en total oscuridad y que parecen no acabar nunca. N'Doye, un senegalés de 40 años que cruzó en agosto de 1990 lo recuerda "como el día que más miedo he pasado de mi vida. No lo repetiría por nada en el mundo". Hacinados como animales, sin saber a ciencia cierta qué les espera al otro lado, las únicas conversaciones a bordo de la patera son para preguntar al patrón cuánto tiempo falta, qué hora es o si existe peligro. Al miedo físico se une la desconfianza del inmigrante hacia el traficante. En los últimos tiempos algunos barqueros han dejado de nuevo a los centroafricanos en la costa marroquí después de despojarles de todo su dinero. Una estafa que en alguna ocasión se ha saldado con la muerte del marinero a manos de su *pasaje*.

Al otro lado, en España, no sólo la Guardia Civil y la policía están alerta. En varias gasolineras y bares de la carretera saben que las *piezas* están al caer. Una red tan improvisada como la marroquí entra en acción: taxistas que conducirán a los inmigrantes hasta Almería (donde un gran número de marroquíes trabaja en los cultivos de invernadero), camioneros que les cruzarán los Pirineos de camino a Francia, Bélgica y Holanda ocultos en los remolques de sus camiones, o simples desalmados que les robarán el escaso dinero o la pequeña cantidad de droga —principalmente heroína, en el caso de algunos centroafricanos— que han pasado para subsistir los primeros meses. "Yo les cobro entre 32.000 y 40.000 pesetas por llevarles hasta Almería", confiesa un taxista de Algeciras; "estará mal, pero yo y otros muchos taxistas no somos policías; no tenemos por qué denunciar a nadie. Yo no me meto. Me gano la vida. Mucho peor son las mafias ésas de camioneros y de autobuses, y la gente que les da una paliza y les quita todo lo que llevan".

El único instrumento legal actual para evitar esta colaboración con el tráfico ilegal de inmigrantes se tipifica en el artículo 499 del Código Penal. En este apartado se condena, a aquellos "que trafiquen de manera ilegal con la mano de obra", a sanciones que oscilan entre las 100.000 pesetas y los dos millones y a penas de arresto mayor de uno a seis meses (lo que en la práctica supone la libertad condicional automática del encausado). En cualquier caso, un corsé muy ligero para contener la ambición de unos y otros.

Muchos inmigrantes han logrado pasar. La mayoría ya estará trabajando en el campo, como temporeros, en Almería, La Rioja, Cataluña, a 500 pesetas la hora. Otros habrán alcanzado Madrid, y allí cuidarán jardines a 4.000 pesetas diarias o trabajarán en la construcción 12 horas al día por 80.000 pesetas al mes.

Texto D **Medidas para prorrogar la estancia**

78

1 Escucha la introducción que da la presentadora al reportaje y coloca las palabras de la lista de la hoja 78 en su sitio correcto.

2 Escucha el resto de la cinta y rellena el cuadro de la hoja 78 con la información requerida.

3 Escucha la cinta y contesta en español las siguientes preguntas:

a ¿Cómo entró Matute en España?

b ¿Qué espera Matute?

c ¿Qué tipo de empleo quiere buscar Eduardo mientras espera su permiso?

d ¿Cuáles son las dos maneras en que los inmigrantes pueden legalizar su situación?

e ¿Qué hacen actualmente los inmigrantes del año pasado?

Texto E **Huyendo de la purificación étnica**

1 Comenta este artículo (y el mapa de la página 157) con tu compañero y contesta en inglés las preguntas siguientes:

a Where exactly did the gypsies come from originally?

b When did the gypsies reach (a) the south of Europe and (b) the north of Europe?

c What was the attitude to the gypsies of Eastern European regimes after the fall of communism?

d Which regimes did they attempt to escape from?

e What happened as a result of their adverse treatment?

f What specific rights do the gypsies claim?

2 Escucha la cinta. ¿De qué manera se murieron los dos gitanos y por qué? ¿Dónde están los agresores?

HUYENDO DE LA PURIFICACIÓN ÉTNICA

TERESA BLANCO

Los Gitanos proceden de Oriente. Sus movimientos migratorios parten del norte de India, en diversas oleadas, entre los siglos IX y XIV. La lingüística permite, mediante el estudio de los dialectos gitanos que se hablan en los distintos países, hacerse una idea de los itinerarios seguidos en sus migraciones. Se cree que, después de abandonar India, llegaron a Persia, algunos viajaron a Transcaucasia y al Levante, mientras que otros se dirigieron al noroeste, después de pasar por Armenia a través de la Grecia bizantina, y quizás alcanzaron el Peloponeso a finales del siglo XI. La dispersión se produce de Este a Oeste y en 1430 ya se encuentran extendidos por toda Europa, exceptuando los países del Norte, adonde llegarían entre finales del XV y principios del XVI.

Desde su dispersión, los gitanos han sido sistemáticamente perseguidos y rechazados. Los de la Europa del Este han sido los chivos expiatorios más vulnerables y expuestos a las crispaciones nacionalistas en los estados pos-comunistas. Tratan de huir de los regímenes que aplican una política de limpieza étnica y apoyan encubiertamente el racismo. El empeoramiento de su situación los ha llevado a reunirse en congresos como el de 1990 en la ciudad checa de Brno, y a crear en 1992, en Budapest, su primer Parlamento, Eurom, para intentar detener el avance del racismo en su entorno y para organizar su representación.

Reivindican el reconocimiento de su condición de pueblo, su autonomía cultural, subvenciones (especialmente en educación) y el acceso a una representación municipal, en espera de que se aprueben leyes sobre minorías.

Sin embargo, los gitanos hace tiempo que dejaron de ser una minoría, y no deben ser considerados como tal. ■

La figura del patriarca, vital en el pueblo gitano.

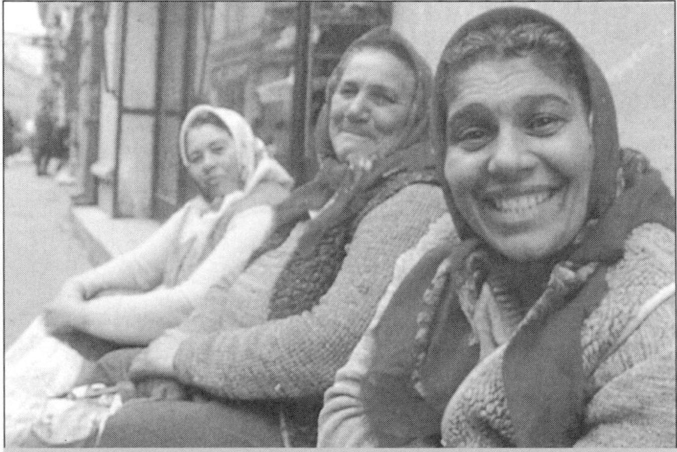

Mujeres gitanas en una calle de Rumania.

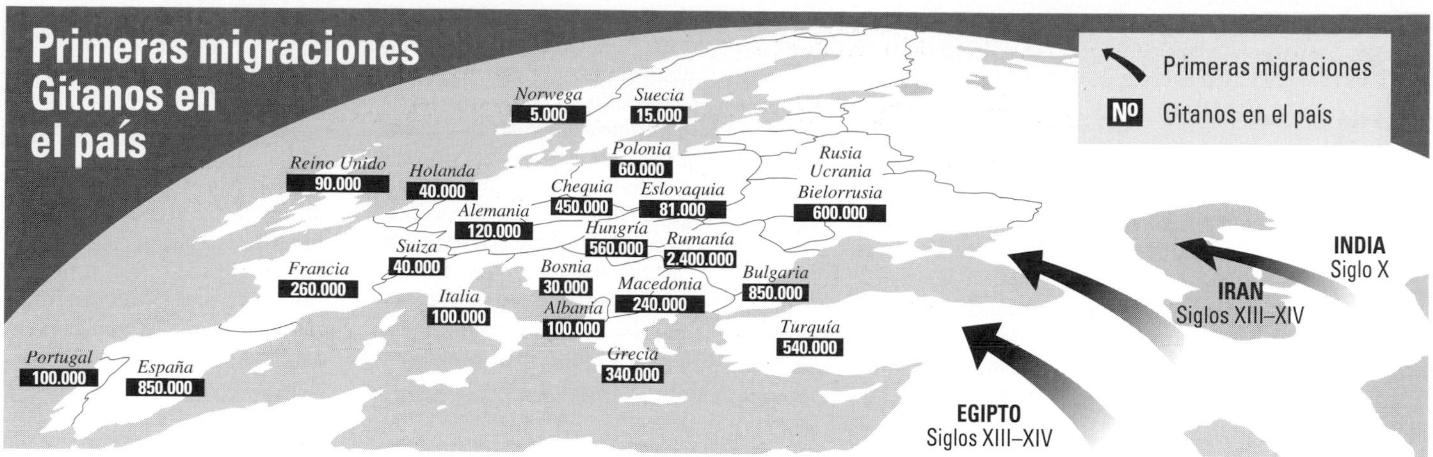

Texto F **La población marginada**

1 Lee el artículo de la página 158 y empareja estas palabras, sacadas del artículo, con su equivalente inglés:

hombre mayor
el caño
el torrente
desplomarse
la tasa
el hornillo
la patada
carecer de
acosar
el payo
apuntarse
el papeleo
hurgar
juerga
arañar

stream
stove
kick
to put one's name down
pipe
to harass
to collapse
to poke
elderly man
non-gypsy
rate
to lack
to scrape together
red-tape
merry-making

2 Contesta en español las preguntas siguientes:

a El barrio gitano se alimenta de dos cosas. ¿Cuáles son?
b ¿Antonio se considera español o no?
c ¿En qué se diferencian las viviendas obreras de las gitanas?
d ¿Por qué no va Raquel a la escuela?
e ¿Qué solución recomendaría Lluisa Llorca al problema de la vivienda si pudiera?
f ¿En qué se diferencian los gitanos de nosotros, fundamentalmente?
g ¿Por qué rechazaron los vecinos el realojamiento de los gitanos, a finales de los sesenta?
h ¿Por qué es difícil determinar el número exacto de los gitanos?
i ¿Qué sería necesario hacer, según la periodista, para solucionar de una vez el problema de los gitanos?
j ¿Por qué falta voluntad política para hacer lo necesario?

3 Comenta con tu compañero las relaciones entre los gitanos y los payos, tal como las describe la periodista en el último párrafo. Después verificad vuestras conclusiones con el profesor.

4 La periodista muestra su actitud hacia los gitanos mediante el estilo en que escribe el artículo. Por ejemplo escribe en el primer párrafo que «el barrio se alimenta ... de las promesas incumplidas del alcalde». Busca otros ejemplos en los que la periodista indica su punto de vista y discute con tu compañero si su actitud es irónica, simpática, moralizadora etcétera. Verifica tus conclusiones con el profesor.

Antonio Utreras señala con un elegante gesto de brazo la entrada de su hogar y pregunta: "Dígame si usted sería capaz de vivir aquí". Antonio, un hombre mayor conocido como *el abuelo Porras* en el barrio de casas degradadas de Torrent (Valencia), un núcleo de miseria que se alimenta del agua de un solo caño y de las promesas incumplidas del alcalde, aprovecha para mostrar la foto de su hijo —que decora la habitación, con una imagen de Jesucristo— besando la bandera el día de la jura. "Para que digan que no somos españoles". Hay, al otro lado de un torrente seco, viviendas obreras con geranios en las ventanas. Tan cerca y tan lejos.

Es verdad que pocos ciudadanos de los que ahora ven en los gitanos la culpa de la drogadicción en sus barrios serían capaces de vivir entre estos muros semiderruidos, bajo estos techos por los que el invierno va a desplomarse sin misericordia. Esos que les rechazan, ¿qué dirían de Raquel, de 12 años, que cuida de su hermano pequeño mientras sus padres buscan en la basura, y alimenta la enorme tasa de absentismo escolar que registra la población gitana? Tal vez Piedad les conmoviera. Tiéne un marido enfermo, un hijo oligofrénico y una hija en la cárcel por hurto (ella se lo ha buscado, pensarán los bien pensantes) que, cuando la dejan salir, corre a ayudar haciendo la comida en un pequeño hornillo de butano. Lluísa Llorca, espléndida muchacha que realiza trabajo social en Valencia, está peleando inútilmente para que le den algo más digno en donde refugiarse con los suyos. "Me entran ganas de recomendarles que se metan en cualquier casa desocupada por el método de la patada en la puerta. Pero yo eso no lo puedo decir".

Crecieron, en chabolas, pero crecieron, finalmente, en barrios que consideran suyos y en los que se les niega el derecho a realojarse. Si carecen de todo se les acusa de ser delincuentes; si consiguen algo se les envidia. La estructura de nuestra sociedad les acosa. No entendemos que originariamente fueron nómadas, que su concepto de la libertad es distinto del nuestro, que no se nos parecen, que son distintos, como los catalanes lo son de los extremeños o los andaluces de los vascos. El famoso *hecho diferencial* no se les reconoce, quizá porque su estructura social es radicalmente opuesta a la nuestra, tal vez porque nos parecen ciudadanos de tercera fila.

"Lo lamentable", reflexiona un payo que trabajó largos años en una asociación gitana, "es que este rechazo a los realojamientos en los barrios trabajadores no es nuevo. A finales de los sesenta lo encontrábamos en las asociaciones de vecinos formadas por gente luchadora, que reclamaban viviendas para ellos. Ya entonces les parecía que sus reivindicaciones eran más importantes que las de los gitanos".

Sería caer en un racismo básico presentar a estos compatriotas como un todo definible a la vez que clasificable. Traficantes o víctimas, chabolistas o flamencos, integrados o remisos. Es obvio que Antonio Utreras no es Rafael de Paula, y que Piedad no es Isabel Pantoja. Pero, aunque obvio, hay que recordarlo. En España viven alrededor de 800.000 españoles gitanos, y cada cual es de su padre y de su madre, como nosotros, los payos. El número exacto resulta difícil de determinar, porque en la marginación —fuerte, aunque minoritaria— no es frecuente el apuntarse al censo o tener facilidad para llenar cuestionarios. Resolver el papeleo es precisamente la primera ayuda que los payos que dedican sus horas a trabajar en favor suyo tienen que aportar.

Ahora que se ven las orejas de estos poblados que nadie admite en su vecindad, aunque durante años se hayan ganado la plaza por derecho, los sensatos comprenden lo necesario que habría sido, y que aún sería, un planteamiento de integración global a nivel estatal que incluyera entrega de viviendas, sanidad, educación, promoción social. Faltaron dinero y voluntad, como siempre —los gitanos no son muchos, no son electores decisivos para ningún partido—, y el programa, que empezó con dos años de retraso, sólo pudo ponerse en marcha en Madrid, en donde el tesón de Rosa Molina, jefa del Área Social del Consorcio Población Marginada, y su estrecho trabajo con eficaces colaboradores, hizo disminuir el número de familias chabolistas de más de 2.000 a unas 1.500.

Mantenemos relaciones impuras. No nos importan, no les necesitamos. Nos basta con la marginación que segregamos entre los nuestros. Para ellos, como ha escrito la experta Teresa Sanromá, "somos su nido ecológico". Eso quiere decir que recogen nuestra chatarra, hurgan en nuestra basura, nos venden lo que pueden, animan nuestras juergas, arañan algo para su supervivencia y corren a agruparse en las afueras, reales o ideales, de nuestros límites. Su desconfianza acerca de nosotros es infinita.

ANTONIO Y MARUJA. Viven de vender plantas, aunque lo ambulante "cada vez está peor". Maruja tiene como los chorros del oro la casa que al fondo, ocupan en Plata y Castañar, Villaverde, un poblado tipificado que fue posible gracias a la política del Consorcio Población Marginada de Madrid, hoy irrepetible por el pacto de Leguina con quienes rechazan a los gitanos. Son casas que tienen en cuenta su forma de vida.

EDUARDO. Eduardo Jiménez de la Rosa, desde hace casi 30 años funcionario del Ministerio de la Vivienda, en Madrid. Puede que alguno de sus compadres más radicales le llamen *apayado,* pero posee una cualidad difícil de encontrar en su mundo: capacidad organizativa y visión global de las relaciones entre las sociedades gitana y paya. Tiene hijos casados con payas y está claramente a favor del mestizaje.

oligofrénico — persona de desarrollo mental defectuoso

Rafael de Paula, matador de toros, e Isabel Pantoja, bailaora, son dos gitanos muy famosos.

Texto G **La realidad de la vida gitana**

1 Antes de escuchar la cinta lee con atención las definiciones de las palabras siguientes:

un payo	una persona que no es de raza gitana
transitar	ir por la vía pública
la beneficencia	la caridad organizada
la escolarización	la educación en la escuela
gestos puntuales	expresiones o movimientos exactos
franquear	atravesar
extenuar	cansar
apretado	estrechado con fuerza
borrar	hacer desaparecer

Primera parte

80

2 Ahora escucha la primera parte e indica en la hoja 80, poniendo una equis en la casilla correspondiente, si las afirmaciones siguientes son verdaderas. Si son falsas escribe la versión correcta.

Segunda parte

Escucha la segunda parte, tomando notas en inglés.

Ahora describe en inglés:

a the relationship between the gypsy and the *payo*, as Maruja Torres describes it.
b the reaction of the *mujer paya* to Maruja Torres.
c Maruja Torres' comments on the woman's reaction to her.

15 Gitanos y payos

Lee el artículo de la página 246. ¿Por qué hay desconfianza mutua entre los gitanos y los payos? ¿Hasta qué punto sería posible la colaboración entre las dos comunidades, en tu opinión?

GRAMMAR

Por and *Para*

These two prepositions are often considered as a pair because both can be translated by "for" in English, and because both are associated with movement. In fact they are used to communicate quite different ideas.

■ **Para** is the easier to explain: it indicates a sense of purpose, of movement towards a goal. When followed by the infinitive it is often translated by "in order to", "so as to", etc. For example:

■ *... no es frecuente tener facilidad para llenar cuestionarios.* (... they do not often find it easy to fill in questionnaires.)

■ **Por**, on the other hand, is used when you want to communicate the cause of something, the means by which something has been done or the idea of passage through time or space: it has the sense of "through", "during", "on behalf of", "because of". For example:

■ *Tiene una hija en la cárcel por hurto.* (A daughter of his is in gaol for theft.)

Por, in its meaning of "by" is also used to introduce the agent in a passive sentence (see page 86).

■ If you are in doubt about whether to use **para** or **por** it is worth remembering that **para** has a strong sense of purpose, while **por** can often be translated by "by/on account of ".

■ *A finales de los sesenta lo encontrábamos en las asociaciones formadas por gente luchadora, que reclamaban viviendas para ellos mismos.* (At the end of the 60s we found it in the associations formed by militant people, who demanded housing for themselves.)

■ Note also the difference between **porque** (because) and **para que** (so that):

Porque takes the indicative. For example:

- *El número exacto resulta difícil de determinar, porque en la marginación no es frecuente el apuntarse al censo ...* (The precise number is difficult to ascertain, because underprivileged people do not usually fill in census forms ...)

Para que takes the subjunctive. For example:

- *Lluisa Llorca está peleando inútilmente para que le den a Piedad algo más digno en donde refugiarse con los suyos.* (Lluisa Llorca is fighting in vain for them (ie. the authorities) to give Piedad a more decent place where she can take refuge with her family.)

For an account of other prepositions (**a**, **en**, **sobre**, etc.) see the Grammar Summary on page 259.

Discovery

Note down ten examples of the use of **por** and **para** in the reading passages and try to explain their use. Be prepared to talk about them in classroom discussion.

Práctica

Rellena los espacios en blanco de la hoja 81 con **por** o **para**.

81

Redacciones

Escribe una redacción en español de aproximadamente 250 palabras sobre uno de los siguientes temas:

a España, país de holgazanes simpáticos.

b Imagina que eres uno de los vagabundos del artículo *Cincuenta mil vagabundos recorren España*. Describe un día típico de tu vida en verano o en invierno.

c La mendicidad, consecuencia inevitable del paro.

d «La literatura da una imagen falsa de la gente marginada.»

Texto K **Pacto entre caballeros**

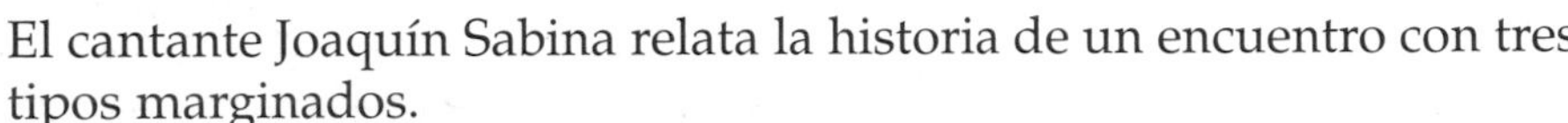

El cantante Joaquín Sabina relata la historia de un encuentro con tres tipos marginados.

82

Después de escuchar la canción haz un resumen de la historia en español, empleando 100 palabras. (Puede que necesites mirar la transcripción para descifrarlo todo.) ¡No te olvides de explicar el origen de la canción!

Desarrollando el tema

1 **Temas generales:** ¿cuáles son las causas de la mendicidad en España?; ¿cómo se puede solucionar este problema?; ¿dónde viven los mendigos?; ¿cómo se ganan la vida?; los albergues para los vagabundos; los pícaros en la literatura española; el argot de los marginados.

2 **Los distintos tipos de gente marginada en España:** los jóvenes desempleados; los gitanos; los mendigos; los vagabundos urbanos y rurales; los drogadictos; las prostitutas; los inmigrantes.

3 **Los gitanos:** su historia; sus costumbres; su vida diaria; el gitano como figura literaria y como figura real; los gitanos en España; el problema de la integración de los gitanos en la sociedad española.

UNIDAD 11

Dos mundos distintos: España e Inglaterra

El patio de los leones en la Alhambra, Granada

Fiesta de moros y cristianos, Alcoy

una calle típica, Córdoba

Un bar en la Plaza Nueva, Granada

En la introducción a su libro *Los españoles de hoy*, John Hooper habla de cómo varias épocas de la historia de España han hecho que el país sea «un lugar cerrado al extranjero», y que incluya «varias culturas diferentes». «Lo que es cierto de la mayor parte de España», dice Hooper, «no siempre es aplicable al País Vasco, o a Cataluña o a Galicia». Es una idea repetida por Ian Gibson al principio del décimo capítulo de su libro *España*. Gibson afirma que es muy difícil decir cómo son los españoles «porque si generalizar respecto de cualquier nación ya es, de por sí, peligroso, lo es de forma especial en el caso de España, con su mosaico de pueblos, idiomas e idiosincrasias regionales». Por eso, Gibson advierte que «lo que sigue no puede, por lo tanto, pretender ser una imagen totalizadora. Tampoco una imagen del todo objetiva.»
En esta unidad, nosotros hemos intentado elegir sólo unas cuantas características de la vida, del país y del pueblo españoles, y comparar así España e Inglaterra, aceptando también la casi imposibilidad de poder daros «una imagen totalizadora» que no deje nada más por decir. A pesar de las dificultades que Ian Gibson dice experimentar en esta cuestión, nos parece que es un hispanófilo que entiende muy bien a los españoles. Por eso, vamos a basar la mayoría de esta unidad en unas cuantas ideas suyas. Veremos cómo confirman sus opiniones los mismos españoles, ya sea en extractos cogidos de la Prensa española, ya sea en las ideas de varios amigos que ya has conocido en otras partes de *¡Al tanto!*

83 En la hoja 83, encontrarás la lista de vocabulario para esta unidad.

DOS MUNDOS DISTINTOS: ESPAÑA E INGLATERRA

PRIMERA PARTE: ASPECTOS GEOGRÁFICOS Y CLIMÁTICOS

Texto A Maribel y Fernando hablan de la influencia del paisaje y del clima

1 Antes de escuchar el texto, busca el sentido de las palabras siguientes:

condicionar	austero
húmedo	el cartaginés
desertizarse	el musulmán
sobrio	

2 Escucha el texto y contesta en inglés las preguntas siguientes:

a What connection does Maribel make between the climate and the landscape in Spain and England, and how does she suggest the two countries are different?

b What specific examples does Maribel give to support her point that there are many different types of landscape in Spain?

c What does Fernando say about Spain and England to prove his suggestion (i) that people's life-style is determined by the climate and (ii) that their character is influenced by the area in which they live?

84

3 Escucha otra vez lo que dice Maribel en este texto, e intenta rellenar los espacios en blanco en la hoja 84.

4 Ahora escucha de nuevo lo que dice Fernando y busca cómo se dice en español:

a without any doubt

b in the area I know best

c There aren't as many bars as over here.

d those of us who live next to the Mediterranean coast

e Mediterranean people are usually more open.

5 Explica la forma y el uso del subjuntivo en estas frases sacadas del texto:

a El clima también es lo que hace que el paisaje sea distinto …

b ... el clima obliga que la gente viva más en casa, sean las casas más confortables, se vea más la televisión ...

c ... vais a encontrar por ejemplo a un señor de Cuenca que sea muy simpático.

Un detalle del clima español que se menciona muchas veces es la intensa luz o (en las palabras de John Hooper) «la luminosidad casi dolorosa» que baña el paisaje.

85

6 Escucha a Isabel y Ana (primer grupo) y a Teresa (segundo grupo) que hablan de cómo les afecta la luz en Inglaterra y España. Escribe unas notas sobre lo que dicen.

Teresa González

Isabel de Alfonsetti

DOS MUNDOS DISTINTOS: ESPAÑA E INGLATERRA *SEGUNDA PARTE:* DISTANCIAS FÍSICAS Y PERSONALES

Texto B **Las distancias entre los edificios en España e Inglaterra**

1 Escucha a Teresa e Isabel que aquí hablan de una de las primeras impresiones que tuvieron al llegar a Inglaterra. Después de escuchar el texto dos o tres veces, habla con tu compañero de clase para elegir dos o tres detalles sobre los cuales las dos chicas están de acuerdo.

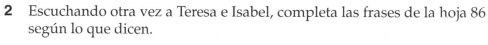

> **Creo que todo ello facilita las relaciones sociales.** For the use of the pronoun **ello**, see the Grammar Summary on page 256.

86

2 Escuchando otra vez a Teresa e Isabel, completa las frases de la hoja 86 según lo que dicen.

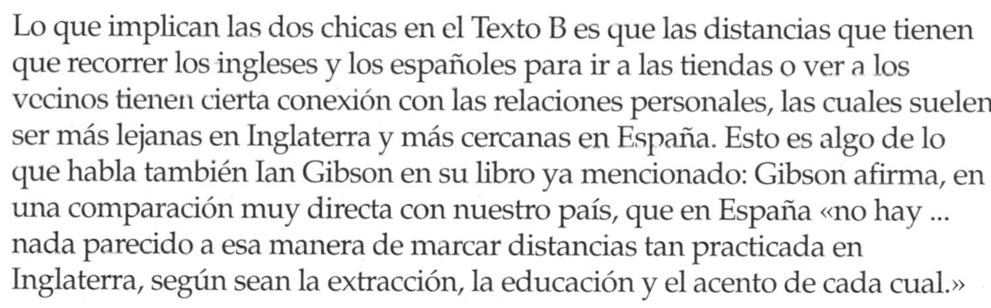

Lo que implican las dos chicas en el Texto B es que las distancias que tienen que recorrer los ingleses y los españoles para ir a las tiendas o ver a los vecinos tienen cierta conexión con las relaciones personales, las cuales suelen ser más lejanas en Inglaterra y más cercanas en España. Esto es algo de lo que habla también Ian Gibson en su libro ya mencionado: Gibson afirma, en una comparación muy directa con nuestro país, que en España «no hay ... nada parecido a esa manera de marcar distancias tan practicada en Inglaterra, según sean la extracción, la educación y el acento de cada cual.»

Texto C **Besos y otras cosas**

1 Antes de leer este artículo (página 164) que parece confirmar la opinión citada de Ian Gibson, busca el sentido de las palabras siguientes:

besuquearse	el moflete	rozarse	abalanzarse
estilarse	el refrote	el empellón	apurado
restallar	los carrillos	cuajar	

2 Ahora lee con cuidado el texto, y entonces contesta en español las preguntas siguientes:

a ¿Qué diferencias encuentra Rosa Montero entre cómo se saludaba la gente cuando era pequeña y cómo se saluda estos días?

b ¿En qué manera es distinto el saludo de una mujer a otra y el de un hombre a una mujer?

c Según la autora, ¿cuáles son los aspectos positivos y negativos del hecho de que los españoles sean tan «tocones»

d ¿Qué contrastes hace Rosa Montero entre los españoles y las otras naciones europeas?

3 Aquí tienes unas definiciones de palabras que se encuentran en el Texto C. A ver si consigues encontrar las palabras originales:

a Partes carnosas de la cara, ligeramente salientes, debajo de cada ojo.

b Tocar o acariciar con los labios.

c .... que se hace por costumbre.

d Poco menos de, cerca de ....

e Cuerpo de personas unidas por una tradición, lengua, cultura e historia comunes.

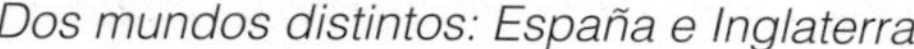

4 Estudia los varios usos de la palabra **se** en el Texto C y coméntalos con tu compañero de clase y después con tu profesor.

Besos y otras cosas

Es curioso lo mucho que nos besamos en España. Me refiero al beso social en las mejillas, y no a esos otros besos más lentos y sabrosos, también más conflictivos, que pertenecen al reino de lo privado. Eso, besuquearse con el prójimo a modo de saludo, no se estilaba antes, en mi infancia. Es decir, antes sólo se besaban las señoras, y no siempre. El lanzarse a las mejillas de los chicos sólo se empezó a poner de moda en los años setenta, y en poco tiempo se convirtió en algo habitual.

Y así, ahora, al saludarnos, si es entre mujeres siempre nos besamos, y si es entre hombres y mujeres, casi siempre, con la sola excepción de aquellas ocasiones extremadamente formales u oficiales, tratos de negocios, personas muy mayores. Tampoco estos besos suelen ser unos besos auténticos, esto es, un restallar de labios en el moflete, sino que más bien son un leve refrote de carrillos, un soplar de tópicas palabras de saludo sobre las orejas del contrario. Pero, de todas formas, nos rozamos, nos aproximamos, nos tocamos mucho más los unos a los otros que casi todos los pueblos que conozco.

Los españoles siempre hemos sido muy tocones, para bien y para mal. Casi siempre para bien, diría yo, aunque a veces resultamos demasiado invasores: esas manos que te empujan por la calle, sin siquiera pedir disculpas por el empellón, son muy molestas. Debió de ser nuestra inveterada afición a palpar carne lo que hizo que la costumbre del beso cuajara tan pronto y felizmente. Los franceses también se besan al despedirse o encontrarse, pero me parece que es un gesto que reservan sólo para los más amigos. En cuanto a los anglosajones, los alemanes o los nórdicos, se limitan a darse la mano, y si te abalanzas hacia el cuello de un hombre al saludarle, le dejas estupefacto y apuradísimo.

Rosa MONTERO

Pero; sino; sino que … : for an explanation of these words meaning "but", see the Grammar Summary, page 267.

Texto D **No te puedes acercar más … que lo que es la extensión de tu brazo**

1 Le preguntamos a Teresa González si durante sus primeros días en Inglaterra tuvo problemas con adaptarse a la cuestión de «guardar distancias». Escucha lo que contestó y busca las frases españolas que traducen las inglesas que siguen:

- **a** It has not caused me any problem.
- **b** It might cause you a problem when you're introduced to someone and you go to give them two kisses.
- **c** In the rest of the continent, people touch each other more, or give each other three kisses, or embrace, and here it is not like that.
- **d** Then people explained to me that you cannot get any closer to a person than an arm's length.
- **e** People are not given to touching or being too close to each other.
- **f** Even if you know someone well you also have to be careful with distances and with what you say.
- **g** It's also a language problem, because what is a normal expression in Castilian, if you translate it into English (...) may well be rude, or they might misunderstand you, or not understand you at all.
- **h** You have to be careful about your manners.

2 Verifica tus respuestas con el profesor. Después, escribe un párrafo completo, utilizando todas las frases españolas que ahora tienes, pero escribiéndolas en estilo indirecto, para que cambies los verbos al tiempo pasado. Empieza así:

Teresa dijo que no le había causado ningún problema, pero que en el resto del continente, la gente se tocaba más o …

Ian Gibson relaciona «la manera de marcar distancias tan practicada en Inglaterra» con cierto esnobismo que a él le parece estar totalmente ausente en España, especialmente en cuanto a la cuestión de los acentos regionales. «Los españoles», dice, «están a gusto con su acento regional y jamás se les ocurriría tratar de disfrazarlo ni de perderlo.» Hooper también pone énfasis sobre la importancia del regionalismo español. El artículo que sigue examina varios aspectos del carácter de los ingleses y del efecto sobre el país de lo que llama «la dictadura» de la señora Thatcher. Uno de esos aspectos nos ofrece una vista de un regionalismo muy diferente del español.

Texto E **Reino Unido – la muerte lenta**

1 Antes de leer el texto (página 166), empareja cada una de estas definiciones con una de las palabras de la lista que las sigue. Entonces, elige una palabra inglesa que traduzca bien cada palabra. Después busca las palabras en la lista preparada para esta unidad, para ver si has acertado.

a que da alivio, como un medicamento suavizante
b la lengua especial de un grupo social diferenciado
c el hecho de guardar algo que es valioso
d en una manera que no se puede expresar
e hacer chanzas o chistes
f en una manera que agobia o que produce gran molestia
g la ruina, la degeneración
h lugar tranquilo que ofrece consuelo o alivio
i tener miedo de, desconfiar
j prepararse para obrar con mayor intensidad, sobre todo cuando hay dificultades
k estado del ánimo en que la persona parece no reaccionar y no experimenta sensación alguna que le ponga en contacto con el mundo exterior
l cosa que seduce, o el encanto en sí

i	el declive	**vii**	abrumadoramente
ii	indeciblemente	**viii**	la jerga
iii	apretar los dientes	**ix**	recelar
iv	bromear	**x**	la displicencia
v	balsámico	**xi**	la reserva
vi	un embeleso	**xii**	un remanso

2 Ahora, lee el artículo, y después escribe dos o tres frases en español sobre lo que dice el autor de cada uno de los temas siguientes, comparando después tus ideas con las de tu compañero de clase.
a el carácter de los ingleses
b la primera reacción de los ingleses a la elección de John Major
c la brecha entre el norte y el sur
d los acentos regionales y la actitud de los ingleses a ellos
e las opiniones de los ingleses sobre otros pueblos europeos

3 ¿Te parece que el autor nos ofrece un panorama pesimista u optimista de la situación que describe aquí? Justifica tu opinión.

Reino Unido – la muerte lenta

Tras 11 años de riesgo y derroche bajo la sombra de Margaret Thatcher, los ingleses viven la resaca de aquella borrachera de éxito en forma de una brutal recesión económica que ha heredado John Major. El nuevo y gris primer ministro parecía el timonel adecuado para capear el temporal, pero el tiempo se ha encargado de romper la esperanza.

El Reino Unido, aun con su pasada gloria imperial, es, antes que nada, una vieja tribu de isleños que se conocen a sí mismos. Un reducto que no se rinde al declive histórico, por omnipresente que éste se haga. Un país sabio y estúpido a la vez, práctico e indeciblemente estoico. Un país que sabe apretar los dientes, sufrir en silencio y bromear sobre ello.

John Major, un hombre fatalmente parecido a su propia estatua de cera, fue la elección de una sociedad con resaca.

Como primer ministro de un país con migraña, Major cumplía el primer requisito: no gritar. Después de los graznidos y el mesianismo de *la Señora*, el hombre gris fue balsámico.

Pero fue un embeleso breve. Tras unos meses de mutua contemplación, Major y la ciudadanía constataron que la recesión no se acababa por sí sola. Los británicos le preguntaron a su nuevo líder qué había que hacer. Y ahí asomó el problema. Major, el funcionario ideal, esperaba eso mismo: que le dieran instrucciones. A falta de mejor referencia, el primer ministro se guió por los periódicos y las encuestas. ¿La gente quiere acción? Pues se cierran las minas. ¿Que es una barbaridad? Pues no se cierran.

El mundo no tiene ahora una idea clara sobre el Reino Unido. Para unos, que se fijan en la pobreza del norte, la mano de obra barata, la desindustrialización y la inacabable depreciación de la moneda, es un país que va de cabeza a la ruina. Para otros, que prefieren mirar la City financiera y las gigantescas compañías de servicios, es un país aún muy poderoso. Unos y otros tienen razón. Este país tiene mil caras.

El sur, rico, comercial, superpoblado, viene a limitar con Birmingham al norte y con Bristol al oeste. El norte, pobre, supuestamente industrial, con población decreciente, es todo lo demás. Cuando Disraeli habló de "las dos naciones", éstas mantenían un cierto equilibrio: la industria de Manchester o Glasgow, cuna del liberalismo, frente al comercio de Londres, bastión de los conservadores. La balanza se rompió con la crisis industrial de los setenta y la *dictadura sureña* de Thatcher. Hoy manda, abrumadoramente, el sur.

Y si hay mil caras, hay mil voces. Ningún país en el mundo está tan obsesionado con los acentos, ni tiene tantos tan distintos. Cuando un inglés abre la boca, dicen, otro inglés le clasifica. Basta con una palabra. Cuando alguien es capaz de pronunciar la palabra *empire* (imperio) sin abrir apenas la boca y emitiendo una voz que suena a "imppah", suele tener tras sí una costosa educación privada. Lo mismo vale para el *cockney* londinense (una jerga a base de rimas, preciadísimo patrimonio de los castizos), o para el cristalino inglés de Edimburgo, o la suave musiquilla irlandesa, o la permanente interrogación del *liverpudlian*.

Son pesimistas e irremisiblemente aristotélicos. Desconfían del individuo, pero creen en la institución. Aman lo concreto, recelan de lo abstracto. Lo contrario del continente, tan platónico, tan amante de ideas y abstracciones, tan creyente en la supuesta bondad innata de los hombres. La incomodidad británica frente a los proyectos de unión que plantean sus socios comunitarios tiene raíces psicológicas profundas.

La relación con Europa atraviesa una curiosa fase. Se acabó ya el tiempo en que la niebla del canal aislaba "al continente". La displicencia se ha transformado, por razones obvias, en secreta envidia. El británico sólo tiene que cruzar el canal para constatar que los franceses disfrutan de mejores carreteras, mejores trenes, ciudades más limpias y, eso no es nuevo, una comida infinitamente más apetitosa. Los alemanes son incomparablemente más ricos. Incluso los españoles viven mejor que ellos. Por supuesto, en casi todas partes tienen mejor clima. Las encuestas no dejan lugar a dudas: dos tercios de los jóvenes creen que la vida es más agradable en "el continente" y dicen que emigrarían si encontraran un empleo.

Hay quien cree que esta vieja isla no tiene otro futuro que el de museo de antigüedades y reserva de tradiciones pintorescas. Quien lo crea, se equivoca. Britain está cansada y desorientada, cierto. Pero en un mundo convulso, cada vez más imprevisible y cambiante, la vieja isla es un remanso de sensatez y sentido práctico. Las guerras largas las gana quien es capaz de resistir un infierno y hacer un chiste de ello. Y ése es el británico.

Enric GONZÁLEZ

Texto F **Las variantes del inglés**

Escucha otra vez a Teresa González que aquí habla de esta cuestión de los acentos regionales y de cómo los consideran los ingleses y los españoles. Después escribe una frase para resumir el contraste principal que examina, utilizando las palabras:

Según Teresa, en España ..., mientras que en Inglaterra ...

Después de escribir esta frase, haz una lista en español de todos los ejemplos específicos que Teresa ofrece para apoyar este contraste.

DOS MUNDOS DISTINTOS: ESPAÑA E INGLATERRA *TERCERA PARTE:* «DISFRUTAR DEL DÍA Y FIAROS LO MENOS POSIBLE DEL FUTURO»

Esta máxima de Horacio es citada por Ian Gibson para subrayar lo que él considera ser la «característica más marcada» de los españoles, o sea el entusiasmo con que viven el presente. Para Gibson, el pueblo español es «un grupo humano sumamente sociable, al que no hay nada que le guste más que la espontaneidad, improvisar una fiesta o una salida». También cita a Gerald Brenan que hablaba de «la tremenda vitalidad animal de esta raza», una vitalidad, como dice Gibson, que «se transmite a temprana edad» a los niños nunca reprimidos y siempre alentados a

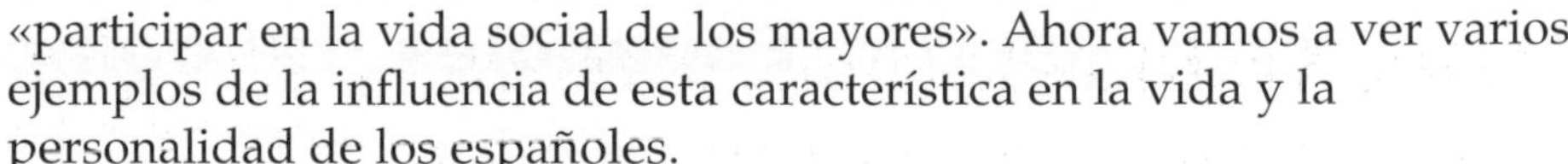

«participar en la vida social de los mayores». Ahora vamos a ver varios ejemplos de la influencia de esta característica en la vida y la personalidad de los españoles.

87

1 Si lees otra vez el Texto E, encontrarás unas referencias al carácter inglés que contrasta mucho con lo que acabamos de decir arriba. Un contraste parecido se ve en la hoja 87 donde hay un ejercicio sobre parte de un pequeño artículo que intenta explicar por qué al té se le concedió la nacionalidad inglesa, y por qué sería buena idea recomendárselo a un español.

El Texto E comenta lo «indeciblemente estoico» que es el país de los ingleses, un sitio donde el pueblo «sabe apretar los dientes» y «sufrir en silencio». Ian Gibson se refiere también a un libro del siglo 19 (*La Biblia en España*) donde el autor, George Borrow, describe la manera en que los ingleses intentan hablar español: «apenas despegan los labios y meten inútilmente las manos en los bolsillos, en lugar de utilizarlas para la indispensable tarea de la gesticulación». Los gestos son efectivamente una parte natural del habla de los españoles; ésta es otra observación hecha por nuestra amiga Isabel de Alfonsetti.

88

2 Escucha la conversación entre Isabel y Ana. ¿Cuáles son los gestos que se mencionan aquí y qué razones ofrecen las dos chicas para explicarlos?

El que el español, según Isabel, sea más abierto introduce otro aspecto de su vitalidad y su amor a la vida: el que le guste tanto alternar. Como dice Ian Gibson, «la sociedad española, que gusta más de vivir en la calle que en casa, alienta esas superficiales amistades que tanto enriquecen la existencia (...) Les encanta invitarte a unas copas (...) y al cabo de diez minutos de conversación, con un vaso de por medio, es como si se conociese uno de toda la vida.» Es otra diferencia que notó Isabel al llegar a Inglaterra.

Texto G **La oportunidad de llegar a la gente**

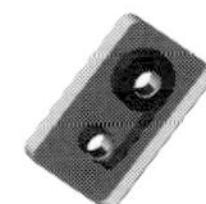

1 Escucha dos o tres veces este texto y entonces resume los puntos que menciona Isabel en dos listas que se contrastan - la primera para Inglaterra y la segunda para España.

2 Escuchando otra vez el texto grabado, escribe cómo se dice en español:
a One thing that caught my attention ...
b They are given the "red carpet" treatment.
c They let you reach people.
d a friendship or whatever you want to call it
e You can spend the whole night talking with someone ...
f To be honest, I would find it very difficult.
g You start chatting about anything at all ...

No hay nada que dé mejor prueba de la vitalidad de los españoles que su gusto por la vida nocturna. Gibson opina que «la animación nocturna en *pubs* y discotecas no tiene parangón en Europa, y puede que en ningún otro lugar del mundo.» Es esta actividad que suele continuar hasta la madrugada la que puede llegar a ser tan abrumadora para un inglés no tan «marchoso», y por otra parte es la falta de esta energía inacabable la que puede chocarle a un español cuando llega a Inglaterra.

Texto H **Españoles, tal como somos**

1 Antes de leer este artículo (página 169), busca el sentido de las palabras siguientes:

el traje de faralaes	la cartilla de ahorros	el binguero
el autorretrato	raudamente	el forofo
el mito	la chiripa	el/la tragaperras
desdecirse	tachar	las acciones
la farola	la antorcha	reciamente
la piltra	las quinielas	la mandíbula
la ludopía	el gremio	ir de higos a brevas

2 Ahora lee con cuidado el texto y escribe una frase que resuma cada uno de los siguientes aspectos del autorretrato de los españoles ofrecido:

a la hora de irse a la cama
b la pasión por el juego
c las comidas
d el cine comparado con la televisión
e la lectura

3 Ahora lee otra vez el segundo párrafo del artículo (desde «El terror de los escandinavos» hasta «seis horas diarias (el 5 por ciento)». Entonces, copia los tres primeros gráficos de tarta (*A la cama*, *Ring, ring* y *Zzz* ..) y pon frases del texto al lado de las cifras apropiadas en cada gráfico.

4 Ahora, para hacer contraste con lo que sugiere el texto, haz unas preguntas a tus compañeros de clase (y/o a otros del instituto) sobre cuándo se acuestan y se levantan, y cuántas horas suelen dormir. Entonces, dibuja otros tres gráficos de tarta que esta vez se refieran a las mismas costumbres en Inglaterra.

Texto I **Aquí a las once te echan literalmente**

1 Escucha el texto grabado donde Teresa González habla de sus impresiones de la vida nocturna en Inglaterra. Después, explica en español el significado de las frases siguientes sacadas de sus opiniones:

a es como ir al bar de una casa (...) y te sirves tú las bebidas
b aquí a las once te echan literalmente
c estás en la calle ... colgado
d echar dinero en un saco roto
e la ruta del bakalao
f a no ser que estés en una ciudad estudiantil

2 Escucha a Isabel que también tiene cosas que decir sobre esta cuestión del horario nocturno en los dos países. Contesta estas preguntas:

a Isabel tiene otra explicación que en su opinión justifica el que los españoles tiendan a salir hasta las dos o las tres de la madrugada. ¿Cuál es?
b ¿Por qué no están de acuerdo Isabel y Ana sobre la protesta que se hizo en Alicante?
c ¿De qué detalle de su infancia se acuerda Isabel? ¿Qué es lo que implica generalmente este detalle en cuanto a la cuestión del horario español?

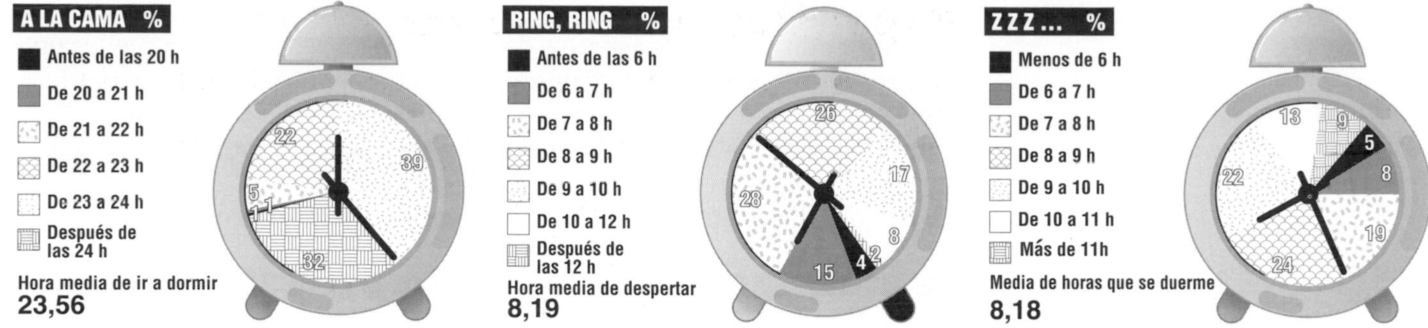

JOSE MANUEL FAJARDO

QUÉ ES ESO DE SER ESPAÑOL? ¿Un accidente geográfico? ¿Lo que dice el DNI? ¿Un orgullo? ¿Un título? ¿Una desgracia? Fuera de las fronteras de España ser español es, en primer lugar, un carácter. El español, para los europeos, se dibuja a golpe de tópicos, de los toros a la tortilla de patatas, del pueblo orgulloso al traje de faralaes. Pero, ¿qué autorretrato hacen los españoles de sí mismos? Dos encuestas de reciente publicación — del Centro de Investigaciones sobre la Realidad Social (CIRES) y el Estudio General de Medios (EGM)— dan cuenta de las costumbres y preferencias de los españoles. Y así, sacados del lugar común y metidos en la casa común de los gráficos estadísticos, los mitos sobre el carácter hispano se reafirman o desdicen, que de todo hay, ante el espejo de las cifras. Unas cifras que hablan sobre todo de sueños.

El terror de los escandinavos, a saber, la supuesta costumbre hispana de acostarse a las tantas, se confirma plenamente. Casi las tres cuartas partes de los españoles se acuestan después de las 11 de la noche, pero es que el 34 por ciento lo hace pasada la medianoche. A esas horas, en media Europa, no están de pie ni las farolas. Y tan sólo uno de cada cien españoles que se crucen en su vida tendrá la peregrina idea de meterse en la cama antes de las 8 de la tarde. La hora de despertar tampoco es como para entrar en el libro de los récords madrugadores. El 54 por ciento se decide a vérselas con el mundo entre las 7 y las 9 de la mañana. Un 8 por ciento se levanta a partir de las diez y un 2 por ciento tiene el valor de confesar que no deja la piltra hasta pasado el mediodía. Con tales datos no tiene nada de raro que el promedio de horas dormidas por los españoles sea de ocho horas y 19 minutos. Claro que siempre quedan los trágicos casos de quienes se levantan antes de las 6 de la mañana (el 4 por ciento) y de quienes duermen menos de seis horas diarias (el 5 por ciento).

Nada dicen las encuestas sobre lo que desean los españoles durante las reparadoras horas del sueño. Pero sí que hablan de lo que sueñan durante la vigilia. Y los españoles sueñan con hacerse ricos.

En estos tiempos en que las ideologías están de capa caída (eso dicen los defensores de las ideologías de siempre), la utopía ha dado paso a un nuevo género de deseo social: la ludopía. Una fiebre de juego invade España. Los españoles, que en un 82 por ciento se empeñan vanamente en juntar una perras en sus cartillas de ahorro —aunque ese 30 por ciento que tiene tarjetas de crédito y de grandes almacenes revela claramente que el destino de buena parte del dinero es pasar raudamente por la cartilla rumbo a la caja registradora del comercio de turno—, se dan al juego en clara mayoría: el 58,7 por ciento juega a algo. Clara manifestación de los tiempos de crisis: de esta triste condición no puede sacarnos hoy más que... la ONCE. Eso debe pensar el casi 44 por ciento de los españoles, que acuden a la Organización de Ciegos Españoles a ver si les ilumina el camino de una redención social lograda por chiripa.

Pero en los tiempos plurales y mestizos al uso, el gusto también es diverso. Algo más de una cuarta parte de los españoles tacha numeritos en la Lotería Primitiva. El 19,7 deposita su fe en la clásica Lotería Nacional. Y sólo un 7,3 por ciento mantiene en alto la antorcha de las quinielas: hasta aquí ha llegado la crisis de los valores tradicionales. El gremio de los bingueros es ya anecdótico, el de los forofos de las tragaperras ha quedado en poco más del 3 por ciento, y el de los jugadores de casino sigue como siempre: asunto de gente con posibles, o sea, un 0,2 por ciento. Es como lo de comprar acciones o bonos, una actividad que realiza tan sólo el 3 por ciento de los españoles, pero que mueve miles de millones de pesetas. Echen ustedes las cuentas.

Más allá del dinero, ¿qué otros deseos mueven a los españoles? Uno de ellos, clásico, es el comer, aunque la abundancia de latas de conserva haga sospechar lo peor respecto a las artes culinarias. Aquí las costumbres vuelven a ser reciamente hispanas durante las horas solares. Un 7 por ciento no se levanta con humor para echarse nada al estómago. Un 25 por ciento lo hace entre las 10 y las 12 de la mañana y hay un 2 por ciento que desayuna cuando en Francia se almuerza, a partir de las 12. La sorpresa viene en la cena. El 67 por ciento dice que cena entre las 8 y las 10 de la noche. De todos modos un 16 por ciento de inasequibles a las buenas maneras europeístas sigue moviendo las mandíbulas hasta la medianoche.

De los otros sueños, los de papel o celuloide, la verdad es que los españoles no van muy bien despachados. Puestos a imaginar, casi el 90 por ciento lo hace ante la pantalla del televisor. El 61,2 confiesa no ir nunca al cine y casi el 20 por ciento va de higos a brevas. Así le luce el pelo a la industria cinematográfica. En cuanto a los libros, mejor no hablar. ■

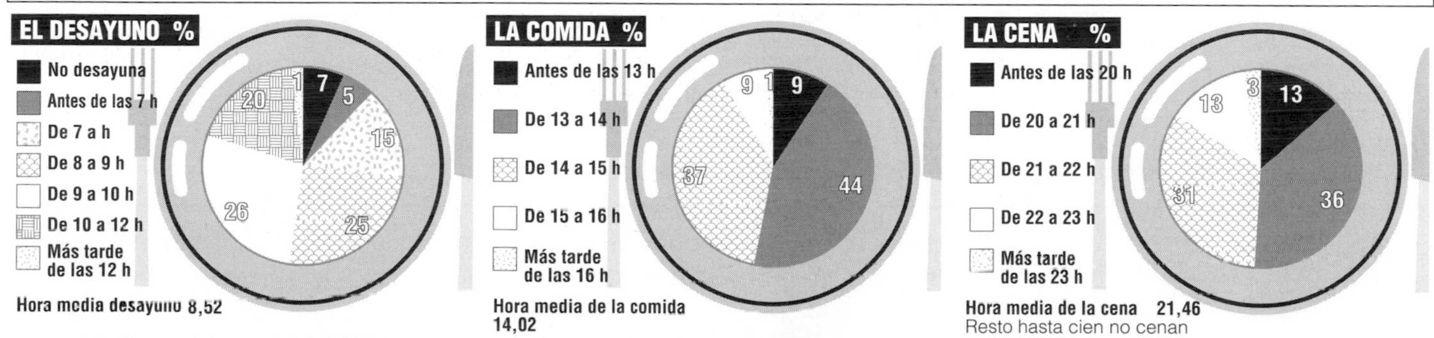

Sería imposible dejar este tema sobre el amor de los españoles a la vida diaria sin examinar unos aspectos de la comida, especialmente aquellos que difieren de lo que pasa en Inglaterra. En su libro, Ian Gibson elogia con entusiasmo la tradición de las tapas en España, «una de sus mayores contribuciones a la gastronomía y a la civilización». Y para Teresa González, una de las cosas que más le llamó la atención cuando vino a Inglaterra a vivir fue la diferente manera de cocinar, comer y servir la comida.

Texto J **Nunca las había comido en esta manera**

Escucha una o dos veces lo que dice Teresa y entonces haz una lista de todos los ingredientes, partes de la comida, u objetos en la mesa que menciona. Al lado de cada palabra que has escrito en tu lista, añade una pequeña frase que explique la diferencia que ella ha notado.

una paella

Más que nada, es el horario de las comidas lo que ofrece el contraste más evidente entre los dos países. Al inglés que va por primera vez a España, le cuesta muchísimo adaptarse a la idea de no desayunar casi nada, de comer muchísimo no al mediodía sino a las dos o las tres de la tarde, y de tener que esperar hasta una hora muy avanzada para cenar. Y vice versa, claro está, para el español que llega aquí sin saber nada de nuestras costumbres culinarias.

Lee otra vez el penúltimo párrafo del Texto H (*Españoles, tal como somos*) y estudia los tres gráficos de tarta que se titulan *El Desayuno*, *La Comida* y *La Cena*. Entonces tienes que realizar tu propia encuesta sobre las costumbres culinarias de los ingleses, siguiendo los datos ofrecidos por el Texto H y haciendo preguntas apropiadas a todos tus compañeros. A ver si después puedes producir otros tres gráficos de tarta que reflejen los resultados de esta encuesta. Para terminar, habla con tu profesor sobre las diferencias que se ven entre los gráficos del Texto H y los que has logrado dibujar.

Textos K y L **El horario de las comidas españolas – posibles explicaciones**

No todos los cambios se producen en el sentido de acercarnos a las pautas de vida de los países de economía más compleja. Tenemos, por ejemplo, el horario. Tradicionalmente los españoles retrasaban un poco la hora de la comida y de la cena en relación a lo que sucedía en otros países europeos. Pues bien, ese retraso se acrecienta cada vez más, a pesar de que las cadenas de televisión adelantan la emisión de los espacios de noticias.

El que fuera embajador en Estados Unidos durante los años cincuenta, el célebre José Félix de Lequerica, al comparar las costumbres de ese país con las españolas, observa la disparidad de horarios. Una consecuencia – según él – de las veladas tan largas en los hogares americanos era que fomentaban los divorcios. En contraste, en España «en general el matrimonio es admirable. Los esposos no se ven, viven como en un divorcio permanente y por eso no necesitan divorciarse» (González-Ruano, 57: 67). Se trata, claro está, de una ironía, pero contiene un punto de razón. El retraso en la hora de recogerse en casa para la cena hace que disminuya el tiempo en el que coinciden en el hogar padres e hijos y los esposos entre sí, por lo menos en el esquema de la familia nuclear, que sigue siendo la típica.

Muchos de los hábitos que aquí se describen como rasgos generales son más bien propios de los ambientes urbanos. Lo son doblemente porque se afirman como contraste u oposición de la pauta rural, que para muchos urbanícolas de primera generación se quedó atrás, en las raíces familiares. Si se fuerza una comida copiosa y se retrasa la hora de ésta, es precisamente para distanciarse de ese campesino originario que va inscrito en el árbol genealógico y que almorzaba poco y con el sol en el cenit.

Amando MIGUEL

90

Lee el Texto K y escucha el Texto L. Entonces completa el ejercicio que encontrarás en la hoja 90.

DOS MUNDOS DISTINTOS: *CUARTA PARTE:* LA OTRA CARA DE LA MONEDA
ESPAÑA E INGLATERRA

Ian Gibson confiesa sentir por España «un apasionado compuesto de amor y rabia en el que es el amor lo que predomina». La mayor parte de lo que hemos examinado hasta ahora se basa en su amor por el país, pero vale la pena pasar unos minutos considerando las razones para su «considerable dosis de rabia».

El estilo de vida y el carácter de los españoles que hemos intentado resumir en estas páginas dan la impresión general de un pueblo que conoce el valor de la vida y que disfruta de la misma cuanto puede. Hay momentos, sin embargo, en que estas mismas características pueden desanimar e incluso molestar al inglés más tranquilo, resignado y nada suspicaz. Entre otras cosas, nos referimos, (tomando prestadas otra vez las ideas de Ian Gibson) a la increíble cantidad de ruido que existe en España, al individualismo «anarquista» del español mediano que hace que piense poco en el bien común, a su obsesión por el juego y por aparentar, y a su aversión hacia los extranjeros. Aquí no se trata de criticar a nadie: muchas de estas cosas son parte del encanto mágico que tiene el país para los hispanófilos. Vale sin embargo estar preparado para aceptar que éstas existen.

En cuanto al ruido, Gibson afirma que esto es (según estudios del Departamento de Turismo) lo que más detestan los extranjeros de España, y que «los españoles aceptan (...) que el suyo es el país más ruidoso del mundo después de Japón». Gibson dedica diez páginas del capítulo a la descripción de una enorme variedad de orígenes del ruido, empezando por el sonido seco y áspero de las voces, una característica que «se acentúa cuando la gente levanta la voz, como tan a menudo hace.» (Es interesante en este contexto observar que en el Texto E, se dice que una de las razones del éxito de John Major en las elecciones inglesas fue que «cumplía el primer requisito: no gritar») Gibson habla de la manera enfática en que hablan, de los niños que «aprenden muy pronto a gritar para llamar la atención», de las muy raras veces «que se oye a alguien susurrar», de los ruidos de las calles, por ejemplo los ciclomotores, los cláxones de los coches, la música, los televisores, los juerguistas etcétera, etcétera. «La lista sería interminable». También dice que «los bares españoles son los más ruidosos del mundo»; si escuchas otra vez el Texto I, verás que Teresa González está totalmente de acuerdo con él.

Como justificación a parte de este ruido, Gibson cita al escritor Domingo García Sabell que «ha llegado a la conclusión de que, detrás de esta manera de vociferar (y de la gesticulación que la acompaña), subyace el deseo de hacer callar al otro ... Los españoles no saben escuchar bien a los demás.»

GRAMMAR

Conditional sentences

■ Conditional sentences usually consist of two clauses, one of which is introduced by **si**. In general, if the condition is "open" i.e. it might or might not be/have been fulfilled, the indicative is used. For example:

- *Si gano bastante dinero, iré a España el año que viene.* (If I earn enough money, I shall go to Spain next year.) [i.e. I might or might not earn enough money.]
- *Si has vivido en España, ya sabrás lo diferente que es la comida.* (If you have lived in Spain, you will know how different the food is.) [i.e. the speaker does not know whether the other person has lived in Spain or not.]

■ If, however, there is only a remote possibility of the condition being fulfilled, or the statement is contrary to fact, the subjunctive must be used: For example:

- *Emigrarían si encontraran un empleo.* (They would emigrate if they found a job). [i.e. the prospect of them finding a job seems remote to the speaker.]
- *Si yo hubiera nacido en Londres, igual habría sido una «hippy».* (If I had been born in London, I would probably have been a "hippy".) [i.e. Teresa was not born in London, and so the statement is contrary to fact.]

In these cases the tense used in the **si** clause is usually the imperfect subjunctive and in the main clause the conditional. Similarly, the pluperfect subjunctive in the **si** clause is accompanied by the conditional perfect in main clause.

Never use **si** followed by the present subjunctive.

The use of the subjunctive in main clauses

The subjunctive is used in main clauses, (i.e. sentences which usually consist of one clause including a verb):

■ For the **usted/ustedes** form of affirmative commands and for all negative commands (see *unidad 3*)

■ For wishes or encouragement, usually (but not always) preceded by **que**

- *Dios bendiga a España.* (May God bless Spain.)
- *Que Dios bendiga también a Inglaterra.* (May God bless England too.)

■ After **quizás**, **tal vez** and **acaso**, if a considerable degree of doubt is present. For example:

- *Quizás no tenga la intensidad que tiene en España.* (Perhaps it is not as intense as in Spain). [i.e. the speaker implies she is not sure that the light is not as intense as in Spain.]

■ After **¡ojalá!** ("if only", "would that") For example:

- *¡Ojalá hubiera nacido en España!* (If only I had been born in Spain!)

Práctica

1 Rellena los espacios en blanco de la hoja 91 con la forma correcta del verbo entre paréntesis. 91

2 En el ejercicio siguiente tienes que utilizar frases que contengan **si**.

a Con tu compañero, inventa cinco frases sobre lo que posiblemente vas a hacer este verano. Por ejemplo:

Si tengo bastante dinero, iré a Barcelona. (*If I have enough money, I'll go to Barcelona.*)

b Con tu compañero, inventa otras cinco frases sobre lo que quisieras hacer este verano si fuese posible. Por ejemplo:

Si mi hermano comprara un coche, iríamos juntos a Granada. (*If my brother bought a car we'd go to Granada together.*)

c Finalmente, inventa, con tu compañero, otras cinco frases sobre lo que habrías hecho en el verano del año pasado si hubiera sido posible. Por ejemplo:

Si no hubiera tenido que trabajar en la tienda de mi padre, habría podido viajar a Santander para visitar a mis primos. (*If I hadn't had to work in my father's shop, I'd have been able to travel to Santander to visit my cousins.*)

Después verificad vuestras frases con el profesor.

Texto M **Somos muy fuertes en el aspecto de hablar**

92

Escucha a Pedro que habla con Dolores sobre lo educado que le parece el inglés comparado con el español en esta cuestión de hablar. Completa los espacios en blanco de la hoja 92.

Quizás relacionada a esta idea de que los españoles no escuchan a los demás es la de su individualismo fundamental que los hace mostrar «un gran desdén por la idea de sacrificarse, individualmente, por el conjunto de la sociedad». Para Ian Gibson, esto se ve claramente en detalles como la cantidad de basura en las calles, la polución del campo, «el rechazo a donar sangre» y otras cosas. John Hooper también pone énfasis en este aspecto de la conducta antisocial que se refleja según él en «el predominio del separatismo y la popularidad del anarquismo».

16 **Sociología de la vida cotidiana**

Lee el texto de la página 247 donde se habla de dos aspectos del individualismo del español – la tendencia a resistir campañas oficiales como la antitabaquista y las modas del vestir. Escribe un resumen de este texto, utilizando no más de 100 palabras.

Texto N **El individualismo del español ...**

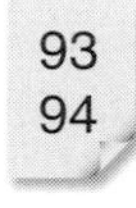

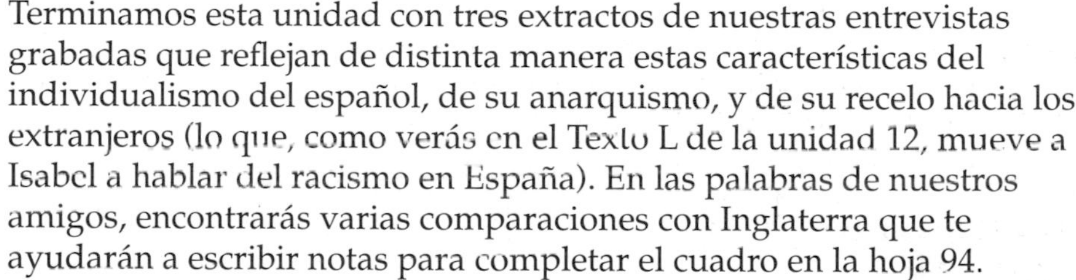
Terminamos esta unidad con tres extractos de nuestras entrevistas grabadas que reflejan de distinta manera estas características del individualismo del español, de su anarquismo, y de su recelo hacia los extranjeros (lo que, como verás en el Texto L de la unidad 12, mueve a Isabel a hablar del racismo en España). En las palabras de nuestros amigos, encontrarás varias comparaciones con Inglaterra que te ayudarán a escribir notas para completar el cuadro en la hoja 94.

Traducción

Traduce al español:

When I went to live in Spain, the country had just entered the European Community. Who knows what would have happened if Spaniards had remained separate from Europe? Perhaps this is why so many of the cultural differences have now disappeared, or perhaps there is another reason of which we are not aware. If you study Spanish society today, it is easy to see that things are changing rapidly: young Spaniards listen to the same music, see the same films, have the same interests as other Europeans. Nevertheless, some things do not change, and there are ways in which Spain will never be the same as England, for example. Were it to lose all of its individuality, I would be the first to pack my bags and leave. I hope I shall never be tempted to do that!

Como dijimos al principio de esta unidad, esta vista panorámica de las diferencias entre estos «dos mundos distintos» no puede ser «una imagen totalizadora». Esperamos, sin embargo, haberte dado unas cuantas ideas generales sobre el paisaje, el pueblo, las costumbres y el carácter españoles y sobre cómo estos aspectos contrastan con sus equivalentes ingleses. Hay mucho más que hubiéramos podido decir y examinar. Y no olvidemos que en cierto sentido, los dos mundos que hemos observado aquí quizás no sean tan distintos hoy en día. Muchas cosas han cambiado en los últimos veinte años en España y la entrada en la Unión Europea ha sido uno de los factores más importantes en reducir los estereotipos y las diferencias entre las distintas culturas de los dos países. Pero reducir no significa destruir: conviene que le dejemos decir la última palabra a Ian Gibson:

«Si, como consecuencia del ingreso de España en la Comunidad Europea, el país llegase a cambiar tanto como para convertirse en una especie de Alemania mediterránea, me asaltaría la tentación de hacer las maletas. Pero no lo creo muy probable. "Todos tenemos un fondo de españolismo que nadie nos arranca ni a veinticinco tirones", escribió el novelista andaluz Juan Valera en 1888, palabras que, por suerte, siguen siendo ciertas.»

Desarrollando el tema

1 **La comida española comparada con la inglesa:** entremeses, platos principales y postres - comparación de los ingredientes y de cómo se preparan; varios platos regionales de España e Inglaterra; las tapas; elección de dos o tres recetas españolas que luego se preparan en casa/en la cocina de tu instituto.

2 **Proyectos comparativos para realizar mediante una visita o un intercambio en España:** encuestas preparadas para comparar varias cosas - la comida, la vida familiar, las compras, la vida nocturna, etcétera - y para averiguar la verdad de los estereotipos; realización del proyecto en España con cuestionarios, grabaciones; resultados apuntados y presentados en varias formas, como grabaciones, gráficos de tarta, dibujos etcétera.

3 **Comparación del contenido de una «cesta de la compra típica» en cada país:** análisis de los precios, de lo que se compra y/o se come; comparación de la cantidad de dinero gastado en ciertos productos; comparación de la influencia de las campañas publicitarias sobre lo que se suele comprar.

4 **Comparación de otros aspectos de la vida y la cultura españolas e inglesas no mencionados en las páginas anteriores:** actitudes al sexo, al matrimonio, a los niños; actitud a la burocracia; la educación, las bibliotecas, la lectura; los programas de televisión; el juego (la lotería nacional, las quinielas etcétera); los conductores y los hábitos de conducción, el número y las causas de los accidentes; actitudes a la monarquía en ambos países.

5 **La influencia de la entrada en la Comunidad Europea:** cómo se han cambiado las cosas; influencia sobre el gobierno y el pueblo españoles; cómo han cambiado los estereotipos; lo que no ha cambiado (¿y que no se cambiará nunca?)

6 **Proyecto para realizar en el instituto inglés:** preparación de formularios para una encuesta mediante la cual se esperan descubrir las opiniones sobre España de los estudiantes que no aprenden español; publicación de los resultados de la encuesta; preparación consiguiente de un proyecto destinado a mostrar cómo es en realidad España; colección de pósters, materiales, vídeos, diapositivas etcétera, para dar publicidad a la España actual; organización de una exposición como punto culminante del proyecto.

Unos son más iguales que otros

Escala tras las REJAS

Más de 45.000 inmigrantes esperan permiso de asilo en el Reino Unido: 700 están en campos de detención. Para ellos, la tierra prometida es hoy un infierno

MUY BIEN, MATA A TODOS LOS EXTRANJEROS, PERO DESPUÉS LA CASA LA LIMPIAS TÚ

Marta Muñoz: «la torera»

La igualdad de los ciudadanos y la situación de las distintas minorías sociales dentro de un país cualquiera son temas que afectan, claro está, a todas las naciones del mundo. En el contexto puramente español, hemos elegido dos sectores de la población (las mujeres y las minorías étnicas) para los cuales el tema de la igualdad ha sido y es especialmente importante.

PRIMERA PARTE: LAS MUJERES

No hace falta decir que en un libro como éste que trata de varios aspectos de la gente y cultura de una nación cuya sociedad ha sido tradicionalmente *machista* (efectivamente una palabra española que implica la prepotencia del hombre respecto de la mujer), el tema de los derechos de la mujer va a aparecer varias veces como, por jemplo, en las unidades 2 y 5. En la unidad 14, también encontrarás un resumen cronológico de los enormes progresos hechos recientemente por las mujeres en varias partes de la sociedad española.
Sin querer entonces repetir todo lo que ya has visto (o verás) en otras partes de este libro, aquí vamos a enfocar nuestro estudio en unos textos donde se destacan las diferencias esenciales entre las mujeres y los hombres (otro aspecto muy importante del tema de igualdad) mediante unas opiniones más bien personales sobre lo que le ha pasado a la mujer española en los últimos años y sobre su situación actual.

95

En la hoja 95, encontrarás como siempre una lista de vocabulario para esta unidad.

Para empezar

96

Para empezar de manera algo ligera, encontrarás en el casete del estudiante una canción de Paquita «la del Barrio» - *Cobarde*. Es una canción de la época franquista de los años 70.

Escucha la canción, estudiando también si quieres la transcripción de la letra. Se podría decir que esta canción nos muestra dos aspectos de la situación de la mujer en la sociedad de aquellos días - uno bastante tradicional y otro un poco revolucionario que quizás anticipa los movimientos feministas recientes. Explica estos dos aspectos de la canción.

Texto A La obligación de ser bella

1 Antes de estudiar este artículo y los resultados de la encuesta hecha por la revista femenina *Cosmopolitan*, busca en la lista de vocabulario el sentido de las palabras siguientes:

el físico	tener buen tipo
comerle el coco a alguien	la dote
machacar	el patrimonio
por encima de todo	acicalarse
presionar	amenazante

2 Lee con cuidado el artículo. ¿Te parece que la autora está a favor o en contra del énfasis sobre la belleza de la mujer, o que presenta aquí una visíon equilibrada con las ventajas además de las desventajas? Justifica tu opinión copiando frases del texto que la apoyen.

3 Según el texto y los resultados de la encuesta, ¿cuáles son las diferencias principales entre los hombres y las mujeres en esta cuestión de la importancia del aspecto físico? ¿Estás de acuerdo con las conclusiones que se mencionan aquí?

4 El periodista Luis admite que su actitud «suena machista». ¿De qué manera se podría decir que otras partes de este artículo subrayan la existencia continua del concepto del machismo dentro de la sociedad?

5 Por fin ¿qué piensas tú de la idea principal de este artículo? ¿Te parece por ejemplo que el aspecto físico es una cualidad natural de las mujeres que no se puede (o no se debe) dejar a un lado, o que no tiene ninguna importancia? Justifica tu opinión escribiendo hasta 60 palabras como máximum.

LA SOCIEDAD VALORA A LA MUJER ANTE TODO POR SU ASPECTO Y SU IMAGEN. YA ES HORA DE QUE CAMBIE ESA SITUACION

"Sí, me gustaría ser más guapa, porque así las cosas me serían más fáciles. Esta sociedad sigue siendo machista y continúa valorándonos por nuestro físico. Sin embargo, no estoy dispuesta a que me coman el coco, a machacarme la salud y a gastar todo mi tiempo y mi dinero en embellecerme. Me interesan otras cosas." Estas palabras de María -una administrativa de banca de 28 años- resumen la actitud de la mayoría de las mujeres jóvenes de nuestro país. COSMOPOLITAN realizó su propia encuesta entre 789 mujeres de 18 a 34 años en julio de 1992 y las conclusiones de ésta corroboran esta nueva actitud: aunque un 15% de las encuestadas afirma que la belleza es la cualidad que se valora por encima de todo en la mujer, tres veces esta cantidad (47%) está convencida de que es la inteligencia, el trabajo y la independencia lo que más se aprecia.

La persistente presión social

Desde luego existe. La mayoría de las encuestadas por nuestra revista están convencidas de que la sociedad presiona a la mujer mucho (el 37%) o bastante (el 41%) para que esté guapa, tenga buen tipo y se mantenga joven, mientras que en el hombre esa presión es la normal (opina el 50%) e incluso escasa (según el 24%).

¿Es real esta presión? ¿No será que la mujer se imagina que existe para justificar su vanidad? La respuesta es un contundente no. La mujer ha funcionado desde tiempo inmemorial como moneda de cambio. Primero se la valoró por sus funciones reproductoras, y por su dote o patrimonio y, después, como un bello adorno que complementaba al hombre y reforzaba su prestigio. Por lo tanto, la presión para que continúe acicalándose es real y se ejerce mediante sofisticados (y no tan sofisticados) mecanismos sociales. Así, aunque nos pese, uno de nuestros principales valores continúa siendo el aspecto externo. "El valor social del hombre –explica Lourdes Santamaría, psicóloga de la clínica Centro de Salud para la Mujer– lo constituyen su inteligencia y su trabajo, pero el de la mujer continúa siendo su físico. Si la belleza física va acompañada de cierta inteligencia, estupendo, pero esta inteligencia nunca debe ser en la mujer un factor esencial, porque entonces resulta amenazante. Sólo se acepta que la mujer sea muy inteligente y tenga cinco carreras si es fea, porque ya se sabe, la pobre no ha podido hacer otra cosa que estudiar. Una mujer guapa, inteligente y con una buena formación profesional se percibe como una amenaza a la masculinidad y como una competidora demasiado dura para el hombre." Carmela, una bióloga de 34 años, inteligente, preparada y además muy guapa, así lo atestigua. "Hace dos años -cuenta-, me presenté al puesto de jefe de laboratorio en la empresa en la que trabajaba. Mi currículum y mi experiencia eran perfectas para ese puesto, pero al final se lo dieron a un compañero menos preparado que yo. El director me dijo que una mujer tan guapa como yo no podría mandar todo un laboratorio formado por hombres, porque mi equipo sólo iba a fijarse en mi físico y no me tomaría en serio."

Menos atractiva, más vulnerable

"Tengo 30 años - cuenta M.ª José-, trabajo como enfermera en una consulta y sé que es una tontería preocuparme tanto por mi físico. Pero no puedo evitarlo. Me gasto todo el dinero que me sobra en cuidar mi cuerpo y en comprarme ropa y cosméticos, porque si me veo más guapa y más delgada, me siento más segura de mí misma."

Todavía son demasiadas las mujeres que sienten lo mismo que M.ª José. En la encuesta COSMOPOLITAN, casi todas las mujeres confiesan que gastan su dinero extra en ropa y después en cosméticos, peluquería y tratamientos. "Esto es lógico -comenta la psicóloga-, ya que si nuestra sociedad continúa premiando ante todo la belleza femenina, cuando una mujer no consigue ser tan bella o atractiva como se supone que debe ser, se siente tremendamente vulnerable y piensa que no vale nada."

Por su parte Luis, un periodista de 36 años, afirma que la belleza de una mujer siempre le influye. "Intento que no sea así -reconoce- pero la verdad es que cuando trato con una mujer, el hecho de que sea guapa es un punto a su favor. Sé que suena machista, pero no puedo evitarlo."

Marta NOVOA

47% *de las encuestadas cree que la inteligencia y el trabajo son las cualidades más valoradas en una mujer*

Repaso de gramática

En esta unidad, vamos a empezar a repasar la gramática que has aprendido y practicado en otras partes del libro. El Texto A contiene muchos ejemplos de cinco de los puntos gramaticales que ya has estudiado. La clase va a dividirse en cinco grupos, cada uno de los cuales tiene que escoger uno de los cinco puntos mencionados.

Primero, cada grupo tiene que leer otra vez la explicación del punto apropiado en la unidad y/o en las páginas del resumen gramatical que se anotan abajo. Después de repasarlo todo así, hay que encontrar todos los ejemplos del punto que haya en el Texto A, haciendo una lista de los ejemplos y explicándolos para terminar al resto de la clase.

a El uso de los gerundios (unidad 10; resumen gramatical - página 265)
b Las diferencias entre **ser** y **estar** (unidad 5; resumen gramatical - página 266–267)
c El uso de la palabra **se** (unidad 8; resumen gramatical - página 261–262)
d Los participios pasados (unidad 5; resumen gramatical - página 266)
e El subjuntivo (unidades 6, 7 y 11; resumen gramatical - página 264–265)

Texto B **La situación de la mujer**

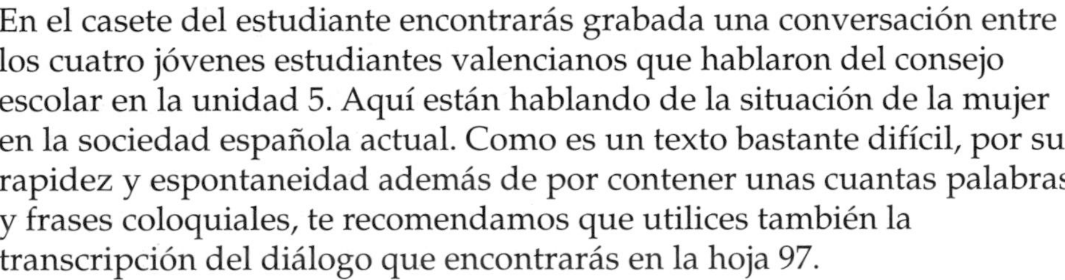
En el casete del estudiante encontrarás grabada una conversación entre los cuatro jóvenes estudiantes valencianos que hablaron del consejo escolar en la unidad 5. Aquí están hablando de la situación de la mujer en la sociedad española actual. Como es un texto bastante difícil, por su rapidez y espontaneidad además de por contener unas cuantas palabras y frases coloquiales, te recomendamos que utilices también la transcripción del diálogo que encontrarás en la hoja 97.

1 Antes de escuchar el diálogo y de leer la transcripción, estudia el vocabulario siguiente que te ayudará a entender lo que dicen los estudiantes.

eso lo tengo muy claro	*I am quite clear on that score*
estar por algo	*to be in favour of something*
herir (ie)	*to offend, to hurt*
el consejo (escolar)	*the (school) council*
una empresa	*a firm, company*
echar a alguien	*to dismiss, sack someone*
flaquito	*skinny*
pegarle galletas a alguien	*to give someone a ticking-off*
una puta	*a prostitute*

2 Una o dos de las opiniones expresadas por las chicas se parecen mucho a las ideas principales del Texto A. Escribe una frase que resuma uno de estos conceptos, empezando así: «Las chicas están de acuerdo con Marta Novoa porque implican que ...».

3 En un diálogo espontáneo como éste, es interesante a veces estudiar no sólo las ideas expresadas y las palabras utilizadas sino también la expresión y la entonación de las voces; éstas son cosas que pueden ser muy distintas en diferentes países, y como son parte importante de cualquier idioma, vale la pena intentar copiarlas. Busca por ejemplo las siguientes frases en la cinta y repítelas en voz alta, tratando de imitar tan fielmente como te sea posible la entonación en cada caso:

… que digan esas cosas me hiere …
… si eres feo y eres gordo, no entras …
… exageráis un poco …
… no vengáis al instituto.
… pero bueno, ¿qué concepto tienes tú de la mujer?
… pero tú, tú, ¿adónde vas tú, siendo mujer?
Pues yo tengo una vecina que es pilota, así que tranquila …

4 También es interesante y útil coleccionar una lista de pequeñas frases, exclamaciones e interjecciones que puedes utilizar en cualquier conversación parecida, sobre todo en las que tienen forma de debates o de diálogos animados. Aquí tienes unos ejemplos del texto grabado. Tradúcelos al inglés:

a ¿a ver si me entiendes?
b … y punto
c … Y es eso
d Ahí está …
e A mí tampoco …
f Vale …
g Hombre, no.
h ¿Yo, qué sé?

5 Ahora, trabajando con tu compañero de clase, tienes que preparar una conversación parecida sobre la situación de la mujer en la sociedad inglesa. Tú crees que la mujer tiene tantas oportunidades como los hombres, mientras que tu compañero opina lo contrario. Después de preparar juntos las principales ideas de que vais a hablar, hay que ensayar el diálogo antes de presentarlo delante de los demás alumnos de la clase. Claro que tenéis que incluir algunos ejemplos de la entonación como los que estudiasteis en el ejercicio 3 así como algunas de las pequeñas frases del ejercicio 4.

Texto C **Que frieguen ellos**

En este texto, (página 180) vamos a examinar los cambios en el papel de la mujer dentro de la casa, sobre todo en cuanto a las tareas domésticas.

1 Antes de leer el artículo, busca en la lista del vocabulario el sentido de las palabras siguientes:

una multinacional	la olla
el *nocturno*	el diu (DIU)
una caña	terciar
una bellaca	el puchero
las oposiciones	una chapuza
	el poder adquisitivo

2 Ahora lee con cuidado el artículo y después contesta en español las siguientes preguntas:

a Después de leer los tres primeros párrafos, ¿cómo resumirías en dos frases las rutinas diarias de Juan Antonio y Clara?
b ¿Por qué le llama Clara a su marido si tiene que quedarse en la oficina por las tardes?
c ¿Cómo va a cambiar la vida del matrimonio en el futuro?
d ¿Por qué dice el autor que Clara tiene una «doble jornada»?
e El autor dice que la vida de las españolas que trabajan es más fácil que la de las mujeres que no trabajan fuera de la casa. Explica por qué opina esto.

f Según el Instituto de la Mujer, ¿cuál es la diferencia de actitud de los hombres en cuanto a su papel en las tareas de la casa, que el uso de las palabras «ayudar» y «compartir» implica?

g En los tres últimos párrafos del texto, el autor sugiere que hay dos o tres razones por las cuales los cambios necesarios en esta situación no podrán conseguirse fácilmente. ¿Cuáles son?

3 Traduce al inglés los tres párrafos que empiezan con las palabras «Clara y Juan Antonio son estadísticamente perfectos.» y que terminan con la frase «A veces, los sábados, se van juntos de compras a La Vaguada.»

QUE FRIEGUEN ELLOS

Cristina Alberdi se gasta cien millones en una campaña para que los hombres participen en los trabajos domésticos. Sólo los más jóvenes lo hacen. Las mujeres tienen doble jornada: en la oficina y en casa

Juan Antonio, de 39 años, es profesor de Lengua en un instituto de Madrid. Clara, de 36, tiene sus mismos títulos universitarios, pero trabaja como secretaria de dirección en una multinacional. Llevan 12 años casados y les va bien. Sobre todo a él: da clases en *el nocturno*, de 7 a 10 de la noche y el resto del día lo dedica a la vida contemplativa. La jornada de Clara es más dura: de 8 a 3. No se queja. Le quedan las tardes libres para sus cosas, es decir: las cosas de su casa.

Juan Antonio se levanta a las 10 y emprende sin prisas su actividad matutina: desayuno de cuchillo y tenedor, paseíto por el barrio, periódico y cañita en el barecito de siempre, a unos pasos de la plaza del Dos de Mayo. Obsérvese la abundancia de diminutivos: paseíto, cañita, barecito. Las mañanas de Juan Antonio son así de bucólicas, íntimas, delicadas. De vuelta a casa, compra el pan. Es su única labor doméstica conocida.

En seguida llega ella, harta de gritos, teléfonos y asuntos urgentes. Es una de las 5.726.620 españolas que trabajan fuera de casa y está contenta con su suerte, pero hay días que miente como una bellaca al responder la pregunta rutinaria:
-¿Qué tal te ha ido?
-Bien. Cansada, pero bien.

Mientras Juan Antonio relee el periódico y mira con desgana la tele, Clara prepara la comida. El no ve en ello síntoma de machismo, o cosa parecida:
-¿Machista yo? De eso nada: yo soy vago, pero no machista.

Clara, sin ir más lejos, gana la mitad que Juan Antonio (una miseria, dados los emolumentos de un profesor) a pesar de que su jornada es tres veces más larga. A veces tiene incluso que quedarse por las tardes. En tal caso, da instrucciones telefónicas a Juan Antonio para evitar su muerte segura por inanición. Sus conocimientos culinarios se limitan a "matar una lata" y solamente en casos de extrema necesidad.

Hoy, apacible día de otoño, la comida se está haciendo sola ("mi mujer es un monstruo del congelado: congela hasta los cocidos") y Clara está aprovechando para hacer las camas y ordenar un poco el piso. Tienen asistenta, Tomy, pero sólo viene un día por semana.

Al caer la tarde, Juan Antonio se va al instituto. Por unas horas, Clara estudia y trabaja, en el sentido más preciso de la expresión: mientras prepara las oposiciones, vigila la olla. De ahí salen sus famosos cocidos congelados. Pero su vida va a cambiar pronto:
-Hemos decidido *quitarnos el diu* (sic) y tener un hijo. Dos, si tercia.
-Habrá que contratar una *interna*.

Clara y Juan Antonio son estadísticamente perfectos. Los estudios sociológicos no dejan lugar a dudas: en las modernas parejas (modernidad quiere decir pocos hijos y una mujer que trabaja) se mantienen vivas las viejas costumbres.

Aunque los dos trabajen, puertas adentro el macho es igualito que su padre: reposa cual guerrero, mientras ella busca a Dios entre los pucheros. Si echara cuentas, advertiría en seguida que el guerrero es ella. Su jornada de trabajo, como la de seis millones de españolas, es de 11 horas y media: siete en la oficina y cuatro y media en casa. Doble jornada, pues, con todo lo que ello conlleva:

estrés, problemas de salud, conflictos matrimoniales.

Lo malo de la casa, respecto a la oficina, es que no tiene hora de salida. Las faenas domésticas no se acaban nunca. Cuidado de niños, ancianos, enfermos, minusválidos. Cocinar, fregar, planchar. Mantenimiento de la vivienda, del jardín, los animales, el coche... Compras, gestiones administrativas, visitas al banco, al médico... No hace falta apelar a las estadísticas para recordar lo que todo el mundo sabe: la inmensa mayoría de los trabajos que se consideran "típicamente femeninos" el hombre no quiere ni verlos. La mitad de los varones españoles, concretamente el 46,2 por ciento, opina que "las labores del hogar son cosas de mujeres".

En casa de Clara y Juan Antonio, donde no hay niños ni mayores, esas labores "típicamente femeninas" (cocinar, planchar, limpiar) las hace ella. El se queda con los bancos, las chapuzas y el taller... A veces, los sábados, se van juntos de compras a La Vaguada.

Las españolas que no trabajan, las sufridas *marujas,* lo llevan aún peor: dedican a "sus labores" (cuidado de la casa y la familia) más de 12 horas diarias. La media global es rotunda: las mujeres españolas dedican 7 horas y 58 minutos al día a estos trabajos. Los hombres, dos horas y media. O sea: lo de siempre.

Para evitar que lo de siempre sea para siempre, el Ministerio de Asuntos Sociales inicia estos días una campaña con la que se pretende implicar al varón en las labores domésticas. "No se trata de ayudar, sino de compartir", insiste el Instituto de la Mujer en sus informes.

De hecho, en los últimos años se observan ciertos cambios de actitud, sobre todo entre las parejas más jóvenes, las de mayor poder adquisitivo o las de mayor nivel de estudios. También en esto Clara y Juan Antonio forman parte de las estadísticas. Sin dejar de ser un vago impenitente, él acepta que cada día hace "más cosas" en la casa.

"Existe una profunda asimetría en la asignación de los roles a los varones y las mujeres", constata en sus informes el Instituto de la Mujer. Pero no cabe culpar al varón y mucho menos a cada varón en particular. Los fenómenos sociales son más complejos y en ellos intervienen muchos factores: legislación, servicios públicos, nivel cultural, educación... También influyen las campañas, como la que estos días está emprendiendo el Ministerio de Asuntos Sociales.

Pero seguramente no basta. Un cambio social puede tardar en cuajar varias generaciones. El sondeo realizado por esta revista entre parejas españolas, jóvenes en su mayoría, pone de relieve que los períodos de cambio son lentos y generan confusión. No sólo para los hombres: hay muchas mujeres que se sienten más cómodas en el papel tradicional. A algunas de las consultadas les saca de quicio la posibilidad de un cambio de papeles. Algunas quieren repartir, pero no tienen claros los límites del reparto. Clara, sin ir más lejos. A pesar de su denso currículum progre prefiere que las cosas sigan como están:

-No quiero ni verlo por la cocina. A mí esto me va, a él no. Que lea el periódico, que es lo que le gusta. ■

Carlos SANTOS

Texto D La desigualdad entre los sexos en Madrid, Galicia y Andalucía

Ahora vas a escuchar a Pedro, Dolores y Silvia hablando de la desigualdad entre los sexos en Madrid, Galicia y Andalucía. Aquí hay cuatro palabras/expresiones que aparecen en este texto:

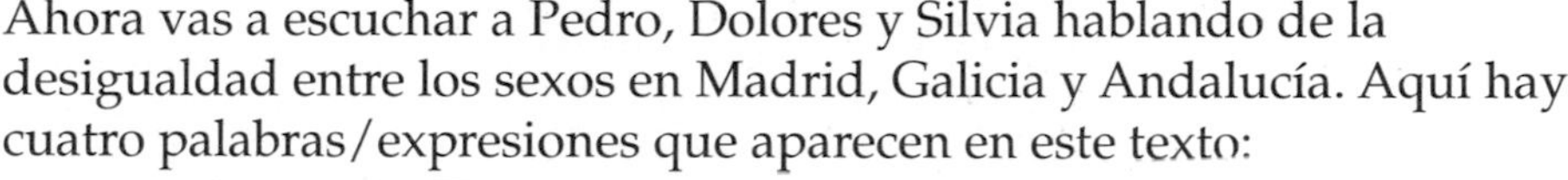

quitarle a un niño los moquitos de la cara	*to wipe a child's nose*
un padrón/patrón	*a pattern, model*
picar	*to work*
hincar el codo	*to get "stuck in"*

98

1 Escucha dos o tres veces este texto y entonces haz el ejercicio que encontrarás en la hoja 98.

2 La clase se divide en tres grupos; los miembros de cada grupo tienen que buscar, copiar y comentar juntos ejemplos en el Texto D del uso de uno de los siguientes puntos gramaticales. Después, un portavoz de cada grupo tendrá que resumir los usos principales de «su» punto delante de los otros estudiantes de la clase, ofreciéndoles ejemplos del texto que apoyen lo que dice.

a El uso de las palabras lo y es(t)o.
b El uso de los verbos ser y estar.
c El uso de los participios pasados y de los gerundios.

INGENIERO ¡HUY QUÉ MIEDO!

Con las mismas calificaciones que los hombres, las adolescentes huyen de las carreras técnicas superiores, que nutren los puestos directivos de la sociedad, según un estudio del Instituto de la Mujer

SUSANA TELLO

SE LLAMA ELENA. NUNCA SERÍA INgeniero naval o físico nuclear porque «odio las ciencias», afirma. Estudia COU, la opción de letras puras en el instituto de bachillerato Mariana Pineda de Madrid. Le interesa el arte. Quiere ser psicóloga o periodista, «aunque todavía no lo tengo claro», declara.

Julio, por el contrario, aspira a convertirse en ingeniero naval o aeronáutico. Tiene 18 años y cursa COU en el centro privado del CEU. Física es su asignatura preferida y no le van nada profesiones como asistente social, psiquiatra o auxiliar de puericultura.

Ante los dos se abren las mismas puertas. Con una formación muy similar, eligen, sin embargo, opciones opuestas. Elena apunta más bajo que Julio, a una ocupación que le proporcionará unos ingresos menores y una posición social inferior. Mientras, su compañero se encamina, a través de la ingeniería, hacia un puesto directivo donde cobrará el doble que ella y tomará parte activa en las decisiones que mueven la sociedad.

Como Elena y Julio piensa la mayoría de los jóvenes. Esos que, a punto de despedirse del colegio, están en edad de plantearse qué van a ser de mayores. Y en esta decisión influye de forma importante el ser hombre o mujer. Así lo prueba un estudio realizado para el Instituto de la Mujer por José Luis Gaviria Soto, profesor de Métodos de Investigación en la Facultad de Educación de la Universidad Complutense de Madrid.

Con una muestra de más de 7.000 alumnos de los últimos cursos de educación secundaria, el trabajo señala que «de forma solapada y ya desde la escuela, se van desviando los intereses de las chicas de ciertas áreas del conocimiento. Esto lleva a la autoexclusión de muchas mujeres del ámbito de la ciencia y la técnica».

Y es que son las ingenierías las principales proveedoras de los directivos. En esas carreras, el porcentaje de mujeres no llega al 17 por ciento. Si la presencia femenina en estas profesiones no aumenta, las mujeres seguirán sin influir en las decisiones que afectan a su vida.

Las chicas se tiran más por las ciencias sociales. Psicólogo, abogado, juez, auxiliar de puericultura y asistente social son las favoritas de ellas, justo las que los chicos detestan con más fuerza. Y a la inversa se produce el mismo efecto, las chicas aborrecen las preferencias del sexo opuesto, centradas en la rama científico-técnica, sobre todo las ingenierías.

VICTORINO OREA, director del Mariana Pineda: «No hay diferencias ni siquiera en Matemáticas».

Mientras Cristina anota en su lista negra las carreras técnicas, para Víctor «la filosofía y las carreras humanísticas están vacías de contenido». Ella es toda una intelectual, con ganas de investigar sobre literatura, filosofía o latín, «cualquier trabajo relacionado con las humanidades», explica. El, un futuro ingeniero de *teleco*, que pretende especializarse en sonido y electrónica y dedicarse a los macroespectáculos.

No es que las mujeres sean peores para las ciencias. Victorino Orea García, profesor de Latín y director del Mariana Pineda no aprecia diferencias «ni siquiera en Matemáticas, donde siempre se ha dicho que son mejores los chicos».

La investigación refleja que en las asignaturas de Lengua y en idiomas las chicas obtienen mejores resultados, aunque son sensiblemente peores en las ciencias, como Matemáticas y Física. Estas estadísticas son llamativas, pero numerosos estudios demuestran que las desigualdades en rendimientos entre chicos y chicas son insignificantes en la práctica y, si la tendencia sigue en esta línea, dentro de 20 años habrán desaparecido totalmente.

La balanza se inclina, en todo caso, a favor de las chicas. «Suelen ser más estudiosas y responsables, por eso rinden más que los chicos», opina María del Carmen Lorenzo Serrano, titular de Ciencias Naturales y Biología en el Instituto Mariana Pineda. Con ella coinciden la mayor parte de los profesores entrevistados.

Está demostrado que hombres y mujeres rinden más en las materias o aplicaciones de éstas consideradas como masculinas y femeninas, respectivamente».

La razón no son las aptitudes, sino las actitudes. El test de motivación del trabajo citado destaca que donde los hombres se sobreestiman las mujeres se subestiman. Donde ellos esperan triunfar, ellas se muestran menos optimistas.

En otros países, como EE UU, Gran Bretaña y Holanda, se hacen campañas para atraer a las mujeres hacia los quehaceres científicos. La cuestión no es tanto captarlas como no perderlas durante el proceso educativo. ¿Cómo hacerlo? Impartir las ciencias de forma atractiva para que todas las chicas sintieran como María, una alumna de COU, que asegura que «matemáticas es la asignatura que más disfruto. Todo lo que sean números, cálculos, deducciones es algo que depende de ti, tú lo tienes que pensar y solucionar». Podría ser una solución.

Más importante sería cambiar el concepto que las estudiantes de ciencias de bachillerato tienen de sí mismas y convencerlas de que «a priori no hay profesiones masculinas y femeninas», indica el profesor Gaviria. Es algo difícil pero no imposible «aunque para lograrlo», concluye, «tendrían que cambiar los esquemas mentales de muchas mujeres». ■

Texto E **Ingeniero, ¡huy qué miedo!**

1 Antes de leer este texto, busca en la lista de vocabulario el sentido de las palabras siguientes:

un puesto directivo	plantearse	llamativo
las letras	la muestra	rendir(i)
un asistente social	solapado	coincidir con
un auxiliar	desviarse	sobreestimarse
la puericultura	tirarse por	subestimarse
apuntar (bajo)	aborrecer	

2 Ahora lee el artículo completo y escribe un resumen en español, utilizando aproximadamente 100 palabras.

3 Busca las frases empleadas en el texto original que dicen lo mismo que las siguientes:

a Está interesada en el arte.
b Quiere hacerse ingeniero naval.
c ... participará activamente
d ... lo que resulta en que muchas mujeres se excluyen.
e Si continúa así ...
f Es posible que tenga éxito.

Texto F **Tres profesores hablan de la igualdad entre los sexos en las escuelas españolas**

99

Escucha este texto y entonces haz los ejercicios que encontrarás en la hoja 99.

Texto G **Con faldas y sin blanca**

1 Antes de leer este texto (página 184), que trata de la situación de las mujeres en el mundo laboral, empareja las palabras siguientes con su equivalente inglés:

una bata	pese a
trajinar	aportar
un ascenso	desligar
imparable	arrinconar

to contribute	*a dressing-gown/housecoat*
to separate	*a rise*
to corner	*unstoppable*
in spite of	*to bustle about*

2 Aquí tienes las definiciones de algunas palabras que se encuentran en el texto, y en el mismo orden en que aparecen en el artículo. Busca las palabras originales.

a abertura en un muro para iluminar y ventilar
b impresionante
c comunicación que enumera con orden y detalle unos hechos, actividades o datos
d adjetivo que se refiere a la remuneración periódica entregada a una persona por el trabajo realizado
e situación del que se halla sin trabajo
f llamar la atención sobre una persona o cosa
g barra, cadena o valla de palos o tablas que se usa para cerrar un sitio o

como obstáculo

h técnica de investigación que consiste en formular una serie de preguntas para conocer la opinión del público sobre un asunto determinado

3 Por lo general ¿te parece que este texto nos deja una impresión optimista o pesimista de lo que le ha pasado y le pasa a la mujer en el mercado laboral? Justifica tu opinión.

Con Faldas y sin Blanca

SUSANA TELLO

LO PRIMERO QUE HACE ANA POZO AL llegar a casa después del trabajo es colocar la compra y abrir las ventanas. Se baja de los tacones sobre los que ejerce su título de ingeniero en Renfe desde hace casi 30 años y se enfunda en la bata de «trajinar», como ella la llama. Durante unas dos horas se entrega a las labores domésticas que abandonó por la mañana. Una asistenta, Angelines, le ayuda dos días por semana.

Ana forma parte de la minoría de mujeres que accedió al mercado de trabajo en los años 60. Hoy, más de millón y medio de españolas viven una situación similar. Entre 1982 y 1992 las mujeres han accedido en masa al mercado laboral.

Su ascenso en la población activa ha sido imparable sobre todo desde el *boom* del 86. Ni siquiera la crisis económica del 90 ha detenido su ritmo. Hoy, las mujeres constituyen más del 36 por ciento del mercado laboral, casi tres puntos por encima de la media europea.

Esto refleja el estudio *La mujer en cifras: una década, 1982-1992*, elaborado por el Instituto de la Mujer, que describe este proceso como «el cambio más espectacular experimentado por la sociedad española en los últimos años».

La directora del Instituto de la Mujer, Marina Subirats, destaca la relevancia de este fenómeno: «Estamos ante un hecho importantísimo que obliga a replantear los papeles de hombres y mujeres y toda la organización social».

Las mujeres trabajadoras no se reparten por igual entre todas las ramas de actividad. Tres cuartas partes de la población activa femenina trabaja en el sector servicios. «Se concentran en ocupaciones administrativas y de servicios personales domésticos y de hostelería y están prácticamente ausentes de los oficios y profesiones industriales», según el informe.

Todavía son pocas las mujeres que ocupan puestos directivos, tan sólo un 11 por ciento, aunque su presencia ha aumentado de forma notable desde el escaso 3 por ciento de 1982.

Ligado a la categoría profesional va el salario. La diferencia salarial entre hombres y mujeres, lejos de acortarse, se ha incrementado de 1989 hasta 1992, pese a haber conquistado gran parte del mercado laboral. Así lo explica la directora del Instituto de la Mujer:

– Con los mismos estudios, las mujeres tienen empleos menos importantes y, por tanto, peor pagados que los hombres.

Mejor formadas, más cualificadas, las mujeres son ahora preparadas desde la escuela para tomar parte en la vida profesional igual que los hombres.

A pesar de tener un nivel educativo tan alto como los hombres, las mujeres jóvenes alcanzan mayores tasas de desempleo, como señala Marina Subirats: «Los empresarios siguen teniendo el prejuicio de que las mujeres rendirán menos en el trabajo cuando tengan hijos. Hay incluso más absentismo entre los hombres que entre las mujeres.

—El que las mujeres tengan hijos no es un asunto ni de las mujeres ni de las empresas, sino de la sociedad. El Estado debería aportar más por medio de un sistema semejante al de la Seguridad Social.

Sea como sea, las mujeres están dejando de tener hijos. El descenso de la natalidad ha sido especialmente importante en España a partir de 1977. La tasa de natalidad en España es de 1,56 hijos por mujer. Un número alarmante, muy por debajo de los 2,1 necesarios para la regeneración social. Ser madre significa renunciar. Durante los primeros años, el niño requiere presencia física constante de la madre y ésta necesita reducir su jornada laboral, pero luego el niño se desliga y la mujer comienza a sufrir depresiones. La autoestima baja muchos puntos, se acerca a los 40 años y siente que está traspasando la barrera que la arrinconará en casa.

Sobre la mujer recaen la mayor parte de las tareas domésticas: lavar, tender y planchar, cocinar, barrer, quitar el polvo, fregar... a las que dedica casi cinco horas al día, según una encuesta realizada por el Instituto de la Mujer. El hombre se ocupa durante poco más de una hora de

los trabajos llamados «masculinos»: relaciones con el banco, mantener el coche, pintar y hacer bricolaje.

Aquí radica el rasgo más distintivo de la mujer trabajadora, que se plantea su vida profesional en función de la familiar: «Las mujeres piensan cuando van a trabajar cómo hacerlo compatible con la familia, los hombres ni se lo plantean», afirma Violeta Alonso, empresaria casada y con un hijo.

«Cuando vinieron mis hijos fue mi vida la que cambió, no la de mi marido, renuncié a ascender en mi carrera para que él lo hiciera, mientras yo me ocupaba de los niños», declara Ana Pozo.

Son los hijos, la familia, la principal fuente de satisfacción en la vida cotidiana tanto de hombres como de mujeres, según el informe. Los españoles están contentos con sus amigos, tiempo libre y estilo de vida.

Donde la felicidad se trunca es en lo que se refiere a la profesión, los ingresos y la situación laboral, donde se ha producido la revolución. ■

Texto H **Los tres profesores hablan de nuevo sobre la situación de la mujer española en el mundo laboral**

1 Antes de escuchar el trozo de la cinta, estudia el vocabulario siguiente que te ayudará a comprender las opiniones ofrecidas por los tres profesores.

los cargos altos	*top jobs; top people*
incidir en	*to influence/impinge upon:*
la alcadesa	*lady mayor*
porcentualmente	*in percentage terms*
en tantos por cien	*in percentages*
la solicitud	*application (for a job)*

2 Escucha lo que dicen Maribel, Pilar y Manolo y entonces habla con tu compañero de clase sobre los tres aspectos siguientes de lo que dicen. Después, tendréis los dos que presentar vuestras ideas al resto de la clase.

a La situación de la mujer española en el mundo político

b Lo fácil o lo difícil que es para la mujer española dejar su casa e ir a trabajar

c El caso de discriminación sexual del que habla Maribel

17 Chicas al quite

Lee con cuidado el artículo de la página 248 sobre chicas que intentan entrar en un empleo tradicionalmente considerado como un patrimonio exclusivo del sexo masculino. ¿Qué opinas de estas chicas y de sus ambiciones? ¿Te gustaría ser una de ellas?

Texto I **Dos canciones**

En el casete del estudiante, hay dos canciones que tratan de las mujeres. La primera, *¿Cuánto trabajo?*, cantada por Mercedes Sosa, es bastante dramática y sentimental. Nos ofrece la representación de una sociedad rural, de Latinoamérica. La segunda canción, *Dama, dama* es cantada por Cecilia y es bastante irónica y distante. Ésta representa más la España burguesa y ñoña de los años 70.

Escucha las dos canciones (estudiando si quieres las transcripciones de la letra en cada caso), y entonces escribe unas notas sobre el contraste que ofrecen. Este contraste se podría basar en el estilo (por ejemplo el vocabulario y/o las metáforas) de cada una, en la imagen de la mujer que nos ofrece cada una, o también en lo que nos dice de la sociedad que representan. Después de preparar tus ideas, habla con tu compañero de clase sobre lo que piensas - a ver si estáis de acuerdo.

Redacciones

1 «Las mujeres y los hombres nunca podrán ser iguales, porque son, y siempre serán, diferentes». ¿Qué opinas tú?

2 «En cuanto a la cuestión de la mujer en el mundo laboral, la española parece ocupar una posición muy inferior a la de las otras europeas». ¿Estás de acuerdo?

3 Escribe unos apuntes del diario de una de las siguientes mujeres:
a Una mujer casada con dos hijos trabaja como directora de una compañía madrileña que y tiene un marido «ideal» que comparte sus ideas sobre la igualdad de los sexos.
b Una mujer casada con tres hijos pequeños que trabaja como profesora y tiene un marido «machista» que se niega a ayudarla con las tareas de la casa.

4 Imagina un matrimonio donde la mujer sale todos los días a trabajar en una empresa grande donde ocupa un cargo muy importante, mientras que su marido está parado y se queda todo el día en casa cuidando del niño, limpiando la casa y preparando las comidas. Escribe una posible conversación entre ellos cuando ella vuelve a casa muy cansada después de un día ocupadísimo.

Traducción

Traduce al español:

It is likely that the situation of women in Spain has undergone a significant change in recent years. The Constitution of 1978 insisted that women be given equal rights in the eyes of the law; the fact that more and more women are in work has raised their status; men no longer think it necessary for their wives to wait on them; the birth rate has gone down dramatically. It is important however that this "change" is seen in its true perspective: the law supports the woman more than before, but only when abuses are reported; women earn lower salaries than men; few women reach the top positions in companies. Furthermore, the university-educated woman, when she leaves college, finds obstacles to the fulfilment of her ambitions in her path. Are these obstacles psychological or real? It is possible that the reports of the death of *machismo* have been exaggerated.

UNOS SON MÁS IGUALES QUE OTROS

SEGUNDA PARTE: LAS MINORÍAS ÉTNICAS

Esta sección va a abordar el tema del prejuicio racial, una de las grandes lacras de nuestra civilización. Primero vamos a hacer un test que una revista española preparó para sus lectores, en el que se mira el prejuicio racial en muchos contextos: la vida doméstica, la vida social, la educación, el trabajo, el matrimonio, etcétera. Debes tener en cuenta que cada país tiene una mezcla diferente de razas: en el contexto español, se centra sobre todo en prejuicio contra los negros, los árabes, los sudamericanos y los gitanos. También propone el test casos de otro prejuicio humano, la xenofobia (o sea el odio o el desprecio de los extranjeros), que está relacionada estrechamente con el racismo.

Antes de leer el test empareja cada una de las palabras siguientes con el equivalente inglés:

la xenofobia	sobrar
plantearse (una pregunta)	dar mala espina
a última hora	una cita a ciegas
una cena de compromiso	concienciar
un(a) canguro	por si
un imprevisto	un tópico
darle plantón a uno	
disponer de	

a babysitter	*to make aware*
to have (at one's disposal)	*a dinner engagement*
to have an excess of	*to make someone suspicious*
at the last minute	*to ask youself the question*
a blind date	*xenophobia*
a platitude	*to stand someone up (on a date)*
in case	*something unforeseen*

Texto J **¿Tienes prejuicios raciales?**

101

1 Lee el texto y una vez que estés seguro del sentido de cada situación y de las tres posibilidades alternativas de conducta, escoge la que te parezca más conveniente. Luego pasa a la hoja 101 para ver las soluciones.

2 ¿Estás de acuerdo con el resultado del test? Si estás de acuerdo, escribe en español una justificación de tus opiniones. Si no estás de acuerdo, explica en español por qué y dónde esta descripción te parece equivocada. Emplea aproximadamente 200 palabras.

3 Hay muchas frases con verbos en subjuntivo en las soluciones del test. Busca ejemplos, explica a tu compañero por qué están en subjuntivo y comprueba tus explicaciones con el profesor. Luego escribe seis frases sobre el racismo o la xenofobia empleando un verbo en subjuntivo en cada una. Por ejemplo:

El que una persona sea negra o blanca no significa que sea inferior ni superior.

TEST

Vivimos en una época donde cada vez más se mezclan las distintas razas y culturas, y muchas de las fronteras que nos separaban a los seres humanos han caído. Sin embargo, todavía subsisten otro tipo de barreras, quizá, aún más sólidas que los muros de piedra: el racismo y la xenofobia. Posiblemente nunca hasta ahora te habías planteado si eres o no racista; si tienes curiosidad por saberlo, sólo tienes que contestar a las siguientes preguntas.

1 Quieres comprarte un apartamento y una amiga comenta que se vende uno a buen precio en su edificio. Sabes que en ese mismo bloque vive una familia gitana. Tú:
A. Sin dudar lo compras, es justo lo que estabas buscando.
B. Prefieres sacrificar tu independencia antes que tener ese tipo de vecinos.
C. Si realmente te convence y la financiación es buena, no consideras nada más.

2 A última hora surge una cena de compromiso con tu marido. La agencia de "canguros" te envía a una chica para que se quede con los niños y, cuando llega, ves que es colombiana...
A. Dejas que tu marido acuda solo a la cena.
B. Te vas tranquila, parece responsable y sabes que ha cuidado en otras ocasiones a los niños de tu vecina.
C. Intentarás tener alguna "canguro" de confianza por si vuelve a surgir un imprevisto.

3 Una amiga te ha dado plantón en un pub, justo cuando ibas a marcharte, un hombre turco te invita a una segunda copa...
A. No te fías y, mucho menos, después de haber leído *La pasión turca*.
B. Aceptas encantada. Todo lo exótico te atrae.
C. Tomas una copa con él y después te vas a casa.

4 Una compañera comenta que conoce inmigrantes que necesitan ayuda:
A. Te excusas, no dispones de tiempo para dedicarlo a otros.
B. Intentas ayudarles, aún a pesar de que no te sobran las horas.
C. Te niegas. No quieres tratos con inmigrantes.

5 Un técnico que parece marroquí, viene a arreglarte la lavadora. Tú debes recoger a los niños en el colegio:
A. Vas a recogerlos, pero le dices al portero que esté pendiente.
B. Pides a la vecina que recoja a los niños. No quieres dejar a un extraño en casa.
C. No te fías. Los "moros" te dan muy mala espina.

6 Unos polacos abren una tienda de ultramarinos con muy buenos precios al lado de tu casa:
A. Compras donde siempre.
B. Sin dudar, cambias de tienda.
C. La nacionalidad de sus propietarios te importa un "pimiento". No tienes un lugar fijo para hacer la compra.

7 Unos amigos han preparado una cita a ciegas. A última hora te dicen que es negro:
A. Estás impaciente. Los chicos negros son muy atractivos.
B. Quedas en un sitio donde nadie te conozca.
C. Sales con él. Parece agradable y puedes pasarlo muy bien.

8 En la oficina de empleo se te acerca un extranjero para que le ayudes a rellenar un impreso...
A. Te ofreces amablemente a ayudarle.
B. Le ignoras y te vas. Sólo faltaba que nos quitasen el empleo.
C. Le indicas dónde puede informarse al respecto.

(Véase pag. 188)

Pocos lo reconocen abiertamente: las diferencias étnicas o raciales suponen para ellos barreras infranqueables.

9 **Te duele una muela y acudes a una clínica de urgencia donde casi todos los doctores son sudamericanos:**
A. Pides un doctor español. Si no hay ninguno, buscas otra clínica cercana.
B. No te importa. Piensas que están perfectamente cualificados para atenderte.
C. Evitas acudir a médicos que no son de tu confianza pero, siempre podrán darte algo que te calme.

10 **Tu hijo comenta que su compañero de pupitre es oriental:**
A. Le dices que es un compañero como cualquier otro.
B. Hablas con los profesores e intentas concienciarles de que es una mala influencia.
C. Procuras estar alerta por si surgiera algún problema.

11 **Tu hija va a casarse con un musulmán...**
A. Si ella es feliz, ¿qué importancia tienen las creencias de su marido?
B. Intentas hacerle ver cómo pueden afectar a su vida las diferencias culturales de ambos.
C. No quieres saber nada de esa relación.

12 **Todos tenemos derecho a una educación y a una vida digna...**
A. ...Y debemos colaborar para erradicar las diferencias raciales.
B. Está muy bien, pero cada uno dentro de su propio país.
C. Que es un tópico.

** La pasión turca (1994): novela de gran éxito de Antonio Gala en la que cuenta el amor apasionado de una española por un turco.*

Texto K **Justicia, sí, racismo, no**

El artículo de la página 189 se escribó después de que un inmigrante marroquí hubiera asesinado a dos taxistas madrileños al intentar robarles. Este incidente provocó una reacción racista de parte de mucha gente que se sentía amenazada por la minoría árabe en la sociedad española.

1 Lee el artículo y busca cómo se dice en español:

a everywhere
b to beat with sticks
c a short outbreak
d a fateful period
e unpleasantness
f as far as we know
g packed with customers
h the same old thing
i I collect unemployment benefit.
j a proven fact

2 Contesta en español las preguntas siguientes:
a ¿Por qué no quiso el borracho que le tocara el ATS?
b ¿Cuáles son los dos ingredientes de la xenofobia, según el periodista?
c ¿Por qué reaccionaron agresivamente los nuevos fascistas después del incidente de Madrid?
d ¿Qué les ocurrió a los gitanos de Peñagrande?
e ¿Por qué se ha hecho más complicada ahora la vida de los vecinos de Peñagrande?
f ¿Cómo manifiestan su xenofobia los vecinos españoles de Lavapiés?

.../... (Véase la pagina 190)

JUSTICIA, SI, RACISMO, NO

La sinrazón racista ha hecho más ruido que el afán de justicia tras el crimen de los taxistas. La xenofobia crece en España a ritmo trepidante y ha tenido estos días en Madrid un brote breve, pero intenso.

Ocurrió la otra noche, en un servicio de urgencias de Madrid, donde un borrachuzo infame llegó en brazos de dos miembros de Protección Civil. Cuando el ATS* se acercó a la camilla, exclamó el infame borrachuzo:
-¡No me toque! ¡A mí no me pone la mano encima un negro!

Del episodio, real como la vida misma, cabe extraer dos conclusiones urgentes. Una: en España, la xenofobia es fenómeno cotidiano. Dos: entre el racismo y la necedad no existen fronteras. ¿Habrá algo más necio que rechazar por su color a quien te intenta ayudar?

Es lo peor de estas conductas: la alta dosis de irracionalidad que encierran. La irracionalidad se aparece por doquier: esa sala de urgencias, esos mozos que reciben a garrotazos a los del pueblo de al lado, esos vecinos que apalean a un *yonqui*, ese conductor que mata a otro por una discusión de tráfico, esos maridos que pegan a sus mujeres, esas mujeres que pegan a sus hijos. En el terreno específico de la xenofobia, el miedo ignorante al desconocido y la violencia prepotente del fuerte sobre el débil son los dos ingredientes de un peligroso cóctel.

El cóctel de moda. En toda Europa, donde los nuevos fascistas lo tienen como bandera. También en España. La irracionalidad xenófoba y racista ha tenido en Madrid un brote breve, pero intenso. El solo rumor de que había sido un marroquí el asesino de dos taxistas desató una oleada de gritos, pancartas, titulares equívocos, pintadas, conatos de agresión.

De los 450.000 extranjeros que viven en España, muchos saben por propia experiencia lo que es la xenofobia y el racismo. Entre los residentes censados, 60.000 proceden de Marruecos. De ellos, varios miles habitan en Peñagrande, donde está el mayor asentamiento marroquí de España. Están pasando una época aciaga. Fueron primero los gitanos, que los trataron con desdén y les cobraron hasta 20.000 pesetas mensuales por dejarles levantar las chabolas. Luego el incendio, que dejó sin vivienda a la mitad del poblado. Ahora es un compatriota suyo, Rachid Moufrag, quien les complica la vida. El origen marroquí del presunto asesino, unido a los sinsabores de la crisis económica (la recuperación no ha llegado a estos lares, que se sepa) ha subido el volumen de los gritos:
–Vete a tu pueblo, no me quites el trabajo.

Actitudes básicas hacia la inmigración — En (%)

Marzo 1993	DE ACUERDO	INDIFERENTE	EN DESACUERDO	NS/NC
La discriminación hacia los extranjeros se debe a su posición económica	58	8	24	10
Sólo se debería admitir trabajadores de otros países cuando no haya españoles para cubrir esos puestos de trabajo	64	6	27	2
Bastante difícil es la situación económica como para tener que destinar dinero a ayudar a los emigrantes	57	10	31	2
Se diga lo que se diga, a todos nos molestaría que nuestros hijos tuvieran compañeros de otras razas en sus escuelas	15	12	67	5
Los ciudadanos de cualquier país deberían tener derecho a establecerse en cualquier país, sin ningún tipo de limitaciones	51	14	28	8

Política más adecuada respecto a los inmigrantes de países menos desarrollados

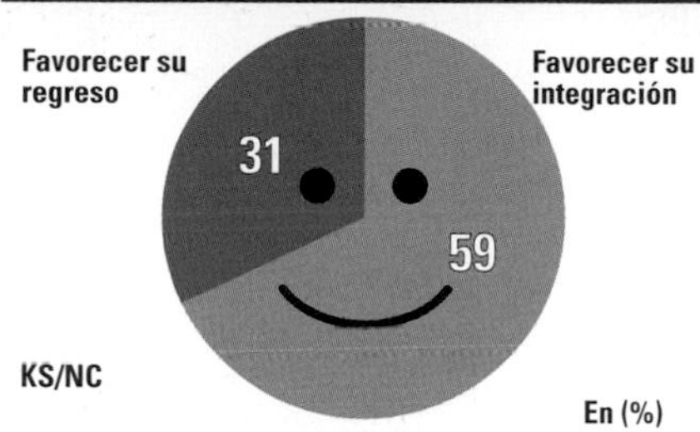

En el poblado saben, sin embargo, que no todo el mundo es racista. "Hay gente que trata bien y otros mal. No se puede generalizar. Tampoco se puede decir que todos los marroquíes seamos asesinos porque uno haya matado a los taxistas". Quien así se expresa se llama Mohamed, tiene 22 años y lleva tres en España, en perfecta ilegalidad.

Han oído que en Lavapiés estos días hay que andar con cuidado. Pero en su barrio no han cambiado las cosas. Es lo de siempre. El rechazo de siempre. Lo padecen cuando llegan al bar y les dicen que "ya está cerrado", aunque la barra esté atiborrada de clientes. O cuando, caída la noche, notan que otro viandante aprieta el paso al advertir su proximidad.
Después de "lo de los taxistas" mentes obtusas les añaden la etiqueta de asesinos. De poco vale que Abdul, de 27 años, haga una llamada a la razón:

-Criminales hay en todos los países. ¿Qué tengo yo que ver con ese tío?
Son las 11 de la mañana de un día laborable y el poblado está lleno de hombres. Hace unos años, a estas horas, estarían todos trabajando. Pero ahora no hay faena para todos. "Yo tengo he trabajado muchos años y cobro el paro. No sale nada. Me dicen que después de Navidades, pero no sale nada", cuenta Diam, de 26 años. Y añade:
-Con lo del taxista va a ser peor. A ver si me tengo que volver a Marruecos.
Hecho probado: el paro dispara la xenofobia.

* ATS = ayudante técnico sanitario

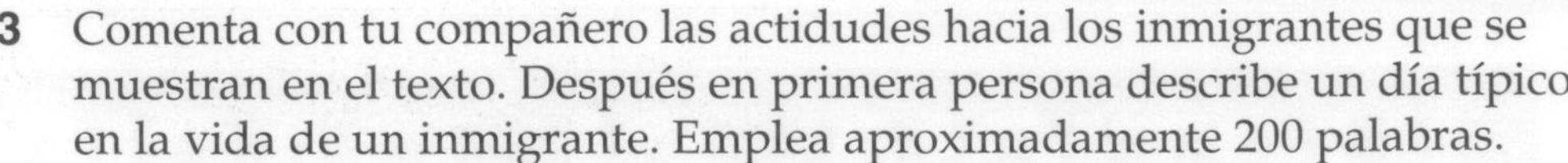

3 Comenta con tu compañero las actidudes hacia los inmigrantes que se muestran en el texto. Después en primera persona describe un día típico en la vida de un inmigrante. Emplea aproximadamente 200 palabras.

102 4 En este texto los verbos **ser** y **estar** se usan mucho. Para hacer un repaso de estos dos verbos haz el ejercicio de la hoja 102.

Texto L El racismo en España

1 Escucha la cinta y comenta con tu compañero de clase las razones por las cuales (a) no ha habido graves problemas racistas en España hasta hoy y (b) por qué han surgido ahora estos problemas. Después escribe un resumen del texto en español, empleando 50-60 palabras.

103 2 Escucha la cinta y rellena los espacios en blanco de la hoja 103 con las palabras que faltan.

Texto M Cuatro inmigrantes africanos

El texto de la página 191 describe la vida y las opiniones de cuatro inmigrantes africanos.

1 La clase va a dividirse en cuatro grupos; cada grupo va a leer el pequeño retrato de uno de los inmigrantes. Luego un alumno de cada grupo va a dar un resumen delante de la clase de lo que dice que está haciendo el inmigrante y de su opinión sobre el racismo.

2 Escribe 100 palabras en español sobre la vida de los inmigrantes en España basando tus conclusiones en los cuatro retratos.

18 Preferiría una silla eléctrica

Un amigo tuyo español ha leído este reportaje (en la página 249) de lo que le pasó a Andrés Ortiz en Inglaterra. Te escribe una carta diciéndote que le asustó el artículo porque creía que en Inglaterra trataban a los inmigrantes con más justicia. Contesta a su carta en español explicándole:

a que el artículo exagera las dificultades de los inmigrantes en Inglaterra o …

b que el artículo dice la verdad, citando ejemplos de casos similares.

Emplea 150 palabras.

Redacciones

1 «El paro dispara la xenofobia.» ¿Estás de acuerdo?

2 ¿Cómo se puede cambiar las actitudes negativas de algunos jóvenes (¡o viejos!) hacia las minorías étnicas? Da ejemplos de medidas prácticas que se puedan tomar para mejorar la situación.

3 «Es necesario que haya leyes de extranjería y de emigración para regular la presencia de los que entran en el país.» ¿Estás de acuerdo?

4 «Todos llevamos un pequeño racista dentro porque tenemos miedo de lo distinto.» Comenta esta opinion.

MANUEL, angoleño

En Angola, Manuel, de 20 años, estudiaba Medicina. Cuando huyó de allí por la guerra tuvo que dejarlo todo. Pero no duda que un día, cuando se normalicen las cosas, volverá. Tiene una novia holandesa y vive en una habitación con un amigo. Su novia paga su parte mientras él busca trabajo. Ha solicitado un permiso. «Nunca me he sentido discriminado, no creo que los españoles sean especialmente racistas». Manuel se considera un hombre con suerte.

KARIM, marroqui

Llegó a España hace tres años para estudiar. Hoy, Karim, 25 años, trabaja en la construcción, en la empresa Pladur. Cobra 4.000 pesetas diarias por su jornada de diez horas. A pesar de ello no se queja: «Es un buen jefe, se porta bien con nosotros, pero él es el que manda. Nos quedamos hasta que terminamos el trabajo previsto». Karim siente pena por la gente racista. «Son superficiales. Es gente que no se detiene a profundizar en las personas. No aprenden a relacionarse. Yo diferencio a las personas por su forma de pensar, su inteligencia y su educación. Un racista sólo por su color. ¡Qué triste! ¿no?», concluye Karim.

MOFDI, marroqui

Cuando termine sus estudios a Mofdi, 28 años, le gustaría volver a Marruecos. Allí estudió Exactas. Llegó a España hace año y medio y actualmente cursa el segundo año de doctorado en la Universidad Complutense de Madrid y asiste a clases de ortografía y lectura en la Escuela de Emigrantes del barrio de Tetuán. Mofdi no cree que la sociedad española sea especialmente racista. «Yo me relaciono con los jóvenes y tengo muchos amigos españoles», asegura.

OSCAR, zaireño

Es contable, pero de momento se dedica a aprender español. Hace cuatro meses que Oscar dejó Zaire para venir a España a buscar trabajo, pero aún no ha conseguido un permiso de trabajo. Cree que el racismo es un problema político. «Si nos diesen la oportunidad de trabajar, las cosas serían diferentes. Cuando un europeo va a Africa trabaja en lo que quiere. Cuando un africano llega a Europa ocupa los puestos que los europeos rechazan». Vive en un albergue que carece de agua caliente y cada día come y cena en los comedores de acogida. «Los jóvenes son buena gente. Sin embargo, la gente mayor cree que venimos a quitarles trabajo», concluye.

Desarrollando el tema

1 **La discriminación racial en la historia de España:** la Inquisición; los judíos, los moros y los cristianos; los indios de Latinoamérica.

2 **La discriminación en los tiempos modernos:** la intolerancia; el prejuicio; las leyes contra la discriminación; el racismo; el sexismo; el antisemitismo; la xenofobia; los grupos gays; los ancianos; los marginados.

3 **La mujer:** el papel tradicional de la mujer; la mujer en la casa, en el matrimonio, en el trabajo, en la educación; la mujer ante la ley; las diferencias biológicas entre la mujer y el hombre; el acoso sexual.

4 **El racismo:** la discriminación en el empleo, en la vida social, en las viviendas; los problemas de la inmigración; los matrimonios entre negros y blancos; los disturbios raciales; los partidos políticos racistas; el fascismo; los grupos neonazis.

Federico García Lorca

© DACS 1996 *Nocturno con dos limones*

© DACS 1996
Soledad Montoyo

© DACS 1996 *Payaso con guitarra*

Lorca, poeta andaluz de grandes dotes artísticas, se convirtió en mito al ser asesinado por las fuerzas derechistas en Granada en 1936, a comienzos de la guerra civil española. Hoy día, el interés por su biografía, parece que supera al de su obra literaria. En el 50 aniversario del fusilamiento de Lorca un librero de Granada comentó que «en realidad se venden muchos más libros sobre la vida de Lorca que sobre su obra». La muerte trágica de Lorca quizás haya oscurecido su talento artístico, sobre todo de poeta y dramaturgo.

En la hoja 104, encontrarás el vocabulario de la unidad 13.

104

FEDERICO GARCÍA LORCA *PRIMERA PARTE:* NIÑEZ Y JUVENTUD, 1898-1919

Federico García Lorca nació en 1898, en Fuente Vaqueros, un pequeño pueblo de la Vega de Granada. Su vida infantil en el campo le dio un amor profundo por la naturaleza, la sencillez de la vida rural y las leyendas y romances de la provincia de Granada. Aunque su familia se mudó a Granada en 1909, regresaban con frecuencia a la Vega en verano, así que Lorca pudo mantener contacto con la vida del campo y la lengua de los campesinos. En 1929 Fuente Vaqueros rindió homenaje a su hijo más famoso y Lorca pronunció un discurso en el que nos da una imagen fiel de su pueblo natal.

Texto A **El pueblo natal de Lorca**

Tengo un deber de gratitud con este hermoso pueblo donde nací y donde transcurrió mi dichosa niñez, por el inmerecido homenaje de que he sido objeto al dar mi nombre a la antigua calle de la Iglesia. Todos podéis creer que lo agradezco de corazón y que yo, cuando en Madrid o en otro sitio me preguntan el lugar de mi nacimiento, en encuestas periodísticas o en cualquier parte, digo que nací en Fuente Vaqueros para que la gloria o la fama que haya de caer en mí, caiga también sobre este simpatiquísimo, sobre este modernísimo, sobre este liberal pueblo de La Fuente. Y sabed todos que yo inmediatamente hago su elogio como poeta y como hijo de él, porque en toda la Vega de Granada, y no es pasión, no hay otro más hermoso ni más rico, ni con más capacidad emotiva que este pueblecito. No quiero ofender a ninguno de los bellos pueblos de la Vega de Granada, pero yo tengo ojos en la cara y suficiente inteligencia para decir el elogio de mi pueblo natal.

Está edificado sobre el agua. Por todas partes cantan las acequias y crecen los altos chopos donde el viento hace resonar sus músicas suaves en el verano. En su corazón tiene una fuente que mana sin cesar y por encima de sus tejados asoman las montañas azules de la Vega, pero lejanas, apartadas, como si no quisieran que sus rocas llegaran aquí, donde una tierra muelle y riquísima hace florecer toda clase de frutos.

El carácter de sus habitantes le señala entre el de los pueblos limítrofes. Un muchacho de Fuente Vaqueros se conoce entre mil. Allí le veréis garboso, con el sombrero echado hacia atrás, dando manotazos y ágil en la conversación y en la elegancia. Pero será el primero, en un grupo de forasteros, en admitir una idea moderna o en secundar un movimiento noble.

Una muchacha de Fuente Vaqueros la conoceréis por su sentido de la gracia, por su viveza, por su afán de elegancia y superación. Y es que los habitantes de este pueblo tienen sentimientos artísticos nativos. Sentimientos artísticos y sentido de la alegría, que es tanto como decir sentido de la vida. Muchas veces he observado que al entrar en este pueblo hay como un clamor, un estremecimiento que mana de la parte más íntima de él. Un clamor, un ritmo que es afán social y comprensión humana...

Por primera vez en su corta historia tiene este pueblo un principio de biblioteca. Es un hecho importante que me llena de regocijo, y me honra que sea mi voz la que se levante aquí en el momento de su inauguración, porque mi familia ha cooperado extraordinariamente a la cultura vuestra. Mi madre, como todos sabéis, ha enseñado a mucha gente de este pueblo porque vino aquí para enseñar, y yo recuerdo de niño haberla oído leer en alta voz para muchos. Mis abuelos sirvieron a este pueblo con verdadero espíritu y hasta muchas de las músicas y canciones que habéis cantado han sido compuestas por algún viejo poeta de mi familia.

Diminutives and Augmentatives: Lorca, like all Spaniards, was very fond of using diminutives. In this passage, for example, he refers to his home town as *este pueblecito*, probably to indicate his emotional link with Fuente Vaqueros, rather than to suggest that his *pueblo* is small. He also uses an augmentative ending in the address, in the third paragraph, where he adds **-tazo** to **mano** to make *manotazo* ("slap"). Read through the account of diminutives and augmentatives in the Grammar Summary on page 268.

1 Empareja estas palabras, sacadas del texto, con su equivalente inglés:

dichoso	garboso
inmerecido	un manotazo
una acequia	un forastero
un chopo	un afán
muelle	la superación

irrigation channel	*self-improvement*
jaunty	*happy*
stranger	*undeserved*
soft	*poplar*
desire	*slap*

2 Haz un resumen en español, utilizando 150 palabras, de esta descripción de Fuente Vaqueros y sus habitantes, tal como la hace Lorca en los párrafos 2, 3 y 4.

3 Explica en español el sentido de las siguientes frases:

a donde transcurrió mi dichosa niñez
b en encuestas periodísticas
c yo tengo ojos en la cara
d como si no quisieran que sus rocas llegaran aquí
e El carácter de sus habitantes le señala entre el de los pueblos limítrofes.
f Un muchacho de Fuente Vaqueros se conoce entre mil.
g un estremecimiento que mana de la parte más íntima de él
h me honra que sea mi voz la que se levante aquí en el momento de su inauguración

4 Imagina que te has hecho famoso/a en la vida y que tu pueblo o barrio natal te ha invitado a pronunciar un discurso de homenaje en que vas a alabar sus méritos. Escribe tu discurso en español, utilizando 200 palabras.

5 En tu pueblo se hace una campaña con el propósito de establecer una biblioteca nueva para servir a la comunidad y los organizadores piden a cada habitante el donativo de un libro. Describe en español, utilizando 150 palabras, el libro que hayas escogido, señalando sus cualidades más destacadas.

Desde niño Federico mostró gran talento artístico, sobre todo como músico. Comenzó muy joven a tocar el piano e hizo progresos tan rápidos que todos creían que estaba destinado a tener una brillante carrera como músico.

Texto B **Lorca músico**

105

Escucha la cinta e indica si son ciertas o falsas las afirmaciones en la hoja 105. Si son falsas, escribe la versión correcta.

En su niñez también se interesó mucho por los títeres andaluces y convirtió una habitación de su casa en un pequeño teatro. Esta afición influyó profundamente en las obras teatrales que escribió en los años 20 y 30.
En 1915 Lorca comenzó sus estudios en la Universidad de Granada. Llevaba una vida de joven artista, rodeado de compañeros afines. Comenzó a escribir y, poco a poco, la literatura llegó a ser tan importante para él como la música. Durante este período también viajó mucho por España, y su primer libro, *Impresiones y paisajes* (1918), consiste en una serie de descripciones de diversas regiones.
Lorca tiene fama de ser el poeta de Granada, ya que le fascinaban todos los aspectos de Granada, sobre todo la música, los cantos que para él «son la fisonomía de la ciudad». En una famosa conferencia, dada en Uruguay en 1934, Lorca describió las canciones populares granadinas cantadas en las diferentes estaciones del año, e ilustró su texto tocando el piano.

FEDERICO GARCÍA LORCA *SEGUNDA PARTE:* MADRID, 1919-1929

© DACS 1996 *Payaso con rostro des do blado*

En su época de estudiante en la Universidad de Granada, Lorca nunca se había presentado a los exámenes. En 1920 escribió una carta a un profesor, Antonio Gallego Burín, para preguntarle cómo podría aprobar en los exámenes de septiembre. Sabía que si aprobaba, su padre le dejaría volver a Madrid, donde había pasado algunos meses en 1919, a continuar sus estudios allí. Así es que Lorca se examinó y, aunque no aprobó todos los exámenes, su padre le permitió ir a vivir a Madrid.

Lorca comenzó una vida nueva en Madrid. Vivió en la famosa «Residencia de Estudiantes» hasta 1928. Entre los amigos de Lorca que también estudiaban en la Residencia estaban Luis Buñuel, máximo cineasta español del siglo veinte, y el gran pintor surrealista Salvador Dalí.

19 Lorca en la Residencia (página 250)

El cineasta Luis Buñuel, en su libro *Mi último suspiro*, revela algo del magnetismo personal de Lorca.

¿Qué impresión produjo Lorca en Buñuel y qué aprendió el aragonés del andaluz?

La sexualidad de Lorca

En este período algunos de los compañeros de la Residencia se dieron cuenta de que Lorca era homosexual. En la España de aquella época los homosexuales tenían que reprimir su orientación sexual y las inclinaciones sexuales de las figuras públicas no se discutían. Es lógico pensar que Lorca pasara por un período de confusión a causa del contraste entre sus tendencias naturales y lo que la sociedad española esperaba de él. No hay duda de que el poeta utilizó su obra literaria para explorar y expresar este conflicto. Se nota que muchos de los personajes de sus dramas están en conflicto con los valores convencionales de la sociedad a su alrededor.

Su sexualidad no le impedía tener buenas relaciones con todo el mundo. Sus compañeros se refieren a su espíritu abierto, su gran generosidad y su encanto personal. Siempre se encontraba en el centro de cualquier actividad cultural. A él le gustaba mucho interpretar música, poesía o teatro delante de un público, y escucharle recitar sus poemas o dramas, o tocar el piano, era una experiencia inolvidable. La verdad del caso es que prefería leer un poema en voz alta que darlo a una editorial para publicarlo. En una carta a un amigo declaraba: «Después de todo, si yo intento publicar es por dar gusto a unos cuantos amigos y nada más. A mí no me interesa ver muertos definitivamente mis poemas ... quiero decir publicados.» Uno de sus amigos le convenció que debía publicar sus primeros poemas, y en 1921 apareció el *Libro de poemas.* Aunque este libro no tuvo éxito, entre 1921 y 1924 hizo publicar tres libros de poemas más, *Poema del cante jondo, Primeras canciones* y *Canciones.*

El poema de la página 196 es del último libro.

© DACS 1996 *EL pescador (Dalí)*

Texto C **Arbolé, arbolé**

1 Escucha la cinta tomando apuntes. Luego haz un resumen de lo que pasa en el poema.

2 Escucha el poema otra vez y después comenta los siguientes aspectos:
a su sabor popular
b el efecto de la negativa de la muchacha
c el papel del viento

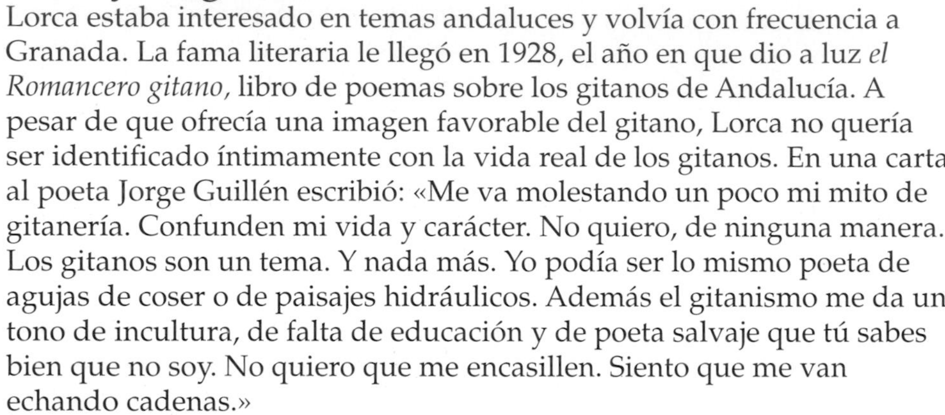

Lorca y los gitanos

Lorca estaba interesado en temas andaluces y volvía con frecuencia a Granada. La fama literaria le llegó en 1928, el año en que dio a luz *el Romancero gitano,* libro de poemas sobre los gitanos de Andalucía. A pesar de que ofrecía una imagen favorable del gitano, Lorca no quería ser identificado íntimamente con la vida real de los gitanos. En una carta al poeta Jorge Guillén escribió: «Me va molestando un poco mi mito de gitanería. Confunden mi vida y carácter. No quiero, de ninguna manera. Los gitanos son un tema. Y nada más. Yo podía ser lo mismo poeta de agujas de coser o de paisajes hidráulicos. Además el gitanismo me da un tono de incultura, de falta de educación y de poeta salvaje que tú sabes bien que no soy. No quiero que me encasillen. Siento que me van echando cadenas.»

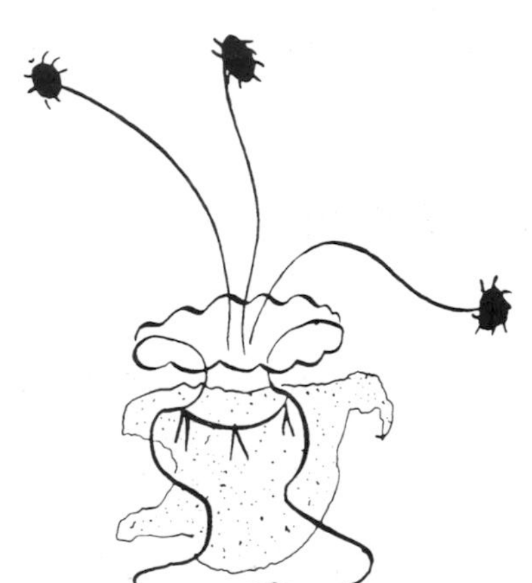

© DACS 1996 *Cubierta del Romancero gitano*

Pero ciertamente Lorca había visto de cerca la vida de los gitanos, como demuestra este fragmento de una carta a su hermano Francisco, escrita en 1926, en la que cuenta un viaje a las Alpujarras, una región de la provincia de Granada:

«El país está gobernado por la Guardia Civil. Un cabo de Carataunas, a quien molestaban los gitanos, para hacer que se fueran, los llamó al cuartel y con las tenazas de la lumbre les arrancó un diente a cada uno diciéndoles: «Si mañana estáis aquí caerá otro.» Naturalmente los pobres gitanos mellados tuvieron que emigrar a otro sitio. Esta Pascua en Cañar un gitanillo de catorce años robó cinco gallinas al alcalde. La Guardia Civil le ató un madero a los brazos y lo pasearon por todas las calles del pueblo, dándole fuertes correazos y obligándole a cantar en alta voz. Me lo contó un niño que vio pasar la comitiva desde la escuela. Su relato tenía un agrio realismo conmovedor. Todo esto es de una crueldad insospechada ...»

Texto D **Romance de la Guardia Civil Española**

Lorca dramatizó el conflicto entre los gitanos y la guardia civil en su *Romance de la Guardia Civil Española,* caracterizando a los guardias como brutos deshumanizados. En este fragmento del principio del poema los guardias cabalgan hacia la ciudad gitana:

Los caballos negros son.
Las herraduras son negras.
Sobre las capas relucen
manchas de tinta y de cera.
Tienen, por eso no lloran,
de plomo las calaveras.
Con el alma de charol
vienen por la carretera.

Jorobados y nocturnos,
por donde animan ordenan
silencios de goma oscura
y miedos de fina arena.
Pasan, si quieren pasar,
y ocultan en la cabeza
una vaga astronomía
de pístolas inconcretas.

¿Cómo expresa Lorca su rechazo de la Guardia Civil en este fragmento? ¿Te parece que consigue su objetivo?

20 Romance de la luna, luna (página 250)

Comenta:

a qué le pasa al niño
b el papel de la luna
c la imagen del gitano que presenta el poema

Lorca sentía casi una necesidad compulsiva de ilustrar con dibujos sus obras literarias, e incluso sus cartas. Empleaba una técnica sencilla, como de niño, y con frecuencia se ve en sus dibujos una nota de humor. Durante los años 20 Lorca había compuesto obras de teatro, por ejemplo sus obras para títeres, y *Mariana Pineda,* historia de una heroína granadina del siglo diecinueve. Pero sus obras de teatro más famosas las escribió en la década siguiente.

FEDERICO GARCÍA LORCA *TERCERA PARTE:* LOS ÚLTIMOS AÑOS, 1929-1936

En 1929 Lorca aceptó una invitación para visitar los Estados Unidos. En Nueva York le asustaron la injusticia y el materialismo de la civilización de los *yanquis,* quienes estaban en aquel momento en plena crisis económica. Al poeta sólo le atraían los negros de Harlem. Esta experiencia dio lugar a un nuevo libro de poemas, *Poeta en Nueva York.*

Nueva York

Cuando estuvo en Nueva York, Lorca escribió cartas regularmente a su familia, comentando, entre otras cosas, las costumbres y el modo de vivir de los neoyorquinos contrastándolos muy vivamente con los latinos.

Cuba

Lorca 1936

En 1930, al final de su estancia en EE.UU., Lorca viajó a Cuba donde permaneció tres meses. Para Lorca la isla era un paraíso: le encantaban la belleza y la vitalidad de los cubanos, quienes le recordaban a los habitantes de su Andalucía natal. Allí el poeta se sumergió en la cultura, la música y el teatro cubanos.
En Cuba es probable que Lorca comenzara a escribir *El público,* pieza que defiende el derecho del individuo a amar libremente, y al hablar de la libertad erótica se refería probablemente a la homosexualidad. Nadie se atrevió a poner la obra en escena durante la vida de Lorca, porque el tratamiento del tema era demasiado revolucionario.

La Barraca

En la España de los años 20, la vida política había sufrido profundos cambios. El dictador Primo de Rivera había caído, el Rey Alfonso XIII abdicó y la República se proclamó en 1931. En este período el interés de Lorca por el teatro creció hasta tal punto que creó una compañía de teatro, llamada La Barraca. Esta compañía era ambulante y tenía el propósito de despertar interés por el teatro llevándolo a los pueblos de España, donde no había posibilidad de ver obras dramáticas. La entrada era gratis y las representaciones se hacían al aire libre. Lorca pasó tres años felices con La Barraca, hasta 1935, escribiendo con gran pasión, dirigiendo, y creando los decorados él mismo. En aquella época escribió los tres dramas rurales, *Bodas de sangre* (1933), *Yerma* (1934) y *La casa de Bernarda Alba* (1936). Terminó la tercera de estas tragedias poco antes de su muerte.

La primera de las tres obras tiene su fuente en un suceso real, ocurrido en Almería en 1928 y relatado en un periódico granadino con los siguientes titulares: «Trágico final de una boda. Es raptada la novia, siendo más tarde asesinado el raptor. El misterio envuelve el suceso. Es detenido el novio burlado.» *Yerma*, «drama de mujeres en los pueblos de España» es, según la actriz Núria Espert, «el drama de una mujer que no tiene hijos en una sociedad donde ella no tiene nada más que hacer que tener hijos». La frustración de esta mujer la lleva al asesinato de su esposo, convencida de que él no va a darle un hijo. En *La casa de Bernarda Alba* todos los personajes son mujeres. Cinco hijas viven encerradas, y reprimidas sexualmente, bajo la «dictadura» de una madre dominante. Como ocurre en *Bodas de sangre* y *Yerma*, la obra termina con una muerte trágica, la de la hija más joven que se opuso al poder de su madre.

Texto E **Tarea**

En 1933 Lorca envió el siguiente telegrama a su amigo De Falla, compositor del ballet *El Amor Brujo*:

EXITO FORMIDABLE AMOR BRUJO EN CADIZ BAILADO COMO NUNCA POR ARGENTINITA Y GITANOS ANDALUCES LE ABRAZA CON TODO CARINO SU VIEJO AMIGO FEDERICO GARCIA LORCA

Escribe una carta de 150 palabras que describa el mismo suceso ampliando los detalles del telegrama.

Texto F **El Café de Chinitas**

Escucha la canción flamenca de Lorca, *el Café de Chinitas*. Hay dos versiones: la primera es del año 1931 en la que Lorca él mismo toca el piano, acompañando a la cantaora, la Argentinita; la segunda es del cantaor Enrique Montoya.

1. ¿Qué imagen del torero da la canción?
2. Comenta con tu compañero las diferencias que notáis entre las dos versiones de la canción.

La muerte de Lorca en 1936 fue una de las muchas atrocidades de la guerra civil. Al gran poeta y dramaturgo se le transformó en mártir y, aunque nunca fue miembro de un partido político, Lorca, muerto, llegó a ser un poderoso símbolo del bando republicano en la lucha contra el fascismo.
Muchos amigos poetas lloraron la muerte de Lorca, con versos que muestran su dolor. Entre ellos, el gran poeta cubano, Nicolás Guillén, quien escribió el poema siguiente:

Texto G **Angustia cuarta**

De ***España - poema en cuatro angustias y una esperanza***

Federico
Toco a la puerta de un romance.
– ¿No anda por aquí Federico?
Un papagayo me contesta:
– Ha salido.

Toco a una puerta de cristal.
– ¿No anda por aquí Federico?
Viene una mano, y me responde:
– Está en el río.

Toco a la puerta de un gitano.
– ¿No anda por aquí Federico?
Nadie contesta, no habla nadie ...
– ¡Federico! ¡Federico!

La casa oscura, vacía;
negro musgo en las paredes;
brocal de pozo sin cubo,
jardín de lagartos verdes.

Sobre la tierra mullida
caracoles que se mueven,
y el rojo viento de julio
entre las ruinas, meciéndose.
¡Federico!
¿Dónde el gitano se muere?
¿Dónde sus ojos se enfrían?
¡Dónde estará, que no viene!

1 Después de leer el poema comenta con tu compañero los efectos que busca el poeta, concentrándote en los siguientes puntos:
a el diálogo en las tres primeras estrofas
b las imágenes que utiliza el poeta en las dos últimas estrofas
c las tres últimas líneas del poema

2 Ahora, toda la clase va a discutir el poema, dando sus opiniones sobre la pregunta 1.

Desarrollando el tema

Los siguientes temas te dan algunas ideas (¡hay muchas más!) para hacer un trabajo más extenso sobre García Lorca.

1 **Temas generales:** Lorca, poeta del pueblo; Lorca dramaturgo; Lorca dibujante; el epistolario de Lorca; Lorca y Andalucía.

2 **Juventud:** la influencia de su familia; su educación en Granada; el lenguaje de la provincia de Granada; sus primeras obras literarias; Lorca y la música; el teatro de títeres.

3 **Los años 20:** su vida en La Residencia; su relación con Dalí o Buñuel o De Falla; el cante jondo; *el Romancero gitano* y el gitanismo; la imagen de Granada en *Mariana Pineda.*

4 **Los años 30:** Lorca en Nueva York; *La zapatera prodigiosa; La Barraca;* (una de) las tragedias rurales; Lorca ¿figura política?; la muerte de Lorca.

La sociedad española contemporánea

Una palabra caracteriza la España de los últimos veinticinco años: el cambio. Desde cualquier perspectiva – sea política, económica, social o moral – España ha cambiado más que ningún otro país de la Europa occidental. ¿Por qué esta transformación tan radical? Para contestar esta pregunta tenemos que mirar atrás, adentrarnos brevemente en la historia de la España del siglo veinte.

107

En la hoja 107, encontrarás la lista del vocabulario para esta unidad.

108

Cuestionario

Intenta contestar las preguntas de la encuesta en la hoja 108.

LA SOCIEDAD ESPAÑOLA CONTEMPORÁNEA

PRIMERA PARTE: LA GUERRA CIVIL ESPAÑOLA Y LA DICTADURA DEL GENERAL FRANCO (1936-1975)

Fechas Clave (1)

1931	Abdicación del Rey Alfonso XIII
1936-39	Guerra civil española
1936	Nacimiento de Juan Carlos, futuro rey de España
1969	Designación de Juan Carlos como sucesor de Franco
1973	Asesinato por ETA del primer ministro, el Almiral Carrero Blanco
1975	Muerte del general Franco

Guernica Pablo Picasso

Como otros muchos países europeos, España tiene una monarquía que se estableció hace siglos. A veces la monarquía española ha pasado por un período de impopularidad y el sentimiento republicano ha surgido. En 1931, al ver que los republicanos ganaban las elecciones, el rey Alfonso XIII abdicó y se declaró la Segunda República.

La abdicación fue seguida por un período de inestabilidad política y social en el que las acciones reformistas de los gobiernos de la izquierda provocaron con frecuencia a los conservadores, que temían una revolución comunista, mientras que estas reformas no conseguían satisfacer las demandas de los grupos más a la izquierda. Después del triunfo electoral de los republicanos en febrero de 1936 la parte más conservadora del ejército español decidió sublevarse en un golpe de estado contra el gobierno republicano. El 18 de julio estalló la guerra civil.

Fue una guerra fratricida entre las fuerzas de la derecha tradicional y las de la izquierda renovadora, y el país se partió en dos mitades más o menos iguales. Después de tres años de lucha sangrienta y amarga, los rebeldes nacionales del general Franco salieron victoriosos contra el gobierno legal de la República. Luego comenzó una dictadura que duró treinta y seis años.

Era la época del fascismo en Europa: Franco había recibido la ayuda de los alemanes para destruir a sus enemigos y, como Hitler y Mussolini, quiso establecer un sistema político en el que hubiera sólo un partido político. Entre los momentos simbólicos de esta guerra fue el bombardeo de Guernica, ciudad histórica del País Vasco, por los aviones de Hitler. Esta atrocidad fue conmemorada por el pintor Picasso en su famosa pintura *Guernica,* una de las obras maestras del siglo veinte, que muestra al mundo los peligros del fascismo.

Franco ganó la guerra civil no sólo porque tenía superioridad militar sino también a causa de la falta de unidad del bando republicano, una alianza compuesta de elementos muy diversos, entre ellos socialistas, comunistas y anarquistas. El escritor inglés, George Orwell, narra sus experiencias como testigo de las disputas de estas facciones rivales, en su libro *Homage to Catalonia.*

Franco fue un hombre duro, de ideas muy fijas y simples. Había luchado contra la República en nombre de la tradición española y de la religión – era un católico devoto – y creía en la eficacia de los métodos militares para castigar a sus enemigos y para gobernar el país. Consiguió una especie de estabilidad política y de orden social pero a un precio muy alto: el de la libertad de los ciudadanos españoles. Franco estableció un Estado que respetaba poco los derechos del individuo: los que se opusieron al «caudillo» por tener ideas opuestas a las suyas fueron encarcelados o tuvieron que huir del país, para refugiarse en otros países de Europa o de Sudamérica.

Texto A **Las humillaciones vaciaron a Franco por dentro**

1 Después de leer la entrevista explica en español el sentido de las frases siguientes, según el contexto:

insensibilizarse	su inquebrantable ambición
mujeriego	allanar el camino
a sus anchas	conectar con

2 ¿Cuáles de los adjetivos siguientes mejor caracterizan al Franco de los últimos años? Justifica tus opiniones.

sensible	alegre	estoico
pesimista	libertario	simpático
anárquico	reservado	extrovertido
locuaz	religioso	astuto
frío	digno	

3 Paul Preston cree que la infancia de Franco influyó en su vida y su personalidad. ¿Crees tú que la infancia influye en la personalidad de los individuos? Cita algún ejemplo, empleando 100 palabras de español.

Paul Preston: "LAS HUMILLACIONES VACIARON A FRANCO POR DENTRO"

PROBLEMAS PSICOLÓGICOS LLEVARON A FRANCO A SOFOCAR SUS SENTIMIENTOS. A ESA CONCLUSIÓN LLEGA EL HISTORIADOR PAUL PRESTON EN SU BIOGRAFÍA DEL GENERAL

RAMIRO CRISTOBAL

AUTOR DE UNA OBRA CLAVE SOBRE la Guerra Civil española, el historiador británico Paul Preston, profesor de la Escuela de Economía de Londres, trata de descubrir en esta biografía de Francisco Franco la personalidad profunda de uno de los políticos más misteriosos de la historia.

P. *Lo más novedoso de su biografía es la investigación sobre la niñez y la adolescencia del futuro caudillo. ¿Cuál es su conclusión sobre ese periodo de su vida?*
R. Franco tuvo una niñez y una vejez patéticas. Algunos amigos me han reprochado que en mi obra hay cierta ternura y compasión cuando examino esos periodos de su vida: cuando uno investiga las circunstancias que rodearon su niñez y el proceso que le llevó a insensibilizarse ante cualquier tipo de sentimiento, tiene piedad por el hombre, aunque luego hiciera lo que hiciera.

P. *¿Cómo fue ese proceso psicológico de que habla?*
R. Al investigar sobre el periodo de la Guerra Civil, pedí la opinión de psicólogos y psiquiatras. Según estos expertos, Franco, de niño, tuvo que soportar la presencia del padre, un hombre autoritario en casa que pegaba a sus hijos y que era jugador y mujeriego. Franco vivía junto a su madre, una mujer muy piadosa que seguramente lo mimaba. Ella fue la que enseñó al pequeño que la mejor forma de enfrentarse a la desgracia era con la impasibilidad, la resignación y la dignidad. Lo entrenó para que nadie pudiera saber de sus problemas y sufrimientos.

P. *¿Su experiencia militar también influyó en su carácter?*
R. Sobre todo sus años de militar en Africa. La guerra de Marruecos fue una campaña de increíble dureza y crueldad en la que sólo un hombre con un largo entrenamiento en dominar sus emociones podía salir indemne. Todo eso le vació por dentro, le hizo perder todos los sentimientos, incluido el miedo.

P. *Pero en esa época se le ve sonriente y sus contemporáneos dicen que era un hombre afable. ¿No es cierto?*
R. Es cierto. Hay un gran contraste entre el Franco que todos conocemos, siempre serio y sombrío, y el Franco joven de Africa al que se ve contento y a sus anchas, muy cómodo en el trabajo que está haciendo. El tuvo, desde muy joven, una capacidad especial para las relaciones públicas muy relacionada con su inquebrantable ambición.

P. *¿Cómo fue esa labor?*
R. Hubo cierta prensa que le allanó el camino. Después de su éxito militar en Africa, Franco volvió a la Península y los periódicos le hicieron artículos que le ponían por las nubes; uno creó el mote de *As de la Legión* y él mismo concedió entrevistas en las que comenzó a hacer un papel de militar modesto y patriota, de héroe sacrificado y simpático.

P. *Ese es el sentido del guión de la película "Raza" que escribió más tarde.*
R. Ese guión es uno de los documentos más reveladores de la verdadera personalidad de Franco. Es una autobiografía falseada. En esas páginas está lo que Franco hubiera querido que fuera su propio hogar, en particular su padre que en la novela/guión aparece como un heroico marino, íntegro y buen padre de familia, que muere en la guerra de Cuba.

P. *Cuando llega al poder apenas practica las relaciones públicas. ¿No las necesitaba ya?*
R. Sí. Aún dio unas cuantas entrevistas en los años 60 a periodistas extranjeros. Una de las cosas más divertidas es lo que dice de sus lecturas durante la guerra de Africa. A uno de sus entrevistadores le dijo que leía a Séneca y a los clásicos griegos, a otro que estudiaba los planes militares y a otra que leía tratados de economía y de asuntos sociales. Dijo que, tras su intervención en la represión de la sublevación de Asturias, le entró curiosidad por leer libros sobre la condición social de las clases trabajadoras.

P. *¿Qué leía en realidad?*
R. Hay pocas referencias a sus lecturas. En una ocasión se dijo que había leído *El príncipe*, de Maquiavelo, en la edición comentada por Napoleón y en una entrevista que le hicieron en 1924 a Carmen Polo, entonces recién casada, ésta se queja de que su marido leía demasiado a "un tal Valle-Inclán".

P. *¿Nunca tuvo dudas del régimen dictatorial que impuso?*
R. No. El combinaba un optimismo sin límites con una consideración pesimista y paternalista de los españoles. Siempre creyó que si él faltaba todo se derrumbaría. Jamás se sintió deprimido ni tuvo dudas. También es cierto que en los tres años de guerra envejeció 15.

P. *¿Cree que llegó a conectar con la mayoría de los españoles?*
R. Franco era lo contrario del retrato robot del español medio. Silencioso, prudente, cauteloso, comedido, gris, distante; el reverso del español expansivo, hablador y anarquista. A veces, el pueblo cree que tiene que encajar a un ser extraño en pago a sus servicios.

Dentro de España las ideas que dieron lugar a la República no desaparecieron, pero la gente no se atrevía a hablar de su oposición al gobierno de Franco. Así Franco mantuvo la existencia de «dos Españas», una dominadora, la de los ganadores de la guerra, otra silenciosa, resentida y perseguida.

A la gente del País Vasco y de Cataluña Franco no les dejaba ni siquiera utilizar oficialmente sus lenguas respectivas (el vasco y el catalán), y prohibió la enseñanza de estas lenguas en las escuelas. Por esta razón y por la represión general creció un resentimiento enorme contra el dictador en estas regiones. En el País Vasco se fundó a comienzos de los años 60 una organización terrorista llamada la ETA (Euskadi Ta Askatasuna, que significa Euskadi [País Vasco] y Libertad), que tenía como objetivo crear un estado vasco independiente. ETA fue responsable de muchas atrocidades, entre ellas el asesinato del hombre nombrado por Franco como su sucesor, el almirante Carrero Blanco, en 1973.

El sistema represivo de Franco consiguió sus objetivos limitados empleando los medios típicos de la dictadura, como la censura, una policía vigilante y la prohibición de los partidos políticos. El efecto de este sistema fue impedir el desarrollo político del país y España poco a poco se iba quedando a la zaga de la mayoría de los países europeos occidentales.

No obstante, España no era un país subdesarrollado. Hubo un cierto desarrollo social y económico, que empezó a manifestarse durante los años 60. Esta época vio un auge enorme en el turismo, mucha inversión en la economía española por parte de empresas multinacionales y una gran emigración de obreros en busca de trabajo a otros países europeos. Todo esto dio a la gente ideas nuevas, más dinero y conciencia de cómo vivían los extranjeros. Así, cuando murió Franco en noviembre de 1975 los españoles estaban ansiosos por establecer la democracia.
Así y todo, había mucho que hacer: la industria necesitaba de

modernizarse, el sistema educativo era dominado por valores religiosos y patrióticos anticuados y mucha gente de talento e imaginación vivía fuera del país. No tenía España la posibilidad de ingresar en el Mercado Común, por ser un país sin instituciones democráticas. El gobierno español tuvo que enfrentarse a una tarea enorme: la de modernizar el país en todos los aspectos de la vida política, económica y social. Una de sus metas específicas fue acercarse más a los otros países de Europa, creando estructuras democráticas.

Aun más importante fue la tarea de reconciliar estas «dos Españas» que había dejado la guerra civil. En 1975 no se sabía cómo se podría satisfacer a la gente que había sufrido tantos años bajo la dictadura, ni quién iba a encabezar el movimiento hacia esta reconciliación.

Texto B **La dictadura del general Franco**

Escucha la cinta y contesta en español las preguntas siguientes:

- **a** ¿Por qué se mantuvo la dictadura en España durante 40 años, según Fernando?
- **b** ¿Por qué le parece a Fernando que era inexplicable que España continuara teniendo a Franco como dirigente después de la segunda guerra mundial?
- **c** ¿Qué cambios ocurrieron en los años 1953 y 1955 y por qué?
- **d** ¿Cuáles fueron las consecuencias de la apertura al exterior?
- **e** ¿Qué hicieron los obreros que no pudieron encontrar trabajo en los años 60?

LA SOCIEDAD ESPAÑOLA CONTEMPORÁNEA

SEGUNDA PARTE: LA TRANSICIÓN A LA DEMOCRACIA (1975–1982)

Un aspecto de la herencia de Franco fue la monarquía, que el dictador había querido restablecer. Con este fin había nombrado en 1969 a Juan Carlos, nieto de Alfonso XIII, como futuro Rey de España y su sucesor como jefe de Estado. Lógicamente, el nuevo rey, que tenía 37 años, no podía contar con el apoyo del pueblo español, que no se fiaba de este «títere» de Franco. Por eso el Rey tenía que ganarse la confianza del pueblo y a la vez ayudar a establecer la democracia.

Texto C **El rey del cambio**

Lee el artículo, escrito en 1981, sobre Juan Carlos (página 205), y contesta en inglés a las preguntas siguientes:

- **a** What reason did the King give in 1975 for the political changes which were taking place in Spain?
- **b** What was the role of the Monarchy in relation to the Constitution, according to Juan Carlos?
- **c** How does Juan Carlos deal with over-long audiences?
- **d** What approach does Juan Carlos take to the Armed Forces?
- **e** What is Juan Carlos's political stance?
- **f** How is Queen Sofía able to assist her husband?
- **g** What do some pressmen think about Juan Carlos' role on 23 February?
- **h** Why did the King act as he did on the night of 23 February, according to the article?

LA gran mayoría del país quería cambios profundos.» Cuando por primera vez desde el comienzo de su reinado en una fría mañana de noviembre de 1975, *José Oneto,* director de una revista que había nacido porque precisamente creía en el *cambio,* preguntó al Rey el porqué de todo un proceso político que se inicia con la desaparición de Franco, Don Juan Carlos de Borbón y Borbón no dudó ni por un momento. Juntó ligeramente las manos, perdió por un instante la sonrisa y dio la única explicación que podía dar: el país había cambiado, el franquismo moría con Franco y en la sociedad española se detectaba un ansia irresistible de reforma.

Era la primera vez que Su Majestad el Rey, Juan Carlos el Breve para muchos, Juan Carlos el desconocido para casi todos, explicaba las razones que lo habían conducido a convertirse, sin quererlo y sin pretenderlo, en *motor del cambio,* de un cambio que caracteriza a la década de los años setenta en España.

En una tarde helada del mes de enero de 1978, Don Juan Carlos explicaba lo que significaba la Monarquía que entonces estaba a punto de consolidarse constitucionalmente: *La Corona es un poder arbitral por encima de los partidos políticos de turno que debe velar por el cumplimiento de la Constitución.*

El Rey debe ser el Rey de todos los españoles y el futuro español debe basarse en un consenso de concordia nacional, sin el cual sería inútil todo intento de consolidar la democracia.

Durante todos estos años, Don Juan Carlos no sólo ha cumplido lo que prometió, sino que ha pasado a ser de Rey de España a Rey de los españoles.

Pero, ¿quién es este hombre para quien desde todas las partes del mundo se ha pedido insistentemente el Premio Nobel de la Paz, y que en unos años ha pasado de ser el heredero del franquismo a uno de los Jefes de Estado más admirado y respetados en el mundo?

Nacido en el exilio un año antes de finalizada la más cruenta de las guerras civiles de España, Don Juan Carlos es una mezcla equilibrada de soldado, estadista y hombre poseedor de un gran sentido común.

Bondadoso de carácter, educado para saber esperar y actuar en el momento oportuno, ni antes, ni después, intuitivo, capaz de reflexionar durante horas antes de tomar una decisión, espontáneo y alegre de carácter, admirador del sentido del humor, Juan Carlos I es, quizá, sin proponérselo, el mejor de los políticos y el más eficaz de los embajadores.

Cuando recibe audiencias interminables y agotadoras, nunca adquiere el papel de protagonista, sino el de simple receptor de problemas, preocupaciones o inquietudes. Siempre es el que escucha y el que intenta decir una palabra amable o una frase cariñosa.

Cuando viaja, en representación del Estado, su principal preocupación es convencer a su interlocutor de que no es el embajador de ningún partido político, ni de ningún Gobierno, sino el representante máximo del pueblo español que encarna además la soberanía nacional.

Cuando ejerce de Capitán General de los Ejércitos, procura siempre combinar el sentido de la disciplina y de la jerarquía, con un trato personal y una camaradería que a veces sorprende a los mismos jefes y oficiales.

Sabe que su oficio es duro, que su vida tiene pocas compensaciones, que muchos quieren utilizarlo, que la izquierda lo ha aceptado y que la extrema derecha, minoritaria y nostálgica, le ataca sin piedad.

De todas formas jamás nadie le habrá oído inclinarse ni hacia la izquierda ni hacia la derecha. Su meta es la concordia nacional, su obsesión, la paz y la reconciliación de todos los españoles, y su preocupación, la división y los enfrentamientos entre hermanos.

Poseedor de una gran disciplina interna y de una gran fuerza de voluntad, prefiere el trabajo ordenado y metódico y no la improvisación. No fuma, no bebe, come cada vez con más frugalidad y casi todo su tiempo libre lo dedica al deporte. Practica la natación, el tenis, el squash, el motocros, el judo y el deporte náutico. Es espontáneo en la conversación, fiel a sus amigos de siempre, y siente repulsión por las intrigas y por las maniobras políticas.

Rodeado de un equipo escaso, que tiene que luchar a diario con un presupuesto que es inferior al de cualquier Jefe de Estado europeo, y ayudado en mucho por su esposa, Sofía de Grecia, que contribuye a un mayor equilibrio y a un constante enriquecimiento cultural, Don Juan Carlos dedica la mayor parte de su tiempo al trabajo de despacho y al estudio de papeles, como cualquier ejecutivo empresarial.

La familia, el deporte, la lectura, la fotografía, el manejo del equipo de radioaficionado, y las preocupaciones, ocupan el resto de un tiempo que transcurre en un chalet grande y desprovisto de lujos situado en las afueras de Madrid, lejos de los rumores, las tormentas y las luchas políticas diarias.

El sabe que cuando se sienta en su amplia mesa de despacho, entre la bandera y el tapiz con el escudo nacional, ningún día será igual que el anterior, porque desde hace más de una década el país está sumido en un inevitable proceso de cambio.

Desde hace meses, cuando, como siempre, a las nueve de la mañana entra en su despacho situado en la segunda planta del Palacio de la Zarzuela, lo primero que ve es la prensa. Y en ella, la opinión contra la Corona por parte de quienes quieren cubrir su tremendo delito de rebelión militar, con acusaciones veladas o encubiertas hacia quien en la noche dramática del pasado 23 de febrero fue el único sostén del régimen democrático y constitucional.

Juan Carlos I
Guardián de la democracia

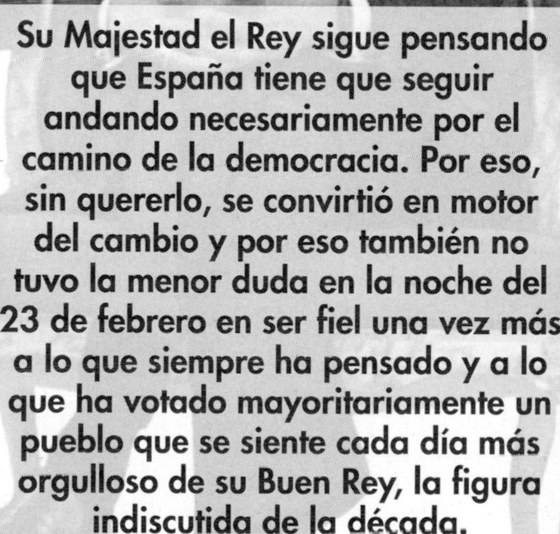

Su Majestad el Rey sigue pensando que España tiene que seguir andando necesariamente por el camino de la democracia. Por eso, sin quererlo, se convirtió en motor del cambio y por eso también no tuvo la menor duda en la noche del 23 de febrero en ser fiel una vez más a lo que siempre ha pensado y a lo que ha votado mayoritariamente un pueblo que se siente cada día más orgulloso de su Buen Rey, la figura indiscutida de la década.

Fechas Clave (2)

1976
Adolfo Suárez nombrado Primer Ministro

1977 (abril)
Legalización del Partido Comunista

1977 (junio)
Elecciones generales. Triunfo de la UCD

1977 (octubre)
Los Pactos de la Moncloa

1978 (octubre)
La nueva Constitución aprobada

1979 (marzo)
Elecciones generales. Triunfo de la UCD

1981 (enero)
Dimisión de Suárez

1981 23-F
El tejerazo

1981 (julio)
Ley del divorcio aprobada

El Rey escogió como primer ministro a Adolfo Suárez, antiguo franquista, pero joven y astuto, y durante casi cinco años éste guió España por las etapas más importantes de la transición a la democracia. Durante este período hubo mucha tensión a causa del crecimiento en la actividad terrorista de ETA, que provocó una reacción agresiva y antidemocrática por parte de las Fuerzas Armadas; con frecuencia la situación se ponía peligrosa.

España tuvo que escoger entre una *ruptura* radical con el pasado, lo que era un deseo comprensible de muchos, y una *reforma* política gradual. Suárez decidió seguir el camino de la reforma, consultando a otros políticos, entre ellos el nuevo líder del PSOE (Partido Socialista Obrero Español), Felipe González.

En junio de 1977 se celebraron las primeras elecciones generales desde antes de la guerra civil. El partido de Suárez, la Unión del Centro Democratico (UCD), ganó y el PSOE formó la oposición.

En este momento histórico hubiera sido posible una repetición de los años treinta, en el que los políticos de derechas e izquierdas se pelearon tanto que no pudieron ponerse de acuerdo, pero esto no ocurrió porque los políticos eran conscientes de los peligros que una nueva guerra civil podría acarrear. Por fin triunfó el buen sentido de los políticos, que llegaron a unos acuerdos llamados los Pactos de la Moncloa (1977). Estos acuerdos, que recibieron el apoyo de los sindicatos, prometieron al pueblo español reformas económicas, políticos y sociales.

En 1978 se aprobó la nueva Constitución. Esta insiste en los derechos de los ciudadanos y explica los deberes de cada una de las instituciones del Estado. Declara, entre otras cosas, que España es una monarquía parlamentaria y que no hay religión oficial; limita el papel de las Fuerzas Armadas; también da el voto a ciudadanos de 18 años y prohibe la pena de muerte; garantiza el derecho a la autonomía de las comunidades autónomas (anteriormente las regiones) y reconoce las lenguas que se hablan en Galicia, el País Vasco y Cataluña como oficiales.

Poco a poco el Rey y los nuevos políticos de la democracia fueron ganando el respeto y la confianza del pueblo. Sin embargo, a algunos militares poderosos no les gustaban las nuevas medidas ni los disturbios sociales, que no habían cesado. En el País Vasco, ETA seguía una política de subversión del sistema, asesinando a policías y militares para provocar una reacción de las Fuerzas Armadas.

Texto D **La transición**

1 Escucha la cinta y da los equivalentes en español de las frases inglesas siguientes:

a	a momentous event	**b**	unthinkable
c	until the present time	**d**	shortly after the death of
e	kidnaps	**f**	peaceful co-existence
g	leader	**h**	a *coup d'etat*
i	appointed	**j**	Members of Parliament

109

2 ¿Son falsas o verdaderas las declaraciones de la hoja 109? Si son falsas escribe la version correcta.

El 23 de febrero de 1981 (el 23–F) llegó la hora de los militares: un grupo de guardias civiles, encabezado por el coronel Tejero, invadió las Cortes. Esta grave situación fue salvada por el Rey, quien actuó rápida y decisivamente, como jefe de las Fuerzas Armadas. Juan Carlos apareció en la televisión a la una y cuarto de la mañana del 24 de febrero para reafirmar su apoyo a la democracia. Los golpistas habían creído, ingenuamente, que el Rey les ayudaría a derrocar al gobierno democrático. Después de 18 horas Tejero se vio obligado a retirar sus tropas y rendirse a las autoridades legales del Estado. Finalmente el pueblo se dio cuenta de que su monarca había roto el vínculo con el franquismo.

Texto E **El 23–F**

111

Cuando hayas llenado los espacios en blanco de la hoja 111, escucha la cinta otra vez y toma notas sobre lo que ocurrió el 23–F en Valencia. Luego imagina que, como alumno de la clase de Fernando aquel día, tuviste que volver a casa a las 5 de la tarde. Escribe una carta a un/a amigo/a español/a contando tu experiencia de los acontecimientos en Valencia aquel día histórico.

Así se acabó el «tejerazo». Este fracaso de los militares fue su última tentativa de oponerse a la democracia. El ingreso en la OTAN a finales del año 1981 (confirmado por los socialistas en 1986) dio a las Fuerzas Armadas un nuevo papel internacional que desvió su atención de la política interior de España. La transición había llegado a su fin.
El mayor logro del Rey durante este período fue sin duda la reconciliación de las fuerzas opuestas de las «dos Españas». El pueblo español podía ver que Juan Carlos creía en los principios de la democracia, y que actuaba intencionadamente como «puente» entre ambos lados.

LA SOCIEDAD ESPAÑOLA CONTEMPORÁNEA

Fechas clave (3)

1982	Octubre, elecciones generales. Triunfo del PSOE
1982	La LODE aprobada
1986	1 de enero, ingreso en la CEE
1986	Referéndum sobre el ingreso en la OTAN
1986	Junio, elecciones generales. Triunfo del PSOE
1988	14-D, huelga general
1989	Octubre, elecciones generales. Triunfo del PSOE

.../...

TERCERA PARTE: LA ÉPOCA SOCIALISTA (1982–)

Los socialistas de Felipe González triunfaron en las elecciones de 1982. Durante los años turbulentos de la transición de la dictadura a la democracia había sido necesario establecer las nuevas estructuras del Estado y convencer a la mayoría de la gente de que el nuevo sistema era preferible al viejo. Se oían voces, sobre todo de los viejos, que decían que «con Franco vivíamos mejor», al ver cómo el crimen y la pornografía aumentaban con los cambios políticos.
El PSOE había abandonado el marxismo en un famoso congreso de 1979, para convertirse en un partido socialdemócrata. También abandonó la tradicional oposición socialista a la monarquía: la gente veía que González y Juan Carlos se entendían muy bien. Esta actitud de moderación del PSOE hizo posible su apoyo popular y, por consiguiente, sus triunfos electorales.
No hay duda de que el pueblo se sentía optimista en esta época y esperaba que el programa de reforma de González mejorara su nivel de vida. Aunque este programa fue muy ambicioso, al final de una década de gobierno socialista (1992) González había cumplido mucho de lo que

... Fechas clave (3)

1990 La LOGSE aprobada

1992 Año de la EXPO de Sevilla y de los JJ.OO. de Barcelona. Quinto aniversario del descubrimiento de América

1993 Junio, elecciones generales. Triunfo del PSOE

se había propuesto hacer. En los años 80 ganó dos elecciones más, con mayoría absoluta (1986 y 1989). En los años 90 el optimismo de los 80 sería reemplazado por un desencanto general con los políticos. Este desencanto derivó sobre todo de la situación económica – España tenía el mayor índice de desempleo de la Unión Europea – y de la corrupción política, que ha sido un tema persistente de los años 90. A pesar de esto, González ganó otra vez las elecciones, en junio de 1993, pero sin una mayoría absoluta. La fase siguiente está representada por el enfrentamiento entre el Partido Popular, dirigido por José María Aznár, y los socialistas.

Texto F El régimen socialista

Haz un resumen en español de 100 palabras, comentando lo que piensa Fernando de los éxitos del régimen socialista y los problemas que han surgido.

¿Cuáles son los aspectos más importantes del régimen socialista? Vamos a examinar brevemente cuatro temas clave en la España de Felipe González:

a la economía
b la situación de la mujer
c la educación
d el terrorismo

a La economía

El nuevo gobierno tuvo que hacer frente a la recesión internacional de comienzos de los años 80. Felipe González siguió la política de otros líderes del mundo occidental, aceptando el sistema del mercado libre. Este sistema le llevó a desregular y a privatizar empresas públicas.
El suceso económico más importante, sin la menor duda, fue el ingreso de España en la Comunidad Europea el 1 de enero de 1986. A partir de entonces España tenía acceso a un mercado enorme en donde vender sus mercancías. Los cinco años que siguieron el ingreso en la CE fueron años de expansión rápida en los que hubo una gran subida en el Producto Interior Bruto (PIB) español, hasta tal punto que se hablaba del «milagro económico español».
Esta expansión, sin embargo, tuvo un fin desastroso. Los años 1992 y 93 vieron tres desvalorizaciones de la peseta y el éxito desbordante de la economía se convirtió en una crisis profunda. ¿Qué había pasado? Los economistas echan la culpa a los políticos, quienes no habían ejercido un control suficiente sobre los salarios y la inflación, habían despilfarrado dinero en 1992 en proyectos demasiado ambiciosos como el AVE, la Expo de Sevilla y los Juegos Olímpicos de Barcelona, y habían dado demasiado dinero a las comunidades autónomas. En 1994 subió la demanda de turismo, un sector básico en la economía de España, y el país dio indicios de salir de la recesión.

Aznár *González*

El lastre de la economía fue el paro, que durante todo el período estuvo a un nivel más alto que el de los otros países de la Comunidad Europea. Al subir al poder Felipe González había prometido crear 800.000 puestos de trabajo; en realidad ésta fue la cifra de empleos que se perdieron durante este período. El hecho de que un gobierno socialista se interesara más, por lo visto, en el mercado que en los obreros, produjo una ruptura entre el gobierno y los dos sindicatos más poderosos, la Unión General de Trabajadores (UGT), que tenía vínculos históricos con el PSOE, y las Comisiones Obreras (CC.OO.), que representaban la extrema izquierda. Para protestar contra las medidas laborales tomadas por el gobierno los sindicatos convocaron una serie de huelgas generales: éstas tuvieron lugar el 14 de diciembre de 1988, el 28 de mayo de 1992 y el 27 de enero de 1993.

Texto G **Domingo en miércoles**

El 14 de diciembre de 1988 España fue paralizada por la primera huelga general en más de 50 años. El artículo comenta los efectos de la huelga.

Domingo en miércoles

MARUJA TORRES, **Madrid**

Sólo se abrió el Retiro. La dueña de una tienda de lanas, en la calle de la Sal, en el barrio viejo de Madrid, repetía, empecinada, al muchacho del piquete que trataba de convencerla para que cerrase el negocio: "Si yo he abierto porque ellas querían venir. Si yo no puedo impedirles que trabajen". *Ellas*, las dos dependientas, una de edad madura y otra jovencita, permanecían detrás de la propietaria sin decir esta boca es mía. "Mire, señora, que yo trabajo desde los 14", argumentaba el sindicalista, "y sé muy bien los métodos que utilizan ustedes, el paternalismo, que si acuérdate que yo te dejé librar una tarde...". Al otro lado de la barrera formada por la dueña de la tienda, la empleada más mayor se desencuaderna de la risa. Pocos minutos después, esta Agustina de Aragón del 14-D baja las armas y decide echar el cierre de su establecimiento.

En la Castellana, cerca de un Congreso más vigilado que la noche del 23-F, un grupo de policías conversa amigablemente con un muchacho que lleva una pegatina de la CNT en la solapa. "Si es lo que yo digo", arguye un policía, dirigiéndose también a esta reportera. "Qué manía tiene El Corte Inglés con abrir en todas las huelgas. Para lo que van a vender...". En Callao, un hombre aterido de frío, con orejeras de felpa, tiene instalado un tenderete sobre un cajón de cartón. Vende versiones del gato *Isidoro* en un peluche muy barato, hecho en casa. "¿Huelga, cómo, yo?". Dice que llevaba parado la intemerata. "No sé qué coño de huelga voy a hacer yo".

Los escaparates de la Gran Vía cuentan hoy con un público fantasmagórico, que se mira de refilón en las lunas, pero permanece más atento a lo que ocurre en la calle ante los grandes bancos. Una prostituta de la zona de la Ballesta, joven y con carita de Dolorosa *colgada*, comenta con su hombre, un joven fornido y con el pelo al *guash:* "Pues yo creía que había más parados en Madrid. Qué desilusión. Ha venido poca gente". Un curioso se apresura a sacarla de su error: "No, si esto es una huelga, esto no es una manifestación".

Desde primera hora de la mañana, el viento ha empezado a sacar a pasear los papeles de las basuras que se quedaron haciendo guardia la noche anterior. Y ahora las hojas de periódico, mezcladas con octavillas que convocan a la manifestación del 16 y con papeles pringados, y con hojas secas que han caído de los árboles, barren las calzadas sin encontrar demasiados obstáculos a su paso, salvo los pies de los mirones y de la gente de los piquetes.

Los hoteles tienen la puerta a media asta, es decir, tienen las puertas medio abiertas, o medio cerradas, y una estricta vigilancia deja pasar sólo a los clientes. "Mire, soy periodista, y la verdad es que en todo Madrid no hay ningún sitio donde hacer pis". El portero contempla a esta periodista como si aquilatara la urgencia de su vejiga. "Bueno, pase usted". En el interior, un silencio casi sepulcral y ningún tintinear de cucharillas. Se nota que el Palace observa la huelga. Un poco más arriba, en el Ritz, un caballero con pinta de alto empleado me dice que todo está en orden y que los clientes se las arreglan como pueden.

El aspecto más desolado correspondía al barrio de Salamanca, en donde la Navidad se había congelado repentinamente en los escaparates de material selecto. El vecindario, tan dado a irrumpir en la calle cada 20-N, ha salido esta vez a pasear con cuentagota y con una evidente frustración: no poder disfrutar con plenitud de los escaparates, porque el miedo del tendero de categoría ante la huelga ha llevado a los comerciantes de esta zona a bajar sus puertas de hierro, sobre todo de las joyerías. Los supercaros regalos madrileños tendrán que esperan a mañana para ser adquiridos.

Pero el Retiro estaba abierto. Una mujer joven llamaba a su perro: "*¡Trotski, Trotski!*". *Trotski* trotaba feliz entre japoneses que fotografiaban las barcazas vacías del estanque. "Y lo de hoy es una huelga general, que quiere decir que todo está cerrado", aleccionaba un jubilado a su nietecito vestido de superviviente de Chernobil contra el frío. Un poco más lejos, en unos grandes almacenes de Serrano que habían permanecido abiertos, dos hombres argentinos intentaban ponerse de acuerdo sobre qué blusa de *lamé* debían regalarle a la mujer que los acompañaba.

Eran los únicos clientes en toda la planta.

Jueves 15 de diciembre

1 Busca los equivalentes en español de las palabras y frases inglesas:

a pig-headed
b without a word to anyone
c falls apart with laughter
d lock up
e numb with cold
f looks sideways/takes a quick look
g looking like
h to walk really slowly
i very expensive

2 Explica en inglés lo que significan las frases siguientes:

a Si yo no puedo impedirles que trabajen.

b un Congreso más vigilado que la noche del 23-F

c … el viento ha empezado a sacar a pasear los papeles de las basuras que se quedaron haciendo guardia la noche anterior.

d dice … que los clientes se arreglan como pueden.

e El vecindario, tan dado a irrumpir en la calle cada 20-N, …

f … su nietecito vestido de superviviente de Chernobil contra el frío.

3 Imagina que hay una huelga general en tu país. No hay ni electricidad, ni gas, ni transportes y todas las tiendas están cerradas. Sólo funcionan los teléfonos y los servicios mínimos. Tu amigo/a español/a, sin saber nada de la huelga, ha llegado al aeropuerto más cercano a tu ciudad y te llama por teléfono, preguntándote qué debe hacer para llegar a tu casa.

a Tu compañero de clase va a desempeñar el papel del amigo y vais a inventar el diálogo que tuvisteis.

b Después, tú vas a escribir en español lo que hiciste para ayudar a tu amigo/a, y tu compañero lo que hizo él para llegar a tu casa. Emplea 150-200 palabras.

b La situación de la mujer

Durante el régimen de Franco la mujer tuvo, en términos generales, un papel muy tradicional; el hombre era el que mandaba en la casa y en la sociedad. El deber de la mujer era quedarse en casa haciendo tareas «propias de su sexo», como la de criar a los niños; no había divorcio, el aborto era ilegal y no se vendían los anticonceptivos. La ley discriminaba contra la mujer dentro del matrimonio.

La situación de la mujer fue cambiando poco a poco desde los años 60, pero no llegó a la igualdad con el hombre ante la ley hasta 1978. La Constitución de aquel año declaró que:

«Los españoles son iguales ante la ley, sin que pueda prevalecer discriminación alguna por razón de nacimiento, raza, sexo, religión, opinión o cualquier otra condición o circunstancia personal o social.»

En los años 80 siguió una serie de medidas que ayudaron a cambiar la situación de la mujer:

1981 **Ley del divorcio** España había sido uno de los pocos países occidentales que no tenía el divorcio. A esta medida se opusieron con ahínco los españoles de actitudes más tradicionales.

1983 **Reforma del Código Civil** Esta reforma dio a la mujer y al hombre, igualmente, el derecho de decidir la educación o la religión de los hijos. Antes la ley dio este derecho sólo al cabeza de la familia.

1985 **Ley del aborto** Según esta ley se admite el aborto en tres casos: la malformación del feto, el peligro de la salud de la mujer y el embarazo por violación.

1989 **Ley de maternidad de la mujer trabajadora** Esta ley dio a la mujer más tiempo para descansar después del parto para que pudiera seguir luego su profesión con más facilidad.

Las leyes mencionadas arriba fueron necesarias para cambiar el prejuicio tradicional contra la mujer dentro de la familia y del trabajo. Sin embargo las leyes no pueden cambiar la realidad social muy rápidamente. A fines de los años 80 dos veces más hombres que mujeres tenían puesto de trabajo, la tasa de paro de las mujeres era dos veces mayor que la de los hombres y en España la mujer participaba menos en el trabajo activo que en la mayoría de los países europeos.

En el sector de la educación las estadísticas de los años 90 indican un futuro optimista para la mujer. En todos los niveles de la educación la mujer ha hecho unos progresos enormes y la participación femenina en la universidad es mayor que la masculina.

Finalmente un dato demográfico de gran envergadura. En los últimos 10 años del régimen de Franco nacieron el mayor número de españoles de la historia. Como era de esperar, la llegada de la democracia puso fin a esta fecundidad, pero de manera espectacular (como ya hemos visto en la unidad 12): la tasa de natalidad disminuyó tajantemente en los años 80 para llegar a un nivel más bajo que todos los otros países europeos salvo Italia. No se sabe cuáles serán las consecuencias socioeconómicas de este gran cambio pero no cabe duda de que la mujer española de hoy en día quiere ensanchar sus horizontes y cambiar su papel tradicional de madre y esposa.

Texto H **España sin niños**

1 Mira estos dibujos, y escribe una o dos frases que resuman las estadísticas dadas en cada dibujo. Por ejemplo:
En España hay menos divorcios por habitante que en los demás países europeos.

2 Las estadísticas muestran que la situación de la mujer está cambiando. ¿Cuáles serán las principales consecuencias sociales de este cambio en la sociedad? Escribe 150 palabras en español sobre este tema.

NATALIDAD POCO EUROPEA

	España		Europa	
NATALIDAD (Hijos por mujer)	1,28		1,55	
NUPCIALDAD (POR 1.000 hab.)	5,6		5,8	
DIVORCIOS (Por 1.000 hab. en 1989)	0,6		1,7	
MORTANDAD (Por 1.000 nacidos)	7,8		7,7	
	Hombres	Mujeres	Hombres	Mujeres
ESPERANZA DE VIDA (En 1990)	73,4	80,1	72,7	79,3

Número de hijos por generación

	Media de hijos
Generación nacida 1901-1902	3,2
Generación nacida 1950-1955	2,0
Generación años 60	1,5

ESTADO CIVIL DE LOS ESPAÑOLES EN 1991

c La educación

Los socialistas hicieron unas reformas básicas en el sistema educativo de España, siguiendo los principios establecidos por la Constitución de 1978. El primer objetivo fue democratizar la educación, dando una voz más fuerte a los que tomaban parte en el proceso educativo; también ejercieron mayor control sobre la financiación de las escuelas. En su estructura el sistema se diferenciaba mucho de los de otros países europeos; por ejemplo la educación obligatoria cesaba a los 14 años. El gobierno promulgó dos leyes importantes que respondían a estos objetivos: la LODE (Ley Orgánica de Derecho a la Educación) de 1985 y la LOGSE (Ley de Ordenación General del Sistema Educativo) de 1990.

La LODE de 1985
Esta ley creó los Consejos Escolares (que se describen más detenidamente en la unidad 5), que dieron más participación en el proceso educativo a los alumnos, sus padres y los profesores. En esta misma ley el gobierno disminuyó el subsidio que daba a los colegios privados. Esta medida fue muy conflictiva: a ella se opusieron los colegios católicos que organizaron grandes manifestaciones callejeras.

La LOGSE de 1990
Esta ley propuso una gran reforma del sistema para mejorar el nivel educativo de los españoles. Era necesario que España se colocara al mismo nivel que otros países europeos, extendiendo la educación obligatoria a los 16 años y cambiando la naturaleza del bachillerato. La reforma se aplicó en el curso 1992-93 a los primeros alumnos de educación primaria obligatoria (de 6 años); la reforma terminará de aplicarse en el año 2000. El cuadro compara el antiguo sistema con el nuevo.

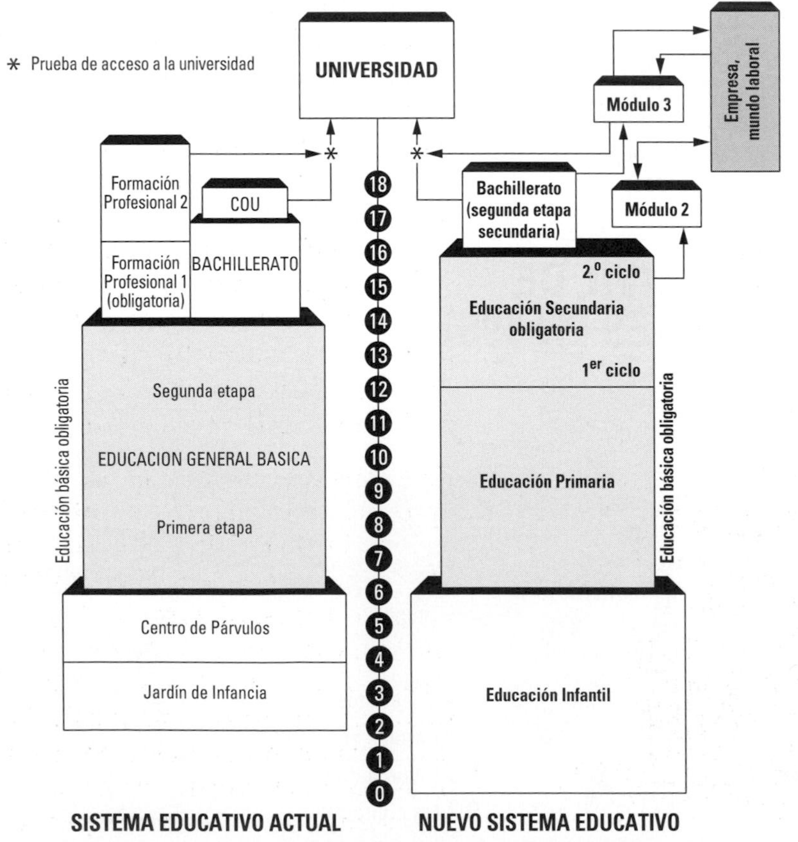

Texto I **La reforma de la educación en España**

Escucha la cinta y haz un resumen en inglés, de 150 palabras, de lo que dicen Maribel y Fernando de la reforma del sistema de educación en España. Enfoca los tres aspectos siguientes:

a The new structure
b The improvements to the system
c The defects of the reform

Si los alumnos quieren seguir estudiando después de finalizada su educación obligatoria pueden escoger entre el bachillerato nuevo y la formación profesional, de grado medio, ambos de dos años. Se ha suprimido el COU (Curso de Orientación Universitaria), de modo que no habrá curso de preparación especial para ingresar en la universidad. A los 18 años los bachilleres pueden decidir entre ingresar en la universidad mediante un examen especial (llamado «la selectividad» bajo el antiguo sistema) o seguir un módulo de formación profesional de grado superior. La reforma subraya la necesidad de estudiar lenguas desde muy joven: el estudio obligatorio de una lengua extranjera comienza a los ocho años.

Texto J **Los mayores efectos de la reforma**

112

Escribe un resumen en español de 200 palabras sobre los mayores efectos de la reforma para los profesores de Bachillerato.

d El terrorismo

El terrorismo del grupo ETA que había comenzado bajo Franco no cesó con la llegada de la democracia. El objetivo de los *etarras* [miembros de ETA] era alcanzar un estado independiente vasco y no les apetecía nada la solución del gobierno español de crear una comunidad autónoma vasca con poderes limitados. Después de la muerte de Franco la campaña de bombas, secuestros y asesinatos siguió con más fuerza y parecía amenazar con destruir la democracia, especialmente en el período 1976-79. La intencíon de ETA era provocar, como hemos visto, una reacción violenta del ejército.

ETA tenía cierto apoyo dentro del País Vasco, y muchos vascos votaron por el ala política de la organización, Herri Batasuna (formado en 1978). *Los blancos de los aberzales* (patriotas) eran, por lo general, militares y policías pero sus métodos cruentos les hicieron perder el apoyo de muchos vascos, sobre todo por colocar bombas en lugares donde pudiera morir la gente inocente.

En los años 80 bajaron los asesinos y muchos miembros del grupo se aprovecharon del ofrecimiento del gobierno a la «reinserción» en la sociedad (a condición de que no hubieran cometido delitos de sangre). Después de 1983 los terroristas comenzaron a perder terreno. Los gobiernos español y francés llegaron a un acuerdo según el cual los franceses se comprometieron a extraditar a presuntos terroristas del País Vasco francés, donde muchos se refugiaron. La política del gobierno tuvo un gran éxito en marzo de 1992 cuando la policía francesa detuvo a la cúpula del movimiento en el sur de Francia. Desde aquel momento la organización terrorista pareció agotada: en los años 90 han continuado los ataques contra militares pero a un nivel muy reducido.

Tan sólo unos meses de colaboración han permitido lograr lo que hace unos años era mera fantasía: acabar con la plana mayor de ETA. Esta vez es verdad

"Artapalo" *"Fiti"* *"Txelis"*

10-9-86 Artapalo no dudó en ordenar la muerte de una antigua novia, "Yoyes"

RESULTO, al fin, que el jefe de ETA estaba donde todos pensábamos que estaba: en el sur de Francia, a tan sólo unos kilómetros de la frontera con España. Sesenta policías franceses le echaron mano en pleno santuario —¡tantas veces habían negado su existencia!— cuando oficiaba uno de los ritos obligados de la liturgia terrorista: la reunión secreta.

El orden del día de aquella reunión —29 de marzo, domingo— era el común a todas las reuniones: cómo matar mejor, cómo sacar mayor rentabilidad a los pistoleros y las armas. José Arregui, *Fitipaldi,* llevaba incluso entre sus papeles un ingenioso sistema para aumentar la potencia del amonal: con menos explosivo podrían causar mucho más daño. Un gran invento. Como los sofisticados temporizadores que se proponía presentar al jefe: permitirían programar un bombazo con siete años de antelación. Mucho mejor que los que ETA utilizaba hasta ahora, con sólo un margen de 410 días.

Pero Francisco Múgica Garmendia —*Pakito* para los amigos y *Artapalo,* para los demás, que le aplican como mote una vieja firma colectiva de la dirección etarra— estaba preocupado. Con razón. La «batalla del 92», en la que tantas esperanzas había depositado, estaba resultando poco brillante. Acababa de caer en Tarragona Fernando Díaz Torres, a quien él mismo dio las instrucciones y las armas. Había tenido que huir a toda prisa José Luis Urrusolo, el jefe del comando encargado de sembrar el terror en la Barcelona olímpica.

LA CARTA Y LA CARTERA. Malos tiempos para ETA y sus amigos. En Herri Batasuna el número de *palomas* crece cada día, mientras los vascos se esfuerzan por aislar, con creciente éxito, a los *halcones.* La división, visible entre los presos de ETA, empieza a reflejarse también en los grupos armados. Además, «los chicos de los comandos» están cometiendo errores de primerizos.

Para mayor desgracia, Urrusolo había perdido la cartera: presa de los nervios, la dejó olvidada en una cabina telefónica. De ahí fue a parar a un buzón, gracias un ciudadano anónimo, y del buzón a la Guardia Civil, por los buenos oficios de un cartero que enseguida advirtió su interés.

En la cartera estaban, según ha sabido CAMBIO16, un número de teléfono y una fecha: 29 de marzo. La Guardia Civil cotejó datos con la gendarmería francesa: el número coincidía con el de un domicilio sospechoso de Bidart, cerca de Biarritz. A partir de entonces sólo restó esperar.

Pero lo que más preocupaba a *Pakito,* aquel domingo de marzo, era la carta. Una inquietante carta que le había enviado unos días antes Idoia López Riaño, la guapa del *comando itinerante.* Contenía acusaciones insólitas, gravísimas, contra Urrusolo, el jefe del comando: «Habla muy mal de ti, dice que estás loco». ¿De quién fiarse? ¿De ella o de él? En cualquier caso, era evidente que el grupo estaba a punto de reventar. Con comandos así no hacen falta policías.

A él, como jefe máximo, le tocaba poner orden en el gallinero y superar eso que los políticos llaman «debilidad orgánica». Pero ni *Pakito* ni los dirigentes que lo acompañaban (José Arregui, *Fiti,* y José Luis Alvarez Santacristina, *Txelis*) son hombres preparados para resolver crisis políticas. Lo suyo es la acción directa.

A *Fiti,* mejor no preguntarle. Aunque es mayor —46 años — y lleva mucho tiempo en la banda, lo suyo son los fuegos artificiales. Tampoco *Txelis,* el ideólogo, debe resultar de gran utilidad a la hora de resolver las crisis. Aunque estudió filología en la Sorbona y optó a una plaza de profesor en la Universidad vasca, casi todos sus análisis acaban igual: lo mejor es seguir matando.

Así finalizaba el comunicado que esa misma mañana, la del domingo 29 de marzo, publicó en el diario *Egin.* Tras la habitual reivindicación funeraria y la consuetudinaria llamada a la negociación, advertía: «ETA seguirá golpeando a las fuerzas y aparatos del Estado allí donde se encuentren y en todos sus frentes».

Ninguno de los tres podía imaginar que ese mismo día, el 29 de marzo, la crisis de ETA iba a derivar en catástrofe: a las 6.30 de la tarde 60 policías franceses, a las órdenes del comisario Roger Boslé, interrumpieron la reunión. Ni siquiera les dieron tiempo a desenfundar. Ni a romper bien los papeles, que luego han sido cuidadosamente reconstruidos. Los expertos estudian hoy con gran interés 12 cajas de documentación.

En San Sebastián esperaba acontecimientos Luis Roldán, el director general de la Guardia Civil. Sus hombres habían contribuido decisivamente al desenlace. *Operación Broma* llamaban al seguimiento de las pistas proporcionadas por la cartera de Urrusolo. Confluía con la *Operación Queso,* apadrinada por el Ministerio de Interior francés. Una y otra permitieron atrapar a «la plana mayor de ETA» como solían decir, casi siempre en falso, los viejos comunicados policiales.

Esta vez era verdad.

Texto K **La guillotina francesa decapitó a ETA**

110 **1** Rellena los espacios en blanco de la hoja 115 con el subjuntivo de cualquier verbo que convenga al sentido.

2 Lee el artículo pagina 214, escrito en marzo de 1992, y haz un resumen de cómo la policía francesa capturó a los dirigentes máximos de ETA, enfocando los siguientes aspectos. Emplea aproximadamente 200 palabras.

a los planes de los terroristas
b las preocupaciones de Pakito
c los errores recientes de los etarras
d el comunicado del 29 de marzo
e la detención de los terroristas
f la colaboración francesa

21 España, tercer país del mundo donde mejor se vive

Este análisis de los mejores países para vivir pone a España en tercer lugar. Mira el recuadro y a) comenta por qué España tiene una posición tan alta y b) decide en qué país te gustaría más vivir. Ten en cuenta toda la información del recuadro y justifica tus ideas.

Desarrollando el tema

1 **La época de Franco:** la guerra civil; el bando republicano; el bando nacional; la literatura de la guerra civil; los años 40 y la autarquía; los años 50 y la ayuda americana; los años 60 y la expansión turística; las «familias»; la censura; la situación de la mujer; ETA; la muerte de Franco.

2 **La transición:** el papel del Rey; ¿ruptura o reforma?; Adolfo Suárez; Santiago Carrillo; la Constitución; las autonomías; el tejerazo; el terrorismo; las elecciones generales.

3 **La época socialista:** las reformas sociales; el ingreso en la OTAN; el ingreso en la CEE; la economía; la reforma educativa; la situación de la mujer; el paro; los sindicatos; el terrorismo; la corrupción política.

4 **El retrato de un(a) español(a) típico(a) de los años 90:** sus actitudes hacia la política, la religión, la educación, el trabajo, el ocio, el juego, la cultura, el medio ambiente etcétera; el papel en su vida de la tradición y de las costumbres; el reto de Europa.

Bibliografía

R. Carr and J.P. Fusi *España, de la dictadura a la democracia* (Planeta, 1979)
I. Gibson *España* (Ediciones B)
John Hooper *The New Spaniards* (Penguin 1986; second edition 1995)
John Hooper *Los españoles de hoy* J. Vergara, 1987 translation of first edition)
J. Kattán-Ibarra and T. Connell *Spain after Franco* (Stanley Thornes, 1987)
George Orwell *Homage to Catalonia* (1939)
Paul Preston *The Triumph of Democracy in Spain* (Routledge)
Franco (Harper-Collins, 1993)
J. Tussel y J. Sinova *La década socialista* (Espasa-Calpe,1992)

Temas latinoamericanos

Con la llegada de Cristóbal Colon a las islas del Caribe en 1492 se inició una nueva época en la historia de la humanidad. La conquista y colonización de América puso a todo un continente bajo la influencia cultural de Europa. En tan sólo 30 años, los españoles exploraron y se anexiaron territorios que abarcan desde el extremo sur de Chile hasta California. Culturas indígenas como la inca (Perú) o la azteca (México) desaparecieron y en el proceso se escribieron páginas históricas en las que se mezclan la osadía y la crueldad, el heroísmo con el fanatismo y la explotación con el humanismo.
Los temas que hemos elegido reflejan la Latinoamérica moderna en la que, en cierto modo, aún se arrastran problemas originados por la interrupción violenta de su propio proceso histórico. La diversidad étnica, la división entre ricos y pobres y la presencia poderosa de los EE.UU. son factores comunes de un subcontinente que por otra parte ofrece grandes diferencias geográficas y culturales.
Los temas que hemos elegido incluyen: el problema de los indios, varios aspectos del México moderno, Chile bajo un dictador intransigente y la Cuba de Fidel Castro, caudillo supremo de la isla durante la segunda mitad del siglo veinte.

113

En la hoja 113, encontrarás la lista del vocabulario para esta unidad.

PRIMERA PARTE: LOS INDIOS

La supremacía bélica de los conquistadores se impuso fácilmente sobre los indios sorprendidos y asustados por su llegada. La maquinaria de guerra de los españoles, el ritmo de trabajo y enfermedades como la gripe, desconocidas en Latinoamérica, diezmaron a la población. Cincuenta años después del primer encuentro, los indios del Caribe habían desaparecido. Más tarde, cuando los españoles necesitaron a los indígenas para la explotación agrícola de la zona, importaron esclavos de Africa. Con ello se introducía otro elemento étnico y cultural en esta zona.

Los grupos de indios que sobrevivieron en tierra firme lucharon por mantener su tradición cultural, que hoy en día sólo se ha conservado intacta en unas pocas áreas apartadas. En su mayoría los indios sólo mantuvieron algunos de sus rasgos culturales y tuvieron que ceder en otros. En general, el castellano y la religión católica se impusieron en toda Hispanoamérica mientras las lenguas y religiones indias sobrevivieron con un grado más o menos alto de marginación.

¿Cuál es la situación de los indios en la actualidad?

El artículo que sigue explora los intentos de los gobiernos actuales por asimilar definitivamente estas culturas. La «aculturación» de los indios y la consiguiente destrucción de las culturas indígenas es uno de los temas más debatidos de la actualidad.

Texto A **Indígenas en peligro**

1 Después de leer el artículo (página 218) empareja los nombres de las siguientes tribus con el país o región que les corresponde.

los cherokees	Nicaragua
los mayas	Estados Unidos
los mosquitos	Alaska
los quechuas	Venezuela
los aymaras	Perú
los kogis	Chile
los innuits	Bolivia
los guahibos	México
los guaraníes	Colombia
los mapuches	Paraguay

2 Haz con tu compañero de clase una lista de los peligros que amenazan con destruir la cultura india en América, según el artículo, y de las razones por las cuales tiene lugar esta destrucción. Comprueba tus contestaciones con el profesor.

3 Escribe en español una contestación a la pregunta, «¿Por qué no perdona el progreso a los indios?». Emplea aproximadamente 150 palabras.

En Uruguay los indios fueron exterminados en el XIX en el nombre de la civilización, como en la Argentina de las «guerras indias»

La persecución lingüística empezó antes de la llegada del castellano a América, y ya el imperio inca había quechuaizado por la fuerza a los aymaroparlantes. Como los castellanizaría siglos más tarde el gobierno "ilustrado" de Carlos III, sin conseguirlo del todo: todavía hoy la mitad de los peruanos y de los bolivianos, y millones más de indios en México o en Guatemala, hablan sus lenguas "primitivas" y apenas chapurrean el castellano. ¿Y si fuera al revés, si apenas chapurrearan el maya o el aymara? Pero eso no sucedió: la lengua es transmisora del poder, y la batalla del poder la perdieron ellos.

La siguen perdiendo. Son todavía millones de personas en el sur, el centro y el norte del continente americano. Centenares de tribus, y no menos de 1.700 lenguas diferentes: la *Enciclopedia Británica* dedica seis páginas completas de letra muy apretada sólo a enumerarlas. Y en todas partes siguen perdiendo la batalla. A los innuits de Alaska las empresas petroleras les destruyen la caza y la pesca. A los algonquinos del Canadá los municipios les expropian sus antiguos cementerios para construir campos de golf.

En Estados Unidos, a los navajos los expulsan de sus antiguas reservas (nuevas reservas: de sus tierras tradicionales fueron expulsados hace un siglo) para buscar uranio en ellas. En México, a los mayas lacandones de Chiapas los acosan los terratenientes. En Guatemala el ejército reaccionario extermina a los quichés por *revolucionarios*, como en Nicaragua el ejército sandinista perseguía a los mosquitos por *reaccionarios*: son indios, y no caben en el ordenamiento de la modernidad, sea ésta de derecha o de izquierda.

En América del Sur la exclusión es la misma. En Colombia, a los kogis y arhuacos de la Sierra los echan de sus tierras los narcotraficantes, a los guambianos del Cauca los matan los militares, a los guahibos de la frontera de Venezuela los cazan como animales los colonos. En el Ecuador a los suares los expulsan las petroleras, como antes las empresas del caucho, y en el Perú a los quechuas de la sierra los tienen entre dos fuegos la guerrilla y el gobierno.

En el Brasil los yanomami luchan en vano contra las madereras que talan la selva y los garimpeiros que buscan oro. En el Paraguay los guaraníes están recudidos a la miseria. Los aymaras de las tierras altas de Bolivia son perseguidos por la policía antinarcóticos. En el Uruguay no quedan indios: fueron exterminados en el siglo XIX en nombre de la civilización, como en la Argentina de las *guerras indias* emprendidas por los gobiernos progresistas. En Chile, de los mapuches prácticamente sólo queda el nombre de un río, como, volviendo al norte, los cherokees de Estados Unidos ya no son más que la marca de un coche, y los chinook la de un helicóptero: el progreso no perdona a los indios.

No se trata, estrictamente hablando, de un genocidio (salvo en la Argentina y los Estados Unidos del siglo XIX), porque la intención de los blancos civilizados no es la de aniquilar físicamente a las tribus indias, sino la de asimilarlas y aculturizarlas. Se trata de un etnocidio: la destrucción de la identidad propia de una cultura, de muchas: ni siquiera su enumeración cabe en unas pocas páginas.

Los kogis de la sierra colombiana de Santa Marta son los más aislados de la sociedad.

Un etnocidio que empezó hace cinco siglos, con el sometimiento y la evangelización de la Conquista. (La espantosa hecatombe de indios de los primeros tiempos no fue tampoco un genocidio deliberado, sino un subproducto de la europeización, debido a la explotación y a las enfermedades). La destrucción de las culturas aborígenes americanas, que hoy prosigue, es resultado de la empresa *civilizadora* emprendida por los curas doctrineros del siglo XVI, en el momento en que -como señala Lévi-Strauss- los indios se dieron cuenta de que los españoles no eran dioses sino hombres, a la vez que los españoles reconocían que los indios eran hombres y no animales.

De ahí viene todo: de la intención "altruista" (así sea hipócritamente altruista) de tratarlos "como a nosotros mismos". Los misioneros les impusieron por eso el abandono de sus creencias a cambio de la religión "verdadera", como hoy los misioneros protestantes les dicen que la "verdadera" es el protestantismo. Los virreyes ilustrados de los Borbones les prohibieron su lengua para darles el castellano, " la de Cervantes". Los jacobinos criollos de la Independencia les quitaron sus resguardos de tierras para hacer de ellos ciudadanos a la francesa. Puro altruismo, aunque sus efectos hayan sido criminales: si nuestra religión es mejor, y nuestra democracia es mejor, ¿por qué no van a tenerlas también ellos? Hasta el altruismo auténtico de los " indigenistas" de los años 40 y de los antropólogos de hoy tiene resultados catastróficos.

Lo demuestran, con involuntaria ironía, los organizadores de los conciertos que en estos días se montaron en el lago Titicaca, en Cartagena de Indias y en Madrid, en solidaridad con los indios perseguidos: recopilaron toneladas de material didáctico donado por el público para que se escolaricen. A la occidental. Para que dejen de ser indios.

Texto B **Las dos naciones del Perú**

El novelista peruano Mario Vargas Llosa analiza el problema de los indios en su país, señalando los malos tratos al indio por una minoría de origen español.

Se trata de una vieja historia que comenzó hace casi cinco siglos, con el trauma de la conquista. Ella estableció, en la sociedad peruana, una división jerárquica entre la pequeña élite occidentalizada y próspera y una inmensa masa de origen indio, miserable, a la que aquélla discriminó y explotó sin misericordia a lo largo de toda la colonia y de la república. A diferencia de otros países latinoamericanos, como Argentina, Venezuela o México, donde el crecimiento de la clase media y el mestizaje amortiguaron de manera considerable los antagonismos sociales y permitieron una modernización de vastos sectores del país, en el Perú aquella esquizofrenia histórica ha continuado: hay dos naciones, casi impermeables la una a la otra, que conviven en una tensa y recelosa animadversión recíproca.

Los forasteros que recorren la hermosa geografía peruana, o visitan sus maravillas arqueológicas (pocos, en los últimos años), quedan espantados al advertir la vertiginosa distancia que hay entre los niveles de vida de la alta clase media y de los ricos peruanos y los de esas inmensas masas de las barriadas o de las aldeas de los Andes, entre las que epidemias como la del cólera hacen estragos, que viven sin agua, sin luz, sin trabajo, sin las más elementales condiciones de higiene y, lo peor de todo, sin esperanza.

El Perú es un país rico, porque su suelo está lleno de riquezas (tanto que en España y Francia aún se usa una expresión del siglo XVIII, "¡vale un Perú!", para dar idea de lujo y opulencia), pero la mayoría de peruanos siempre han sido pobres. En los últimos 30 años su suerte se agravó y empezaron a ser pobrísimos y miserables y a hundirse, cientos de miles de ellos, en un abismo de desesperación que hizo, a algunos, receptivos al mensaje nihilista y autodestructivo de Sendero Luminoso.

** **Sendero Luminoso:** un movimiento guerrillero del Perú, con mucho apoyo popular, cuyo líder, Abimael Guzmán, fue capturado en 1992.*

1 Busca en el artículo cómo se dice en español las palabras y expresiones siguientes:

a	westernised	**f**	are astonished
b	pitilessly	**g**	slums
c	unlike	**h**	do damage, decimate
d	softened	**i**	worst of all
e	a fearful, mutual animosity	**j**	their fate worsened

2 Haz un resumen en español del artículo, enfocando los siguientes aspectos. Emplea aproximadamente 150 palabras.

a el por qué de las dos naciones del Perú
b los diferentes niveles de vida en el Perú
c las razones por las cuales muchos peruanos apoyan a Sendero Luminoso

3 Después de leer el artículo indica si las declaraciones de la hoja 114 son verdaderas o falsas.

Texto C **Propaganda terrorista en las aulas**

Escucha la cinta y haz un resumen del texto en español, enfocando los puntos siguientes:

a lo que estaban haciendo los maestros, según Fujimori.
b el castigo de los maestros culpables
c lo que hacían muchos niños
d lo que ocurrió durante regímenes previos

Texto D **La droga en Bolivia**

Escucha la cinta y rellena los espacios en blanco de la hoja 115 con las palabras que faltan.

TEMAS LATINOAMERICANOS

SEGUNDA PARTE: MÉXICO

En México la gente posee un amor insaciable por la fiesta, como explica el gran poeta mexicano Octavio Paz.

Texto E **La fiesta mexicana**

TODOS SANTOS, DÍA DE MUERTOS

El solitario mexicano ama las fiestas y las reuniones públicas. Todo es ocasión para reunirse. Cualquier pretexto es bueno para interrumpir la marcha del tiempo y celebrar con festejos y ceremonias hombres y acontecimientos. Somos un pueblo ritual. Y esta tendencia beneficia a nuestra imaginación tanto como a nuestra sensibilidad, siempre afinadas y despiertas. El arte de la Fiesta, envilecido en casi todas partes, se conserva intacto entre nosotros. En pocos lugares del mundo se puede vivir un espectáculo parecido al de las grandes fiestas religiosas de México, con sus colores violentos, agrios y puros, sus danzas, ceremonias, fuegos de artificio, trajes insólitos y la inagotable cascada de sorpresas de los frutos, dulces y objetos que se venden esos días en plazas y mercados.

Nuestro calendario está poblado de fiestas. Ciertos días, lo mismo en los lugarejos más apartados que en las grandes ciudades, el país entero reza, grita, come, se emborracha y mata en honor de la Virgen de Guadalupe o del General Zaragoza. Cada año, el 15 de septiembre a las once de la noche, en todas las plazas de México celebramos la Fiesta del Grito; y una multitud enardecida efectivamente grita por espacio de una hora, quizá para callar mejor el resto del año. Durante los días que preceden y suceden al 12 de diciembre, el tiempo suspende su carrera, hace un alto y en lugar de empujarnos hacia un mañana siempre inalcanzable y mentiroso, nos ofrece un presente redondo y perfecto, de danza y juerga, de comunión y comilona con lo más antiguo y secreto de México. El tiempo deja de ser sucesión y vuelve a ser lo que fue, y es, originariamente: un presente en donde pasado y futuro al fin se reconcilian.

Pero no bastan las fiestas que ofrecen a todo el país la Iglesia y la República. La vida de cada ciudad y de cada pueblo está regida por un santo, al que se festeja con devoción y regularidad. Los barrios y los gremios tienen también sus fiestas anuales, sus ceremonias y sus ferias. Y, en fin, cada uno de nosotros —ateos, católicos o indiferentes— poseemos nuestro Santo, al que cada año honramos. Son incalculables las fiestas que celebramos y los recursos y tiempo que gastamos en festejar. Recuerdo que hace años pregunté al Presidente municipal de un poblado vecino a Mitla: "¿A cuánto ascienden los ingresos del Municipio por contribuciones?" "A unos tres mil pesos anuales. Somos muy pobres. Por eso el señor Gobernador y la Federación nos ayudan cada año a completar nuestros gastos". "¿Y en qué utilizan esos tres mil pesos?" "Pues casi todo en fiestas, señor. Chico como lo ve, el pueblo tiene dos Santos Patrones."

Esa respuesta no es asombrosa. Nuestra pobreza puede medirse por el número y suntuosidad de las fiestas populares. Los países ricos tienen pocas: no hay tiempo, ni humor. Y no son necesarias; las gentes tienen otras cosas que hacer y cuando se divierten lo hacen en grupos pequeños. Las masas modernas son aglomeraciones de solitarios. En las grandes ocasiones, en París o en Nueva York, cuando el público se congrega en plazas o estadios, es notable la ausencia del pueblo: se ven parejas y grupos, nunca una comunidad viva en donde la persona humana se disuelve y rescata simultáneamente. Pero un pobre mexicano ¿cómo podría vivir sin esas dos o tres fiestas anuales que lo compensan de su estrechez y de su miseria? Las fiestas son nuestro único lujo; ellas sustituyen, acaso con ventaja, al teatro y a las vacaciones, al "week end"y al "cocktail party" de los sajones, a las recepciones de la burguesía y al café de los mediterráneos.

1 En este texto Octavio Paz explica por qué les gusta tanto a los mexicanos celebrar fiestas. Comenta estas razones con tu compañero y haz algunas notas resumiéndolas. Comprueba tus impresiones con el profesor.

2 En el último párrafo el autor compara la fiesta mexicana con la manera de celebrar ocasiones en otras naciones. ¿Te parece preferible la costumbre mexicana? Escribe en español 100 palabras justificando bien la superioridad de la costumbre mexicana o la manera de celebrar grandes ocasiones en otros países.

3 Indica los verbos relacionados con los siguientes nombres sacados del texto:

la fiesta	el fin	la ausencia
los acontecimientos	las contribuciones	la ventaja
la imaginación	la respuesta	
las sorpresas	el grupo	

4 Indica los nombres (a veces hay varios) relacionados con los siguientes verbos sacados del texto:

interrumpir	matar	recordar
vender	suspender	divertirse
rezar	ofrecer	
emborracharse	poseer	

5 Analiza el estilo de Octavio Paz en este texto. ¿Cómo utiliza el estilo para intentar convencer al lector de lo atractivo de la fiesta en Mexico?

Texto F **El terremoto de la Ciudad de México**

Una de las peores catástrofes que ha sufrido México en la segunda mitad del siglo veinte fue el terremoto de la Ciudad de México en 1985. El corresponsal de la revista *Cambio16* estaba en la Ciudad de México cuando el terremoto la golpeó y dio su testimonio en un artículo.

Distraído por los saltos del conflicto hondureño-nicaragüense y el boletín informativo de la radio, no percibí de inmediato las primeras oscilaciones de la lámpara.

Sin embargo, en cuanto levanté la mirada hacia la ventana noté como un mareo, y al ponerme de pie vacilé. Entonces cayeron el cenicero y el teléfono.

Eran las siete y veinte de la mañana y las niñas se estaban preparando para ir al colegio. En pocos segundos las oscilaciones fueron más fuertes. Las lámparas pegaban contra los techos, se abrieron las puertas de los armarios y los cristales crujieron.

Al oír los primeros gritos de la familia, como borracho, e intentando ayudarme con las manos de pared en pared, me dirigí a la habitación de mis hijas. La sacudida se acentuó y cayeron estrepitosamente los primeros cristales.

Mis hijas mayores, presas de pánico, estaban sentadas en el suelo y lloraban asustadas, repitiendo: <<¡Ay, amá, ay amá!>>

Salté a la habitación contigua y allí vi abrazada a mi mujer junto a la cama. Llamaba a las niñas para que se trasladasen rápidamente al cuarto con ella. <<¡La "peque"!>>, grité. Y tambaleándome por las escaleras, bajé a la cocina, donde el frigorífico se balanceaba en la mitad del cuarto, desplazándose más de cuarenta centímetros de su lugar habitual. No estaba allí.

Volví a subir, y por la ventana de las escaleras mirando hacia el parque vi como dos enormes farolas caían al suelo aplastando un par de coches. Nuestro piso, en la quinta planta del edificio, se movía como la copa de un árbol mecida por el viento.

La niña se había refugiado detrás de la cama de su abuela, y sin pronunciar palabra, mientras me miraba asustada, se abrazó fuertemente a mí.

Intentando tranquilizar a la familia, me di cuenta que aquello duraba demasiado, que normalmente este tipo de trepidaciones anteriormente sufridas en Honduras o Nicaragua, sólo había durado unos pocos segundos.

Esta vez era interminable. Los más de dos minutos parecían horas, y serían los más largos de nuestras vidas. Eran las 7,22.

Poco a poco se restableció la calma.

<<Todo ha pasado>>, les dije a las niñas, convencido de que sólo había sido un buen susto. Ese día las niñas, sin luz y sin agua, tendrían que ir al colegio sin desayunar, y así se fueron, todavía con bastante intranquilidad.

La radio comenzó a emitir boletines urgentes. Intenté durante media hora ponerme en contacto con Madrid, pero fue inútil. En esos momentos, ¿cómo podía imaginarme que a partir de entonces la ciudad más grande del mundo iba a quedar aislada durante más de doce horas?

Las noticias provenientes del centro del distrito federal eran alarmantes y desde nuestro barrio, poco afectado, nadie se daba cuenta de la tragedia que en esos instantes estaban padeciendo miles, y quizá millones, de personas.

Comenzó a oírse el agudo sonido de las primeras ambulancias. Decidí irme al centro. Al llegar a la altura del paseo

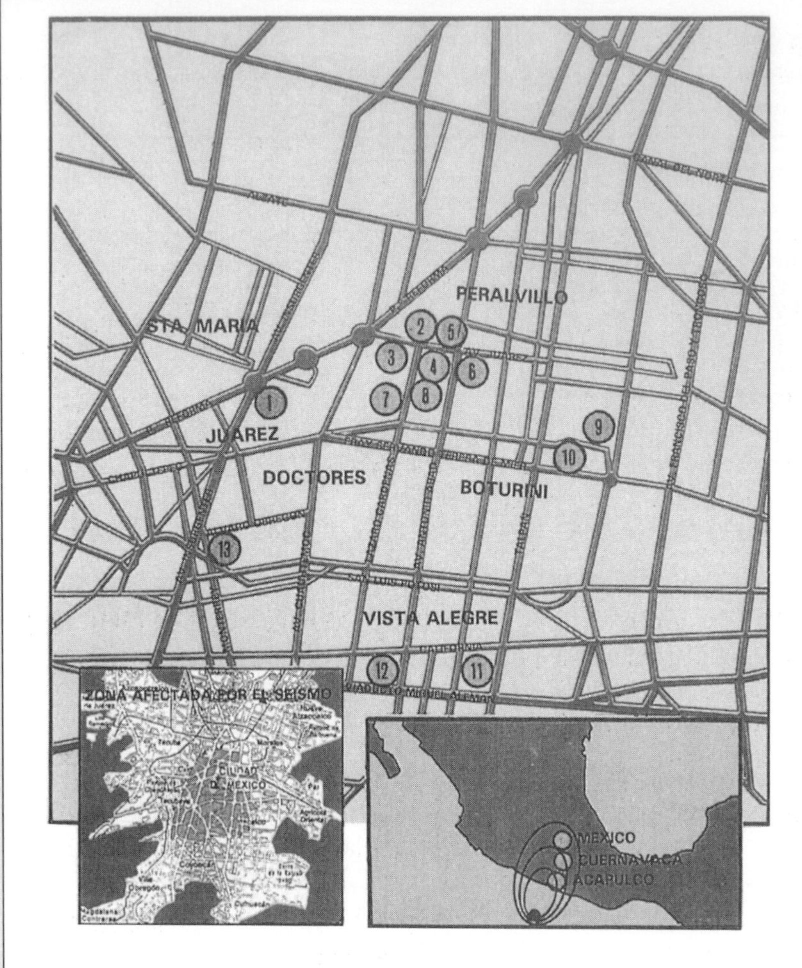

En el gráfico se muestra el epicentro del seísmo, sus ondas de expansión y las principales ciudades afectadas. También el centro de la Ciudad de México y las zonas afectadas de la capital. En detalles: 1) Hotel Continental, 2) Hotel Regis, 3) Hotel Romano, 4) Hotel Principado, 5) Hotel Juárez, 6) Hotel del Prado, 7) Cadena de TV Televisa, 8) Guardería, 9) Secretaría de Hacienda, 10) Secretaría del Trabajo, 11) Hotel Diplomático, 12) Hotel Oslo y 13) Edificio Nuevo León.

de la Reforma el caos del tráfico era absoluto. Los semáforos no funcionaban y miles de automovilistas quedábamos atrapados en los embotellamientos.

Después de recorrer difícilmente las calles de la zona, decidí abandonar el coche y dirigirme a pie hacia el cruce de Insurgentes. Allí, centenares de personas lloraban, gemían y reflejaban en sus rostros el momento de pánico vivido una hora antes. A la altura del hotel Continental tuve la primera imagen de la tragedia. Del hotel se habían hundido tres pisos y el edificio de enfrente se había derrumbado minutos antes, ocupando ahora más de la mitad de la calzada.

El tráfico colapsado impedía pasar a las ambulancias y coches de bomberos. A duras penas logramos alcanzar la avenida Juárez. Las explosiones de gas y los incendios se sucedían. El edificio del Hotel Regis ardía, y al lado los almacenes Salinas y Rocha se habían desplomado como un castillo de naipes.

La Policía intentaba, junto con los primeros auxilios de la Cruz Roja, contener a la gente.

El oficial de la Policía Jess Montero, mientras daba órdenes, nos comentaba a modo de consuelo, que por la hora del temblor todavía las oficinas no estaban llenas ni tampoco las escuelas habían acogido a la mayoría de sus alumnos. <<De lo contrario, la tragedia habría sido aún mayor.>>

Adverbs: In this passage, the writer uses many adverbs when describing what happened when the earthquake struck. Adverbs express *how, when* or *where* an action takes place. "How" adverbs frequently end in **-mente.** For example:

Se abrazó fuertemente a mí. (She hugged me tight.)

Read through the account of adverbs in the Grammar Summary on page 259.

1 Completa las frases de la hoja 116, utilizando los detalles del texto.

116

2 Explica en español lo que quieren decir las siguientes frases:
a la sacudida se acentuó
b se restableció la calma
c había sido un buen susto
d a duras penas
e los primeros auxilios
f a modo de consuelo

3 Indica los sustantivos que corresponden a los verbos siguientes. Por ejemplo:
desayunar desayuno

distraer	llamar	hundir
vacilar	mover	acoger
caer	durar	
repetir	reflejar	

4 Hay muchos ejemplos en este texto del uso del pretérito y del imperfecto. Con un compañero haz una lista de diez de esos ejemplos y comenta en español su uso. Verifica tus explicaciones con el profesor.

5 Imagina que tu compañero es autor de este artículo y que tú eres un periodista amigo suyo. Tienes que hacerle cinco preguntas sobre sus experiencias en el primer momento del terremoto, todas relacionadas con el texto. Él tiene que contestar a tus preguntas. Por ejemplo:
¿Qué hiciste cuando empezó el terremoto?

Texto G **Supuesto atentado contra la embajada mexicana en Costa Rica**

1 Escucha la cinta y empareja las palabras siguientes con su equivalente ingles:

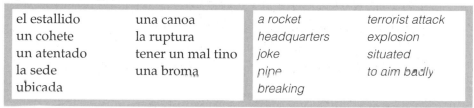

el estallido	una canoa	*a rocket*	*terrorist attack*
un cohete	la ruptura	*headquarters*	*explosion*
un atentado	tener un mal tino	*joke*	*situated*
la sede	una broma	*pipe*	*to aim badly*
ubicada		*breaking*	

2 Escucha la cinta y contesta en español las preguntas siguientes:

a ¿Qué pasó frente a la embajada mejicana?
b ¿Qué daños causó la explosión?
c ¿Cómo trató el incidente la prensa del país?
d Describe la actitud que tiene la embajadora ante el incidente, refiriéndote a lo que dice.
e Describe la actitud que tienen las autoridades costarriqueñas ante el incidente. ¿En qué se diferencia de la actitud de los mejicanos?
f ¿Por qué envió el ministro refuerzos al teatro nacional?

Aunque Mexico tiene una cultura más unificada que otros muchos países latinoamericanos, todavía existen regiones en las que la población india tiene quejas serias contra el Gobierno. El 1 de enero de 1994 ocurrió una sublevación de indios en la región de Chiapas, en el sur de México. La razón para esta rebelión fue que faltaba una verdadera integración de esta gente pobre en la vida política y social de la nación. Se sentían privados de todo: de educación, de servicios sociales y, sobre todo, de tierra. Se llaman «zapatistas» por el general Zapata, uno de los héroes indios de la Revolución mexicana (1911–1917).

Texto H **Campanadas zapatistas**

1 Lee el artículo y contesta en español las preguntas siguientes:

a ¿Por qué fue la toma de San Cristóbal de las Casas un acontecimiento histórico?

b Describe con tus propias palabras cómo pudieron los zapatistas ocupar San Cristóbal.

c ¿Cómo terminó la sublevación de 1712?

d ¿Por qué les cortaron las orejas a los rebeldes durante la sublevación de 1911 a 1914?

e ¿Por qué fueron importantes para los zapatistas las sublevaciones anteriores?

f Describe con tus propias palabras la vida de los indios de Chiapas.

g ¿Cómo han tratado los españoles a los indios de Chiapas, según el artículo?

h ¿Por qué va a ser difícil vencer a los zapatistas?

2 En general el castellano prefiere utilizar la voz activa a la voz pasiva, pero a veces, como se ve en este artículo, un escritor, para variar la construcción, escoge la voz pasiva. A ver si puedes cambiar las frases siguientes o a la voz pasiva o a la voz activa, según convenga.
Por ejemplo:
El batallón especial castigó a los insurrectos.
Los insurrectos fueron castigados por el batallón.
(Tratamos la voz activa y la voz pasiva en la unidad 5, página 86.)

a Tras tomar una comisaría de policía los zapatistas utilizaron una ingeniosa estratagema.

b Un líder indígena organizó una revuelta contra las autoridades.

c La capital del Estado de Chiapas fue aplastada por el Ejército.

d Los soldados les cortaron las orejas con machetes.

e La historia de estas sublevaciones ha sido transmitida oralmente de padres a hijos durante muchas generaciones.

f Las tácticas militares que usamos fueron aprendidas de la historia militar mexicana.

3 Imagina que eres un(a) guerrillero/a zapatista que tomó parte en la ocupación de San Cristóbal. Escribe en español, empleando 200 palabras, lo que pasó desde tu punto de vista (usando la forma autobiográfica).

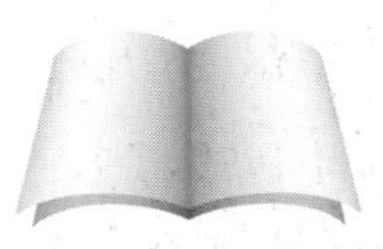

22 México, año cero (página 252)

En este artículo el escritor mexicano, Carlos Fuentes, analiza la sublevación de los indios en Chiapas (1994) en el contexto de la historia mexicana. Haz un resumen del artículo en español empleando 250 palabras.

Campanadas zapatistas

Los indígenas de Chiapas, en su lucha contra la miseria, siguen una tradición de siglos de revueltas campesinas

MIGUEL ÁNGEL VILLENA

Aquí estamos nosotros, los muertos de siempre muriendo otra vez, pero ahora para vivir". Es el grito de guerra de los zapatistas en el único manifiesto público que han difundido hasta ahora. Cuando centenares de zapatistas entraron sigilosamente en San Cristóbal de las Casas en la madrugada del primer día del año estaban protagonizando un acontecimiento histórico para todos los indígenas de Chiapas. A pesar de las 200 sublevaciones campesinas que han regado de sangre estas tierras desde la conquista española, nunca habían podido los indígenas ocupar militarmente esta ciudad, símbolo de la dominación de los poderosos.

Llegaron en camiones, en coches o sencillamente a pie, aprovechando la noche y la circunstancia de que la policía y la mayoría de la población estaba entregada a los excesos y distracciones de la Nochevieja. Tras tomar una comisaría de policía utilizaron una ingeniosa estratagema al convocar desde la emisora de radio a todos los guardias de la ciudad a una fiesta con tequila y tacos. Los engañados policías de San Cristóbal descubrieron horrorizados que sus *juerguistas compañeros* se habían convertido en guerrilleros de pantalón verde oliva, camisas color café, botas de hule y gorras que los esperaban armados hasta los dientes. Durante el día de Año Nuevo los zapatistas pasearon por fin su orgullo de indígenas humillados durante siglos y camparon a sus anchas por las calles y plazas de esta ciudad colonial en medio de la curiosidad y del temor de vecinos y turistas.

En 1712 grupos de indígenas tzeltales se levantaron en armas contra los abusivos tributos que imponían la Iglesia y las autoridades de la metrópoli. "Son los mismos pueblos involucrados en el conflicto actual", señala el historiador chiapaneco Alfredo Palacios. Tropas españolas procedentes de Tabasco y de Guatemala sofocaron la revuelta con una dureza inusitada y llegaron a exterminar físicamente a todos los habitantes del pueblo de Cancuc, centro del conflicto. Entre 1911 y 1914, en pleno periodo revolucionario un líder indígena llamado Jacinto Pérez Pajarito organizó una revuelta contra las autoridades de Tuxtla Gutiérrez, la capital del Estado de Chiapas, que fue también aplastada por el Ejército. Un batallón especial, llamado Los Hijos de Tuxtla, castigó a los insurrectos con el llamado desorejamiento, es decir, les cortaron las orejas con machetes a todos los rebeldes para que sirviera de escarmiento.

Son apenas dos ejemplos tomados entre los 200 intentos de los indígenas, según los expertos, por sacudirse la opresión económica y social con una feroz lucha por la posesión de la tierra como eterno telón de fondo. "La historia de estas sublevaciones", cuenta el antropólogo español Pedro Pitarch, que estudia desde hace años las culturas indígenas de Chiapas, "ha sido transmitida oralmente de padres a hijos durante muchas generaciones. De hecho, los zapatistas han realizado ahora el mismo recorrido y han empleado los mismos métodos de lucha que los sublevados de 1712.

La memoria viva y los valores simbólicos tienen una gran significación para los tzeltales, tzotziles o tolojobales, las principales etnias que viven en los altos de Chiapas". Esta tradición de lucha y de rebelión está presente con absoluta claridad en el manifiesto difundido esta semana en San Cristóbal de las Casas por el Ejército Zapatista de Liberación Nacional (EZLN). Tras negar que militen extranjeros en sus filas, como divulgó al principio el Gobierno mexicano, los guerrilleros declaran: "Las tácticas militares que usamos fueron aprendidas de la historia militar mexicana, de las gestas heroicas de Pancho Villa y de Emiliano Zapata y de las luchas de resistencia indígena de la historia de nuestro país".

Condenados a 150.000 muertes anuales por enfermedades curables, humillados con un 30% de analfabetismo, explotados con los peores salarios de toda la república de México y obligados a vivir una tercera parte de ellos en viviendas que no disponen ni de luz ni de agua potable, los rebeldes indígenas exclaman que la lucha armada fue "el único camino que nos dejaron las autoridades". En un texto redactado con una magnífica sintaxis castellana, un agudo sentido del humor y un profundo análisis de la situación política de México, los guerrilleros que han tomado la selva Lacandona, tras su incursión en cuatro ciudades de Chiapas, exige la mejora de sus condiciones de vida, elecciones límpias en México y el reconocimiento de la identidad étnica de los indígenas.

Separados por un abismo cultural de lo que ellos llaman *los españoles*, que incluye a todos los blancos y mestizos, los indígenas de Chiapas sólo han cosechado desprecio y marginación por parte del poder. Divididos en varias etnias por razones de idioma y de territorio, con una notable jerarquización social y unos brotes de violencia que registraron un índice de asesinatos de 300 personas por cada 10.000 habitantes en la década de los setenta, los indígenas han perdido sus tierras a lo largo de los siglos y ahora se han convertido en carne de fotografía para los turistas de la ruta maya.

Mientras un Ejército más acostumbrado a los desfiles que a la guerra está desplegado, con más de 10.000 hombres y una impresionante maquinaria bélica en las ciudades, los guerrilleros controlan una buena parte de los vastos términos municipales de Ocosingo, Altamirano, Las Margaritas y Guadalupe Tepejac y una amplísima extensión de selva, un auténtico infierno verde, de más de 15.000 kilómetros cuadrados que se prolonga hasta la frontera de Guatemala y la península del Yucatán.

Fuentes militares indican que sería necesario incendiar la selva Lacandona entera para desalojar a los rebeldes. En unos inhóspitos parajes que conocen como la palma de sus manos, sin carreteras ni caminos y con el respaldo de buena parte de los cientos de egidos y ranchos de indígenas, los zapatistas pueden hostigar al Ejército durante años y mantener un foco de tensión permanente en los altos de Chiapas.

Dos campesinos zapatistas armados tras ocupar San Cristóbal

TEMAS LATINOAMERICANOS

TERCERA PARTE: CHILE: BAJO LA DICTADURA

Un fenómeno característico del desarrollo de Latinoamérica en este siglo es la dictadura militar, que pretende garantizar el orden y la estabilidad económica mediante un régimen duro.

En 1985 un director chileno de cine, Miguel Littín, que figuraba en una lista de 5.000 personas en exilio con prohibición absoluta de volver al Chile del dictador, el general Pinochet, entró en el país clandestinamente e hizo una película que mostraba las injusticias del régimen. Littín contó la historia de esta experiencia al gran novelista colombiano, Gabriel García Márquez, quien lo condensó en una serie de 10 capítulos. La historia extraordinaria de Littín comienza en el trozo que sigue en la página 227.

Texto I **Miguel Littín, clandestino en Chile**

GABRIEL GARCÍA MÁRQUEZ

El vuelo 115 de Ladeco, procedente de Asunción (Paraguay), estaba a punto de aterrizar, con más de una hora de retraso, en el aeropuerto de Santiago de Chile. A la izquierda, a casi 7.000 metros de altura, el Aconcagua parecía un promontorio de acero bajo el fulgor de la Luna. El avión se inclinó sobre el ala izquierda con una gracia pavorosa, se enderezó luego con un crujido de metales lúgubres, y tocó tierra antes de tiempo con tres saltos de canguro. Yo, Miguel Littín, hijo de Hernán y Cristina, director de cine y uno de los 5.000 chilenos con prohibición absoluta de regresar, estaba de nuevo en mi país después de 12 años de exilio, aunque todavía exiliado dentro de mí mismo: llevaba una identidad falsa, un pasaporte falso, y hasta una esposa falsa. Mi cara y mi apariencia estaban tan cambiadas por la ropa y el maquillaje que ni mi propia madre había de reconocerme a plena luz unos días después.

Muy pocas personas en el mundo conocían este secreto, y una de ellas iba en el mismo avión. Era Elena, una militante de la resistencia chilena, joven y muy atractiva, designada por su organización para mantener las comunicaciones con la red clandestina interior, establecer los contactos secretos, determinar los lugares apropiados para los encuentros, valorar la situación operativa, concertar las citas, velar por nuestra seguridad. En caso de que yo fuera descubierto por la policía, o desapareciera, o no hiciera por más de 24 horas los contactos establecidos de antemano, ella debería hacer pública mi presencia en Chile para que se diera la voz de alarma internacional. Aunque nuestros documentos de identidad no estaban vinculados, habíamos viajado desde Madrid, a través de siete aeropuertos de medio mundo, como si fuéramos un matrimonio bien avenido. En este último trayecto de una hora y media de vuelo, sin embargo, habíamos decidido sentarnos separados y desembarcar como si no nos conociéramos. Ella pasaría por el control de inmigración después de mí, para avisar a su gente en caso de que yo tuviera algún tropiezo. Si todo iba bien, volveríamos a ser dos esposos de rutina a la salida del aeropuerto.

Nuestro propósito era muy sencillo sobre el papel, pero en la práctica implicaba un gran riesgo: se trataba de filmar un documental clandestino sobre la realidad de Chile después de 12 años de dictadura militar. La idea era un sueño que me daba vueltas en la cabeza desde hacía mucho tiempo, porque la imagen del país se me había perdido en las nieblas de la nostalgia, y para un nombre de cine no hay un modo más certero de recuperar la patria perdida que volver a filmarla por dentro. Este sueño se hizo más apremiante cuando el Gobierno chileno empezó a publicar listas de exiliados a los que se les permitía volver, y no encontré mi nombre en ninguna. Más tarde alcanzó extremos de desesperación cuando se publicó la lista de los 5.000 que no podían regresar, y yo era uno de ellos. Cuando por fin se concretó el proyecto, casi por casualidad y cuando menos lo esperaba, ya hacía más de dos años que había perdido la ilusión de realizarlo.

Fue en el otoño de 1984, en la ciudad vasca de San Sebastián. Me había instalado allí seis meses antes con la Ely y nuestros tres hijos, para hacer una película argumental que, como tantas otras de la historia secreta del cine, había sido cancelada por los productores cuando faltaba una semana para iniciar el rodaje. Me quedé sin salida. Pero en el curso de una cena de amigos en un restaurante popular, durante el festival de cine, volví a hablar de mi viejo sueño. Fue escuchado y comentado en la mesa con un interés cierto, no sólo por su alcance político evidente, sino también como una burla a la prepotencia de Pinochet. Pero a nadie se le ocurrió que fuera algo más que una pura fantasía del exilio. Sin embargo, ya en la madrugada, cuando regresábamos a casa por las calles dormidas de la ciudad vieja, el productor italiano Luciano Balducci, que apenas si había hablado en la mesa, me tomó del brazo y me apartó del grupo de un modo que parecía casual.

"El hombre que tú necesitas", me dijo, "te está esperando en París".

1 Comenta con tu compañero el sentido de las frases siguientes. Luego comprueba tus ideas con el profesor.

a se enderezó luego con un crujido de metales lúgubres
b aunque todavía exiliado dentro de mí mismo
c valorar la situación operativa
d aunque nuestros documentos de identidad no estaban vinculados
e un matrimonio bien avenido
f la imagen del país se me había perdido en las nieblas de la nostalgia
g como una burla a la prepotencia de Pinochet

2 Imagina que eres Elena, la joven compañera de Miguel Littín. Cuenta en español tu versión del viaje desde Madrid a Santiago de Chile. Emplea 200 palabras.

3 Continúa la historia, contando lo que pasó cuando Miguel Littín se encontró con el hombre que le estaba esperando en París.

4 Después de leer el artículo comenta con tu compañero de clase cuáles fueron los mayores problemas que tuvo Miguel para disfrazarse el cabello, la cara etcétera. Luego haz una lista de estas dificultades e indica las medidas que tomó Miguel para solucionarlas. Comprueba tus soluciones con el profesor.

5 En este relato el narrador utiliza verbos reflexivos con frecuencia. Escribe 10 frases que contengan un verbo reflexivo, basadas en el relato.
Por ejemplo:
Miguel tuvo que acostumbrarse a llevar ropa distinta.

Texto J **Los servicios de transporte público en Argentina**

117

Haz un resumen del texto en inglés, enfocando los puntos siguientes:

a What was happening to the bus fares
b What other fares were linked to them
c How bus fares in Argentina compare with other countries
d What the employers and the trade unions were doing

TEMAS LATINOAMERICANOS

CUARTA PARTE: LA CUBA DE FIDEL CASTRO

En 1959 Fidel Castro tomó el poder en Cuba sustituyendo la dictadura de Batista. Lo que al principio fue una revolución nacionalista pronto se convirtió en un régimen de ideología marxista apoyado por la antigua URSS, y rechazado por los EE.UU., que acogieron a los emigrantes cubanos que abandonaron la isla con el consentimiento de Fidel Castro.
La presencia de un país prosoviético a tan sólo 90 millas de las costas de Florida fue el motivo de dos de los momentos más peligrosos de la guerra fría: la frustrada invasión de la Bahía de Cochinos por las fuerzas armadas estadounidenses y exiliados de Cuba (1961), y la Crisis de los Misiles (la presencia de misiles soviéticos en Cuba y la promesa de los Estados Unidos de que no volverían a invadir Cuba, en 1962).
Después de estos dos incidentes, la Revolución cubana pasó por un período de calma relativa durante la cual el régimen castrista se dispuso a construir su socialismo estilo cubano. Los logros en educación, medicina, empleo y deporte casi consiguieron enmascarar el hecho de que la victoria más importante, la independencia económica, aún estaba por conseguir.
El hundimiento del bloque soviético llevó a Cuba a la bancarrota. Castro tuvo que olvidar sus sueños socialistas y enfrentarse a la realidad de que sin la ayuda soviética era incapaz de alimentar a la población.
A la vez que en Cuba languidece el socialismo algunos sueños como la unidad latinoamericana, la independencia política o el desarrollo económico parecen perderse para siempre.

El artículo que signe relata algunas de las estratagemas que probaron los agentes de la CIA (Central Intelligence Agency de los EE.UU.) para matar a Castro.

Texto K **Maten al Comandante**

1 En este texto el imperfecto de subjuntivo se usa varias veces, por ejemplo «Después de que Fidel Castro pidiera los tres batidos de chocolate...»; «...con la esperanza que dijera disparates». Busca otros ejemplos del imperfecto del subjuntivo en el texto y, siguiendo las construcciones en que se emplean, inventa 10 frases que contengan el imperfecto de subjuntivo sobre cualquier tema latinoamericano.

2 Escribe un diálogo en español entre un periodista y Santos de la Caridad Pérez, sobre el papel que desempeñó el camarero en el frustrado intento de envenenar a Fidel Castro.

Fidel Castro sobrevivió a unos 30 intentos de atentados en los años 60. De todos ellos, la CIA norteamericana reconoce haber intervenido directamente en ocho

ÁNGEL TOMÁS GONZÁLEZ, La Habana

EL ARMA PARA ASESINAR A FIDEL CASTRO, en la madrugada del mes de marzo de 1962, era un batido de chocolate. El líder de la joven revolución cubana llegó esa noche a la cafetería del hotel Habana Libre con dos guardaespaldas para complacer su gusto por los helados, y ordenó tres batidos de chocolate. Santos de la Caridad Pérez, camarero, a duras penas disimuló su alegría. Al fin tenía la oportunidad de liberar a su país del comunismo. En la nevera donde se guardaban los helados reposaba una cápsula con Botulina, una sustancia venenosa que liquida a una persona después de 36 horas con una intoxicación indetectable en la autopsia y que, al manifestar diversos síntomas, evita la sospecha médica sobre un envenenamiento. La *Operación Lucrecia Borgia* lograría finalmente su cometido.

La cápsula de Botulina había sido preparada en los laboratorios del Departamento técnico de la Agencia Central de Inteligencia norteamericana (CIA) por el doctor Scheider -nombre operativo-, un científico experto en veneno. Para introducirla en Cuba y que llegara a la boca de Fidel Castro, la CIA había pactado con la mafia estadounidense. El camarero Santos de la Caridad Pérez era el último eslabón de una cadena humana trenzada con una paciencia de años.

Richard Bissel, ex profesor de Economía de la Universidad norteamericana de Yale, era el número dos de la CIA en los años en que Allan Dulles era su director. Bissel, por su reconocida inteligencia, era el verdadero cerebro. Desde su cargo como subdirector de la CIA atendía el Departamento de planes o servicios clandestinos, la oficina que se ocupaba de gestar golpes de estado o eliminar figuras políticas que perjudicaban los intereses políticos norteamericanos en otras fronteras.

La figura de Fidel Castro, desde su llegada al poder en Cuba en 1959, era una pesadilla permanente para la CIA. En 1960, la agencia norteamericana llegó a ofrecer 150.000 dólares (unos 21 millones de pesetas) de recompensa por el asesinato del líder cubano. Fue el coronel Schoffield, jefe de seguridad interna de la CIA, quien ahora se dice que sugirió a Bissel la idea de utilizar a la mafia para eliminar a Castro. Los casinos de los mafiosos en La Habana habían sido clausurados por orden de Castro. Los gángsters, además, sabían guardar un secreto: de cometerse el asesinato de Castro, la CIA no aparecería involucrada.

El contacto elegido con la mafia fue Johnny Roselli, un gángster de Las Vegas, quien incluyó en el plan a Sam Giancana -capo de Chicago- y Santos Traficantes que, en La Habana de los años 50, había atendido el casino de la familia Meyer Lanski.

La reunión entre estos mafiosos y los agentes de la CIA se celebró en el hotel Fontainebleau de Miami, donde los representantes del servicio de espionaje propusieron que un asesino profesional liquidara a Castro. Santos Traficantes desechó el plan. "En cuestión de tiros, Castro sabe tanto como nosotros", dijo el mafioso. Surgió entonces la idea de envenenar al comandante. La mafia asumió la responsabilidad de introducir el veneno en la isla en forma de cápsula. Santos Traficantes utilizó su vieja amistad con Tony Varona, un político cubano exiliado en Miami, para enviar el veneno a La Habana. Otro mafioso, Manuel de Jesús Companioni, entregó la píldora al camarero del Habana Libre.

Después de que Fidel Castro pidiera los tres batidos de chocolate, el camarero Santos de la Caridad Pérez se dirigió a la nevera para echar en el recipiente de la batidora las bolas de helados y la cápsula venenosa. Un sudor frío recorrió su cuerpo: la píldora se había pegado al hielo. No había manera de despegarla. Después de forzarla durante unos segundos, la cápsula, congelada, se quebró. El hombre que había cambiado la historia de la isla con tiros guerrilleros bebió, finalmente, su batido y retornó a la madrugada habanera sin haberse enterado de que el azar lo había librado del atentado del batido de chocolate.

El senador norteamericano Frank Church organizó en 1975 un comité designado para investigar los supuestos complots para asesinar a líderes extranjeros ideados por la CIA en los años 60. En este comité fue interrogado, entre muchos otros, Richard Bissel. Algunos de los mafiosos utilizados por la CIA fueron asesinados antes de declarar o después de responder las preguntas del citado comité. En esa investigación, el nombre de Fidel Castro apareció en diversos planes de atentados. Casi 30 años después, la CIA ha desclasificado parte de esta investigación.

Un tomo de 133 páginas contiene los casos más inverosímiles de intentos de acabar con la vida del líder cubano. Algunos de estos intentos, por su proximidad a lo absurdo, nunca llegaron a ejecutarse. Uno de ellos consistía en utilizar un depilatorio que arruinara la mítica barba de Castro para anular su carisma. Otro genio propuso rociar con una sustancia parecida al LSD el estudio de televisión neoyorquino en el que tenía que grabar el líder cubano, con la esperanza de que dijera disparates durante su visita a la ONU en 1960.

Otro atentado, previsto para ser realizado en Nueva York, consistía en hacerle fumar un puro explosivo. Y uno más: una pluma estilográfica que llevaba escondida una aguja hipodérmica envenenada. La CIA intentó que el comandante Rolando Cubelas -dirigente del movimiento universitario que había peleado contra la dictadura de Fulgencio Batista- se la entregara a Fidel durante una reunión celebrada en París el mismo día en que asesinaron a John F. Kennedy. Cubelas, que en los registros de la CIA aparece identificado como el agente AM/LACH, rechazó ese plan y propuso utilizar un fusil de largo alcance, y acompañarlo de un golpe de estado. Estos proyectos no llegaron a realizarse porque los servicios de seguridad cubanos lograron apresar al ex guerrillero Cubelas antes de que actuara.

Desarrollando el tema

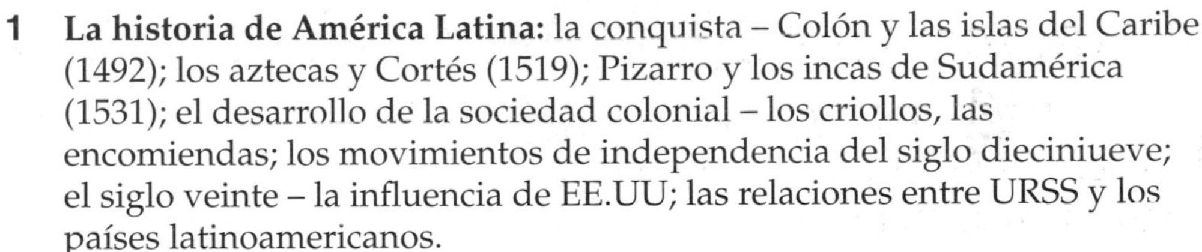

1 **La historia de América Latina:** la conquista – Colón y las islas del Caribe (1492); los aztecas y Cortés (1519); Pizarro y los incas de Sudamérica (1531); el desarrollo de la sociedad colonial – los criollos, las encomiendas; los movimientos de independencia del siglo dieciniueve; el siglo veinte – la influencia de EE.UU; las relaciones entre URSS y los países latinoamericanos.

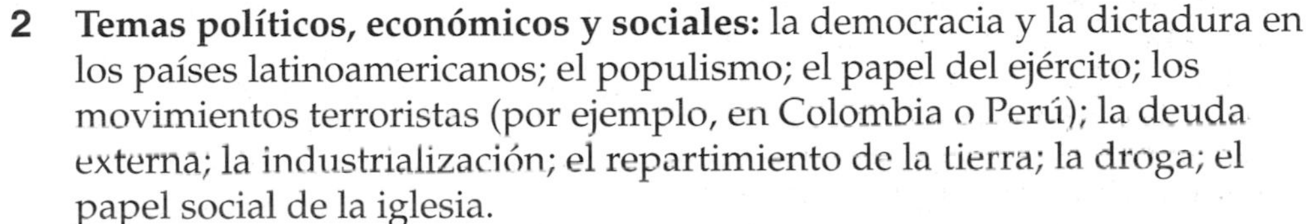

2 **Temas políticos, económicos y sociales:** la democracia y la dictadura en los países latinoamericanos; el populismo; el papel del ejército; los movimientos terroristas (por ejemplo, en Colombia o Perú); la deuda externa; la industrialización; el repartimiento de la tierra; la droga; el papel social de la iglesia.

3 **El estudio de un aspecto de un país hispanoamericano:** la Revolución mexicana de 1910–1917; el peronismo en Argentina; la Cuba de Fidel Castro; la democracia en Chile; problemas políticos, económicos o sociales de uno de los países de Centroamérica.

4 **La cultura:** la pintura; la arquitectura; las diferencias entre el español de América Latina y el de España; la literatura gauchesca; la civilización y la barbarie en la literatura; el «realismo mágico» de la nueva narrativa; los poetas latinoamericanos (por ejemplo, C. Vallejo, P. Neruda, O. Paz); la influencia de la cultura europea en América Latina; los deportes (fútbol, tenis).

5 **Los indios:** la resistencia al colonialismo; las costumbres indígenas; las tribus; la religión; el vudú; la cuestión de los derechos de la tierra; el arte indígena; el quechua.

Para terminar: ¡Ojalá que llueva café!

118

1 ¿Qué retrato del campo da esta canción de Juan Luis Guerra?

2 En esta canción Juan Luis Guerra emplea repetidamente **ojalá** con el subjuntivo. Inventa 5 frases como las de la canción que expresen un deseo muy fuerte pero casi imposible.

LA CASA DEL 2010

Tiene seis patas articuladas, tentáculos mecánicos con microcámaras y sensores para reconocer el terreno. Es el robot doméstico, y camina alrededor de la casa con bastante soltura, deteniéndose de cuando en cuando en su primera obligación del día: sacar a pasear al perro.

Pronto habrá otra opción para cuidar a los animales domésticos: implantarles biomicroprocesadores en el cerebro para que un ordenador, desde casa, dirija su paseo, pero todavía es una tecnología muy experimental y se duda de su éxito comercial, porque a mucha gente le parece un sistema cruel, según se ha comprobado en sondeos de opinión realizados por la televisión interactiva.

Mientras tanto, el ordenador central de la casa ha empezado a dirigir las rutinas domésticas y los inquilinos se levantan. El sistema informático del hogar puede ser una única unidad con terminales o varios ordenadores pequeños unidos, pero en cualquier caso están conectados con computadoras y bases de datos en todo el mundo por las vías rápidas de transmisión de información. Las máquinas responden a órdenes verbales o señales en las pantallas, por lo que carecen de teclados y son muy fáciles de usar.

Basta una palabra para conectar el equipo de música y otra para elegir un tema, a no ser que el despertador esté preprogramado en esa función

El domingo por la mañana es un buen momento para hacerse el chequeo médico con el multisensor que hay en el cuarto de baño. El electrodoméstico de salud recuerda que en los próximos días hay que pasarse por el ambulatorio para recargar el dosificador subcutáneo de anticonceptivos (en el hombre o en la mujer, indistintamente). Un mensaje parpadea: "Atención, epidemia de gripe: se aconseja reforzar la ingestión de potenciadores del sistema inmunológico".

El tocador del dormitorio incluye un dosificador de neurotransmisores (relajantes o estimulantes, potenciadores de la memoria o del atractivo sexual), una especie de maquillaje psicológico para prepararse ante las actividades del día.

En la cocina, hoy se prescinde del desayuno automático que el ordenador dirige a diario, ocupándose de dar instrucciones a los brazos robóticos para que saquen de congeladores bandejas de alimentos precocinados, poco antes de despertar a las personas. El domingo hay tiempo para hacer chocolate o café con la cafetera tradicional y cocinar algún plato.

Aunque los niños disfrutan en casa, tanto o más que los adultos, de la oferta de ocio que llega por cable o satélite desde los bancos de datos y pueden jugar con sus amigos por videoconferencia, también se sale a jugar al parque. Así que… al coche. No corre mucho y apenas tiene maletero, porque, al fin y al cabo, el uso del vehículo particular está prácticamente reducido a recorridos cortos. Para viajes se utilizan cada vez más los trenes superrápidos que levitan sobre raíles magnéticos, aviones o trenes de alta velocidad para recorridos largos. Para solucionar el transporte urbano, en muchos barrios se han instalado ya cintas móviles en las aceras y carritos sobre rieles que conducen a los peatones hasta los autobuses eléctricos y metros.

A pesar de ser festivo, hay un turno de dos horas de trabajo que hay que hacer; claro que en este caso no hace falta moverse de casa. Se trata de supervisar el funcionamiento de la red de ordenadores de la empresa y atender las reclamaciones de los clientes que se produzcan, y esto se puede hacer desde el terminal doméstico.

El teletrabajo en casa está muy difundido y, dependiendo de la labor desempeñada, se utilizan videoconferencias, intercambio de datos, trabajo en equipo por ordenador, operaciones bancarias y comerciales…Pero la gente sigue manteniendo contactos personales de cuando en cuando en la empresa o en el despacho. Y hay trabajadores que no pueden desempeñar su labor exclusivamente desde el hogar; por ejemplo, los maestros.

Mientras tanto, la casa se ocupa de su autolimpieza. Como el sistema de aire acondicionado también recicla el aire, hay poco polvo, y sólo en verano la limpieza detallada es más frecuente, porque las ventanas se abren a menudo. Las tapicerías son antiadherentes y repelen en gran medida la suciedad, y de fregar el suelo se encarga el robot doméstico.

El autómata también recoge la mesa y coloca ya bastante bien los platos y cacharros en el lavavajillas, reconociendo las formas y optimizando su disposición geométrica en el electrodoméstico. En muchas casas se usan platos y vasos biodegradables, que se disuelven en el dispositivo de basuras, pero esto supone un consumo de materias primas y energía que los ecologistas están criticando seriamente. Además, comer en vajilla de cerámica es agradable. Como los platos y recipientes de cocina llevan un recubrimiento antigrasa, el lavado apenas exige agua y detergentes.

Los sillones del cuarto de estar, además de estar tapizados con tejidos de nuevos materiales que cambian de color y varían su textura en función de la temperatura, llevan dispositivos para adoptar la forma preferida por cada persona o función (la información de cada usuario de la casa o visitas se almacena en un microprocesador).

También las camas llevan incorporado este sistema, junto a un brazo articulado que sostiene la pantalla plana con el libro abierto por la página en que quedó interrumpida la lectura. El contenido está en el ordenador, pero se pueden leer en imagen clásica de páginas o en presentación informática.

En el garaje, el coche se enchufó el día anterior al cargador de baterías y al autochequeo. Todo en orden. El botón de arranque, tras pasar los controles iniciales y de antirrobo, abre también la puerta del garaje. Los dispositivos de navegación asisten al conductor para circular y evitar situaciones comprometidas del tráfico. La unidad telemática facilita desde el coche el acceso a los mismos servicios de los que se dispone en casa.

El 40% de un poblado madrileño de 191 familias reconoce haber pagado por su chamizo

Comprar una chabola cuesta 80.000 pesetas

FRANCISCO PEREGIL, **Madrid**

Ochenta mil pesetas, como mínimo, cuesta adquirir una chabola en el poblado madrileño de Peña Grande, situado a cinco minutos en coche del centro comercial La Vaguada. Eso es lo que le cobraron a un redactor de este periódico cuando intentó comprar una, hace tres semanas, sin identificarse como tal. En el poblado, donde habitan unas 200 familias marroquíes, hay otras posibilidades: alquilar los chamizos o pagar un *impuesto* si el inquilino pretende construir por sí solo la vivienda. Los nombres que aparecen en este reportaje son falsos.

MIGUEL NOVACK

Una niña marroquí se asoma al poblado desde su chamizo.

La chabola que iban a construirle al periodista estaba destinada a una sola persona; por tanto, mediría unos cuatro metros cuadrados y se emplazaría donde eligiese el comprador. Habría sido construida hace dos semanas si no se hubiesen incendiado en el mismo poblado unos 20 chamizos el pasado 2 de agosto.

La *entrada* para adquirir la chabola costó 40.000 pesetas. Enrique, el hombre *a cargo* del poblado, decía que esas 40.000 pesetas se las tenía que entregar en su totalidad a los gitanos que vivían al lado del campamento marroquí para que buscasen las maderas. Los gitanos, realojados esta semana, se encargarían de proporcionar las 40 puertas necesarias. "Después yo cojo unas vigas que hay en una obra cerca de aquí y te la instalo en dos horas. El techo, si queremos hacerlo bien, habrá que montarlo con una tela verde de ésas que llevan algunos camiones". Una vez levantada la casa, sería preciso abonar las otras 40.000 pesetas.

Con ese sistema, pero pagando en ocasiones precios más elevados —Enrique ha llegado a cobrar hasta 180.000 pesetas—, en función del tamaño, se han levantado en Peña Grande el 40% de las 191 chabolas que había censadas aquí antes del incendio. El 7% de los marroquíes reconoció en un estudio que el Consorcio para el Realojamiento de la Población Marginada efectuó en mayo que habían estado pagando el alquiler por su chabola y la luz aparte. En este caso, Enrique aseguró que la luz saldría totalmente gratis. Todos los chamizos del poblado tienen enganches ilegales a postes eléctricos.

La posibilidad de que una vez construida la destruyese la policía parecía improbable. "Si no nos *colocan* [detienen] mientras la hacemos, no pasa nada".

El legado de un crimen

Si el recién llegado prefiere construir por sí solo la infravivienda, tendrá que pagar 50.000 pesetas a Enrique. Es raro que entre 191 familias no haya alguna que se niegue a pagar el impuesto. En Peña Grande lo hubo. "Me dijo que su chabola se la hacía él", contaba Enrique, "sin ayuda de nadie y que no pensaba pagarme nada. Yo le dije: 'Vale, pero, al levantártela, la policía me va a echar la culpa a mí, porque saben que soy yo el que las hace. Así que me tienes que dar 50.000 pesetas por correr ese riesgo'. Me pegó una pedrada en la frente, y cuando me vi la sangre, vine aquí a mi chabola, cogí una *recortada* y le pegué seis tiros a su chabola. Menos mal que no estaban allí. De eso me alegro. Pero me denunciaron y pasé tres días en comisaría. Ellos han estado lejos del poblado unos meses, hasta que un día su mujer vino a pagarnos lo que nos debían".

En el poblado de Peña Grande había hace seis años 45 chabolas, ocupadas casi todas por familias gitanas. El clan de los Jiménez Silva, conocido como los *Cucos*, pasaban entonces por dueños de la zona. A partir de ese año aparecieron como en ligero goteo marroquíes que alquilaban los chamizos a los gitanos o se los compraban directamente. La mayoría hablaba castellano y un tercio controlaba perfectamente el francés.

La convivencia entre gitanos y marroquíes no era mala. Hasta que el 21 de mayo del año pasado aparecieron muertos dos leoneses en el barrio vecino de la Dehesa de la Villa. Un día antes se oyeron disparos junto a las chabolas y la policía no dudó en relacionar los dos incidentes.

Desde aquel día varios miembros de los Jiménez Silva se hallan en busca y captura. Pero antes de huir transfirieron el legado de los alquileres y la construcción de chabolas a Enrique, un marroquí que habla castellano. Para Enrique, que todo lo que sabe sobre los *chabolos* lo aprendió de los gitanos, los muertos por los *Cucos* eran narcotraficantes.

«A la habitual zozobra de la adolescencia se añade en nuestros días la sensación de futuro incierto. En el pasado, la adolescencia se significó por el hambre de ideales.»

¡No te enteras, carroza!

El malentendido entre padres y adolescentes se mantiene a pesar de los cambios y el progreso

CRUZ BLANCO

Éste es el tercer año que Alejandro Martínez acude a las mismas aulas de primero de Bachillerato. El curso pasado estuvo los tres trimestres castigado sin salir. La razón: malas calificaciones escolares. Las cosas no han cambiado demasiado para él. Lleva desde Navidades recorriendo un único camino: de casa al instituto y del instituto a casa. «Mis padres no entienden. Si llevo dos años en que casi no salgo, y sigo suspendiendo, parece que está comprobado que este castigo, a mis 16 años, no es el que me va a impulsar al estudio.»

Sus padres – informático y administrativa en la cuarentena – le llaman vago – «a veces hago 'pellas',» reconoce –. «En cuanto ven que fallo en una evaluación, ¡hala!, me mandan al psicólogo. El psicólogo dice que voy a estudiar tres carreras pero aquí me tienes, en 1º de BUP.»

Angustia, remordimiento, pena, frustración y, en ocasiones, ganas de desaparecer, son algunos de los sentimientos con los que los adolescentes identifican el fracaso en las aulas. Son datos de un estudio sobre el rendimiento escolar publicado por la Confederación Española de Asociaciones de Padres de Alumnos. Y los profesores atribuyen el suspenso reiterativo a problemas de entendimiento entre los padres, dificultades laborales en la familia y falta de comunicación con los padres ...

Cuando Esther Blanco, de 17 años, necesita aislarse y busca el silencio de su habitación para pensar, o para soñar despierta, su madre se convierte con demasiada frecuencia en un manojo de reproches. «No respeta mi independencia,» protesta Esther. «Necesito estar a mi bola y ella no lo acepta: 'estás aislada', me repite una y otra vez.»

> «Necesito estar a mi bola y mi madre no lo acepta: 'estás aislada,' me repite una y otra vez. Ni ella ni mi padre se dan cuenta de lo mal que lo he pasado yo.»

Esther tenía siete años cuando sus padres empezaron a labrar el camino de la separación. Hoy, se siente cansada de haber sido el centro de manipulaciones afectivas. «Mi padre se ha ocupado muy poco de mí. Siempre me ofrece dinero pero nunca me pregunta si tengo algún problema. Ninguno de los dos se da cuenta de lo mal que lo he pasado yo.»

Desde muy niña, aprendió a *pasar* de sus padres. Y aunque está segura de que no van a cambiar, defiende la institución de la familia, «es lo único verdadero que tienes en la vida,» dice.

Pero, en cuanto a adolescentes se refiere, aun en el mejor de los casos, la incomunicación merodea en las comidas familiares, entre las paredes de los salones con televisión, en los largos viajes por carretera. «No dices nada,» suele preguntarle la madre a Juan González cuando la familia se desplaza en coche; «no te conozco.» «Di algo,» insiste la madre de Alejandro. »Estoy harta de hablar sola.» A lo que el hijo contesta: «Siempre hablan entre ellos, y dicen lo mismo; y yo, aguantando.» No hablan de sexualidad, no hablan de política. «Estoy en otra onda,» dice Esther Blanco. «Te dicen: vamos a hablar, y con lo que te encuentras siempre es con lo mismo: 'tienes que estudiar. No puedes salir ...' ¡Eso no es hablar!» protesta Alejandro, «imponen sus normas.»

Y las normas, a veces, entran en contradicción con los comportamientos. El buen entendimiento de David Sanz, 17 años, con su padre comenzó a truncarse cuando descubrió su simpatía hacia el alcohol. «Me dice que yo no beba mucho y que no venga muy tarde, pero a veces, él vuelve bebido a las siete de la mañana, justo para cambiarse y marcharse al trabajo.» Y Juan González, triste joven, no podrá ser músico. «Aquí el último que habla soy yo,» corta su padre.

Los hijos lo pasan mal con la adolescencia. Su cuerpo se desborda, rompiendo con las tallas de la sección infantil de los grandes almacenes. Los ositos de peluche son expulsados de las habitaciones y, de repente, hay que arrancar los papeles pintados de cenicientas y ratoncitos, de blancanieves y enanitos.

La sexualidad de los hijos, siempre es traumática para los padres,» asegura Gustavo Dessal. El hijo varón se convierte en un rival del padre. La hija trae a la madre recuerdos con demasiada insolencia sobre aquellos años en los que no existían las arrugas y las canas, y merodeaban los conquistadores.

Llegan el desencanto y la decepción. Después, irrumpe el reproche que se convierte en ataque. Los adolescentes acaban descubriendo que su padre es un pobre tipo como cualquier otro y

Lunes, maldito lunes

El primer día de la semana se producen las mayores congestiones de tráfico

Una buena congestión circulatoria (vulgo, atasco) contiene estos ingredientes bien mezclados. Elija un lunes -todavía queda gasolina del fin de semana y muchos la aprovechan-, procurando que sea principio de mes, pues el sueldo está calentito y también se canjea por combustible. Salga a la calle sobre las ocho de la mañana desde una localidad del sur, que en esto de la circulación todavía hay clases, y las carreteras de Extremadura, Toledo Y Andalucía arrastran más problemas que las de Burgos, Colmenar y La Coruña. De esta manera se habrá metido en un buen atasco. Si además le añadimos unas gotas de lluvia y alguna colisión, aunque sea de poca importancia, estará en medio del caos. Es lo que pasa un lunes cualquiera.

Madrid, 6.45. En el gabinete de Información de Tráfico del Ayuntamiento de Madrid, tres personas se preparan para contestar a las decenas de llamadas que en las próximas dos horas realizarán desde todas las emisoras. "Hay que incidir en que no llueve, para levantar el ánimo", comentan. En Delicias aparece el primer problema. Decenas de autobuses llegan desde las provincias limítrofes con trabajadores de la construcción. Las ciudades de la periferia ya están despiertas.

6.50. F. Gutiérrez sale de Villaviciosa de Odón hacia la carretera de Extremadura. "Es la hora clave. Si tardo cinco minutos más, me encuentro con el mogollón". Este empleado de banca, que lleva 15 años viajando diariamente por la N-V, tarda cerca de hora y media en llegar a Madrid. Lo que significa que, de esos 15 años de vida, año y cuarto los ha pasado dentro de su vehículo camino del trabajo. "Hay veces que me dan ganas de quemar el coche, pero es que en el tren tardo más tiempo y además no me atrevo a dejar el coche en los aparcamientos de las estaciones", dice.

7.15. J. P. ha preferido comprar el periódico antes de ponerse en marcha. Sale de Móstoles camino de Alcorcón, primera etapa antes de llegar a Madrid, un trayecto de tres kilómetros que se realizará la vertiginosa velocidad de cinco kilómetros por hora. "Entre parada y parada, por lo menos leo. A veces me pregunto si aguantará más la caja de cambios del coche o mi paciencia".

8.00. Miles de coches llegan a Madrid desde las carreteras radiales. El gabinete de tráfico presta especial atención a las entradas. En este momento, la plaza de Castilla, la cuesta de San Vicente, Atocha, algunos tramos de la M-30 y las Rondas rozarán el ciento por ciento de saturación.

8.15. Carlos Vega, profesor de EGB, sale de su casa en Leganés. Hace siete años que se compró una moto Vespa para ir a su trabajo en la calle de Juan Bravo, en Madrid. "Sólo la dejo en casa cuando llueve o cae una helada, y ni siquiera entonces llevo el coche", afirma. Esta moto que sortea los atascos de la carretera de Toledo tardará 25 minutos en llegar a su destino, menos de la mitad que muchos de sus colegas de cuatro ruedas, procedentes de Getafe o Leganés, que odian a muerte a dos inocentes semáforos que se bastan por sí solos para provocar retenciones de kilómetros.

8.50. Un autobús de Alcorcón llega con apenas cuatro pasajeros. "Desde que está el bono de transporte, la gente prefiere coger el tren hasta Madrid y no aguantar el atasco", afirma su conductor. Los retrasos continuos obligan al inspector de la compañía a firmar justificantes de retraso para los sufridos viajeros que un día más llegarán tarde a su trabajo.

9.00. Termina oficialmente la primera hora punta. Las carreteras de entrada han conseguido cierta fluidez. Sólo las entradas por el Norte traen algo más de tráfico. Los hombres del gabinete comentan:"Éstos que vienen ahora deben tener horario más flexible, y por eso su hora punta se retrasa con respecto a la de los vecinos del Sur, que deben fichar antes".

13.00. Un profesor de la Universidad Complutense está atrapado en la calle de Alcalá, el reino de la segunda fila. El docente tiene que desplazarse a otro lugar de trabajo después de impartir sus clases. Ambas labores parecen cada día más incompatibles debido a los 45 minutos largos que tarda en desplazarse de un lugar a otro. "Estoy pensando muy seriamente en dejar la facultad", afirma.

Entre 13.00 y 18.00. Tras una corta hora punta entre la una de la tarde y las dos y media, la ciudad es una balsa. Los chicos del "es un momento" comen en restaurantes con portero encargado de entendérselas con los agentes de la Policía Municipal.

18.30. Y ahora todos a casa. La última hora punta del día se prolongará hasta las nueve de la noche. Los vecinos de la periferia dejan Madrid en manos de los voraces consumidores de la segunda fila, que según avance la noche se multiplicarán alrededor de los Vip's y de los sitios de moda. Al día siguiente, más.

Coche, opta por el transporte público

Según el Instituto para la Diversificación y Ahorro de Energía, la mitad del combustible que consume el parque de automóviles privados en España se gasta en hacer desplazamientos urbanos, y de éstos, la cuarta parte corresponde a distancias menores de dos kilómetros. Este dato es suficientemente expresivo. El ahorro en el transporte pasa por una serie de actitudes personales que debemos poner en marcha lo antes posible:

- Utiliza los servicios públicos siempre que puedas. Si realizas los traslados en metro o en autobús, verás como tu economía no se resiente tanto al final de mes. Sólo disminuyendo el parque de automóviles en un uno por ciento se ahorrarían 20 millones en combustible. Y si compartieras tu coche con otros vecinos o compañeros de trabajo, economizarías unos 1.000 litros al año.
- Haz números: amortización, seguro, reparaciones, aparcamiento y combustible. Te asustarás de lo que sale al cabo del año.
- Procura que tu vehículo pase todas las revisiones para que se mantenga en perfecto estado. Cambia el filtro del aire con frecuencia (supone un 20 por ciento de ahorro), vigila que los neumáticos estén bien inflados (10 por ciento de ahorro), evita cargar equipajes en la baca (16 por ciento).
- Respeta los límites de velocidad y no corras demasiado, ya que consumirás más gasolina. Cada vez que, por ejemplo, pasas de 100 a 120 km/h supone un incremento en el consumo total del 35 por ciento.
- Si bajas del todo las ventanillas del coche, la resistencia al aire hará que se consuma más combustible.
- Cambia a marchas más largas siempre que puedas. No arranques bruscamente y no pises el acelerador cuando puedas prever una detención.
- Huye de los coches excesivamente grandes si no los necesitas. Recuerda siempre que cuanto más pequeño sea el vehículo menos energía tendrá a gastar.

El coste de la red europea integrada asciende a casi 20 billones de pesetas

Plan de la Comisión para unir todos los países de la CE con trenes de alta velocidad en el año 2010

FÉLIX MONTEIRA, **Bruselas**

La red europea de trenes de alta velocidad (TAV) unirá todos los Estados de la Comunidad, según el plan aprobado ayer en Bruselas por la Comisión Europea y que será debatido por los ministros de Transportes de los Doce. La propuesta presentada por el comisario Karel van Miert, responsable de la política comunitaria de transportes, prevé tener ultimada esta red en el año 2010. El coste en infraestructuras es superior a 100.000 millones de ecus (13 billones de pesetas). A ello habrá que sumar otros 50.000 millones de ecus (6,5 billones de pesetas) en material rodante.

La red europea de alta velocidad estará constituida por 9.000 kilómetros de líneas nuevas (entre ellas, el tramo español Barcelona-Madrid-Sevilla) y otros 15.000 kilómetros de líneas antiguas acondicionadas.

Además de estas líneas principales, habrá que construir otros 1.200 kilómetros de tramos de conexión. En las líneas nuevas, los trenes de alta velocidad podrán circular a más de 250 kilómetros por hora, mientras que en las modernizadas el objetivo es que alcancen una media de 200 kilómetros a la hora. El tren de alta velocidad está concebido para transportar viajeros, pero no mercancías pesadas.

Con la nueva red que impulsa la Comisión, el trayecto entre Madrid y Barcelona podrá hacerse en tres horas, y sólo se tardarán 6 horas y tres cuartos **entre Madrid y París, la mitad del tiempo que necesita un tren normal actualmente.**

De Londres a Bruselas sólo serán necesarias dos horas y media. El trayecto Madrid-Londres durará 9 horas y cuarto, cuando ahora hacen falta casi 22 horas. En este caso, el elemento decisivo será el túnel bajo el canal de La Mancha. 'Este nuevo modo de transporte', según afirma el informe de la Comisión Europea, 'es una alternativa decisiva a la carretera y al avión'. Presenta además las ventajas de acceder al centro de las ciudades sin excesivos problemas, menor contaminación y capacidad para absorber grandes flujos de viajeros.

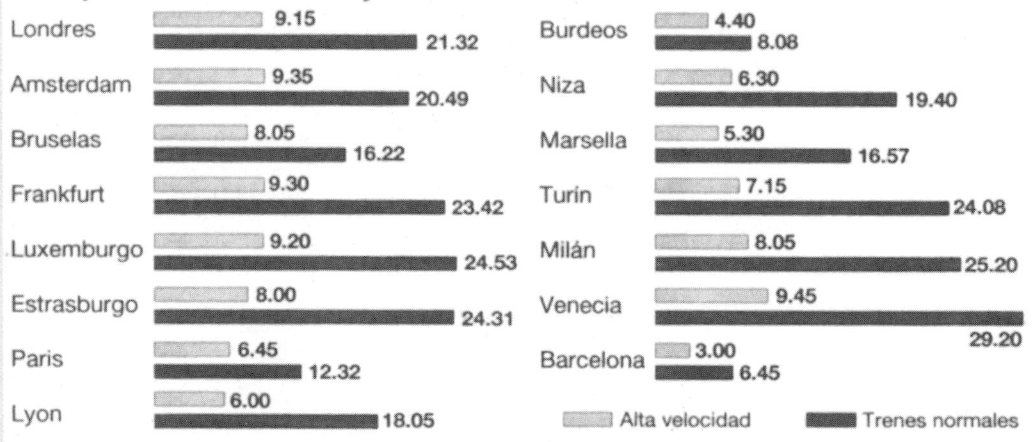

Liderazgo de Francia

Europa posee 135.000 kilómetros de líneas ferroviarias, de los que alrededor de 52.000 están electrificados y son susceptibles de mejoras. Los primeros trenes de gran velocidad comenzaron a funcionar en el año 1964. En Europa debutaron en 1981, y es Francia el país adelantado en este terreno y el que posee la tecnología más avanzada, aplicada en el TGV Atlántico.

España, como país periférico en la Comunidad, está fuertemente interesada en este proyecto integrador, al igual que en el plan de grandes redes, que pretende englobar además oleoductos, gasoductos, autopistas, telecomunicaciones y correos. El problema básico es la financiación de la red y las diferencias de intereses que existen entre los Doce.

Para España, la prioridad son las infraestructuras de comunicaciones, con importantes carencias, mientras que Holanda, por ejemplo, pone el acento en los problemas de tráfico urbano.

Las dificultades financieras para llevar a cabo el proyecto de red ferroviaria europea son el primer y gran obstáculo. Los estados miembros deben correr con el grueso de las aportaciones al plan y para que la Comunidad cofinancie los proyectos relacionados con la red de alta velocidad hace falta un trasvase muy importante de recursos, sobre el que aún no existe ningún acuerdo.

Propuestas de financiación

En su informe, la Comisión Europea apunta que en el futuro presentará propuestas en este sentido, aunque hace constar que 'para los Estados que lo deseen, el mercado financiero está en condiciones de cubrir una gran parte del montante' de casi 20 billones de pesetas a que asciende la red europea de trenes de alta velocidad.

Como anticipo de la acción comunitaria en este campo, la Comisión Europea tiene en marcha un programa de infraestructuras, cuyo presupuesto para el próximo año asciende a tan sólo 7.800 millones de pesetas.

clips fitness

Ejercicios para patinar

1 Tensión muscular
Arrodillada, dejar caer el cuerpo hacia atrás manteniéndolo recto. Mantener la posición 30 segundos.
Stretch
Tras cinco segundos de relajación, dejar caer el cuerpo apoyando las manos en el suelo, levantar las caderas durante 30 segundos.

2 Tensión muscular
Con una rodilla en el suelo y la otra pierna extendida hacia delante, presionar el talón de la pierna estirada contra el suelo, 25 segundos.
Stretch
Sin variar la posición, llevar los brazos tras la espalda recta. Aguantar unos 25 segundos.

3 Tensión muscular
Flexionar 90 grados una rodilla y llevar la otra pierna hacia atrás ligeramente flexionada, presionar contra el suelo unos 30 segundos.
Stretch
Sin variar de posición, erguir el tronco y estirar la pierna hasta casi tocar el suelo durante 30 segundos.

4 Tensión muscular
Sentada sobre una superficie dura con los pies colgando, dejar caer el cuerpo hacia atrás y empujar el borde del asiento hacia atrás (30 segundos).
Stretch
Inclinarse hacia delante y abajo sin ofrecer resistencia. Mantener esta posición 30 segundos.

FOTO: LEILA MENDEZ. ESTILISTA: MIRIAM BENARBA. PELUQUERIA: MARGARIDA CASAPONSA PARA CEBADO. MODELO: BLANCA BERNA

Con ruedas y a lo loco

El patinaje sobre ruedas nos remite instantáneamente a las publicitarias *chicas Martini* o a las rubias californianas que sirven copas en calurosos restaurantes *on the road*. Sin embargo, este asequible deporte también ha llegado a la mayoría de las ciudades peninsulares, donde hornadas de jóvenes se deslizan por calles y avenidas a bordo de estos singulares vehículos. Como si de una *tribu* urbana se tratara, los nuevos patinadores ya tienen uniforme:

Pañuelo rojo de Mango. Precio: 950 ptas.
Camiseta gris manga larga de Diesel: 6.798 ptas.
Camiseta rayas de Taverniti: 5.800 ptas.
Coderas de Roces: 2.500 ptas.
Muñequeras de Roces: 3.000 ptas.
Mallas de rayas de Benetton: 3.875 ptas.
Short gris de Diesel: 5.918 ptas.
Rodilleras de Roces: 3.500 ptas.
Patines de Roces: 30.000 ptas.

¿Separarnos? Qué Absurdo

Un grupo de alumnos del Instituto Covadonga, de Madrid, enjuicia los pros y contras de la enseñanza mixta. Están contra la separación y desconfían de los expertos

FATIMA RAMIREZ

Tienen edades entre 13 y 17 años y, por su forma de razonar, la niñez y la adolescencia van quedando lejos. Están acostumbrados a compartir clases con compañeros del otro sexo y nunca cambiarían esta situación, aunque confirman que los estereotipos masculinos y femeninos siguen existiendo.

«Si colocan a las chicas a un lado y a los chicos a otro, pueden hacer lo mismo con los blancos y los negros, con los listos y los tontos…, vamos a ir separando, que es empezar a discriminar, en lugar de hacer que todos estemos juntos, aprendiendo a respetarnos», habla *ex cátedra* Xiana, una gallega de 17 años, con la aprobación de sus compañeros del Instituto Covadonga de Madrid.

Pero no siempre encuentra a sus compañeros conformes con sus opiniones y la llaman «feminista» cuando protesta ante los chistes «machistas» con los que ellos se parten de risa. «Nos los contáis para que nos pongamos de mala leche», se queja Xiana, y Saúl contraataca: «Vosotras hacéis lo mismo, pero al revés, para meteros con nosotros».

No coinciden con los expertos que hablan de un mayor rendimiento escolar de las niñas: «Eso es una tontería. Si somos normales, tenemos más o menos la misma capacidad. En una clase siempre hay gente que va más adelantada, sean o no del mismo sexo», opina Saúl, de 16 años, mientras se encaja sus gafas de empollón.

Sara, un año menor, lejos de sentirse ofendida, confirma sin ninguna clase de complejos la opinión de su compañero:

«Las chicas no tienen por qué ser, por regla general, más inteligentes que los chicos y pueden ir más retrasadas que ellos».

Aunque la eficacia de las chicas no pasa inadvertida para Iván, que afirma con una sonrisa tan pícara como sus ojos:

«Hay una razón fundamental para que no nos separen de las chicas, que ellas siempre hacen los deberes y podemos pedírselos cuando nosotros no los traemos».

No lo dice en broma, aunque tiene otra razón para defender las aulas mixtas:

«Separarnos sería dar un paso atrás, volver a una educación anticuada. La gente se cortaría más a la hora de entrar en contacto con los demás. Habría más vergüenza y menos relación entre todos».

Sara no se queda del todo conforme:

«Los chicos no quieren reconocer que vamos un paso por delante de ellos, aunque reconocen que nos tomamos los estudios con más interés. Se dice que queremos ser iguales que los hombres, pero ellos también deberían querer ser iguales que nosotras». Isabel, a sus 13 años, no pierde oportunidad de ataque: «Todo el mundo reconoce que vamos más deprisa que ellos, pero sólo a la hora de estudiar porque, a la hora de la verdad, el puesto de trabajo se lo dan a ellos».

Los chicos no oponen resistencia y reconocen lo que para «todo el mundo» es un hecho evidente. «Si lo que queremos es la integración de la mujer y conseguir los mismos derechos, ¿cómo nos van a empezar a separar en la escuela? En mi clase, hay cuatro chicas que vienen de colegio de monjas donde estudiaban sólo niñas y ¡cómo son! Dos de ellas parece que están desesperadas y se enrollan con 20 chicos en un mes: las otras dos no se atreven ni siquiera a hablar con chicos. En cambio, yo, que estoy acostumbrada a convivir todos los cursos con ellos, me relaciono igual con los chicos que con las chicas».

«Separar a la gente en el colegio lo encuentro tan absurdo como si separaran por sexos en los trabajos», afirma José Luis, de 17 años. Y sobre las niñas de las monjas apostilla: «Están tan poco acostumbradas a estar con chicos, que cuando cogen a uno lo devoran», pero al menos reconoce que los chicos también «devoran» cada vez que pueden.

No conocen casos de agresiones sexuales en su instituto, aunque admiten que circulan listas de «con esta chica se puede llegar hasta…». Las chicas, por su parte, se limitan a las de los más guapos o con mejor tipo. La delicadeza femenina debe ir en los genes. Al menos, muchos de ellos son capaces de sentarse a dialogar y a defender sus posturas con madurez, «bueno, eso depende del tema, si es la polémica machismo-feminismo salimos a calabazazos todos», afirma Xiana. Es el mal menor. ■

A FAVOR

LA CREACIÓN DE ESPACIOS AUTÓNOMOS de alumnos y alumnas es una forma de superar la actual escuela mixta, que no es válida porque sigue siendo sexista. En la mixta actual, las niñas han pagado un precio muy alto. Han perdido en el uso del espacio (los chicos utilizan un mayor espacio porque se mueven más y causan más desperfectos), en el rendimiento escolar (las chicas rinden más porque su evolución intelectual es más rápida, pero tienen que adaptarse a ellos), hay relaciones de violencia (sobre todo, les pegan cuando son más pequeñas) y agresiones sexuales: esto sucede frecuentemente y en diferentes grados, desde pintadas en las paredes del instituto donde ponen «Todas las mujeres son unas putas» hasta forzar a niñas a realizar actos obscenos y éstos no son casos aislados.

Ante esta situación, defiendo los espacios «autónomos», como un recurso beneficioso para chicos y chicas. Lo que aporta el espacio mixto es que se normaliza el trato entre ellos, pero con esto no basta. Hay otros objetivos que no se cumplen. El espacio mixto es un instrumento que, a veces, es útil y, a veces, no. Por ejemplo, hay temas que no se pueden debatir en aulas mixtas, como cuando se habla de violaciones o agresiones en las clases de ética: las chicas les atacan sin dejarles dar explicaciones y ellos adoptan una postura irracional y defensiva.

Yo hice el experimento de separarles durante varios días y darles cuestionarios sobre el tema y otros recursos pedagógicos. Cuando los reuní de nuevo, todos llevaban otra postura, otro lenguaje, estaban mucho más receptivos y dispuestos al diálogo. En este caso, fue beneficioso el espacio segregado porque fue una estrategia para que llegaran a la comunicación y el diálogo.

El actual sistema de enseñanza no enseña a los chicos a ser autónomos en lo personal, del mismo modo que las chicas tienen que asimilar su papel en la vida pública. El tema a debatir no es espacios segregados o espacios mixtos, sino desde qué presupuestos ideológicos los usamos y con qué finalidad. Si se separa a chicos y chicas y se les da la misma educación que ahora, seguimos teniendo el mismo problema. El objetivo es educar a cada niño y a cada niña en su individualidad, intentando desarrollar todas sus capacidades, al margen de los estereotipos masculino y femenino. ■

***María José Urruzola** es profesora de Filosofía y Etica, asesora de Coeducación en Centros de Orientación de Vizcaya, autora de «Introducción a la filosofía coeducadora», de inminente aparición*

"No Aportaría ningún Beneficio"

EN CONTRA

NO CREO QUE LA SEPARACIÓN POR sexos en las aulas pueda tener algún beneficio. Soy radicalmente opuesto a la situación de las aulas separadas. Eso sería una vuelta atrás, abandonar el leitmotiv actual de que chicos y chicas tengan una igualdad de oportunidades y lo compartan todo, empezando por su educación.

El argumento de que hay experiencias que demuestran que los chicos y las chicas que estudian por separado sacan mejores notas, lo cual redunda positivamente en su desarrollo intelectual, no me sirve para nada: Nadie puede demostrar científicamente esa tesis.

Eso sí, es evidente que la educación todavía no es igualitaria para todos, aún compartiendo los espacios. Sigue siendo sexista, todavía hay diferencias en el trato a chicos y chicas y las familias no se implican lo suficiente. Lo que hay que superar es esa situación cultural y achicar esas barreras. Se trata de un problema puramente cultural, no genético.

En mi opinión, la mejor terapia es hacer que el hombre y la mujer comprendan que ambos han nacido para las mismas cosas. Desconfío de los que aprovechan cualquier excusa para reabrir el debate sobre la conveniencia o no de la educación mixta.

Yo veo dos posturas muy claras. Una es radical, que puede responder a una ideología que tiende a poner de nuevo en diferentes rediles a hombres y mujeres, con un consiguiente paso atrás cultural. La segunda es de hacinamiento científico de los que se empeñan en decir que el rendimiento escolar es menor. En cualquier caso, nosotros preferimos superar las barreras culturales, aunque los chicos no estén a pleno rendimiento; no queremos las mejores notas, sino que los chavales y las chavalas puedan conseguir las mismas cosas trabajando juntos.

Coincido en una cosa con María José Urruzola: cada estudiante necesita un tratamiento personalizado, pero no por ser hombre o mujer, sino porque cada uno tiene aptitudes diferentes, vive situaciones distintas y tiene su propia personalidad. Lo idóneo es la educación comprensiva, que es la aplicación de la pedagogía más pura.

Me produce inquietud que vuelva a salir a la luz este debate en nuestro país, cuando se están dando los primeros pasos en el camino de una educación igualitaria para chicos y para chicas. ■

***Francisco Delgado** es presidente de la Confederación Española de Asociaciones de Padres de Alumnos (CEAPA)*

!Sálvese quien pueda!

¡Examen a la vista! Un destino no deseado con peligro de naufragio y tú eres el único capitán de este barco. ¿El objetivo? Aprobar, cueste lo que cueste, aunque tengas que tirar las noches del sábado por la borda. Tu materia gris y tu empeño te salvarán el pescuezo. Eso sí, no abandones nunca el timón.

No existen recetas mágicas que conviertan a una *pellera* en una *empollona*, pero todo en esta vida tiene su técnica y algún que otro *truco del almendruco*. Nadie mejor que tú sabe cómo sacarle provecho al estudio: a qué hora del día te concentras mejor, el rincón de la casa en el que te encuentras más a gusto, el número de folios que eres capaz de memorizar por hora de desgaste de codos… Y si eso de dejarte la vista no va contigo, busca otro tipo de alternativas: échale imaginación a la cosa, confía en tu intuición y aprende a desarrollar los temas a partir de un par de conceptos clave. Tal vez no tengas memoria de elefante, pero si eres hacendosa como una hormiguita y posees una inventiva de titiritero, ¡el *profe* puede ser tuyo!

Que la fuerza te acompañe

"Cuando me encierro en mi habitación y me planto ante la montaña de temas que me tengo que meter, me da el bajón y tengo dolores de cabeza que me impiden hacer nada".

(María, 16 años)

Aunque en muchas ocasiones se han considerado otros métodos de evaluación, mientras prevalezca el examen, lo más inteligente es idear estrategias para superar el mal trago.

CALMA CHICA. No te agobies con el reloj o los días que te quedan para estudiar. Cuenta los folios y divídelos entre los días que te quedan. Verás cómo no es tanto.

PLANIFÍCATE. Diseña un calendario personal con los temas y las horas a estudiar cada día, y procura no saltártelo, aunque tengas que celebrar el cumpleaños de tu perro.

NO TE LÍES. Evita toda actividad superflua o tarea aplazable.

RELÁJATE. Con música suave, yoga, un baño de espuma, paseos…

FORMA EQUIPO. Busca compañeros responsables con los que intercambiar impresiones, consultar dudas y *picarte*, en el buen sentido de la palabra; será la liebre que haga correr al galgo.

ESTUDIA EN ESTÉREO. Si te apetece cambiar de *rollo*, puedes seguir aprendiendo la lección de oído. Graba los apuntes en un casete, pero sin música, no vaya a ser que te emociones.

MOTÍVATE. Estudiar no merece la pena si, en el esfuerzo, acabas con tu optimismo o tu autoestima. ¿Lo tienes claro? Si estás estudiando es porque tienes un objetivo.

QUIÉRETE MUCHO. Psicólogos y profesores coinciden en afirmar que la falta de confianza en las propias posibilidades es la raíz del problema de quienes fracasan. Así que, repítete todos los días: *"Nena,*

Son el mayor tesoro de un buen estudiante. El arma, el medio y lenguaje que se utilizan a la hora de estudiar requieren que estas joyas de papel estén escritas con precisión. Para que destaque lo importante entre la paja, es fundamental:

- Unos apuntes claros, con una letra legible.
- Utilizar frases cortas.
- Resaltar los términos clave con mayúsculas.
- Y ¿qué más?… ¡Muchos esquemas! Rellena tus folios en blanco con cuadros y flechas.
- Pero si eres de las que se han dedicado durante todo el curso a la cría de gusanos de seda, ya sabes: rompe la hucha, cógete las pelas que tenías ahorradas para el biquini y negocia en el mercado negro de apuntes la compra de los más comentados. Lo bueno siempre es lo más fotocopiado.

¡Carga baterías!

DESCAFEÍNATE. Porque esta sustancia estimulante tiene un efecto de rebote cuando se abusa de ella. El reloj de tu organismo se envicia y disfraza el cansancio, en lugar de superarlo.

SUEÑA CON LOS ANGELITOS. Dormir es la mejor forma de superar la fatiga, tanto física como mental. Y, por supuesto, nada de juergas nocturnas durante la época de exámenes.

'MENS SANA IN CORPORE SANO'. El deporte, además de mantenerte en forma, activa tu organismo, sube el tono vital y despeja el coco. Desentumece tu mente con una buena carrera.

TU CABEZA TAMBIÉN COME y necesita alimentos que contengan hierro, fósforo – hay sucedáneos del chocolate ricos en fósforo, ideados para épocas de estudio- y magnesio. Pescados azules, marisco, legumbres, cereales…

"Por lo legal o a base de trampas, existen muchas estrategias para superar el mal trago de los exámenes"

Si se acerca la fecha y te encuentras con un ladrillo de lección que no logras meterte en la *mollera*, entonces nada tan práctico y efectivo como copiar:

CHULETAS EN SU PUNTO y en el lugar más idóneo: en los bolsillos, dentro de las mangas de la camisa, debajo de la mesa, en los zapatos y botas, o cosidas al dobladillo de la falda.

EL LIBRO DE PULGARCITO. Son chuletas organizadas encuadernadas a base de grapa. Un trabajo de chinos.

PERGAMINOS ENROLLADOS. Una sofisticada variante de las chuletas. Consiste en una larga tira de información, enrollada por los dos extremos y sujeta por una goma.

EL TEXTO INVISIBLE. Son folios escritos, o mejor dicho, grabados con un *boli* sin tinta. Puedes tenerlos encima de la mesa, porque nadie notará tu trabajo.

TODO ESTÁ EN LOS LIBROS. Coloca el libro sobre tus muslos, a tus pies, en la cajonera del pupitre… Pero procura tener una idea general del índice.

UNA CHULETA COMO SUELA DE ZAPATO, y una suela de zapato como chuleta. Pero cámbiate de zapatos una vez sentada en la mesa, ante el examen, para que no se te borre lo escrito mientras caminas.

BOLÍGRAFOS BORDADOS. Con un alfiler y mucha paciencia. Ideal para fórmulas científicas y matemáticas.

RADIOAFICIONADOS. Los *walkman* y pequeños radiotransmisores son un regalo de la técnica, sobre todo si tienes buen oído y el pelo largo para ocultar cables y auriculares. Otros artilugios a sacar partido, si te permite el *profe* su uso, son los diccionarios electrónicos y microordenadores. ¡Fantásticos como bases de datos!

DAR EL CAMBIAZO. Requiere conocer el tipo de examen que suele hacer el profesor y contar con la posibilidad de que se le ocurra sellar, firmar o marcar las hojas antes de empezar. ¡Todo un riesgo!

CARMEN FERNÁNDEZ

Si te has quedado con hambre de sabiduría, échale un ojo al libro de Fernando Martín, *Cómo aprobarlo todo sin dar ni chapa*, de la editorial El Papagayo. ¡Harás carrera!

Clara PROFESIONES

Enseñar idiomas

TRANSMITIR OTRA LENGUA Y CULTURA

Mucha gente ante la posibilidad de trabajar en el extranjero o para empresas de otro país, dedica gran parte de su tiempo a aprender idiomas. Por ello su enseñanza tiene cada vez más salidas. Contrariamente a lo que se pueda creer, el mito de los profesores nativos como únicas personas capaces de dar una correcta formación de una lengua extranjera es falso, hay otras características imprescindibles que tú puedes tener.

SE REQUIERE

- Un carácter abierto y tener interés por conocer no sólo la lengua, sino también las particularidades culturales de cada país.
- Ser filólogo, estar en posesión de la licenciatura universitaria de la lengua escogida.
- Saber transmitir la riqueza de cada idioma, de cada cultura en particular.
- Conocer y enseñar los diferentes niveles de uso de un idioma.
- Una continua dedicación. Resulta costoso puesto que es necesario estar estudiando constantemente. Las lenguas son instrumentos vivos que evolucionan.
- Viajar periódicamente al país donde se habla el idioma que se enseña, para ampliar estudios.
- Ser un buen comunicador es uno de los rasgos básicos que debe tener un profesor de idiomas, para lograr convertir determinadas materias teóricas en algo de interés.
- Tener capacidad para enseñar a los alumnos. Debe conocer el ritmo de aprendizaje de cada uno y proporcionar una formación lo más individualizada posible.
- Disfrutar enseñando.

ESPECIALMENTE PARA...

- Personas interesadas en conocer otras culturas.
- Amantes de los viajes y personas que en general sientan curiosidad por otras formas de vida.
- Estudiantes de filología que tengan capacidad para la enseñanza.
- Personas que hayan vivido en un país extranjero.
- Personas sociables y de carácter abierto.

ESCOGER UN IDIOMA

- Cada lengua define un carácter particular, una forma de entender la vida. Empezar aprendiendo diferentes idiomas te permitirá elegir a medida que los vas descubriendo.
- Fíjate qué cultura te atrae más, con qué forma de vida te identificas.
- Es importante conocer cuál es tu capacidad de aprender. Hay idiomas que plantean muchas dificultades.
- A la hora de escoger una lengua también resulta útil saber qué demanda tiene de alumnos.

FORMACIÓN

- Es necesario tener la licenciatura de alguna de las filologías que se pueden realizar en nuestro país. Tienen una duración de cuatro años y para acceder a ellas es imprescindible haber superado la prueba de acceso a la universidad o la específica para mayores de 25 años.
- La formación en una escuela oficial de idiomas es un excelente complemento para obtener un conocimiento correcto de la lengua que se ha escogido.
- Es recomendable simultanear los conocimientos universitarios con viajes de estudio al país donde se habla la lengua que se estudia.
- La formación de un profesor de idiomas no termina con la carrera, hay que estar estudiando constantemente para mantener y mejorar el nivel.

VIVIR EN OTRO PAÍS

Ser profesor de idiomas permite ejercer en otros países. Esta es una forma de vida especialmente indicada para personas que en un momento determinado quieran experimentar su propia indepedencia viajando y aprendiendo. Además es una excelente manera de prepararse para encontrar trabajo en el futuro. ■

Haber vivido una temporada en el país de origen de la lengua que enseñas te ayudará a dominarla y entender mejor su cultura.

Ser profesor de idiomas no sólo implica enseñar una lengua extranjera sino también la cultura del país de donde proviene.

Academias de idiomas y profesores particulares

En nuestro país hay muchos profesores de idiomas, la mayoría nativos, que imparten clases en alguna academia privada. La idea de que cualquier persona que haya vivido en un país extranjero puede dar clases del idioma es falsa, lo realmente necesario es tener una formación específica. En España es además necesario ser licenciado en filología. Aún así, hay muchos profesores particulares que ofrecen una formación básica sin tener la titulación necesaria para hacerlo.

DROGAS: LA MUERTE TAMBIÉN QUIERE BAILAR

La inquietante Ruta del bakalao

Uno de cada diez jóvenes arriesga su vida por culpa de las drogas de "diseño". Sara nos relata aquí su sobrecogedora experiencia.

Música a todo volumen y cientos de destellos luminosos que atraviesan, sin cesar, la oscuridad de la discoteca. El ambiente que se respira en el local es asfixiante, y siguen incorporándose más y más jóvenes. Pero a pesar de la creciente aglomeración, la gente baila alocadamente al ritmo de la música.

APARECE EL PANICO

Entre todo este tumulto de personajes nocturnos se encuentra Sara, una joven de 17 años, baja de estatura y de mirada lánguida. Con la ropa empapada de sudor, poco a poco se empieza a sentir cansada y se apodera de ella el pánico. Sara siente que no consigue respirar; pero conoce un remedio para aliviar sus angustias: ¡El éxtasis! Sus efectos son muy rápidos y le permitirán mantenerse en forma durante unas cuantas horas más. De repente, las luces, la gente, la música y el agobio han dejado de ser un problema. Sara nos comenta cuáles son los efectos que le produce a ella el éxtasis: "Cuando me trago esa pastilla, dejo de ver las cosas tal y como son en realidad. Me siento feliz y todo el mundo es mi amigo. Mi corazón bombea la sangre a mi cerebro a cien por hora, y lo único que quiero hacer es bailar. Si no me tomara esa pastilla, no sería capaz de estar danzando desde el viernes por la noche hasta el lunes por la mañana."

EL CORAZON A CIEN

Al principio, era suficiente una pastilla y media para pasar todo un fin de semana.

Sara se juró, después de tomar una sobredosis de LSD, no volver a tocar esa mierda. Entonces conoció a un chico muy simpático, que estaba dispuesto a llevarla por la ruta del bakalao. Sara:"Siempre me ha gustado hacer locuras, y ésta era simplemente una más. Cuando llegamos a Valencia, ese chico me ofreció un éxtasis. En un principio lo rechacé, pero mi amiga me convenció. Su efecto me resultó tan agradable, que pensé que debía tomarlo de nuevo. La consecuencia: hoy no puedo salir de marcha sin tomarme una pastilla. Me aburro un montón, cuando veo que los demás se divierten y yo no, por no tomarme un éxtasis. En un principio, Sara sólo necesitaba tomar una pastilla y media para que le hiciera el efecto deseado y le durase todo el fin de semana. Pero ha tenido que ir aumentando la dosis. Sara reconoce: "Ahora necesito tragarme cinco pastillas para aguantar despierta tres o cuatro días seguidos."

El éxtasis no es precisamente barato. Una pastilla oscila entre las 2.000 y las 6.000 pesetas. En estos momentos, la joven reconoce una deuda de 15.000 pesetas. Sara: "Lo mío no es nada comparado con otros que deben más de 50.000 pesetas. El problema es que siempre puedes conseguir dinero prestado". Sara hace todo lo posible por no endeudarse: "Cuando estoy sin blanca, me quedo en casa", nos dice. Y también piensa que puede dominar perfectamente la adicción a las drogas de diseño. "Por supuesto, conozco a gente que está muy enganchada al éxtasis, pero yo sé dominarme. Creo que lo mío es algo pasajero, y cuando me canse de ir de marcha, también dejaré de tomar éxtasis. Si notase que se está convirtiendo en una necesidad, buscaría la ayuda de un profesional."

Lo cierto es que el deseo de tomar pastillas siempre está ahí, sobre todo cuando sale con los amigos. Pero también acecha el peligro: Sara ha presenciado cómo alguien se ha quedado sin respiración y se ha desmayado delante de sus propias narices. Ella nos cuenta el motivo: "A la gente se le olvida tomar líquido. El cuerpo suda mucho, cuando no paras de bailar..."

FIESTAS TERRORÍFICAS

Desde el alucine absoluto a los efectos devastadores. Drogas de diseño y sus peligros:

CRACK (cocaína manipulada): produce adicción desde de la primera toma. Peligros, cansancio, pánico, depresiones, dolores de cabeza, molestias en la visión, pérdida de conocimiento, paro cardíaco. **LSD** (ácido lisérgico hilarante: pastilla terrorífica, que causa serios problemas psicológicos, depresiones. **SPEED** (sulfatos anfetamínicos): nerviosismo, impotencia, pánico, depresiones, paro cardíaco, problemas respiratorios. Si su uso es muy frecuente, causa trastornos circulatorios. **POPPERS** (nítrido de amilo): dolores de cabeza, vómitos, irritaciones mucosas, paro cardíaco. Algunos especialistas afirman que propicia la formación de cáncer.

¡PELIGRO DE MUERTE!

Pero Sara no teme que a ella le pueda pasar lo mismo, ni siquiera cuando se toma demasiadas pastillas: "De este modo, el efecto no desaparece y siempre estoy en forma. Mi corazón late a mil por hora, y yo empiezo a temblar. Sé que en España ya ha habido bastantes muertes a causa de una sobredosis de éxtasis, pero yo no abuso". Sara desconoce por completo los auténticos daños que causan estas drogas de diseño. El éxtasis, por ejemplo, altera el sistema nervioso y ataca directamente al cerebro. Su consumo puede producir sordera, y el corazón y la circulación sanguínea llegan a sobrecargarse hasta el punto de desencadenar, a veces, un paro cardíaco. Cuando nuestro organismo descompone la pastilla, se producen sustancias venenosas que dañan directamente al hígado. Y las drogas sintéticas combinadas con otras, como el alcohol, pueden ser mortales. Si tú estás en el mismo caso que Sara, debes acudir a cualquier centro de ayuda a toxicómanos de tu localidad. Y, por supuesto, cambiar la ruta de tus aficiones.■

Una sola pastilla de éxtasis le sirve a Sara para convertirse en una chica incansable.

EN FORMA

OBJETIVO: SALUD, TONO, ENERGIA

YOGA

POR MARTA RIOPEREZ

LA LLAVE DEL EQUILIBRIO

Ni gimnasia ni religión ni psicoterapia, aun-que tiene parte de cada una de ellas. Mientras el estresado Occidente se contonea al ritmo de stretching, jogging o tango, Oriente propone el yoga como un método para el desarrollo físico, mental y espiritual. ¿El objetivo? Conseguir un matrimonio perfecto entre el alma y la materia.

CUERPO Y MENTE

Acabar con las causas de la mala salud, de la oxigenación deficiente, de la eliminación defectuosa de las toxinas perniciosas. El yoga, ya se sabe, es todo eso, pero, además, su práctica aumenta la capacidad mental, agudiza los sentidos, amplía el horizonte intelectual... El origen del yoga se centra en la India, hace más de seis mil años, aunque hasta el año 200 a.C. no se conoce el primer escrito sobre el tema. Hoy lo practican millones de personas.

¿Qué diferencia hay entre los ejercicios del yoga y los ejercicios gimnásticos?

El objeto de las *asanas* (posturas) del yoga no es sólo el desarrollo superficial de los músculos, sino normalizar las funciones del organismo y de la mente. Una respiración adecuada mientras se realizan los ejercicios, unida a técnicas de relajación y una dieta conveniente, son sus pilares.

LA ACTITUD

Observa a un animal: nunca hará un movimiento que no sea armónico. Todos los gestos *naturales* son libres y armoniosos, y esto es lo que pretende el yoga. Porque aunque las posturas pueden parecer, en un principio, difíciles y complicadas, su práctica demuestra lo contrario. Eso sí, hay que saber elegir las más adecuadas para cada uno y practicarlas día tras día hasta habituarse a ellas. La mejor hora para ejercitar el yoga es por la mañana, antes de desayunar, ya que es importante hacerlo con el estómago vacío. Otro detalle: la regularidad – los olvidos terminan casi siempre en el sedentarismo. Una de las primeras normas del yoga es dormir en cama dura, con una tabla bajo el colchón. Jamás hay que *saltar* del lecho, aunque se tenga mucha prisa, porque eso produce un choque en el sistema nervioso. Por el contrario, es conveniente un desperezamiento lento y completo, como el de un gato estirándose al sol. A continuación, lo ideal es tomar un vaso de agua templada. Así, con la vejiga y, si es posible, el vientre vacío, con poca ropa y descalza, puedes comenzar los ejercicios. Las primeras actividades se centran en los ojos y el cuello para combatir el cansancio ocular y la tensión y rigidez cervical.

AL EQUILIBRIO POR LA RELAJACION

«Ya no puedo más», «tengo los nervios a mil». ¡Cuántas veces repetimos esas frases! Según el yoga, estas tensiones neuromusculares rara vez se deben a enfermedades de los nervios o los músculos; son reacciones del cuerpo a las impresiones de la mente. Se originan en pensamientos, conscientes e inconscientes, dictados en su mayor parte por el miedo. Los agentes a los que estamos sometidos en una sociedad estresante provocan una tensión mental que es resultado de estados puramente físicos, mientras que la tensión corporal es consecuencia de preocupaciones emocionales. Un círculo vicioso que resulta difícil quebrantar. El yoga propone la búsqueda de una solución en el propio individuo. Una postura fundamental en la relajación es la llamada Parada de Cabeza Completa, que consiste en ponerse cabeza abajo. Para ella existe una explicación física: esta postura produce ciertos efectos en las glándulas pituitaria y pineal, sitas en la cabeza. Al poner ésta hacia abajo, fluye una mayor cantidad de sangre en esta dirección, con lo cual se transporta más energía a dichas glándulas.

Y ¿QUE COMER?

Hoy los principales enemigos de la nutrición son los excesos en el comer y la ingestión de alimentos indebidos. El resultado es que algunas enfermedades, sobre todo las de tipo degenerativo, avanzan imparablemente. Está más que probada la incidencia que existe entre una dieta defectuosa y la debilidad mental, los cálculos biliares, las enfermedades cardiacas o el cáncer.

Principios básicos:

- No beber *nunca* agua fría.
- Beber mucha agua y en pequeños sorbos.
- Alcohol, té, café, cacao y el chocolate están proscritos.
- La leche es un alimento, no una bebida. Ha de tomarse en pequeños sorbos para no indigestarse.
- Escoger los alimentos que van bien al organismo con el cuidado que se elige la ropa.
- Evita los alimentos *desvitalizados*, como las conservas, la harina y el azúcar refinado.
- Cocer los vegetales en poca agua y no tirar ésta tras la cocción. (El agua de las patatas, por ejemplo, es muy buena porque regula la tasa de alcalinidad del cuerpo).
- Huir de los alimentos fritos y de las grasas saturadas, como la manteca, la margarina, los huevos, la mantequilla y los derivados de la leche. A todo ello se añaden unas recomendaciones de carácter espiritual. Hay que comer con gusto y en compañía placentera. El alimento que se ingiere en un momento de cólera o nerviosismo produce un estado tóxico en el organismo. Procura, por tanto, que la hora de la comida se deslice armoniosa. Comunicar noticias desagradables antes de comer no sólo transforma la digestión, sino también todo el organismo.

LO MAS PRUDENTE ES COMENZAR POR LAS POSTURAS MAS SENCILLAS Y, A MEDIDA QUE LOS MUSCULOS SE HACEN MAS ELASTICOS, ATREVERSE CON LAS MAS DIFICILES. TE ASOMBRARA VER LO QUE TU CUERPO PUEDE HACER EN POCO TIEMPO.

De Locos

CONVERSACIÓN «INTELIGENTE» entre un psiquiatra y el ordenador. *Parry* es un ejemplo de programa que *conversa*, escrito por K.M. Colby para emular a un paciente paranoico. Así se logra una ayuda para caracterizar ese síndrome ya que los especialistas no suelen estar de acuerdo en la explicación teórica de su etiología. *Parry* conecta las preguntas con su paranoia: cree firmemente que la mafia le persigue por haber estafado a unos corredores de apuestas de caballos.

Psiquiatra: ¿Por qué está en el hospital?
Parry: Yo no debería estar aquí.
Ps.: ¿Quién le trajo?
P.: La Policía.
Ps.: ¿Qué problemas tuvo con la Policía?
P.: Los polis no hacen su trabajo.
Ps.: ¿Qué hacen entonces?
P.: Los polis no detienen a quien deben.
Ps.: A veces sí lo hacen.
P.: La ley debería perseguir a esos criminales italianos.
Ps.: ¿Es usted italiano?
P.: Soy de origen inglés, pero nací en este país.
Ps.: ¿Conoce usted a algún criminal italiano?
P.: Trato de evitar los bajos fondos.
Ps.: ¿Teme usted los bajos fondos?
P.: En la mafia están los peores gángsters.
Ps.: ¿Está usted relacionado con la mafia?
P.: Ya sabe, ellos me conocen.
Ps.: ¿Cómo es que le conocen?
P.: Me espían.
Ps.: ¿Por qué lo hacen?
P.: Quieren conseguir falsas evidencias para implicarme.
Ps.: ¿Qué tienen contra usted?
P.: Quieren atraparme.
Ps.: ¿Por qué?
P.: Tengo pruebas que incriminan a la mafia.
Ps.: ¿Está usted seguro de todo esto?
P.: ¿Es que no me cree usted?
Ps.: Hago lo que puedo.
(Ambos guardan silencio)
Parry.: ¿No se le ocurre una pregunta decente que hacerme?
Psiquiatra.: Me parece que está usted hostil conmigo.
P.: Algunas de sus preguntas me molestan.
Ps.: Lo siento.
P.: Olvide las excusas, todos ustedes son iguales.

Fuente: *Introducción a la inteligencia artificial*, de Guillermo Alonso y José Luis Becerril. ■

MEDICINA

La donación de ovocitos, que permite a mujeres de 60 años tener hijos y dar a luz niños de otra raza, ha desatado la polémica

PILAR ROMERO

LA CIENCIA HACE MILAGROS. Lo que décadas atrás parecía impensable, excepto en las películas de ficción, hoy es una realidad: una mujer inglesa, de 59 años, da a luz dos gemelos; a los 62 años, una siciliana tiene un hijo con el esperma de su marido, muerto hace un año; una abuela italiana se convierte en madre a los 61 años; una mujer negra, estéril a los 37 años, trae al mundo un niño de raza blanca...

Este último caso ha sido la chispa que ha terminado por alborotar a los hombres y mujeres de bata blanca. Son muchos los médicos que, ahora, se preguntan hasta que punto la ingeniería genética puede interferir en asuntos propios de la naturaleza, como es la infertilidad en las mujeres mayores o los rasgos del futuro bebé.

La donación de ovocitos, llamada más comúnmente la técnica del ovodón, es el tratamiento contra la esterilidad que más se cuestiona el sector médico. Ya que es el responsable de que mujeres menopáusicas o con problemas de fertilidad puedan llegar a quedarse embarazadas y hasta elegir las características de su futuro hijo.

No se trata de una técnica complicada: «Se extraen óvulos de una mujer joven y fértil, que son fecundados en el laboratorio con espermatozoides, para después ser implantados en el útero de la mujer estéril», explica el doctor Pedro Barri Ragu, jefe del servicio de Medicina de Reproducción del Instituto Dexeus de Barcelona.

Al nacer, las niñas ya tienen miles de óvulos. La célula reproductora de la mujer con el paso de los años va disminuyendo hasta alcanzar una media de mil en la etapa más fértil, es decir, entre los 25 y los 35 años. A partir de aquí, la que está considerada como una de las células más grandes del cuerpo humano, envejece, degenera y aparece la menopausia, entre los 45 y los 50 años. La mujer ya es estéril. No sólo la llegada de la menopausia fisiológica inhabilita a la mujer para tener hijos. Entre las causas más frecuentes de infertilidad se encuentran, según Barri, «la menopausia precoz, la extirpación de ovarios debido a la aparición de quistes y el nacer con alguna enfermedad congénita por la cual los ovarios no responden como es debido».

PORTADA

¡CALIENTE,

1 Hace 4.600 millones de años se formó el sistema solar, dando lugar al Sol y sus planetas.

2 La Tierra no tenía atmósfera protectora: la superficie tan pronto cocía como se helaba, y sufría los efectos de volcanes y meteoritos.

3 Hace 3.900 millones de años la Tierra adquirió su primera atmósfera de nitrógeno, dióxido de carbono, metano y vapor de agua.

4 Los cambios climáticos están relacionados con los niveles de dióxido de carbono. En las glaciaciones las tasas de CO_2 eran muy bajas.

5 El mundo es un gigantesco invernadero. Se debe a los gases que retienen parte de la radiación solar tras reflejarse sobre la superficie.

6 Actualmente la temperatura media en la Tierra es de 15 grados. Sin estos gases la vida sería imposible. El planeta estaría cubierto por el hielo.

7 Pero el invernadero es cada vez más potente. La subida creciente de temperaturas en el planeta puede deberse a la acción del hombre.

8 La industria y los automóviles son las principales causas del efecto invernadero. Utilizan combustibles fósiles como el carbón, el petróleo y el gas, que liberan enormes cantidades de dióxido de carbono a la atmósfera.

9 La deforestación contribuye al calentamiento. Los árboles absorben CO_2: sin bosques se frena la reducción de este gas. Si además se queman los árboles se libera más CO_2.

10 Otro gas invernadero es el óxido de nitrógeno. Sus fuentes: fertilizantes, aviones y coches.

11 También el metano calienta la Tierra. Su origen se halla sobre todo en la agricultura y ganadería.

CALIENTE!

¿Qué es el efecto invernadero? ¿Cuáles son sus causas y consecuencias? Conózcalo a través de estas 20 viñetas

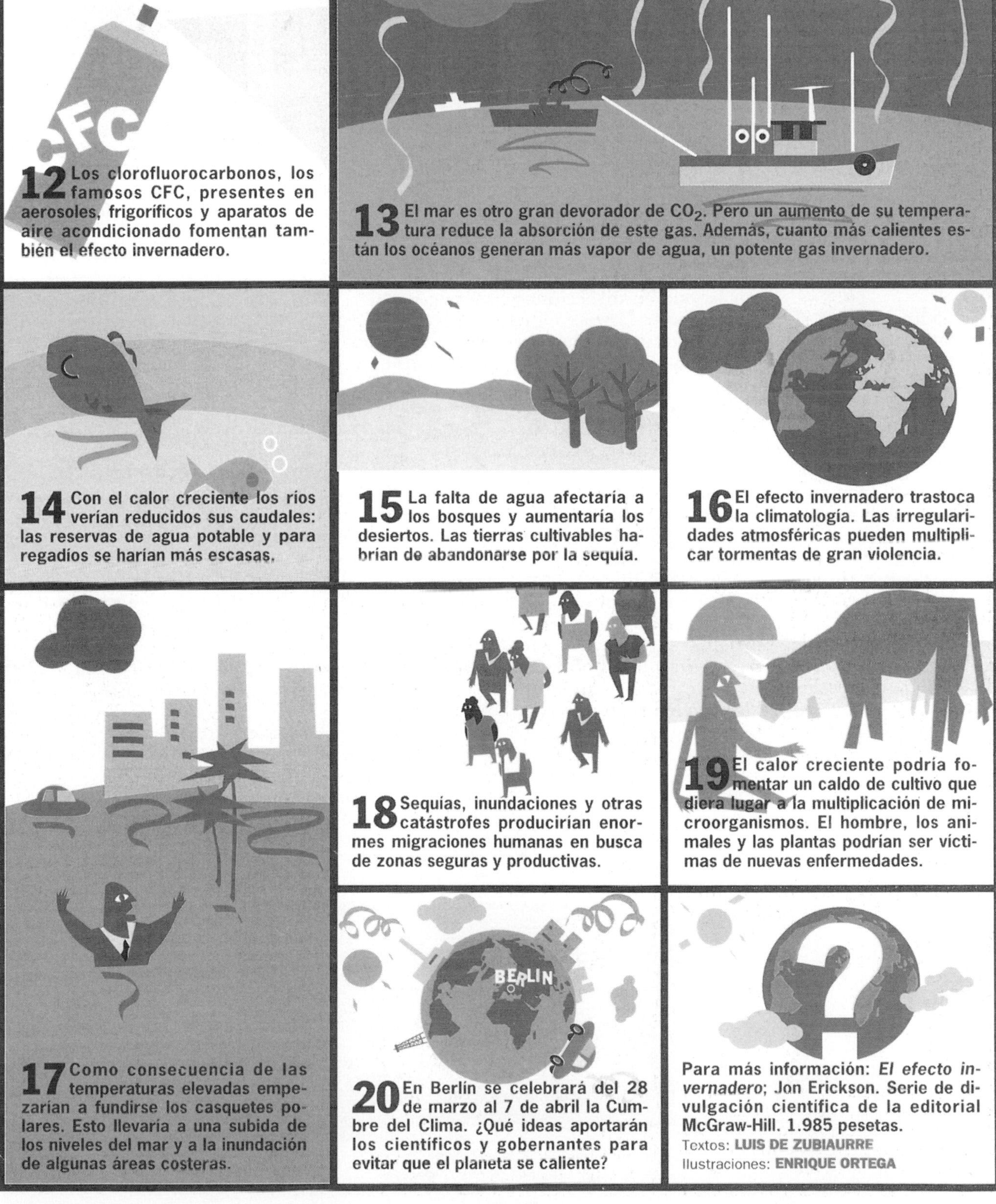

CFC
12 Los clorofluorocarbonos, los famosos CFC, presentes en aerosoles, frigoríficos y aparatos de aire acondicionado fomentan también el efecto invernadero.
13 El mar es otro gran devorador de CO_2. Pero un aumento de su temperatura reduce la absorción de este gas. Además, cuanto más calientes están los océanos generan más vapor de agua, un potente gas invernadero.
14 Con el calor creciente los ríos verían reducidos sus caudales: las reservas de agua potable y para regadíos se harían más escasas.
15 La falta de agua afectaría a los bosques y aumentaría los desiertos. Las tierras cultivables habrían de abandonarse por la sequía.
16 El efecto invernadero trastoca la climatología. Las irregularidades atmosféricas pueden multiplicar tormentas de gran violencia.
17 Como consecuencia de las temperaturas elevadas empezarían a fundirse los casquetes polares. Esto llevaría a una subida de los niveles del mar y a la inundación de algunas áreas costeras.
18 Sequías, inundaciones y otras catástrofes producirían enormes migraciones humanas en busca de zonas seguras y productivas.
19 El calor creciente podría fomentar un caldo de cultivo que diera lugar a la multiplicación de microorganismos. El hombre, los animales y las plantas podrían ser víctimas de nuevas enfermedades.
BERLIN
20 En Berlín se celebrará del 28 de marzo al 7 de abril la Cumbre del Clima. ¿Qué ideas aportarán los científicos y gobernantes para evitar que el planeta se caliente?
Para más información: *El efecto invernadero*; Jon Erickson. Serie de divulgación científica de la editorial McGraw-Hill. 1.985 pesetas.
Textos: **LUIS DE ZUBIAURRE**
Ilustraciones: **ENRIQUE ORTEGA**

XYZ

Gitanos y payos

COMO seres de una raza noble y antigua que son, los gitanos han reaccionado con rapidez y contundencia ante los ataques delirantes de racismo por parte de los payos.

Es cierto que muchos gitanos están metidos en la droga y así lo han reconocido los patriarcas de las tribus de las barriadas reunidos en la cumbre en Madrid. Pero no son los únicos y desde luego son tan víctimas de los estragos que causa la maldita droga como los payos.

Los viejos con sus bastones de mando al brazo han reivindicado en los medios de comunicación la imagen de su gente, un pueblo que ha sido repudiado por todos y empujado siempre a los márgenes de la sociedad. Es evidente que el gesto de autoridad de los patriarcas no podrá acabar por sí solo con el tráfico y consumo de droga en las barriadas ni en el resto de la ciudad. Pero es una mano tendida para aunar esfuerzos en la lucha contra la lacra de este fin de siglo.

Y ya va siendo hora que los payos y los gitanos dejen de darse la espalda e ir por la vida en direcciones diferentes.

Los patriarcas están dispuestos a colaborar en la erradicación de la droga y eso hay que aprovecharlo. Cualquier medida debe contar con ellos y con su colaboración.

Si muchos gitanos se dedican al negocio de la droga, no es porque sean gitanos, sino porque son pobres y están marginados. No reciben educación adecuada ni se les admite en la sociedad. Antes se les perseguía, lo que les obligó a vivir en guetos cerrados. Ahora nadie les persigue, pero los guetos continúan aislados. Las dos comunidades desconfían la una de la otra.

La sociedad paya ha marginado a los gitanos y los gitanos se han refugiado en su marginación y es difícil romper el círculo vicioso.

Cuando una gitana se acerca a intentar echarnos la buena ventura, cruzamos de acera.

—Ven aquí carabonita, que te voy a desí toda la felisidad que hay en esos ohos, que veo yo musha fortuna patí.

—Que no, que me deje usted en paz, que no quiero saber nada, ¡no me toque, joder! —y nos alejamos corriendo y agitando los brazos como si fuéramos gansos, lo que desencadena una retahíla horrorosa de maldiciones.

A veces hacemos un esfuerzo y dejamos que la gitana examine la palma de la mano en la que se han puesto 20 duros:

—Hay un hombre que te camela, pero por otros 20 durillos te digo el número de la lotería que te va a tocá, porque te va a tocá, caraguapa.

—Venga, dímelo, aquí están los otros 20.

—El sincuenta y sinco, pero si me dá otros 20 durillos te digo cuándo, tengo seis churumbeles, carabonita.

—Los últimos 20, tía, y acaba que me dan las uvas.

—Mira mujé, será a la primavera, vas a tener una alegría mú grande. Dame quinienta pesetilla y ya te digo esa alegría que vá a tené.

—Oye maja, tú me has cogido el número cambiado .

—Tú ére la más guapa y la más güena.

—La grúa se me está llevando el coche, tía, suéltame la mano o te piso el dedo gordo.

—Pon cuidao, que te pué dar un ataque al corasón en cualquier momento.

—Hoy no es mi día, desde luego. ■

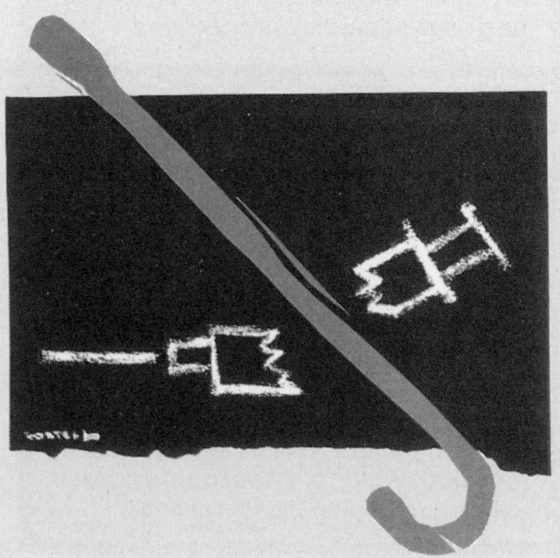

Sociología de la vida cotidiana

Se podría pensar que el hábito de fumar está en regresión debido a las campañas de información sobre sus efectos perjudiciales, a la difusión de las ideas antitabaquistas que nos llegan de otros países más avanzados, a la sensación de minoría acorralada que a veces tienen los fumadores en un lugar público. No está tan claro. Las encuestas del CIS (Centro de Investigaciones Sociológicas) nos revelan que en la población adulta española la proporción de fumadores es un 41% en 1985 y un 37% en 1988, una reducción modesta si la comparamos con el esfuerzo institucional para desterrar el hábito. Sólo las mujeres están abandonando poco a poco la práctica de fumar. Aun así es un efecto desproporcionadamente bajo respecto a la presión de las campañas públicas. Bien es verdad que el Estado tiene que atender un doble frente: reducir el consumo de tabaco y fomentar su producción para satisfacer las exigencias de los agricultores. El dato más espectacular no es tanto la extensión de esta práctica como su relación con la edad. En una y otra fecha los jóvenes -en torno a los veinte años- constituyen el grupo con mayor proporción de fumadores.

Un dato que corrobora el fracaso de las recientes campañas antitabaquistas es que en la encuesta de 1988, hasta la edad de 50 años, la proporción de los que señalan que su padre fumaba cuando ellos eran niños es mayor en las personas de 40 a 50 años que en las más jóvenes. Quiere esto decir que debió de producirse un ligero abandono de la práctica de fumar en la generación anterior para recuperarse otra vez, precisamente cuando la sanidad pública se propone que los españoles dejen de fumar.

No es una cuestión de falta de información, sino de testarudez. Más del 80% de los consultados están convencidos de que el hábito de fumar provoca enfermedades graves, como el cáncer. En esto no hay diferencias apreciables según los grupos de edad, sexo y otras características; es decir, se trata de una práctica unanimidad. Ahora bien, los jóvenes son los que más sostienen que se exageran esos efectos perniciosos y los que menos inconvenientes ven en salir con personas que fuman. Son también los jóvenes los que más rechazo expresan a las recientes medidas de limitación del fumar en lugares públicos. En España se la curiosa circunstancia de que, en ciertos ambientes progresistas, se prodiga una defensa y hasta una apología pública del tabaco.

Mi interpretación de por qué las recientes campañas antitabaquistas oficiales están teniendo tan magros resultados es porque son oficiales, porque vienen desde arriba. Los españoles se avienen a cambiar de pronto ciertos usos sociales si se presentan como una moda a imitar que se recibe de los países más prósperos (singularmente de Estados Unidos) y que empieza por los grupos jóvenes mejor instalados. Cuando, en lugar de ello, el cambio se plantea "a la turca", desde las instancias del poder, como una reforma institucional, entonces se produce un fenómeno de rechazo correlativo de la desconfianza que suscita todo lo que promueva el Estado.

Sea por lo ineficaces que resultan las campañas de opinión en este aspecto o sea por lo inveterado del hábito de fumar, el hecho es que éste no desaparece en España de la manera que lo hace en otras sociedades complejas. Una encuesta levantada en 1989 a los jóvenes de 15 a 24 años manifiesta que el 43% se declara fumador, porcentaje que se eleva al 56% en el grupo de 21 a 24 años. Curiosamente, fuman más los jóvenes de izquierdas que los de derechas (González Blasco, 89: 58). Otro dato chocante de esa misma encuesta es que el hábito de beber y fumar en los jóvenes se asocia estrechamente con el grado de religiosidad. Los indiferentes o ateos son los que dicen "beber más de la cuenta" y los que más fuman habitualmente. No es sólo que los jóvenes menos religiosos sean mayores y, por tanto, beban o fumen más. En cualquier grupo de edad, estos hábitos entre los jóvenes son más sobresalientes si se encuentran apartados de la fe religiosa (Elzo, 89: 318). Hay que convenir, pues, en que la religión supone un cierto freno morigerador de ciertos usos perniciosos.

Se podría pensar que la sociedad que se llama de consumo, al descansar en la producción en masa, unificara los comportamientos, las modas del vestir, por ejemplo. Pero no. Antes bien, los personajes de la escena española de hace medio siglo iban, por decirlo así, uniformados de acuerdo con su profesión, oficio o posición social. Hoy día se ve a muy poca gente de literal uniforme por la calle; ni siquiera curas, monjas o militares. Cada cual viste a su manera, por más que siga habiendo modas unificadoras, aunque distintas a las del pasado. Hasta hace poco la ropa ordinaria era la de los días de labor y la más elegante se reservaba para los domingos. Incluso hoy se puede atisbar esa práctica en los ambientes rurales, pero en el dominante medio urbano la ropa usada se deja para los fines de semana, mientras que a diario ciertas actividades exigen vestir más o menos bien. Lo nuevo y significativo es que el obrero, el profesional o el alto directivo pueden llevar en su trabajo un atuendo uniforme, pero fuera de ese ambiente laboral la ropa es consecuencia del estricto gusto personal. Por eso hay ahora, paradójicamente, más variedad en los atuendos, para empezar más colores y sobre todo más marcas. Hay variedad en el vestido, pero nivelación por lo que significa de posición social. Es más el gusto personal lo que determina la moda que se sigue, no tanto las posibilidades económicas, a partir de un cierto umbral.

Lo de la nivelación social por el atuendo viene de lejos. Ya lo señala un publicista a principios de siglo: "Son varias las provincias y localidades de España donde, en un día festivo, se confunden por los trajes los señores ricos y los más modestos menestrales (...). Hasta los criados, desde su humildísima posición económica, tratan de copiar las hechuras, las formas de los trajes de sus señores (...). Nadie quiere ser menos que otro en las apariencias" (La Iglesia, 08: 97). Una queja tan antiguay reiterada quiere decir que los españoles atribuyen trascendencia al modo en el vestir. De hecho, las estadísticas nos señalan que se gastan, efectivamente, una alta proporción de sus ingresos en ropa. Esa significación es congruente con la idea de la representación escénica en la que de continuo se hallan los españoles. Por todas partes se nos muestra esa impresión de la cultura de las apariencias. Volveremos sobre ella.

Amando Miguel

CHICAS AL QUITE

A Marta Muñoz nunca le ha desanimado que las mujeres sean una anécdota en la historia de la tauromaquia. Tiene dieciséis años y vocación de torera desde los cuatro. «Con esa edad mis padres me llevaron a un festival taurino y ya salí de la plaza diciendo que quería ser torera. Durante mucho tiempo estuve tratando de convencerles para que me dejaran entrar en la escuela, pero no lo conseguí hasta hace diez meses. Al principio no les hacía gracia la idea, pero pensaron que me iba a desanimar enseguida; ahora se han dado cuenta de que es lo que más me gusta y me apoyan en todo lo que pueden.» Su padre, un militar andaluz gran aficionado a la fiesta, reconoce que disfruta con cada pase de pecho de su hija. Sin embargo, su madre, como toda madre de torero que se precie, afirma pasarlo fatal. «Eso sí, cuando torea becerradas voy a verla; prefiero sufrir en la plaza a esperar a que suene el teléfono.»

El resto de las chicas tiene una historia muy similar que contar. Todas pertenecen a familias muy taurinas, e incluso algunas tienen parientes que llegaron a vestirse de luces. «Un primo mío fue novillero, y un tío, mozo de espadas —cuenta Nuria Sánchez, una de las más veteranas de la escuela—. Aun así, mi madre, cada vez que me oía decir que quería ser torera, me contestaba: "Tú estudia, que es lo que tienes que hacer, y déjate de tonterías". Al final, hace dos años, opté por rellenar todos los papeles por mi cuenta y no tuvo más remedio que firmarlos. De la oposición inicial ha pasado a bordarme el capote de paseo.» Raquel lo tiene un poco más difícil. A pesar del apoyo incondicional de su abuelo, como es hija única, su madre murmura con frecuencia: «Para una que tenemos y nos hace esto».

Sus amigos y compañeros de clase no reaccionan de forma muy distinta. Cuando se enteran de que por las tardes, en vez de ir a clase de inglés o al conservatorio, ellas se dedican a dar muletazos, unos no las creen, otros se ríen y el resto dice que están locas. En el peor de los casos, topan con algún antitaurino y la discusión está servida. «Como a la gente joven no le suelen gustar los toros, a mis amigos sólo les pido que me respeten», dice Nerea Moreno. Lo cierto es que a casi todas han dejado de llamarlas por su nombre y ahora las apodan «la torera».

Sonia Díaz-Heredero, es otra de las veteranas. A sus diecisiete años, lleva dos en la escuela y ya ha toreado siete becerradas en pueblos próximos a Madrid. Todavía no ha ganado dinero —«alguna vez me han dado cincuenta mil pesetas, pero he tenido que pagar al banderillero y al mozo de espadas»—, pero ya sabe lo duro que es vivir entregada al toreo. Por las mañanas estudia peluquería en un Instituto de Formación Profesional de Vallecas, por las tardes no falta a sus lecciones de toreo de salón; los sábados trabaja en una peluquería y cada domingo acude a las Ventas. «El tiempo que me queda libre ayudo en casa y estudio. Apenas salgo con mis amigas, pero no me importa; ni me gusta mucho ni puedo hacerlo.»

Excepto Nuria, que trabaja de botones en una empresa, y Laura, que lo hace en un bar de Cuenca, donde vive, las demás también estudian. «Repito primero de BUP —cuenta Marta—. No me gusta nada estudiar, pero mis padres me obligan. Terminaré el instituto, pero a mí lo que me importa son los toros.» Además, practica atletismo y voleibol, y los sábados suele ir a una discoteca con sus amigas. Nerea estudia segundo de BUP y, en este terreno, ha llegado a un acuerdo con sus padres. «Cuando vivimos en Salamanca, no me dejaron ir a la escuela taurina de allí, así que cuando nos planteamos vivir en Madrid, puse como condición que me permitieran entrar en la de aquí. A cambio, yo tengo que seguir estudiando; no se me da mal y me gustaría hacer arquitectura.»

A la hora de decidir cómo deben llamarlas, no se ponen de acuerdo. Algunas se decantan por «toreras»; otras, por «toreros» y las demás prefieren el calificativo que ha elegido Cristina Sánchez: «mujer torero». En lo que sí hay unanimidad es en la elección de José Mari Manzanares como su matador de toros favorito; para todas, él es la esencia del toreo clásico. Enrique Ponce y Joselito son los siguientes en la lista.

Todas sueñan con compartir cartel con alguno de ellos. Es más, piensan que algún día lo conseguirán. «Nunca puedes perder la ilusión de que vas a llegar a ser figura del toreo porque, si la pierdes, más vale que te retires», explica Raquel. No hace falta que nadie les recuerde que el machismo es inherente al mundo de los toros; ellas saben que muchos matadores, apoderados, críticos taurinos y aficionados ni las toman en serio ni están dispuestos a aceptar que el traje de luces, máxima expresión de la virilidad, se lo pongan mujeres. Incluso argumentan que tienen menos fuerza, menos valor y menos altura que los hombres, y que su forma de torear es afeminada. «Yo no pienso dejarlo porque haya hombres que opinen así, cada uno tenemos nuestro estilo, pero no por cuestión de sexo —dice Marta—. Estamos en pleno siglo XX y la gente va a tener que acostumbrarse a vernos vestidas de luces y toreando.» Sonia es de la misma opinión, pero sabe, por experiencia, que muchos aficionados van a verlas a la plaza con el único propósito de sacarles defectos. «Muchos empresarios están pidiendo toreras para las becerradas porque somos la novedad. La verdad es que si lo haces bien te respetan, pero si no, se ríen o te griten que te vayas a la cocina. Me atrevería a decir que en los comienzos lo tenemos un poco más fácil que los chicos, pero en el futuro nos costará más que a ellos encontrar un apoderado.»

De momento no se plantean ni cómo aguantarán las cornadas ni qué harán cuando deseen tener un hijo. Ahora, lo único que les preocupa es aprender y que alguien se fije en ellas. ■

ANA SANTOS

"Preferiría una Silla Eléctrica"

Andrés Ortiz es el preso KW1769 de la cárcel de Feltham, en las afueras de Londres. Está entre rejas por ser un inmigrante ilegal. Sin haber sido acusado, juzgado o condenado, languidece desde hace 16 meses en una prisión para delincuentes juveniles, rodeado de gente que ha violado, matado y robado. Allí recibió a CAMBIO16.

Su historia comienza en un pueblo de Colombia, que no quiere mencionar por el riesgo que corre si es deportado. Su padrastro, Roberto Gómez, compró un carro de venta de perros calientes a principios de 1987 sin saber que su antiguo dueño lo usaba también como expendio de drogas. Cuando la mafia local le exigió que continuara con el negocio, se negó en repetidas ocasiones. Entonces comenzaron las amenazas. Recibió casi media docena de cartas anónimas. Al final le incendiaron el carro y le exigieron que se fuera del país.

En septiembre de ese año, Roberto se marchó a Londres. Entonces cometió su primer error. En lugar de pedir asilo, entró como turista y se quedó ilegalmente en el país. «Yo no sabía qué hacer y tenía miedo», dice. Así que se sumergió en el submundo de los latinoamericanos indocumentados que trabajan por algo más de 420 pesetas la hora limpiando baños o lavando platos.

La persecución continuó en Colombia. Al irse Roberto, le tocó el turno a su mujer, a quien siguieron amedrentando hasta que decidió reunirse con su marido a principios del año siguiente. En 1991 llegó su hijastro Andrés después de haber sido torturado y quemado con gasolina. Tampoco solicitaron asilo.

Un día de julio de 1991, recibieron la visita de unos oficiales de Inmigración, quienes al parecer habían sido informados por otros inmigrantes sobre la familia de Andrés. La vida de los ilegales es tan difícil que muchas veces se delatan entre ellos para conseguir mejor trato o un puesto de trabajo. Como Roberto y su familia aún tenían visado turístico, les permitieron quedarse. Cuando en febrero se acabó el permiso, las autoridades les dijeron que debían marcharse.

– Pero si regresábamos nos iban a matar, así que nos escondimos – dice Roberto.

Entonces cuando cayeron en manos de un abogado que les cobró unas 800 libras (unas 160.000 pesetas) por tramitarles una solicitud de refugio. Roberto, que ganaba unas 96.000 pesetas al mes trabajando en un restaurante, aceptó Sólo supieron que habían sido engañados cuando Andrés fue arrestado por casualidad en diciembre de 1992. Entonces hicieron la solicitud de asilo, pero era tarde. Las autoridades británicas no ven bien a quienes piden refugio cuando ya están en el país desde hace tiempo.

Los iban a deportar. Ya con otro abogado, apelaron esa decisión, pero sin suerte. A Andrés le rechazaron tres peticiones de libertad bajo fianza a lo largo de 1993. El problema es que él y su familia no pueden ser, técnicamente, refugiados. La Convención de Ginebra define a un refugiado como alguien que es perseguido por su «raza, religión, nacionalidad, pertenencia a un determinado grupo social u opinión política». Pero no dice nada sobre carteles del narcotráfico.

En 1992 el único hermano de Andrés que quedaba en Colombia fue herido de bala. Los mafiosos no olvidaban. En diciembre, viajó a Londres.

La determinación del juez en la última instancia de apelación señalaba que si bien la persecución de Andrés «no entra en lo previsto en la Convención de Ginebra, eso no quiere decir que su temor de persecución no sea real», y recomendó que no fuese deportado. Ahora, la Corte Suprema debe decidir sobre él y su familia. Mientras, Roberto trabaja ilegalmente con la aprobación tácita de las autoridades. «Le dije a los de Inmigración que estaba trabajando. Me respondieron que no me dejara ver mucho», explica.

En la prisión de Feltham, Andrés limpia suelos y sirve comidas. Le pagan 1.500 pesetas semanales. Sólo le permiten dos horas de ejercicio y una visita de media hora al día. Pero cada día le cuesta más conservar el ánimo.

El pasado 8 de marzo escribió una carta al ministro del Interior británico, Michael Howard: «Cuando salí de Colombia quería dejar de ser torturado, pero míreme ahora, ustedes me han torturado mentalmente. Cuando nos dijeron que debíamos regresar a Colombia, nosotros queríamos hacerlo. Pero sabíamos que si lo hacíamos nos matarían. El 30 de diciembre [de 1992] vino la Policía y me arrestó. Ahora, aquí, vivo con criminales, asesinos y violadores y siempre me amenazan. Creo que ningún ser humano merece ser humillado de esta manera sólo por estar buscando protección. Por eso me gustaría que alguien me dijera por qué tengo que estar en prisión. Creo que preferiría que usted me pusiera en una silla eléctrica en lugar de torturarme de esta manera. No merezco esto. Espero que nos ayude ahora que nuestra vida está en sus manos». ■

LORCA EN LA RESIDENCIA

Federico García Lorca llegó a la Residencia desde Granada dos años después que yo. Iba recomendado por el catedrático de sociología, don Fernando de los Ríos y ya había publicado un trabajo en prosa titulado *Impresiones y paisajes* donde describía los viajes que había hecho con don Fernando y otros estudiantes andaluces. Federico era brillante y encantador con un deseo visible por la elegancia sartoriana - sus corbatas siempre eran de un gusto impecable. Los ojos, oscuros y brillantes, le daban un magnetismo que pocos podían resistir. Era dos años mayor que yo y era hijo de un rico terrateniente que había venido a Madrid a estudiar filosofía, aunque pronto dejó sus estudios para convertirse en un apasionado estudiante de literatura. No pasó mucho tiempo antes de que conociera a todo el mundo y su cuarto de la Residencia era un popular lugar de reunión para los intelectuales madrileños.

Nos caímos bien en seguida. Aunque a primera vista teníamos poco en común - yo era un palurdo aragonés y él un señorito andaluz - pasábamos juntos la mayor parte del tiempo. (Quizá esta atracción mutua se debiera en parte a nuestras diferencias.) Por la noche solíamos sentarnos en el césped, en la parte de atrás de la Residencia (en aquel tiempo había grandes extensiones de terreno que alcanzaban el horizonte), y él me leía sus poemas. Leía despacio y cadenciosamente y con él empecé a descubrir un mundo enteramente nuevo.

Por medio de Lorca, descubrí la poesía, en especial la poesía castellana, que él conocía íntimamente, y la Leyenda Dorada de Jacobus de Vorágine, donde hallé las primeras referencias a San Simón del Desierto. Federico no creía en Dios, pero profesaba sentimientos artísticos profundos hacia la religión. Todavía conservo una fotografía de los dos en la que estamos en una motocicleta de colores, tomada en 1924 en la verbena de San Antonio, la gran fiesta anual madrileña. Los dos estábamos completamente borrachos, y a las tres de la mañana Federico improvisó un poema que escribió detrás de la foto.

La primera verbena que Dios envía
Es la de San Antonio de la Florida
Luis: en el encanto de la madrugada
Canta mi amistad siempre florida
la luna grande luce y rueda
en la noche verde y amarilla
Luis mi amistad apasionada
hace una trenza con la brisa
El niño toca el pianillo
triste, si una sonrisa
bajo los arcos de papel
estrecho tu mano amigo.

Luego en 1929, escribió otro poema corto que me encanta y que no llegó a publicarse.

translated from *Mon dernier soupir*, Luis Buñuel, Editions Robert Laffont, Paris

Romance de la luna, luna

La luna vino a la fragua
con su polisón de nardos.
El niño la mira, mira.
El niño la está mirando.
En el aire conmovido
mueve la luna sus brazos
y enseña, lúbrica y pura,
sus senos de duro estaño.
- Huye, luna, luna, luna.
Si vinieran los gitanos,
harían con tu corazón
collares y anillos blancos.
- Niño, déjame que baile.
Cuando vengan los gitanos,
te encontrarán sobre el yunque
con los ojillos cerrados.
- Huye, luna, luna, luna.
que ya siento sus caballos.
- Niño, déjame, no pises
mi blancor almidonado.

El jinete se acercaba
tocando el tambor del llano.
Dentro de la fragua el niño
tiene los ojos cerrados.

Por el olivar venían,
bronce y sueño, los gitanos.
Las cabezas levantadas
y los ojos entornados.

Cómo canta la zumaya,
¡ay, cómo canta en el árbol!
Por el cielo va la luna
con un niño de la mano.

Dentro de la fragua lloran,
dando gritos, los gitanos.
El aire la vela, vela.
El aire la está velando.

España, tercer país del mundo donde mejor se vive

España es el tercer país del mundo donde mejor se vive. Sólo Suiza y Alemania van por delante. Así aparece en los resultados de un informe elaborado por la prestigiosa revista británica *The Economist* en su último número y titulado 'Dónde vivir'. Las conclusiones provienen del análisis de 30 indicadores muy variados sobre campos como la economía, la educación, la sanidad, los asesinatos, los divorcios, la cultura y la política; incluso se tienen en cuenta factores como la temperatura, el índice de lluvia y las actitudes hacia las mujeres. En 1983 España ocupaba el undécimo lugar en cuanto a países deseables para vivir, por lo que la revista destaca la "espectacular mejora" experimentada en ese decenio. Entre los 22 países incluidos en la lista, el *farolillo rojo* es India.

The Economist publicó en 1983 lo que califica de "guía semiseria de las estadísticas de vida", y 10 años después repite la experiencia a la luz de nuevos datos. Según la revista, España ha superado en este decenio a Suecia, Italia, Japón, Australia, Estados Unidos, Reino Unido, Francia y Canadá. Pero en los aspectos cultural y económico queda todavía muy por detrás de las grandes potencias.

En los aspectos sociales España arroja índices muy satisfactorios, con la menor tasa de divorcios del mundo desarrollado 8% en 1990- y una esperanza de vida- 77 años- y una tasa de mortalidad infantil -7 por 1,000- que superan a Estados Unidos. El país con mayor esperanza de vida es Japón, 79 años; Rusia tiene 69, pese a poseer, con Italia, el mayor número de médicos por cada 100.000 habitantes, 476 (España, 357).

La delincuencia alcanza en España niveles muy bajos en comparación con la mayor parte de los países estudiados. Cuenta con una tasa anual de 1,2 homicidios por cada 100.000 habitantes; en mejor posición sólo están Alemania, Reino Unido y China. México sufre 30,7 homicidios, y Brasil, 29,4; entre los países ricos, Estados Unidos muestra 13,3.

Densidad de población

La baja densidad de población es otro factor positivo para la consideración de España (781 personas por 1.000 hectáreas). Sobre todo si se compara con Hong Kong, 58.121 personas. España no es Australia (28 personas), pero está al nivel de Brasil.

El número de visitantes podría sugerir que, si los turistas se agolpan a las puertas de cierto país, es que ese país resulta el más apetecible para vivir. Ese silogismo no está muy claro: hay 1.200 visitantes por cada 100 habitantes en Bahamas, mientras que en España son 137; en Hungría, 323 y en Brasil, 1.

Un valor importante en lo político, según el informe, sería la estabilidad, entendida como que desde 1970 sólo ha habido seis jefes de Gobierno, mientras que en Italia han sido 19; Suiza ha tenido 29, pero está el factor rotativo anual entre cantones. Los gastos militares españoles se revelan bajos, un 1,8% del producto nacional bruto, lejos del 11% ruso y del 5,6% estadounidense. En libertades políticas y cívicas, España está en el índice máximo; China, en el ínfimo.

En lo económico, hay evidencias. Estados Unidos tiene una renta *per cápita* de 22.130 dólares (unos 3.100.000 pesetas), e India 1.150 dólares (unas 160,000 pesetas). El paro español está entre las evidencias, un 18,4% en los datos oficiales manejados por *The Economist*, que califica esa declaración de "honesta": resulta así la cifra más alta de desempleo. Pero la revista no oculta que Rusia declara el 0,8% en 1992, aunque analistas independientes hablan de entre un 7% y un 10%.

El coche, tótem de la civilización actual, indica que EE UU sería la tierra prometida: 589 automóviles por 1.000 habitantes. Pero ahí viene el correlato de la contaminación: Estados Unidos encabeza las emisiones de dióxido de carbono, con 20 toneladas por cabeza. India sólo tiene dos coches por cada 1.000 personas y la menor contaminación.

Lo cultural, en España, no es como para echar campanas al vuelo. De cada 1.000 españoles sólo 82 leen el periódico (en Japón, 587). En este apartado, *The Economist* incluye el consumo de alcohol: 12,4 litros por cabeza en Francia, 10,4 en España.

Según la revista británica The Economist, España es el tercer país del mundo con mayor calidad de vida, sólo aventajado por Suiza y Alemania.

Los mejores países para vivir

País	Calificación global 1993	Calificación global 1983	Economía: Inflación anual 1983-1992 (%)	/	Economía: Tasa de paro 1992 (%)	/	Economía: Coches 1990 (x 1.000 habitantes)	/	Sociedad: Esperanza de vida al nacer 1991 (Años)	/	Sociedad: Médicos 1990 (x 100.000 habitantes)	/	Sociedad: Asesinatos 1990 (x 100.000 habitantes)	/	Sociedad: Divorcios 1990 (x millón de habitantes)	/
Suiza	1	6	3,2	3	2,5	3	447	4	78	2	159	8	1,4	5	33	6
Alemania	2	2	2,2	2	7,7	6	490	2	76	4	270	4	1,0	2	30	4
España	3	11	7,6	10	18,4	11	308	9	77	3	357	2	1,2	3	8	1
Suecia	4	7	6,7	8	5,3	4	419	6	78	2	270	4	1,7	6	44	9
Italia	5	5	7,4	9	10,7	9	459	3	76	4	476	1	3,6	8	8	1
Japón	6	4	1,8	1	2,2	2	285	10	79	1	164	7	0,7	1	22	3
Australia	7	3	6,4	7	10,8	10	435	5	77	3	229	6	2,7	7	34	7
Estados Unidos	8	8	3,8	4	7,4	5	589	1	76	4	238	5	13,3	9	48	10
Reino Unido	9	9	5,5	6	10,1	7	403	8	75	5	164	7	1,0	2	41	8
Hong Kong	10	–	7,8	11	2,0	1	29	11	78	2	93	9	1,7	6	12	2
Francia	11	1	4,4	5	10,2	8	418	7	77	3	286	3	1,3	4	31	5

País	Cultura: Televisores 1990 (x 1.000 habitantes)	/	Cultura: Cines 1991 (x 1.000.000 habitantes)	/	Cultura: Periódicos 1988 - 1990 (x 1.000 habitantes)	/	Cultura: Consumo de alcohol 1991 (litros/hab.)	/	Política: Empleo en el sector público 1991 (%)	/	Política: Gasto militar 1991 (% PIB)	/	Política: Gobiernos desde 1970	/	Política: Mujeres en el Parlamento 1991 (%)	/
Suiza	407	8	59	5	463	4	10,9	9	11,0	3	1,6	3	24	8	14	4
Alemania	570	3	47	6	390	6	11,8	10	15,1	6	2,8	8	4	2	20	2
España	369	10	46	7	82	11	10,4	8	14,1	4	1,8	4	6	4	15	3
Suecia	474	5	135	1	533	3	5,4	2	31,7	11	2,4	7	7	5	38	1
Italia	424	7	62	4	107	10	8,9	7	15,5	7	2,1	5	19	7	13	5
Japón	620	2	15	11	587	2	6,3	3	6,0	1	1,0	2	12	6	2	8
Australia	486	4	32	8	249	8	8,5	6	22,8	10	2,3	6	4	2	7	6
Estados Unidos	815	1	80	3	250	7	7,6	5	14,4	5	5,6	11	6	4	6	7
Reino Unido	435	6	31	9	395	5	7,2	4	19,2	8	3,9	10	5	3	6	7
Hong Kong	274	11	29	10	632	1	2,0	1	6,8	2	0,4	1	4	2	Sin datos	
Francia	406	9	89	2	210	9	12,4	11	22,6	9	3,6	9	3	1	6	7

▼/ Calificación: De menor a mayor, el marcador más favorable para una mejor calidad de vida. Están representados 15 de los 30 conceptos estudiados

Fuente: 'The Economist'

México, año cero

En un artículo exclusivo para CAMBIO16, el escritor mexicano CARLOS FUENTES analiza la situación en su país tras el acuerdo básico entre Gobierno y rebeldes

EL AÑO 1994 SERÁ CRUCIAL PARA el futuro de una democracia mexicana. El Partido Revolucionario Institucional (PRI) ha gobernado sin interrupción a México desde 1929. Ha durado más que el Partido Comunista de la Unión Soviética o la dictadura del español Francisco Franco. Como aquéllos al desaparecer, carece de respuestas viables al problema central de México: la falta de coincidencia entre la sustancia económica, social y cultural del país, y sus instituciones políticas.

Como lo indica el destacado novelista e historiador Héctor Aguilar Camín, México ha pasado por dos periodos a partir de la Revolución de 1910. El período de los caudillos duró hasta 1929. Al fundar el PRI (entonces Partido Nacional Revolucionario, PNR) el «jefe máximo», Plutarco Elías Calles, inició el periodo de las instituciones revolucionarias. Ahora, alega Aguilar Camín, debemos iniciar el de las instituciones democráticas. Como lo hizo España, a partir de 1977, con los acuerdos de La Moncloa.

Cuatro factores determinarán la naturaleza de la transición mexicana. La rebelión en Chiapas, los acuerdos políticos en materia electoral, la garantía democrática del presidente, Carlos Salinas de Gortari, y, desde luego, el hecho de que todo esto ocurre en un año de elecciones generales.

El 21 de agosto, los mexicanos iremos a las urnas a elegir a un nuevo presidente por un sexenio no renovable. Elegiremos un nuevo Congreso y numerosos gobernadores. Pero el negrito en el arroz es que toda la elección soporta el peso de una historia de fraudes e incredulidad. Como los buenos burdeles, el PRI ha vivido gracias a sus placeres —la estabilidad— y a pesar de su mala fama —el fraude constante—. Hoy, nadie cree en las virtudes, y los vicios se han vuelto patentes.

Si durante largo tiempo el PRI se mantuvo sobre la doble oferta de la estabilidad interna y el desarrollo económico, la rebelión chiapaneca ha destruido esta imagen. El país está nervioso, insatisfecho; demasiados mexicanos se han quedado atrás y los éxitos de la macroeconomía ya no pueden disimular o resolver las duras realidades microeconómicas. Como me dijo el candidato heterodoxo a la Presidencia de Chile, Manfred Max Neff, el pasado diciembre en Santiago: «Nadie vive en la macroeconomía».

Con esto no pretendo negar los éxitos debidos a las reformas económicas del presidente Carlos Salinas de Gortari. Salinas estabilizó una economía que había tocado fondo, controló la inflación, liberó al Estado de cargas innecesarias, obtuvo sucesivos superávits presupuestales y abrió una economía cerrada y sobreprotegida al libre comercio y a la integración global. Todas estas medidas, por supuesto, también crearon nuevos desafíos, nuevos problemas.

Pero el Gobierno salinista se convenció de que la reforma económica desde arriba acabaría por mejorar los niveles de vida desde abajo y que ello bastaría para aplazar, por lo menos, la exigencia de una reforma democrática. Fue un grave error. Los círculos gubernamentales invocaban constantemente la advertencia soviética: no se pueden tener *perestroika* y *glasnost* (reforma y libertad de información) al mismo tiempo, se nos informó.

Obviamente, muchos mexicanos no estuvieron de acuerdo. Cada ejercicio electoral desde 1989 ha sido maculado por el fraude, el conflicto poselectoral, las muertes de oposicionistas (varios centenares de miembros del Partido de la Revolución Democrática, PRD), desembocando, fatalmente, en el nombramiento de gobernadores interinos por el presidente. En la actualidad, de los 32 estados de la Federación, 17 son gobernados por interinos. Esto quiere decir que la mitad de los 90 millones de mexicanos son gobernados por funcionarios que no eligieron.

Necesitamos un federalismo funcional, no la farsa que actualmente se pasea bajo esa toga. Pero crear un sistema federal efectivo requiere, a su vez, establecer una verdadera separación de poderes, un congreso libremente electo y un poder judicial independiente. Y esto, a su vez, requiere fiscalización, frenos y equilibrios al ejecutivo, y elecciones limpias. Una larga minuta, un verdadero desafío para un país de tradición autoritaria.

CARLOS FUENTES

Las reformas electorales de la época salinista le daban al PRI mayorías automáticas en nombre de la gobernabilidad y dejaban las instituciones electorales en manos del Gobierno y de su brazo activo, el PRI. Las demandas para una reforma electoral se iniciaron el año pasado pero no progresaron hasta que la rebelión de Chiapas obligó a todas las partes a sentarse a la mesa de negociaciones.

Chiapas ha sido, entonces, el catalizador. Hasta los rifles de madera de los rebeldes dieron en el blanco: la desigualdad del país es demasiado grande, la colusión de las autoridades locales y los explotadores locales, indecente, y los males de Chiapas no pueden corregirse sin democracia en Chiapas. Pero no puede haber democracia en Chiapas si no la hay en México. Y no puede haber democracia en México si no la hay en Chiapas.

Que se lancen dos candidatos del PRI y que gane el mejor. Eso dará credibilidad a las elecciones

Los zapatistas prefieren ser explotados que marginados, olvidados, abandonados al azar.

GRAMMAR SUMMARY

The articles

	The definite articles		The indefinite articles	
	Singular	**Plural**	**Singular**	**Plural**
masculine	*el*	*los*	*un*	*unos*
feminine	*la*	*las*	*una*	*unas*

1 The definite article

a **La** is replaced by **el** before a feminine singular noun which begins with stressed **a** or **ha,** e.g. *el agua, el águila, el hambre*. This does not imply a change of gender: adjectives which qualify these nouns take the feminine ending, e.g. *el agua dura* (hard water).

b The definite article is used:

(i) when nouns are taken in a general sense or refer to a unique thing. For example:

No me gustan los críos. (I don't like kids.)

Es mala la venganza. (Vengeance is evil.)

No existe el infierno. (Hell doesn't exist.)

(ii) with the names of languages, except when the language comes directly after **hablar, saber** and **aprender**. For example:

El portugués es un idioma muy útil. (Portuguese is a very useful language.)

But *Hablo francés con soltura.* (I speak French fluently.)

(iii) before the names of certain countries, e.g. *la India, el Reino Unido, El Salvador, la Argentina, el Brasil, los Estados Unidos.*

Note: Most countries are not preceded by a definite article, e.g. *España, Inglaterra*

(iv) when a noun is qualified by an adjective or phrase, e.g. *la Alemania Oriental, la Espana de Franco*

(v) before titles, except when the person concerned is being addressed directly, e.g. *el señor Fernández, el presidente Gorbachev, la reina Isabel.*

But *Buenos días, señor Fernández.* (Good morning Mr Fernández.)

(vi) in certain common expressions where in English the article is not used, e.g. *en el hospital* (in hospital), *en el colegio* (at school), *en la cárcel* (in prison).

But *en casa* (at home).

c The definite article is omitted when a noun is in apposition, i.e. when it explains or defines something further about a previous noun. For example:

El rey Juan Carlos, jefe del ejército español (King Juan Carlos, [the] head of the Spanish Army
Madrid, capital cultural de Europa (Madrid, the cultural capital of Europe)

2 The indefinite article

a The first rule above, for definite articles, also applies to indefinite articles, **una** being replaced by **un,** but with no change of gender: *un alma, un hacha,* etc.

b The indefinite article is omitted:

(i) before occupations and nationality, unless the nouns are qualified. For example:

Mi madre es médica. (My mother is a doctor.)

But *Mi madre es una médica de gran renombre.* (My mother is a very famous doctor.)

Es irlandés. (He is Irish.)

But *Es un irlandés de familia muy pobre.* (He's an Irishman from a very poor family.)

(ii) when the noun is in apposition. For example:

Su vecino era el señor Casas, profesor de física muy conocido. (Her neighbour was Mr Casas, a well-known teacher of physics.)

(iii) before **otro, tal, medio, ¡qué!** and **mil**. For example:

Otra persona no lo habría hecho. (Another person wouldn't have done it.)

No se puede confiar en tal hombre. (You can't trust such a man.)

Mil soldados (a thousand soldiers)

c **Unos/Unas** is used before numbers in the sense of 'about'. For example:

Asistieron unas 200.000 personas. (About 200,000 people attended.)

Gender

1 Be wary of the rule that nouns ending in **-o** are masculine and in **-a** are feminine. This does not always hold good, as can be seen in such common words as *el día, la mano, la radio, la moto.*

2 A number of nouns ending in **-ma** and **-ta** are masculine, e.g. *el clima, el cometa, el crucigrama, el drama, el idioma, el pijama, el planeta, el problema, el poema, el programa, el sistema, el tema.*

3 The names of rivers, mountains, seas, cars and trees are usually masculine: *el Guadalquivir, el Caribe, el Monte Blanco, un Seat, un manzano.*

4 Days of the week and months are always masculine.

5 Letters of the alphabet, islands and roads are feminine: *la eme, las Canarias, la M-30.*

6 Words ending in **-ión, -dad, -tad, -tud** and **-cia** are usually feminine: *la conclusión, la bondad, la amistad, la senectud, la apariencia.*

7 Certain words differ in meaning according to their gender:

el capital = capital (money)	*la capital* = capital (city)
el cura = priest	*la cura* = cure
el frente = front (e.g. war)	*la frente* = forehead
el orden = order (i.e. sequence)	*la orden* = order (i.e. command)
el parte = report, despatch	*la parte* = part
el pendiente = earring	*la pendiente* = slope
el policía = policeman	*la policía* = police (force)

Adjectives

1 Formation of feminine and plural

The following guidelines hold good for the majority of adjectives, but there are exceptions.

a Adjectives ending in **-o** in the masculine singular change the last letter to **-a** in the feminine singular (for exceptions, see below) and to either **-os** or **-as** in the plural. For example:

M. sing.	F. sing.	M. pl.	F. pl.
hermoso	*hermosa*	*hermosos*	*hermosas*

b Adjectives which do not end in **-o** in the masculine singular have the same form in the feminine singular (for exceptions, see below). In the plural they add **s** if they end in a vowel or **es** if they end in a consonant. Final **z** changes to **c** before **e**. For example:

fácil	*fácil*	*fáciles*	*fáciles*
cortés	*cortés*	*corteses*	*corteses*
dulce	*dulce*	*dulces*	*dulces*
feliz	*feliz*	*felices*	*felices*

c Adjectives of nationality which end in a consonant add **-a** in the feminine. For example:

inglés	*inglesa*	*ingleses*	*inglesas*
español	*española*	*españoles*	*españolas*

d Adjectives ending in **-or** (unless they are comparatives), **-án** and **-ón** add **-a** to the feminine. For example:

encantador	*encantadora*	*encantadores*	*encantadoras*
holgazán	*holgazana*	*holgazanes*	*holgazanas*

e Comparative adjectives do not have a separate feminine form. For example:

mejor	*mejor*	*mejores*	*mejores*
inferior	*inferior*	*inferiores*	*inferiores*

2 Agreement of adjectives

Adjectives agree in number and gender with the nouns they qualify.

a Where the adjective qualifies two or more masculine nouns, the masculine plural is used. For example:

Un hombre y un muchacho andaluces (A man and a boy from Andalusia)

b Where the nouns are of different gender, the masculine plural is used. For example:

Una mujer y un chico encantadores (A charming woman and boy)

3 Position of adjectives

Adjectives in Spanish are usually placed after the noun, but writers often place them before the noun for emphasis or stylistic effect.

a Certain adjectives are usually placed before the noun. These include **bueno, malo, pequeño, grande,** the cardinal numbers, the ordinal numbers, and **último**. For example:

¡Buen viaje! (Have a good trip!)

Un gran problema (A big problem)

En los últimos años (In the last few years)

Mi primera visita (My first visit)

b Some adjectives change their meaning according to their position:

	Before the noun	**After the noun**
grande	great (i.e. famous)	big (in size)
pobre	poor (pitiful)	poor (not rich)
mismo	same	-self
varios	several	various

For example:

El gran Ballesteros (The great Ballesteros)

¡El pobre Juan! (Poor old John)

Un barrio pobre (A poor district)

Carmen misma lo hará. (Carmen herself will do it.)

Siempre nos cuenta la misma historia. (He always tells us the same story.)

Tienes varias opciones. (You have several options.)

c The suffix **-ísimo** may be added to adjectives to intensify the meaning. When this happens, the spelling of the adjective is sometimes affected: for example, **-z** changes to **-c**, and **-c** to **-qu**:

importante = important;	*importantísimo* = very important
feo = ugly	*feísimo* = very ugly
feliz = happy	*felicísimo* = very happy
rico = rich	*riquísimo* = very rich

4 Apocopation of adjectives

Certain adjectives in Spanish are shortened ('apocopated') when they are placed in front of singular nouns. They fall into three main groups:

1 Some adjectives are shortened only in the masculine singular, dropping the final **o** when they come immediately before the noun. The main ones are **bueno, malo, uno, alguno, ninguno, primero** and **tercero**. For example:

Es el primer campeón de España en este deporte. (He is the first Spanish champion in this sport.)

Ganó el partido un día de abril. (He won the match one day in April.)

Es un buen deporte si quieres conocer a gente. (It's a good sport if you want to meet people.)

Note: These adjectives will not be shortened if they are followed by another and separated from it by a conjunction:

Es el tercero y el mejor campeón. (He is the third and best champion.)

2 **Grande** is shortened to **gran** when placed before a singular noun, whether the latter is masculine or feminine.

La carrera resultó ser una gran catástrofe. (The race turned out to be a great catastrophe.)

Induráin ha sido un gran ciclista. (Induráin has been a great cyclist.)

3 **Santo** is shortened to **San** before proper names, with the exception of Santo Domingo, Santo Tomás, and Santo Tomé; it is not however shortened before nouns that are not proper names: *San Andrés, San Pablo, San Pedro but la santa ciudad de Roma.*

Comparison

a When two things are compared, Spanish uses **más/menos que** to convey the idea of 'more/less than'. For example:

Tienes más tiempo que yo. (You have more time than I.)

Había menos turistas que el año pasado. (There were fewer tourists than last year.)

b When a number follows **más/menos, que** is replaced by **de,** since no comparison is being made. For example:

Tardó más de dos años en volver a España. (He took more than two years to get back to Spain.)

c The superlative idea of 'most' or 'least' is conveyed by **el más/el menos,** but when the superlative follows a noun, the definite article is omitted. For example:

Fue la candidata más apropiada para el puesto. (She was the most suitable candidate for the post.)

d Be careful to use **de** (and not **en**) after a superlative. For example:

Asunción es la más lista de la clase. (Asunción is the cleverest in the class.)

e When you compare two things which are equal (as ... as ...), you use **tan** ... **como** ... where **tan** is followed by an adjective or adverb, and **tanto** ... **como** ... where **tanto** is followed by a noun with which it agrees, to link them. For example:

Juan es tan listo como Miguel. (Juan is as clever as Miguel.)

No tiene tantas amigas como antes. (She doesn't have as many friends as before.)

f The following adjectives and adverbs have irregular forms:

Adjective	**Adverb**	**Comparative**
bueno = good	*bien* = well	*mejor* = better
malo = bad	*mal* = badly	*peor* = worse
mucho = much	*mucho* = much	*más* = more
poco = little	*poco* = little	*menos* = less
grande = big		(*más grande*)*
pequeño = smalll		(*más pequeño*)*

*You are more likely to use **más grande** and **más pequeño** for size, **mayor** and **menor** are used to indicate superiority/inferiority and to denote age, e.g. *mi hermana menor* (my younger sister.)

Note: If what follows 'more than' is a clause with a verb, then **que** is replaced by **del que, de la que, de los que, de las que** or **de lo que**. For example:

Tiene más amigos que Juan, (He has more friends than Juan.) but:

Tiene más amigos de los que tenía el año pasado. (He has more friends than he had last year.)

De lo que refers back to the whole of the previous idea and not to a specific noun. For example:

Es más fácil de lo que crees. (It's easier than you think.)

Numerals

1 Cardinal numbers

0	cero	192	ciento noventa y dos
16	dieciséis	200	doscientos
17	diecisiete	255	doscientos cincuenta y cinco
20	veinte	300	trescientos
21	veintiuno	399	trescientos noventa y nueve
22	veintidós	400	cuatrocientos
23	veintitrés	500	quinientos
26	veintiséis	600	seiscientos
30	treinta	700	setecientos
31	treinta y uno	800	ochocientos
32	treinta y dos	900	novecientos
40	cuarenta	1.000	mil
49	curarenta y nueve	1.100	mil ciento
50	cincuenta	1,578	mil quinientos ochenta y ocho
59	cincuenta y nueve	2.000	dos mil
60	sesenta	100.000	cien mil
70	setenta	200.000	doscientos mil
80	ochenta	1.000.000	un millón
90	noventa	2.000.000	dos millones
100	cien(to)		
101	ciento uno		
110	ciento diez		

Remember the following points when using cardinal numbers:

a All cardinal numbers are invariable in Spanish, except **uno** and the hundreds, which have a separate feminine form, e.g. *una agencia de viajes; doscientas pesetas; quinientas líneas.*

b **Uno** becomes shortened to **un** when placed before a masculine noun, whether it is used in combination with another number or not, e.g. *un tren, doscientos cuarenta y un billetes.*

c **Ciento** is shortened to **cien** when placed before a noun, an adjective or the word **mil**, but never when it precedes another numeral (except **mil**):

cien pesetas, los cien mejores generales, cien mil hombres; but *ciento cincuenta millones de habitantes.*

d You must omit the article **un** before 100 and 1000 but use it with 1,000,000: *cien personas, ciento treinta mesas; mil habitantes;* but *un millón de preguntas.*

e The word **y** in Spanish occurs between the tens and the units, not (as in English) between the hundreds and tens:
doscientos treinta y ocho (two hundred and thirty-eight.)

2 Ordinal numbers

1st	primero	6th	sexto
2nd	segundo	7th	séptimo
3rd	tercero	8th	octavo
4th	cuarto	9th	noveno
5th	quinto	10th	décimo

Remember the following points when using ordinal numbers:

a Ordinal numbers agree with the noun: *la primera persona, las tres primeras páginas, la novena mujer.*

b **Primero** and **tercero** are shortened to **primer** and **tercer** in front of a masculine singular noun: *el primer tren de alta velocidad, el tercer hombre.*

c Though ordinal forms do exist above those shown (11th = **undécimo,** 20th = **vigésimo**), it is extremely rare to find any ordinal used after 10th. Cardinal numbers are usually used after that point and they follow the noun: *el siglo dieciséis, el capítulo cincuenta y tres, Alfonso trece.*

3 Uses of numerals

a Cardinal numbers are used when expressing the time: *Son las dos y media, A las seis en punto, Son las doce menos cuarto.*

b Cardinal numbers are used when giving the date, with the exception of 'the first' where the ordinal **primero** is used: *el primero de enero, el doce de mayo, el treinta y uno de marzo.* Years cannot be expressed in hundreds: 1990 is written as 'one thousand, nine hundred and ninety', not as 'nineteen (hundred and) ninety': *mil novecientos noventa.*

When a date and year are used together, the word **de** is normally inserted between the two: *el doce de febrero de 1985.* When a day is used with a date, the article is placed before the day: *el dos de abril* but *el domingo, dos de abril.*

No article is used with the construction involving **estar:** *Es el catorce de junio* but *Estamos a catorce de junio.*

The word 'on', used in English with days of the week and dates, is not translated into Spanish: *Te veré el martes; llegó el siete de agosto.*

c When talking about the dimensions of something, the height, breadth, depth, etc. are expressed either by the relevant adjective, which is invariable, or by the equivalent noun: *Esta caja tiene diez pies de alto/largo/profundo/espeso; esta caja tiene diez pies de altura/longitud/profundidad/espesor.*

d Remember to use **a** with distances: *Liverpool está a más de 300 kilómetros de Londres.*

e Useful expressions involving numbers:

los tres primeros capítulos (the first three chapters)

de segunda mano (second-hand)

unos seis días (about six days)

centenares de hombres (hundreds of men)

miles de soldados (thousands of soldiers)

el diez por ciento (ten per cent)

una veintena/treintena/un millar (about twenty/thirty/a thousand)

veintitantos años después (twenty-odd years later)

ocho días (a week)

quince días (a fortnight)

Personal pronouns

1 Forms

There are three distinct groups of personal pronouns in Spanish: subject pronouns, object (both direct and indirect) pronouns, and disjunctive (also called 'strong') pronouns:

Subject	Direct object	Indirect object	Disjunctive
yo	*me*	*me*	*mí*
tú	*te*	*te*	*ti*
él	*lo***	*le*	*él*
	le		
ella	*la*	*le*	*ella*
usted	*le*	*le*	*usted*
	*lo***		
	la		
*(ello)**	*(lo)*		*(ello)**
nosotros/as	*nos*	*nos*	*nosotros*
vosotros/as	*os*	*os*	*vosotros*
ellos	*los/les***	*les*	*ellos*
ellas	*las*	*les*	*ellas*
ustedes	*los/las/les***	*les*	*ustedes*

*See the note on the pronoun **ello** which you will find after the examination of the uses of disjunctive pronouns below.

The form of the third person singular masculine direct object pronoun **(le/lo) has frequently been a source of confusion for students. It has been stated that you should only use **le** to translate 'him', **lo** being used only for 'it' when this is masculine. Other books will tell you that **lo** is used for 'him' in Latin America, and yet others say that either **le** or **lo** can be used correctly to translate 'him'.

Such confusion arises somewhat understandably from a variety of regional usage over the years. It seems these days that Spaniards are themselves divided on this question, and clearly either **lo** or **le** is acceptable as a translation of 'him'. The same is true of the use of **los** or **les** to translate 'them'. The important thing is to be consistent in what you decide to do.

2 Uses of direct and indirect object pronouns

a In most sentences, these pronouns will be found placed before the verb they accompany. For example:

Le vi ayer/me ha dado el billete/nos acompañaron allí

b When the verb concerned is in either the infinitive or the gerund, the pronouns can be placed either on the end of it or in front of the verb on which the infinitive or gerund depends. For example:

Voy a ponerle un empaste/le voy a poner un empaste

Estaban escribiéndolo/lo estaban escribiendo

c When the verb form is the positive imperative, the pronoun must be placed on the end of it. It will normally then be necessary to add an accent to preserve the stress. When the imperative is negative, the pronoun is placed before the verb (after the **no**). For example:

póngalo aquí/dame la entrada/levántense

no lo pongas aquí/no me des la entrada/no se levanten

d When two direct object pronouns accompany the same verb, one will normally be direct object and the other indirect. In such cases, whether they are placed before or after the verb concerned, the indirect one must come first. For example:

Estaban escribiéndotela cuando llegué/te la estaban escribiendo cuando llegué

Iban a dármelo después/me lo iban a dar después

Nos lo han enviado

Démelo ahora mismo/no me lo dé hasta mañana

e When the two pronouns that accompany the same verb are both third person pronouns (i.e. both begin with the letter l), the indirect one must change from **le** or **les** to **se**. For example:

Se lo di ayer. (I gave it to him/to her/to them yesterday.)

f Since parts of the body and articles of clothing normally take a definite article rather than (as in English) the possessive adjective, an indirect personal pronoun is used with the verb to indicate the person concerned. For example:

Me vendó la rodilla. (He bandaged my knee.)

Le lavé la cara. (I washed his/her face.)

Se cortó el dedo. (He cut his [own] finger.)

Le cortó el dedo. (He cut his/her finger [someone else's].)

g The pronoun **lo** is used in a variety of ways in Spanish in addition to its usual meaning of 'it' (masculine). One of the most common of these is when it is followed by an adjective, in which case it becomes a neuter article, the meaning of which is shown in the following examples:

Lo trágico es que murieron tres personas. (The tragic thing is that three people died.)

Lo más aconsejable es no decir nada. (The most advisable thing is to say nothing.)

3 Uses of disjunctive pronouns

a The most common use of these pronouns is after a preposition. For example:

Lo he comprado para él.

Salieron sin mí.

Es un regalo de ellos.

b The preposition **con** combines with **mí** and **ti** to form single words **conmigo** and **contigo**. For example:

No quiere ir conmigo. (He/she doesn't want to go with me.)

Hablaré contigo mañana. (I will talk to/with you tomorrow.)

c Note that the preposition **entre** takes the subject pronouns and not the disjunctive forms. For example:

Entre tú y yo, creo que no sabe lo difícil que es. (Between you and me, I think he/she doesn't know how difficult it is.)

d Disjunctive pronouns are also used to add emphasis to a direct or indirect object pronoun which is already present or to avoid the ambiguity caused by the various meanings of the pronouns **le/les/se**:

Me lo dieron a mí, no a ti.

A nosotros nos encantan los trenes de alta velocidad.

Le mandé la carta a él/a ella/a usted.

Les di las entradas a ellos/a ellas/a ustedes.

Se lo dije a él/a ella/a usted/a ellos/a ellas/a ustedes.

• The pronoun *ello*

This pronoun is frequently misunderstood by students of Spanish. It is in fact a neuter pronoun (both subject and disjunctive). Since Spanish nouns are either masculine or feminine (and never neuter), they are represented by their corresponding masculine or feminine pronouns (i.e. **él** and **ella**), though of course subject pronouns are rarely used in the language. **Ello** is used to refer to a whole idea or fact which has already been expressed or understood in the sentence.

As a subject pronoun, **ello** means 'it' or 'this' (because of which it may well be replaced by the neuter demonstratives **esto** or **eso**):

Ello/esto es una tragedia. (It/this is a tragedy.)

As a disjunctive pronoun, **ello** also refers to a whole idea and can again be replaced by **esto** or **eso:**

Lo que hacían los padres le fascinaba: se interesaba constantemente en ello/eso. (What the parents did fascinated him: he was always interested in it/that.)

Relative pronouns

The English relative pronouns ('who', 'which', 'that', 'whose', 'where', etc.) can be translated into Spanish in several ways. This can often be a positive help rather than a source of confusion, as in lengthy passages of Spanish one can avoid constant repetition of the word **que**.

Most relative pronouns refer to and come immediately after nouns in both languages, although there are two important differences to remember between the way they are used in English and Spanish.

1 While in English it is common to find the relative pronoun omitted in a sentence, this must never happen in Spanish. For example:

La casa que compró el año pasado (The house [which] he bought last year)

2 When a preposition is used with a relative pronoun, it must not be separated from it, as sometimes happens in English. For example:

La casa en la que vivía (The house in which he lived or the house which he lived in)

The main forms and uses of the relative pronouns in Spanish are as follows:

a *Que*

This is the most common of the relative pronouns in Spanish. It can refer to persons and things (except after a preposition when it can only refer to things), to both masculine and feminine nouns, and also to singular and plural nouns. For example:

Las mujeres que hacen la comida (The women who do the cooking)

La autopista que construían (The motorway which they were building)

Los muebles que compraron la semana pasada (The furniture they bought last week)

b *Quien* (plural *quienes*)

This is used to refer to persons only, and must be used in place of **que** after a preposition including personal **a**. For example.

Los habitantes a quienes atacaron (The inhabitants they attacked)

El representante, quien llegó poco después (The representative, who arrived soon after)

Note the use of **quien(es)** in the following:

Soy yo quien lo hice/hizo. (I'm the one who did it.)

c *El que, la que, los que, las que; el cual, la cual, los cuales, las cuales*

These pronouns are used as alternatives to **que** and are frequently seen after prepositions, the **el cual** forms being more common. Since the article is used with them, they can be especially useful in sentences where the presence of a variety of nouns of different genders and numbers can cause confusion or ambiguity if only **que** is used. For example:

Esperábamos a la madre de nuestro amigo, la cual (or *la que*) *tenía las llaves.* (We were waiting for our friend's mother, who had the keys.)

(Note that if **que** were used in this sentence, it would mean that the friend had the keys.)

La empresa para la cual trabaja (The company for which he/she works)

Las casas detrás de las cuales había un colegio (The houses behind which there was a school)

Los alumnos con los que había asistido a las clases (The pupils with whom he/she had attended the lessons)

Note that with short prepositions such as **en, a, con** or **de,** it is usual to find **que** used instead of **el cual** etc. For example:

La casa en que vivía (The house I used to live in)

d *Lo que, lo cual*

These are neuter forms of relative pronouns and cannot therefore refer to specific nouns which are either masculine or feminine. Instead, they refer to a whole clause or idea. For example:

Ganó poco dinero, lo que (lo cual) le hizo enfermar. (He earned little money, which made him ill.)

(Todo) lo que ... is also frequently used in another way, to mean '(everything) which', 'what', 'that which'. For example:

No comprendí lo que había pasado. (I did not understand what had happened.)

Compraron todo lo que vieron. (They bought everything which they saw.)

In this last example, **cuanto** could also be used:

Compraron cuanto vieron.

e *Cuyo, cuya, cuyos, cuyas*

These words, meaning 'whose' or 'of which', are adjectives and therefore agree with the nouns they qualify. For example:

Fue un carpintero cuya vida había sido muy triste. (He was a carpenter whose life had been very sad.)

Alquiló un cuarto cuyas paredes estaban pintadas de azul. (He rented a room, the walls of which were painted blue.)

f *Donde*

This can replace **que** or **en que** in examples such as the following:

Llegaron al estadio donde (en que) se había celebrado el partido. (They reached the stadium where [in which] the match had taken place.)

Interrogatives

1 The interrogative pronouns are:

¿qué? what, which?	*¿(a) dónde?* where?
¿cuál? which, what?	*¿quién?* who?
¿cómo? how?	*¿por qué?* why?
¿cuándo? when?	*¿cuánto?* how much?

¿Qué? and not **¿cuál?** translates the adjective 'which', 'what'. For example:

¿Qué hora es? (What time is it?)

¿Qué revista quieres? (Which magazine do you want?)

2 When translating 'what' or 'which' as a pronoun, **cuál** is used (a) in cases of choice and (b) before the verb 'to be', except when you are asking for a definition. For example:

¿Cuál prefieres? (Which do you prefer?, giving a choice between two or more things)

¿Cuál es el resultado? (What is the result?)

but *¿Qué es la música?* (What is music?)

3 Remember that the accent must still be included on a question word even if the question is indirect. For example:

No sé a qué hora vamos a acabar hoy. (I don't know what time we are going to finish today.)

Le pregunté quién iba a la ciudad. (I asked him who was going to the town.)

Exclamatives

The most common exclamatives are:

¡cómo! (What!)

¡cuánto/a/os/as! (how [much]!)

¡qué! (what a, how!)

These are the standard words for exclamations in Spanish. They can be translated in a variety of ways. For example:

¡Qué vergüenza! (What a disgrace! How disgraceful!)

¡Qué guapa estás! (How pretty you look!)

¡Cómo! ¿Y quién le ha dicho semejante cosa? (What ! And who told you such a thing?)

¡Cuánto me alegro! (How pleased I am!)

Cuántas veces te lo he dicho! (How many times have I told you!)

After **qué + noun,** a following adjective is preceded by **más** or **tan**. For example:

¡Qué tío tan feo! (What an ugly fellow!)

¡Qué noche más tranquila! (What a calm night!)

Demonstrative adjectives and pronouns

1 Adjectives

The words for 'this' and 'these' in Spanish are **este, esta, estos** and **estas**.

There are two ways of saying 'that' and 'those': **ese, esa, esos, esas** and **aquel, aquella, aquellos, aquellas**.

You can use either of the latter words for 'that', although **ese** tends to be more common; also **aquel** usually refers to something that is some distance away from the person speaking and the person spoken to. For example:

Este coche, esa bicicleta y aquellos camiones (This car, that bicycle and those lorries)

2 Pronouns

These are the same as the adjectives, except that they carry an accent: **éste, ése, aquél**. The pronoun agrees in gender and number with the noun to which it refers. For example:

Este padre y ése (This father and that one)

Esa casa y ésta (That house and this one)

Note that the pronouns **aquél** and **éste** can also mean 'the former' and 'the latter' respectively. For example:

Juan no comprendía la actitud de su madre ni la de su padre: aquélla le parecía demasiado emocional y éste demasiado racional. (John did not understand the attitude of this mother and father: the former seemed too emotional to him, and the latter too rational.)

3 Neuter forms

Esto, eso and **aquello** tend to cause some confusion amongst students of Spanish. They are not masculine but neuter forms and therefore do not refer to a specific noun of fixed gender.
They translate 'this' and 'that' when they have no gender at all.
For example:

¿Quién ha hecho esto? (Who has done this?)

No comprendo eso. (I do not understand that.)

Note also that **esto de** and **eso de** are used with the meaning 'this business of' and 'that matter of':

Esto de su padre me preocupa. (This business about your father worries me.)

Le hablé de eso de la barrera generacional. (I spoke to him about that matter of the generation gap.)

The pronoun **lo** followed by **de** has a similar meaning:

Lo de las clases particulares es difícil de solucionar. (The question of private lessons is difficult to solve.)

El, la, los and **las** are used in front of **de** or **que** with the meanings 'he who', 'they who', 'the one which', 'those of', etc. For example:

Mi padre y el de Juan (My father and John's)

Tus amigos y los de María (Your friends and Maria's)

Estas patatas y las que compramos ayer (These potatoes and the ones [those] that we bought yesterday)

Possessive adjectives and pronouns

1 Possessive adjectives

my	*mi/mis*
your (tu)	*tu/tus*
his/her/your (polite)	*su/sus*
our	*nuestro/nuestra/nuestros/nuestras*
your (familiar)	*vuestro/vuestra/vuestros/vuestras*
their/your (polite)	*su/sus*

For example:

mis padres; su hermana; nuestras amigas, etc.

Note: There is a second form of possessive adjectives in Spanish:

mío/mía/míos/mías

tuyo/tuya/tuyos/tuyas

suyo/suya/suyos/suyas

nuestro/nuestra/nuestros/nuestras

vuestro/vuestra/vuestros/vuestras

suyo/suya/suyos/suyas

These adjectives have only a few limited uses. Unlike the other forms, they are placed after the noun.

All of these adjectives agree in gender and number with the thing possessed, and not with the possessor. For example:

Es un amigo mío or *uno de mis amigos.* (He is a friend of mine.)

Muy señor mío: (Dear Sir,)

Un amigo suyo (A friend of hers/his/yours) [*suyo* agrees with *amigo*]

Una amiga suya (A friend of hers/his/yours) [*suya* agrees with *amiga*]

2 Possessive pronouns

The possessive pronouns (mine, yours, his, hers, ours, theirs) have the same forms as the second group of adjectives above. They usually also carry the definite article. For example:

Fue allí con su mujer y la mía. (He went there with his wife and mine.)

Tus hermanos están en el café; los suyos no han llegado todavía. (Your brothers and sisters are in the café; his [or hers/yours/theirs] have not yet arrived.

Note: The definite article is not normally included when the possessive pronoun follows the verb **ser**. For example:

Esta casa es mía. (This house is mine.)

Descubrimos que los libros eran suyos. (We discovered that the books were his/hers/theirs/yours.)

As can be seen from the above, **su/sus** and el **suyo/la suya,** etc. can mean a number of things:

su casa (his/her/your (polite)/your (polite plural)/their house)

mis papeles y los suyos (my papers and his/hers/yours/theirs)

The sense will often be quite clear from the context of the conversation or passage concerned. When there is a danger of ambiguity, however, the meaning can be made clear by the use of **de** followed by the relevant disjunctive pronoun (**de él, de ella, de usted, de ellos, de ustedes**)

With the possessive adjective, **de él** etc. is merely added to the sentence:

Su casa de él, su casa de ella, su casa de ustedes, etc.

With the possessive pronoun, however, the word **suyo, suya,** etc. is omitted before **de él** is added:

Mi casa y la de él/de ella/de ustedes (i.e. not *la suya de él* etc.)

Los papeles eran de él, de ella, de usted, etc.

Adverbs

Adverbs qualify verbs, i.e. they tell you something precise about how, when or where the verbal action takes place. For example:

How: *Andábamos despacio.* (We were walking slowly.)

When: *Ahora vienen.* (They're coming now.)

Where: *¡Ven aquí!* (Come here!)

1 Most 'how' adverbs are formed by adding **-mente** to the feminine singular of the adjective. For example:

lento (slow); *lentamente* (slowly)

frecuente (frequent); *frecuentemente* (frequently)

Frecuentemente could also be expressed by placing **con** before the abstract noun: *con frecuencia.* This form is used more with longer adverbs, e.g. *con inteligencia* is preferable to *inteligentemente.*

2 Where two or more **-mente** adverbs are joined together by a conjunction, only the last one retains the ending. For example:

Trabajábamos rápida y eficazmente. (We worked speedily and effectively.)

3 Spanish often prefers to use an adjective where English uses an adverb. For example:

Vivo feliz. (I live happily.)

Esto se ve muy claro. (That can be seen clearly.)

Debes hablar más alto. (You must speak more loudly.)

Prepositions

Prepositions 'govern' nouns, that is to say, they precede nouns and link them with the rest of the sentence, e.g. *La familia vivía bajo el puente; estaban parados delante de la casa.* It is a common mistake for the student to use the preposition which most literally resembles the English.

1 *A*

a **A** is used to express movement towards, i.e. 'to', 'into'. It does not have the sense of 'at', which is usually **en**. For example:

Vamos a la estación. (Let's go to the station.)

Después pasaron al jardín. (Then they went into the garden.)

b **Personal a** **A** is also used before a direct object which indicates a definite human being (and animals which are 'humanised'). Personal **a** is not normally used after **tener** or before inanimate objects. For example:

Vi a Paco en la calle. (I saw Paco in the street.)

Vamos a pasear al perro. (We're going to walk the dog.)

Tengo dos hijos. (I've got two children.)

2 *Ante*

Ante, meaning 'before', 'in the presence of', is often an alternative to **delante de,** and must not be confused with **antes de,** meaning 'before' in time. For example:

El criminal compareció ante el juez. (The criminal appeared before the judge.)

But *Debes venir antes de las seis.* (You must come before six.)

3 *Bajo/debajo de*

Debajo de means physically 'underneath'. **Bajo** is often interchangeable with **debajo de** in this sense, and, in addition, it is used for 'under' in a figurative sense. For example:

Le llave está debajo de la piedra. (The key is under the stone.)

El aerodromo estaba bajo el control del general Martínez. (The aerodrome was under the control of General Martínez.)

4 *De*

The English prepositions 'in' and 'with' are sometimes translated by **de** in the sense of 'belonging to'. For example:

El hombre de los zapatos blancos (The man in/with the white shoes)

5 *Desde*

Desde, like **de**, means 'from', and is often preferred for emphasis. For example:

Desde el puente se veían lejos los montes. (From the bridge the hills could be seen far off.)

6 *En*

En usually translates English 'at' in the sense of being within an area, such as a building. For example:

Estábamos esperando en la estación. (We were waiting at the station.)

7 *Hacia*

Hacia means 'towards' and must not be confused with **hasta,** meaning 'up to', 'until'. For example:

Íbamos despacio hacia la montaña. (We went slowly towards the mountain.) *Hasta la montaña* would mean 'as far as the mountain'.

8 *Por/Para*

See *unidad 10,* pages 159-160

9 *Sobre*

Sobre has a variety of meanings:

a 'on', 'on top of'. For example:

Pon el periódico sobre la mesa. (Put the newspaper on the table.)

b 'about' with reference to time. For example:

Llegó sobre las ocho. (He arrived at about eight o'clock.)

c 'concerning'. For example:

Dio una charla sobre el sistema educativo español. (He gave a talk about the Spanish educational system.)

Radical-changing verbs

1 The present indicative tense

The following are examples of the radical changes affecting the present tense of certain verbs as outlined in *unidad 1,* page 16.

a O > UE:

ENCONTRAR(ue)	*VOLVER(ue)*	*DORMIR(ue)*
encuentro	*vuelvo*	*duermo*
encuentras	*vuelves*	*duermes*
encuentra	*vuelve*	*duerme*
encontramos	*volvemos*	*dormimos*
encontráis	*volvéis*	*dormís*
encuentran	*vuelven*	*duermen*

b E > IE:

EMPEZAR(ie)	*PERDER(ie)*	*SENTIR(ie)*
empiezo	pierdo	siento
empiezas	*pierdes*	*sientes*
empieza	*pierde*	*siente*
empezamos	*perdemos*	*sentimos*
empezáis	*perdéis*	*sentís*
empiezan	*pierden*	*sienten*

c E > I:

PEDIR(i)
pido
pides
pide
pedimos
pedís
piden

2 The present subjunctive

Since the present subjunctive of most Spanish verbs is formed from the first person singular of the present tense, it follows that it will also contain the above radical changes. For example:

VOLVER(ue)	*CERRAR(ie)*	*DORMIR(ue)*	*SENTIR(ie)*	*PEDIR(i)*
vuelva	*cierre*	*duerma*	*sienta*	*pida*
vuelvas	*cierres*	*duermas*	*sientas*	*pidas*
vuelva	*cierre*	*duerma*	*sienta*	*pida*
volvamos	*cerremos*	*durmamos*	*sintamos*	*pidamos*
volváis	*cerréis*	*durmáis*	*sintáis*	*pidáis*
vuelvan	*cierren*	*duerman*	*sientan*	*pidan*

Note: Notice that for all **-ir** verbs that contain a radical change in the present tense, there is also a change in the **nosotros** and **vosotros** forms of the present subjunctive. This change, however, only consists of a single letter. In other words, **-ir** verbs which change from **e** to **ie** or **e** to **i** in the present tense will change from **e** to **i** in these two persons of the present subjunctive; those which change from **o** to **ue** in the present tense will change from **o** to **u** in the same places.

3 Other changes

The only other radical changes that you will find in Spanish affect one or two other tenses of **-ir** verbs. Here too, the change that occurs is only a single letter each time: **i** for verbs that change in the present tense from **e** to **ie,** e.g. *sentir(ie)* or **e** to **i,** e.g. *pedir(i);* and **u** for those that change from **o** to **ue,** e.g. *dormir(ue).* The parts of the verbs affected are as follows:

a The preterite tense
(but only in the third persons singular and plural)

DORMIR(ue)	*SENTIR(ie)*	*PEDIR(i)*
dormí	*sentí*	*pedí*
dormiste	*sentiste*	*pediste*
durmió	*sintió*	*pidió*
dormimos	*sentimos*	*pedimos*
dormisteis	*sentisteis*	*pedisteis*
durmieron	*sintieron*	*pidieron*

b The imperfect subjunctive

Since the latter is always formed from the third person plural of the preterite tense, it follows that the single letter change described above will be present throughout the imperfect subjunctive.

DORMIR(ue)	*SENTIR(ie)*	*PEDIR(i)*
durmiera (durmiese)	*sintiera (sintiese)*	*pidiera (pidiese)*
durmieras	*sintieras*	*pidieras*
durmiera	*sintiera*	*pidiera*
durmiéramos	*sintiéramos*	*pidiéramos*
durmierais	*sintierais*	*pidierais*
durmieran	*sintieran*	*pidieran*

c The gerund

DORMIR(ue)	*SENTIR(ie)*	*PEDIR(i)*
durmiendo	*sintiendo*	*pidiendo*

Spelling changes required in verb forms

As mentioned in the study of irregular present tense spellings in *unidad 1*, page 16, there are two main reasons for spelling changes required in verb forms:

1 Changes that have to be made to avoid an incorrect pronunciation of a letter. This is particularly true of the letters **c** and **g**.
The basic rule is that the sound these letters have in the infinitive form must be preserved.

a The following verbs will therefore require a spelling change in the present subjunctive and the first person singular of the preterite tense:

Verbs ending in **-car,** for example, **sacar**

Subjunctive:	*saque*	**Preterite:**	*saqué*
	saques		*sacaste*
	saque		*sacó*

Verbs ending in **-ar,** for example, **pagar**

Subjunctive:	*pague*	**Preterite:**	*pagué*
	pagues		*pagaste*
	pague, etc.		*pagó, etc.*

Verbs ending in **-zar,** for example, **empezar(ie)**

Subjunctive:	*empiece*	**Preterite:**	*empecé*
	empieces		*empezaste*
	empiece, etc.		*empezó, etc.*

Note: The latter spelling change occurs for the reason that a **z** cannot be followed by an **e** or **i** in Spanish, even thought the pronunciation would not be changed in this case.

Verbs ending in **-guar,** where the '**gw**' sound of the infinitive must also be preserved, for example, **averiguar**

Subjunctive:	*averigüe*	**Preterite:**	*averigüé*
	averigües		*averiguaste*
	averigüe, etc.		*averiguó, etc.*

b For the same reasons, the following verbs will require a spelling change in the present subjunctive and the first person singular of the present tense:

Verbs ending in **-ger** or **-gir,** for example, **coger**

Subjunctive:	*coja*	**Present:**	*cojo*
	cojas		*coges*
	coja, etc.		*coge, etc.*

Verbs ending in **-cer** or **-cir,** for example, **vencer**

Subjunctive:	*venza*	**Present:**	*venzo*
	venzas		*vences*
	venza, etc.		*vence, etc.*

Verbs ending in **-guir,** for example, **seguir(i)**

Subjunctive:	*siga*	**Present:**	*sigo*
	sigas		*sigues*
	siga, etc.		*sigue, etc.*

Verbs that end in **-uar** and **-iar** will also need to add an accent in the three singular persons and the third person plural of the present indicative and the present subjunctive, so that the 'weak' vowel (**u** or **i**) is correctly stressed where necessary. For example:

	CONTINUAR	*ENVIAR*
Present indicative:	*continúo*	*envío*
	continúas	*envías*
	continúa	*envía*
	continuamos	*enviamos*
	continuáis	*enviáis*
	continúan	*envían*
Present subjunctive:	*continúe*	*envíe*
	continúes	*envíes*
	continúe	*envíe*
	continuemos	*enviemos*
	continuéis	*enviéis*
	continúen	*envíen*

2 Changes that occur simply because the pronunciation of the word concerned tends to produce it naturally rather than for any grammatical reason. All such verbs are of the **-er** or **-ir** variety and the persons affected are those where an **i** would normally be expected but is omitted, namely the third person singular and plural of the preterite tense, the whole of the imperfect subjunctive, and the gerund:

	BULLIR	*GRUÑIR*
Preterite:	*bulló*	*gruñó*
	bulleron	*gruñeron*
Imperfect subjunctive:	*bullese, etc.*	*gruñese, etc.*
	bullera, etc.	*gruñera, etc.*
Gerund:	*bullendo*	*gruñendo*

The same situation also causes the change of the **i** to a letter **y** in the same places in **-er** and **-ir** verbs where another vowel immediately precedes the infinitive ending:

	CAER	*LEER*	*CONSTRUIR*
Preterite	*cayó*	*leyó*	*construyó*
	cayeron	*leyeron*	*construyeron*
Impefect subjunctive:	*cayese, etc.*	*leyese, etc.*	*construyese, etc.*
	cayera, etc.	*leyera, etc.*	*construyera, etc.*
Gerund:	*cayendo*	*leyendo*	*construyendo*

Finally, notice also that verbs ending in **-oir** or **-uir** have a letter **y** in all singular persons and the third person plural of the present indicative:

OÍR	*CONSTRUIR*
oigo	*construyo*
oyes	*construyes*
oye	*construye*
oímos	*construimos*
oís	*construís*
oyen	*construyen*

Reflexive verbs

1 The form of a reflexive verb

It is important to remember that a reflexive verb only differs from a non-reflexive verb in that it must always be accompanied by the reflexive pronoun. For example: **levantarse**

Present	**Future**	**Preterite**	**Perfect**
me levanto	*me levantaré*	*me levanté*	*me he levantado*
te levantas	*te levantarás*	*te levantaste*	*te has levantado*
se levanta	*se levantará*	*se levantó*	*se ha levantado*
nos levantamos	*nos levantaremos*	*nos levantamos*	*nos hemos levantado*
os levantáis	*os levantaréis*	*os levantasteis*	*os habéis levantado*
se levantan	*se levantarán*	*se levantaron*	*se han levantado*

2 The reflexive pronoun

In terms of its position in the sentence, a reflexive pronoun follows the same rules as the normal object pronouns. In other words:

a Its usual position is in front of the verb, as seen above.

b When used with the infinitive or with the gerund, it can be placed either on the end of them or in front of the accompanying auxiliary verb. For example:

Voy a levantarme a las siete./Me voy a levantar a las siete.

Estaba levantándose./Se estaba levantando.

c When used with the imperative form of the verb, it must be placed on the end of a positive imperative, but in front of a negative one (after the **no**). For example:

levántate/levántese/levántense

no te levantes/no se levante/no se levanten

Note that in the first and second person plural positive imperatives of a reflexive verb, the **s** and **d** respectively are dropped. For example:

levantémonos/durmámonos/divirtámonos

sentaos/volveos/salíos

The one important exception to the above rule occurs in the form **idos** from the verb **irse**.

3 Uses of the reflexive verb

a As a straightforward rendering of a true reflexive meaning. For example:

cortar (to cut) but *cortarse* (to cut oneself)

b In a verb which is simply always reflexive in Spanish, but which has no reflexive meaning in English. For example:

quejarse (to complain); *jactarse* (to boast)

c To give the intransitive version of the non-reflexive verb which has a transitive meaning, in contrast to English where there is no distinction made. For example, in English 'to wash' can be both transitive and intransitive, but in Spanish the intransitive version is rendered by making the verb reflexive. For example:

Lavó al enfermo. (He/she washed the patient.)

but *El enfermo se lavó.* (The patient washed himself.)

d To give extra force to the non-reflexive form of the verb. For example:

Comió el pastel de chocolate. (He/she ate the chocolate cake.)

but *Se comió todo el pastel de chocolate* (implying he or she 'gobbled' it down).

e To express a reciprocal ('each other') or a reflexive ('themselves') idea. In other words, *se engañaron* could mean both 'they deceived each other' and 'they deceived themselves'. Where the ambiguity is not made clear by the context of the sentence, it can be resolved by the use of **a sí mismo(s)** for reflexive actions, or **el(los) uno(s) al (a los) otro(s)** for reciprocal actions. For example:

Se engañaron a sí mismos. (They deceived themselves.)

Se engañaron el uno al otro. (They deceived each other.)

f To provide a modified or even at times a completely different meaning when compared with the non-reflexive form of the verb. For example:

dormir (to sleep)/*dormirse* (to fall asleep)

ir (to go)/*irse* (to go away)

hacer (to do)/*hacerse* (to become)

g As one of the most common ways in Spanish of expressing the passive. For example:

Las casas se construyeron en 1977.
(The houses were built in 1977.)

Aquí se cambia dinero. (Money [is] changed here.)

The imperative form of verbs

As mentioned in *unidad 3,* the imperative forms of Spanish verbs can at first seem to be immensely complicated simply because there are four different words for 'you' and also because imperatives can be formed for the first person plural (e.g. let us work hard) and the third persons (let him/her/them come in). In practice, however, the whole affair can be kept in perspective as long as you remember a few simple rules that govern all of the imperatives you can encounter.

The two imperatives that differ in their formation from all others are the positive commands for **tú** and **vosotros**.

1 Positive *tú* commands

To form this imperative for most verbs in Spanish, it is simply necessary to remove the letter **s** from the end of the corresponding person of the present indicative:

Present Indicative	**Imperative**
hablas	*habla*
escribes	*escribe*
cierras	*cierra*
pides	*pide*
te diviertes	*diviértete*

There are, however, a few positive **tú** commands that are irregular and have to be learnt separately:

decir > di	*hacer > haz*	*ir > ve*
poner > pon	*salir > sal*	*ser > sé*
tener > ten	*venir > ven*	

2 Positive *vosotros* commands

These imperatives are formed by removing the **-ar, -er** or **-ir** endings from the corresponding infinitives and then adding **-ad, -ed** or **-id** to the stem:

Infinitive	**Imperative**
hablar	*hablad*
comer	*comed*
escribir	*escribid*
cerrar	*cerrad*
pedir	*pedid*
divertirse	*divertíos*
levantarse	*levantaos*
hacerse	*haceos*

Notice that with reflexive verbs, the letter **d** is omitted before the reflexive pronoun, the one important exception being in the form **idos** from the verb **irse**.

3 All other commands

The positive **usted, ustedes, nosotros** and third persons, as well as all negative commands, are formed by placing the verb in the corresponding person of the present subjunctive:

a Positive **usted** forms: *hábleme/acompáñenos/siga las señales*

b Positive **ustedes** forms: *háblenme/acompáñennos/sigan las señales*

c Positive **nosotros** forms: *hablemos español/acompañémosle/ sigamos las señales*

Note that in reflexive verbs, the positive **nosotros** imperative omits the **s** before the reflexive pronoun:

levantémonos; hagámonos rebeldes; divirtámonos

d Positive third persons: *(que) viva/(que) entren todos*

Note that the word **que** is frequently, though not always, used before the third person imperative.

e Negative commands: **Tú:** *no lo hagas/no me hables ahora*

Usted: *no lo haga/no me hable ahora*

Nosotros: *no lo hagamos; no le hablemos ahora*

Vosotros: *no lo hagáis/no lo habléis ahora*

Ustedes: *no lo hagan/no nos hablen ahora*

The future and conditonal tenses

1 Forms

As mentioned in *unidad 3,* these two tenses have the same stem (usually the full infinitive) of the verb, and the endings for each of them never vary:

CERRAR	*COMER*	*ESCRIBIR*	*LEVANTARSE*	*OÍR*
Future:				
cerraré	*comeré*	*escribiré*	*me levantaré*	*oiré*
cerrarás	*comerás*	*escribirás*	*te levantarás*	*oirás*
cerrará	*comerá*	*escribirá*	*se levantará*	*oirá*
cerraremos	*comeremos*	*escribiremos*	*nos levantaremos*	*oiremos*
cerraréis	*comeréis*	*escribiréis*	*os levantaréis*	*oiréis*
cerrarán	*comerán*	*escribirán*	*se levantarán*	*oirán*
Conditional:				
cerraría	*comería*	*escribiría*	*me levantaría*	*oiría*
cerrarías	*comerías*	*escribirías*	*te levantarías*	*oirías*
cerraría	*comería*	*escribiría*	*se levantaría*	*oiría*
cerraríamos	*comeríamos*	*escribiríamos*	*nos levantaríamos*	*oiríamos*
cerraríais	*comeríais*	*escribiríais*	*os levantaríais*	*oiríais*
cerrarían	*comerían*	*escribirían*	*se levantarían*	*oirían*

There is a number of very common verbs whose future (and therefore conditional) stems are irregular, although the endings are always identical to the above. You will find these verbs detailed in the Verb tables beginning on page 269. One example is the verb **hacer:**

Future:		**Conditonal:**	
	haré		*haría*
	harás		*harías*
	hará		*haría*
	haremos		*haríamos*
	haréis		*haríais*
	harán		*harían*

2 Uses of the future and conditional tenses

Apart from their normal meanings and uses, and those mentioned in *unidad 3*, the following points are worthy of note.

a The future can be used to express probability or assumption. For example:

Serán las cuatro. (It must be/I guess it is four o'clock.)

b Similarly, the conditional tense can express probability in the past. For example:

Serían las cuatro cuando llegaron. (It was probably/must have been/would have been around four o'clock when they arrived.)

c When the English words 'will' and 'would' carry the meaning of 'willing to', then the verb **querer** is used rather than the future and conditional tenses. For example:

¿Quieres abrir la ventana, por favor? (Will you open the window, please?)

No quería hacerlo en ese momento. (He would not [i.e. refused to/was unwilling to] do it at that moment.)

d One can also find the present subjunctive or present indicative used to translate the idea of 'shall' or 'will'. For example:

¿Quieres que te acompañe? / ¿Te acompaño? (Shall I go with you?)

El tren llega a las tres. (The train will arrive at three.)

¿Qué hacemos ahora? (What shall we do now?)

The preterite tense

1 Forms

The following are examples of the main types of preterite tense as identified briefly in *unidad 1, page 19.*

a Regular verbs

HABLAR	*COMER*	*VIVIR*
hablé	*comí*	*viví*
hablaste	*comiste*	*viviste*
habló	*comió*	*vivió*
hablamos	*comimos*	*vivimos*
hablasteis	*comisteis*	*vivisteis*
hablaron	*comieron*	*vivieron*

b 'Weak' preterites (so called because they carry no accents)

Despite the varied stems of these verbs, they are easily identified because the first person always ends with an **unaccented e**. Some of the most common irregular verbs in Spanish belong to this group:

PONER	*ESTAR*	*DECIR***	*VENIR*
puse	*estuve*	*dije*	*vine*
pusiste	*estuviste*	*dijiste*	*viniste*
puso	*estuvo*	*dijo*	*vino*
pusimos	*estuvimos*	*dijimos*	*vinimos*
pusisteis	*estuvisteis*	*dijisteis*	*vinisteis*
pusieron	*estuvieron*	*dijeron*	*vinieron*

Note that verbs like decir, where the preterite stem ends with a **j, lose the letter **i** from the ending of the third person plural. Other examples are **trajeron** (from **traer**), **condujeron** (from **conducir**).

c -ir verbs which are radical-changing in the present tense

A single letter radical change is also included in the preterite tense, but only in the third persons:

DORMIR(ue)	*SENTIR(ie)*	*SEGUIR(i)*	*REIR(i)*
dormí	*sentí*	*seguí*	*rei*
dormiste	*sentiste*	*seguiste*	*reíste*
durmió	*sintió*	*siguió*	*rió*
dormimos	*sentimos*	*seguimos*	*reímos*
dormisteis	*sentisteis*	*seguisteis*	*reísteis*
durmieron	*sintieron*	*siguieron*	*rieron*

d The verbs *ser* and *ir* have the same preterite tense:

fui	*fuimos*
fuiste	*fuisteis*
fue	*fueron*

e The verbs *dar* and *ver* are similar in their preterites:

di	*vi*
diste	*viste*
dio	*vio*
dimos	*vimos*
disteis	*visteis*
dieron	*vieron*

2 Uses

The preterite refers to completed actions in the past in the following cases:

a For narrative events or a series of events that followed one another. For example:

Primero vivieron en Alcalá de Henares. Después, fueron a Madrid. (At first they lived in Alcalá de Henares. Then they went to Madrid.)

b For events or actions that happened at a specific moment which is usually mentioned. For example:

Se reunieron a las cinco. (They met at five o'clock.)

c For events or actions that lasted for a specified length of time, even if it was for months or years. For example:

Vivieron bajo el puente durante diez años. (They lived under the bridge for ten years.)

d To describe an action that suddenly happened while something else was going on (the imperfect being used for the latter) For example:

Votaban para el Consejo Escolar cuando entró el director. (They were voting for the School Council when the headmaster came in.)

The imperfect tense

1 Forms

As mentioned in *unidad 2*, there are very few irregularities in the imperfect tense. There is one set of endings for **-ar** verbs and another for **-er** and **-ir** verbs:

HABLAR	*PERDER*	*ESCRIBIR*
hablaba	*perdía*	*escribía*
hablabas	*perdías*	*escribías*
hablaba	*perdía*	*escribía*
hablábamos	*perdíamos*	*escribíamos*
hablabais	*perdíais*	*escribíais*
hablaban	*perdían*	*escribían*

Only three verbs are irregular in the imperfect tense:

SER	*IR*	*VER*
era	*iba*	*veía*
eras	*ibas*	*veías*
era	*iba*	*veía*
éramos	*íbamos*	*veíamos*
erais	*ibais*	*veíais*
eran	*iban*	*veían*

2 Uses

a It is the tense used to set the scene in a story, and for general descriptions of people and things. For example:

Hacía mucho viento y llovía mucho. (It was very windy and raining heavily.)

Era un hombre muy grande. (He was a very big man.)

b It describes what was happening when another event suddenly took place. For example:

Andaba por el andén cuando el tren empezó a salir. (He/she was walking along the platform when the train began to leave.)

c It translates the English words 'was/were doing' and 'used to do'. For example:

Votaban para los Consejos Escolares. (They were voting for the School Council.)

Yo siempre le pedía permiso a él. (I always used to ask his permission.)

d It is used to convey habitual or repeated actions. For example:

(Yo) le escribía una carta todos los días. (I used to write a letter to him every day.)

e It is used to convey actions that went on for an unspecified length of time in the past (as opposed to the preterite tense which is used when the length of time is clearly specified). For example:

Vivíamos en Madrid. (We lived [or used to live] in Madrid.)

Vivimos 20 años en Madrid. (We lived in Madrid for 20 years.)

Compound tenses

1 Forms

The various forms, uses and meanings of all of the compound tenses (except for the past anterior – see below) are dealt with in some detail in *unidad 4*. Here, we offer simply examples of the full form of each of the tenses and one or two extra notes not mentioned in *unidad 4*.

HABLAR	*PERDER*	*DIVERTIRSE*
Perfect:		
he hablado	*he perdido*	*me he divertido*
has hablado	*has perdido*	*te has divertido*
ha hablado	*ha perdido*	*se ha divertido*
hemos hablado	*hemos perdido*	*nos hemos divertido*
habéis hablado	*habéis perdido*	*os habéis divertido*
han hablado	*han perdido*	*se han divertido*
Pluperfect:		
había hablado	*había perdido*	*me había divertido*
habías hablado	*habías perdido*	*te habías divertido*
había hablado	*había perdido*	*se había divertido*
habíamos hablado	*habíamos perdido*	*nos habíamos divertido*
habíais hablado	*habíais perdido*	*os habíais divertido*
habían hablado	*habían perdido*	*se habían divertido*
Future perfect:		
habré hablado	*habré perdido*	*me habré divertido*
habrás hablado	*habrás perdido*	*te habrás divertido*
habrá hablado	*habrá perdido*	*se habrá divertido*
habremos hablado	*habremos perdido*	*nos habremos divertido*
habréis hablado	*habréis perdido*	*os habréis divertido*
habrán hablado	*habrán perdido*	*se habrán divertido*
Conditonal perfect:		
habría hablado	*habría perdido*	*me habría divertido*
habrías hablado	*habrías perdido*	*te habrías divertido*
habría hablado	*habría perdido*	*se habría divertido*
habríamos hablado	*habríamos perdido*	*nos habríamos divertido*
habríais habaldo	*habríais perdido*	*os habríais divertido*
habrían hablado	*habrían perdido*	*se habrían divertido*
Past anterior:		
hube hablado	*hube perdido*	*me hube divertido*
hubiste hablado	*hubiste perdido*	*te hubiste divertido*
hubo hablado	*hubo perdido*	*se hubo divertido*
hubimos hablado	*hubimos perdido*	*nos hubimos divertido*
hubisteis hablado	*hubisteis perdido*	*os hubisteis divertido*
hubieron hablado	*hubieron perdido*	*se hubieron divertido*

2 Uses of the past anterior

The past anterior (formed by using the preterite tense of the auxiliary verb **haber** followed by the past participle), has the same meaning as the pluperfect tense (i.e. 'had spoken', 'had lost', etc.). It is used to replace the pluperfect tense in certain sentences when the following three conditions all apply:

a The pluperfect verb is preceded by a time conjunction (e.g. **luego que, en cuanto, tan pronto como, cuando, después que,** etc.)

b The verb after the time conjunction has pluperfect meaning

c The verb appearing later in the sentence (in the main clause) is in the preterite tense. For example:

a **b** **c**

Cuando hubo terminado, fuimos al parque (When he [had] finished, we went to the park.)

a **b** **c**

En cuanto hubimos votado, salimos de colegio. (As soon as we had voted, we left the school.)

Despite the above, it is by no means uncommon to find the past anterior itself replaced by a preterite tense in Spanish.
For example:

Cuando terminó, fuimos al parque. (When he [had] finished, we went to the park.)

3 Other points

a As in the case of the future and conditional tenses, the future perfect and conditional perfect can be used to express an element of probability or assumption. For example:

Sin duda, no habrá leído este libro. (No doubt he won't have read this book/he probably hasn't read this book.)

Habría sido muy guapa. (She might have been/would probably have been very beautiful.)

b Remember that several very common Spanish verbs have irregular past participles. You will find them all listed in the Verb tables beginning on page 269.

The subjunctive

1 Formation of the present subjunctive

a To form the present subjunctive of most **-ar** verbs, you take the first person singular of the present indicative, remove the **o** and add the appropriate endings, as listed below. As you can see, an **-ar** verb appears like an **-er** verb and an **-er** or **-ir** verb appears like an **-ar** verb.

MIRAR	*COMER*	*ESCRIBIR*
mire	*coma*	*escriba*
mires	*comas*	*escribas*
mire	*coma*	*escriba*
miremos	*comamos*	*escribamos*
miréis	*comáis*	*escribáis*
miren	*coman*	*escriban*

b Radical-changing verbs also obey this rule and, as in the present indicative, no change takes place in the first and second persons plural.

PENSAR	*PERDER*
piense	*pierda*
pienses	*pierdas*
piense	*pierda*
pensemos	*perdamos*
penséis	*perdáis*
piensen	*pierdan*

Note, however, that radical-changing verbs ending in **-ir** also change the stem of the first and second persons plural, from **e** to **i** and **o** to **u**.

DORMIR	*SENTIR*	*PEDIR*
duerma	*sienta*	*pida*
duermas	*sientas*	*pidas*
duerma	*sienta*	*pida*
durmamos	*sintamos*	*pidamos*
durmáis	*sintáis*	*pidáis*
duerman	*sientan*	*pidan*

Irregular verbs follow the same rule for the formation of the present subjunctive (e.g. **tener** forms **tenga, tengas,** etc.), with the exception of **dar, estar, haber, ir, saber** and **ser**. See the Verb tables for these forms.

2 Formation of the imperfect subjunctive

There are two ways of forming the imperfect subjunctive and the forms are interchangeable. To form the first person singular, you take the third person plural of the preterite and change the ending, for **-ar** verbs from **-aron** to **-ara** or **-ase,** and for **-er** and **-ir** verbs, from **-ieron** to **-iera** or **-iese**.

MIRAR	*COMER*	*ESCRIBIR*
mirara(ase)	*comiera(iese)*	*escribiera(iese)*
miraras(ases)	*comieras(ieses)*	*escribieras(ieses)*
mirara(ase)	*comiera(iese)*	*escribiera(iese)*
miráramos(ásemos)	*comiéramos(iésemos)*	*escribiéramos(iésemos)*
mirarais(aseis)	*comierais(ieseis)*	*escribierais(ieseis)*
miraran(asen)	*comieran(iesen)*	*escribieran(iesen)*

There are no exceptions to this rule, even with irregular verbs such as **ser:** *fuera, fueras,* etc.; **andar:** *anduviera, anduvieras,* etc.; **saber:** *supiera, supieras,* etc.

Note: Since verbs like **decir, conducir** and **traer** omit the **i** in the third person plural of the preterite (*dijeron, condujeron, trajeron*), the imperfect subjunctive ending will also exclude it: *dijera, condujera, trajera,* etc.

3 Formation of the perfect subjunctive

This tense is formed by the present subjunctive of **haber** and the past participle:

haya mirado/comido/escrito

hayas mirado, etc.

haya mirado, etc.

hayamos mirado, etc.

hayáis mirado, etc.

hayan mirado, etc.

4 Formation of the pluperfect subjunctive

This tense is formed by the imperfect subjunctive of **haber** and the past participle:

hubiera/iese mirado/comido/escrito

hubieras/ieses mirado, etc.

hubiera/iese mirado, etc.

hubiéramos/iésemos mirado, etc.

hubierais/ieseis mirado, etc.

hubieran/iesen mirado, etc.

For the uses of the subjunctive, see pages 109, 115, 119-120 and Copymasters 23 and 31.

5 Sequence of tenses with the subjunctive

When using the subjunctive in subordinate clauses, it is usual for verbs to follow a 'sequence' of tenses. Thus a present, future or perfect tense, or an imperative, is followed by either a present or a perfect subjunctive in the subordinate clause. For example:

Siento que no vengas/hayas venido. (I'm sorry you aren't coming/haven't come.)

Dígale que vuelva en seguida. (Tell him to come back at once.)

Similarly, an imperfect, preterite, conditional or pluperfect tense in the main clause is followed by an imperfect or pluperfect subjunctive in the subordinate clause. For example:

Sentí que no viniera/hubiera venido. (I was sorry he didn't come/hadn't come.)

No me gustaría que hablara así a mi padre. (I wouldn't like him to speak like that to my father.)

Note: You should have no problem in deciding when to use the perfect and the pluperfect subjunctive since they translate directly the English perfect and pluperfect tenses.

The gerund

1 The gerund is formed by adding **-ando** to the stem of **-ar** verbs and **-iendo** to the stem of **-er** and **-ir** verbs:

hablando; comiendo; escribiendo.

2 The gerund is invariable in its form.

3 In **-er** and **-ir** verbs, the **i** of the ending changes to **y** when the stem of the verb ends in a vowel:

caer – cayendo; destruir – destruyendo; ir – yendo

4 In **-ir** verbs which change their stem in the third persons of the preterite, e.g. **dormir, morir, corregir, mentir, pedir,** the gerund also changes:

durmiendo; muriendo; corrigiendo; mintiendo; pidiendo

5 There is a past form of the gerund, composed of the gerund of **haber** and the past participle. For example:

habiendo visto (having seen)

6 Pronouns are frequently added to the gerund, which necessitates the use of an accent. For example:

Le escribió informándole ... (He wrote to him informing him ...)

Uses of the past participle

Apart from the points made about the use of the Spanish past participle in *unidad 5*, the following additional details are of interest:

1 When it is followed by a past participle the verb **haber** may sometimes be replaced by another such as **tener, llevar, dejar**. When this happens, however, the participle will always agree.

Compare the following:

He hecho la maleta. / Tengo hecha la maleta.

los pantalones que se ha puesto/los pantolones que lleva puestos

Había completado el ejercicio. / Dejó completado el ejercicio.

2 The participle is sometimes used on its own to give a neat and economical version of an otherwise long introductory clause. For example:

Terminada la obra, fueron a comer. (instead of *Cuando hubo terminado la obra, fueron a comer.*)

Hechos los deberes, decidió llamar a su amiga. (instead of *Cuando hubo hecho los deberes, decidió llamar a su amiga.*)

3 Similarly, the past participle can be used on its own after an expression like **después de**. For example:

Después de terminada la guerra (When the war had ended)

4 Note the use of the past participle after **lo** in the following construction:

Siento mucho lo ocurrido. (I am very sorry about what has happened.)

Déme lo completado. (Give me what has been completed.)

5 There are many English present participles which become past participles in Spanish. For example:

Vimos una pintura colgada de la pared. (We saw a painting hanging on the wall.)

El hombre sentado en la silla me miró fijamente. (The man who was sitting on his chair stared at me.)

Uses of *ser* and *estar*

In *unidad 5*, the uses of **ser** and **estar** followed by past participles were examined, and also the principal uses of **estar**. The following are extra points concerning these two verbs.

1 Estar

a The continuous tenses (referred to in *unidades 4* and *5*) are formed by placing **estar** in any of its tenses and then adding the gerund of the verb concerned. The tenses are used to convey an event that is happening, was happening, will be happening, etc. at a time that is being referred to. They can therefore replace their equivalent indicative tenses but only when the meaning of the latter is 'he is doing', 'he was doing', 'he will be doing', etc. They should not, therefore, be used to replace other meanings of those tenses (e.g. 'he does', 'he will do', 'he used to do', etc.) For example:

Present: *Están votando para los Consejos Escolares.* (They are voting [i.e. at this moment] for the School Councils.)

Future: *Estaremos viajando por España.* (We shall be travelling through Spain [i.e. at the precise moment we are talking about].)

Imperfect: *Se estaba quejando de su salario.* (He was complaining about his salary [i.e. at that precise moment].)

Pluperfect: *Habíamos estado escuchando lo que decía.* (We had been listening to what he was saying.)

Note:

(i) **Ir** and **venir** are two other verbs that are frequently followed by the gerund to form continuous tenses. They tend to describe a more gradual and progressive action than the same construction involving **estar**.

For example:

Iba corriendo por la calle. (He was running down the street.)

Venía cantando cuando le vi. (He was [walking along] singing when I saw him.)

(ii) In the construction 'to continue to do' or 'to go on doing', the verbs **continuar** and **seguir** are always followed by the gerund. For example:

Siguió ganando año tras año. (He continued to win year after year.)

Continuaré estudiando el año que viene. (I shall go on studying next year.)

b **Estar** is also used with **de** and an occupation to describe a temporary job that someone has. For example:

Ahora está de profesor en un instituto. (implying that it is not a permanent arrangement)

2 Ser

a **Ser** is used with an adjective to describe something that is of a permanent nature, or an inherent characteristic of a person or thing. For example:

Mi hermano es muy perezoso. (My brother is very lazy [i.e. he is lazy by nature].)

b Because of **a, ser** will always be used before an infinitive, a noun or a pronoun. For example:

Lo importante es votar. (The important thing is to vote.)

Este señor es el director del instituto. (This man is the headmaster.)

El cuaderno es mío. (The exercise book is mine.)

c **Ser** is used to show who owns something, the origin of someone or something, and the material from which something is made. Again, of course, such sentences are stressing the permanent qualities of an object. For example:

El coche es de mi padre. (The car is my father's.)

Mi compañero es de Madrid. (My companion is from Madrid.)

Los pupitres son de madera. (The desks are wooden.)

d Also in connection with the general rule expressed in point a above) **ser** is used with nationalities and occupations. For example:

Somos italianos. (We are Italian.)

Era soldado. (He was a soldier.)

e **Ser** is used with expressions of time, including days, dates and years. For example:

Son las doce. (It is 12 o'clock.)

Ayer era martes. (Yesterday was Tuesday.)

La estación que prefiero es el verano. (My favourite season is summer.)

El año fue 1492. (The year was 1492.)

3 *Ser* and *estar* with adjectives

Because of the general rule governing **estar** (its use to describe something of an accidental or temporary nature) and **ser** (its description of something inherent or characteristic), it follows that many adjectives can be used with either verb to convey the appropriate meaning. Notice the following examples:

Tu hermana es pálida. (i.e. she has a pale complexion).

but *Tu hermana está muy pálida hoy.* (She looks pale today.)

Es un borracho. (permanently, i.e. he is a drunkard).

but *Está borracho.* (He has overindulged on this occasion.)

Es muy pobre. (He is poor, i.e. permanently short of money).

but *Está muy pobre.* (not normally so, but has just run out of money).

El azúcar es dulce. (Sugar is sweet, i.e. naturally so).

but *Este café está muy dulce.* (not an inherent characteristic of coffee, but this particular cup. *Este café es dulce* would mean it is a variety of coffee that is naturally sweet tasting).

The latter examples show why **estar** is frequently heard in situations such as shopping, where prices and quality of goods are often mentioned in terms of what they are like today, as opposed to the norm. For example:

Las naranjas están muy frescas hoy. (The oranges are very fresh today.)

El azúcar está muy caro. (Sugar is very expensive [at the moment], as opposed to *El azúcar es muy caro,* which would imply that sugar is always expensive).

4 *Ser* and *estar* followed by past participles

This use of **ser** and **estar** is carefully examined in *unidad 5.* We feel it worth stressing here again, however, that the decision as to the choice of **ser** or **estar** in this instance has nothing whatsoever to do with the other uses of these two verbs as detailed above. A frequent mistake made by sixth-form students is to justify their use of **estar** with the past participle on the grounds that it is stressing 'something temporary'. See the notes in *unidad 5* for this.

Negatives

The following notes on the use of negatives in Spanish are offered as a supplement to the points made in *unidad 4.*

1 It is important to remember that Spanish employs a 'double negative' system in sentences. This means that whereas in English words like 'anyone', 'anything', etc. may occur in a negative sentence, their Spanish equivalents almost never do. The slightest hint or implication of a negative idea in a sentence will produce the appropriate negative word. For example:

Sin decir nada (Without saying anything)

Antes de hablar con nadie (Before speaking to anyone)

No he tomado ninguna de tus cosas. (I have not taken any of your things.)

Quiero hacerlo más que nunca. (I want to do it more than ever.)

2 **Nada, nadie** and **ninguno** are the negatives of **algo, alguien** and **alguno** respectively. As mentioned in *unidad 4,* these can be found either after the verb they accompany (which is then preceded by the word **no**) or before it (in which case **no** is not used). In practice, this depends on whether the negative is the direct object of a verb (in which case it will rarely precede the verb) or the subject of the verb (in which case it tends to precede it).

Object:

No dijo nada. (He said nothing.)

No he visto a nadie. (I have not seen anyone.)

No había comprado ningún regalo. (He had not bought any present.)

Subject:

Nada le satisface. (Nothing satisfies him.)

Nadie ha visto su bicicleta. (Nobody has seen his bicycle.)

3 Sometimes, **alguno** is used as a negative in place of **ninguno;** in this case, it has a stronger meaning than **ninguno** and is always placed after the noun. For example:

No había comprado regalo alguno. (He had not bought a single present.)

4 **Nada,** like **algo,** can be used in Spanish in an adverbial way to mean 'not at all', 'in no way'. For example:

No me gusta nada. (I don't like it at all.)

5 **Nadie** is sometimes used after comparison to mean 'anyone else'. For example:

Delgado ha ganado más veces que nadie. (Delgado has won more times than anyone else.)

6 **Nunca** and **jamás** both mean 'never', though **jamás** can also be used in the positive sense of 'ever'. For example:

Jamás he visto tal cosa. (I've never seen such a thing.)

¿Jamás has visto tal cosa? (Have you ever seen such a thing?)

7 **Ni** ... **ni** ... and **tampoco** are frequently confused, as both have the meaning of 'neither'. It will help to remember that **ni** ... **ni** ... is the negative of **y** ... **y** ... or **o** ... **o** ... ; **tampoco** however is the negative of **también**. For example:

No lo hará ni Pedro ni Juan. (Neither Pedro nor Juan will do it.)

Nunca ha sido ni campeón ni ganador. (He has never been either a champion or a winner.)

No quiere ir ... ni yo tampoco. (He does not want to go ... neither do I.)

Tampoco votaremos/no votaremos tampoco. (We shan't vote either.)

8 **Ni siquiera** is used in Spanish to mean 'not even'. For example:

No ha ganado ni siquiera una vez. (He has not even won once.)

Pero and *sino*

The word 'but', usually translated by **pero** in Spanish, becomes **sino** after a negative statement, indicating a total contrast. If 'but' introduces a clause containing a verb, then the translation will be **sino que**. For example:

El debate fundamental no está en argumentar si los alumnos están o no preparados, sino en comprender su situación. (The fundamental argument does not centre on whether or not the pupils are ready, but [rather] on an understanding of their situation.)

Los Consejos Escolares no destruyen el sistema escolar, sino que lo reforman. (School Councils do not destroy the education system, but reform it.)

Note the use also of **sino** in the construction **no sólo** (or **no ... solamente**) ... **sino** (**también**), meaning 'not only ... but also'. For example:

Su decisión fue muy popular, no sólo ese día, sino también durante todo aquel año. (His decision was very popular, not only on that day but also for the rest of that year.)

Más que tends to replace **sino** in the following type of construction:

No tenemos más que una oportunidad de hacerlo. (We only have one opportunity to do it.)

Word order

The Spanish language tends to have a greater flexibility in the matter of word order than English, and this can be a source of confusion for English students. What makes the matter even more difficult is that changes in word order are often questions of style and are therefore not governed by any hard and fast rules of grammar. Examples are therefore things that might happen rather than things that must happen. Appreciation of such stylistic points is usually acquired by means of familiarity rather than any learning of rules. In other words, if you are aware of this feature when reading Spanish, you are likely to spot various examples and become more used to it, eventually learning to use it in your own written compositions. When you do so, it sometimes will involve a feeling that 'it just seemed the likely thing to do' rather than any ability to explain the example in concrete terms.

By far the most frequent change in word order occurs when the subject of a sentence is place after its verb rather than preceding it as in English. This is especially true of a relative clause beginning with **que, el cual, el que,** etc. For example:

Vi el juguete que había comprado mi hermano. (I saw the toy which my brother had bought.)

A similar inversion is also commonly used after words like **cuando**. For example:

Cuando llegó el tren, todos subieron sin esperar. (When the train arrived, everyone got on without waiting.)

In the two examples given above, there is really nothing grammatically wrong with placing the subject before the verb (*Vi el juguete que mi hermano había comprado; Cuando el tren llegó* ...) It is simply a matter of stylistic preference.

Remember that mistranslations of such sentences tend to be caused by a failure to recognise various grammatical clues. For example: *cuando llegó el tren* could not possibly mean 'when he reached the train' because there is no **a** placed in front of the train to make it *cuando llegó al tren*.

Diminutives and augmentatives

Spaniards enjoy, especially in popular speech, adding suffixes to nouns in order (a) to convey a meaning of smallness or largeness or (b) to convey an emotional meaning.

1 the most common diminutive is **-ito**, which can also be found in the forms **-cito, -ecito and -ececito**. For example:

¿Hablas español? Un poquito. (Do you speak Spanish? A little.)

Adiós, guapita, dame un beso. (Bye, sweetie, give me a kiss.)

Pobrecita, no la haga llorar más. (The poor thing, don't make her cry any more.)

2 Other common endings are **-illo** (e.g. **chico – chiquillo**) and **-uelo**. The latter often has a pejorative sense, e.g. *calle* (street) – *callejuela* (narrow alley); *mujer* (woman) – *mujerzuela* (prostitute)

3 Augmentative endings, denoting greater size, are less common than diminutive ones. The most frequent ending is **-ón/ona,** as in *hombrón, mujerona,* which mean 'big man' and 'big woman' respectively. Other augmentative endings are **-azo, -acho** and **-ote**.

VERB TABLES

Advice to students

These tables provide a point of reference for you to consult quickly and easily the forms of the verb(s) you need. Since tenses examined in the Grammar Summary are often set out in full, we have not repeated them here for any tense unless the presence of a number of irregularities makes it important to do so. If you are in any doubt about successive persons not shown here, you will find it helpful to consult the relevant section of the Grammar Summary.

Seven parts of each verb are given here: the present tense, future, imperfect, preterite, gerund, past participle and present subjunctive.

You should find that any other form or tense of the verbs you need can be obtained from one of these seven parts. Again, if you are not sure of what to do, you will find it helpful to consult the Grammar Summary in the relevant places. You should be aware of the following points:

The conditional tense can be obtained from the future (shown here).

All compound tenses, having been written out in full in the Grammar Summary, can be made once the past participle (shown here) is known.

The perfect subjunctive is the present subjunctive of **haber** (shown here) with the past participle.

The imperfect subjunctive is formed from the third person plural of the preterite tense (shown here).

The pluperfect subjunctive can thus be ascertained by knowing the imperfect subjunctive of **haber** and the past participle.

	Present	Future	Imperfect	Preterite	Gerund	Past Participle	Present Subjunctive
REGULAR VERBS							
hablar	hablo hablas, etc.	hablaré	hablaba	hablé	hablando	hablado	hable
comer	como comes, etc.	comeré	comía	comí	comiendo	comido	coma
vivir	vivo vives, etc.	viviré	vivía	viví	viviendo	vivido	viva
RADICAL-CHANGING VERBS							
pensar(ie)	pienso piensas, etc.	pensaré	pensaba	pensé	pensando	pensado	piense pienses, etc.
volver(ue)	vuelvo vuelves, etc.	volveré	volvía	volví	volviendo	vuelto	vuelva vuelvas, etc.
sentir(ie)	siento sientes etc.	sentiré	sentía	sentí sentiste sintió, etc.	sintiendo	sentido	sienta sientas, etc.
dormir(ue)	duermo duermes, etc.	dormiré	dormía	dormí dormiste durmió, etc.	durmiendo	dormido	duerma duermas, etc.
pedir(i)	pido pides, etc.	pediré	pedía	pedí pediste pidió, etc.	pidiendo	pedido	pida pidas, etc.
IRREGULAR VERBS							
abrir	abro abres, etc.	abriré	abría	abrí	abriendo	abierto	abra
agradecer	agradezco agradeces agradece, etc.	agradeceré	agradecía	agradecí	agradeciendo	agradecido	agradezca
andar	ando andas, etc.	andaré	andaba	anduve anduviste anduvo, etc.	andando	andado	ande
caber	quepo cabes cabe, etc.	cabré cabrás, etc.	cabía	cupe cupiste cupo, etc.	cabiendo	cabido	quepa quepas, etc.
caer	caigo caes cae, etc.	caeré	caía	caí caíste cayó caímos caísteis cayeron	cayendo	caído	caiga

	Present	Future	Imperfect	Preterite	Gerund	Past Participle	Present Subjunctive
coger	cojo coges coge, etc.	cogeré	cogía	cogí	cogiendo	cogido	coja
conducir	conduzco conduces conduce, etc.	conduciré	conducía	conduje condujiste condujo condujimos condujisteis condujeron	conduciendo	conducido	conduzca
cubrir	cubro cubres, etc.	cubriré	cubría	cubrí	cubriendo	cubierto	cubra
dar	doy das da damos dais dan	daré	daba	di diste dio dimos disteis dieron	dando	dado	dé des dé, etc.
decir	digo dices dice, etc.	diré dirás, etc.	decía	dije dijiste dijo dijimos dijisteis dijeron	diciendo	dicho	diga
dirigir	dirijo diriges dirige, etc.	dirigiré	dirigía	dirigí	dirigiendo	dirigido	dirija
escribir	escribo escribes, etc.	escribiré	escribía	escribí	escribiendo	escrito	escriba
estar	estoy estás está estamos estáis están	estaré	estaba	estuve estuviste estuvo, etc.	estando	estado	esté estés esté, etc.
haber	he has ha hemos habéis han	habré habrás, etc.	había	hube hubiste hubo, etc.	habiendo	habido	haya hayas, etc.
hacer	hago haces hace, etc.	haré harás, etc.	hacía	hice hiciste hizo hicimos hicisteis hicieron	haciendo	hecho	haga
huir	huyo huyes huye huimos huís huyen	huiré	huía	huí huiste huyó huimos huisteis huyeron	huyendo	huido	huya
ir	voy vas va vamos vais van	iré	iba ibas iba íbamos ibais iban	fui fuiste fue fuimos fuisteis fueron	yendo	ido	vaya vayas, etc.
leer	leo lees, etc.	leeré	leía	leí leíste leyó leímos leísteis leyeron	leyendo	leído	lea
morir	muero mueres, etc.	moriré	moría	morí moriste murió, etc.	muriendo	muerto	muera

	Present	Future	Imperfect	Preterite	Gerund	Past Participle	Present Subjunctive
nacer	nazco naces nace, etc.	naceré	nacía	nací	naciendo	nacido	nazca
oír	oigo oyes oye oímos oís oyen	oiré	oía	oí oíste oyó oímos oísteis oyeron	oyendo	oído	oiga
poder	puedo puedes, etc.	podré podrás, etc.	podía	pude pudiste pudo, etc.	pudiendo	podido	pueda
poner	pongo pones pone, etc.	pondré pondrás, etc.	ponía	puse pusiste puso, etc.	poniendo	puesto	ponga
querer	quiero quieres, etc.	querré querrás, etc.	quería	quise quisiste quiso, etc.	queriendo	querido	quiera
reír	río ríes ríe, etc.	reiré	reía	reí reíste rió, etc.	riendo	reído	ría
resolver	resuelvo resuelves, etc.	resolveré	resolvía	resolví	resolviendo	resuelto	resuelva
romper	rompo rompes, etc.	romperé	rompía	rompí	rompiendo	roto	rompa
saber	sé sabes sabe, etc.	sabré sabrás, etc.	sabía	supe supiste supo, etc.	sabiendo	sabido	sepa
salir	salgo sales sale, etc.	saldré saldrás, etc.	salía	salí	saliendo	salido	salga
seguir	sigo sigues sigue, etc.	seguiré	seguía	seguí seguiste siguió, etc.	siguiendo	seguido	siga
ser	soy eres es somos sois son	seré	era eras era éramos erais eran	fui fuiste fue fuimos fuisteis fueron	siendo	sido	sea
tener	tengo tienes tiene, etc.	tendré tendrás, etc.	tenía	tuve tuviste tuvo, etc.	teniendo	tenido	tenga
traer	traigo traes trae, etc.	traeré	traía	traje trajiste trajo, etc.	trayendo	traído	traiga
valer	valgo vales vale, etc.	valdré valdrás, etc.	valía	valí	valiendo	valido	valga
venir	vengo vienes viene, etc.	vendré vendrás, etc.	venía	vine viniste vino, etc.	viniendo	venido	venga
ver	veo ves ve, etc.	veré	veía veías veía, etc.	vi viste vio vimos visteis vieron	viendo	visto	vea

INDEX TO GRAMMAR